U0894494

献给

祛人困疾的药丹，我尊敬的师兄李春明博士。

作者简介

舒化鲁，著名管理学家，企业规范化管理理论方法体系创建人，山东财经大学研究员。

1956年生于屈原故里湖北省秭归县。中南财经大学硕士研究生毕业，从事企业规范化管理研究近30年。公开发表论文100余篇，完成省部级以上课题6个，公开出版专著13部。

他把源于西方的管理学、心理学、社会学、人类学、价值工程理论与华夏文化精髓相结合，创建了独树一帜的舒氏管理学理论。他在企业管理咨询实践过程中研究管理学理论，在管理学理论研究过程中探索发展企业管理实施的技术方法，由此独创了一套系统完整且行之显效的企业规范化管理理论和技术方法体系。

他所服务过的代表性客户：广西电网、辽宁电力、安徽电力、甘肃电力、丰城电厂、清江水电、中电财、苍梧电业、兖矿集团、汇森煤业、潍百集团、比优特集团、济南二机、环宇集团、长城集团、日泰集团、长天药业、郑州卷烟、包头钢铁、中远散货、（挪）斯考根、天发集团、中信建设、中铁十四局、中建八局、正元化工、济南化纤、冶金研究总院等。

企业规范化管理

系统实施方案

Implementation plan of the normalized management system for company

舒化鲁◎著

岗位员工管理

電子工業出版社

Publishing House of Electronics Industry

北京·BEIJING

内容简介

员工岗位职责管理处于整个人力资源流程的开始部分，它决定着一个员工进入公司后的后继表现和绩效，需要企业有一套规范的程序和量化的标准，从而使企业的战略和新员工的具体工作结合起来，发现员工的优劣势和个性特征，给员工以明确的工作目标和方向，避免其在忙碌中不知所措，造成企业资源和个人精力的浪费。

本书是一部关于企业员工岗位职责管理的指导用书，内容包括员工岗位管理实施的思路、员工岗位管理规范化的标准、员工岗位管理规范化实施的方法等，适合企业管理人员参考学习。

图书在版编目(CIP)数据

企业规范化管理系统实施方案·岗位员工管理/舒化鲁著.—北京：电子工业出版社，2012.3
ISBN 978-7-121-15241-2

Ⅰ.企… Ⅱ.舒… Ⅲ.企业管理：人事管理 Ⅳ.F270
中国版本图书馆 CIP 数据核字(2011)第 241498 号

责任编辑：桑　昀
印　　刷：北京彩虹伟业印刷有限公司
装　　订：北京彩虹伟业印刷有限公司
出版发行：电子工业出版社
北京市海淀区万寿路 173 信箱　邮编 100036
开　　本：787×1092　1/16　印张：27　字数：521 千字
印　　次：2012 年 3 月第 1 次印刷
定　　价：68.00 元

凡所购买电子工业出版社图书有缺损问题，请向购买书店调换。若书店售缺，请与本社发行部联系，联系及邮购电话：(010)88254888。

质量投诉请发邮件至 zlts@phei.com.cn，盗版侵权举报请发邮件至 dbqq@phei.com.cn。

服务热线：(010)88258888。

总　序

一、写给希望成为杰出 CEO 的人

《企业规范化管理系统实施方案》系列丛书，是写给 CEO 的书，更是写给希望成为杰出 CEO 的人阅习的书。CEO 一定不是夫妻店的老板，也不是因为一个偶然的机会发了大财的暴发户。杰出的 CEO，就一定不是仅仅创造了流星般短暂辉煌的 CEO，更不是由国家权力做后盾，依靠行业垄断把企业做大的 CEO。借用《基业长青》作者的话说，杰出的 CEO 不是报晓的雄鸡，而是制造时钟的匠师。“他们主要致力于建立一个组织，一个会滴答走动的时钟，而不只是找对时机，用一种高瞻远瞩的产品构想打进市场，或利用一次优秀产品生命周期的成长曲线；他们并非致力于取得高瞻远瞩领袖的人格特质，而是采取建筑大师的方法，致力于构建高瞻远瞩公司的组织特质；他们努力的最大成果不是实质性地体现一个伟大的构想，不是表现人格的魅力，不是满足个人的自尊或累积个人的财富，他们最大的创造物是公司本身及其代表的一切。”①这也就是说，杰出 CEO 只能像临危受命并拯救和创造了通用汽车长久辉煌的前通用汽车总裁斯隆一样，只能像早年成功创业并为日本企业管理确立规则的松下幸之助一样，只能像联想的柳传志、海尔的张瑞敏一样，必须是企业基业长青的缔造者，必须是保证企业基业长青的组织运行规则体系的建构者，必须是领导企业把以资源（包括人才）为载体的资源竞争力转换为以组织运行规则体系为载体的组织竞争力的时钟制造匠师。

CEO 面对的是一个由众人组成的社会经济组织，并且他作为这个组织的代表所面对的仍然是人，或者是由人构成的组织，或者就是自然人。所以，杰出的 CEO 最需要的知识就是有关人的本质特性的理论探索，最需要的技能就是协调融合人际关系的方法。汉高祖刘邦明白的最透彻的道理就是人的行为选择仅仅服从于他自身利益的满足，人最大的技能就是协调、融合与他周围人的人际关系。他正是凭借这两

① 詹姆斯·柯林斯，杰里·I. 波勒斯. 基业长青. 北京：中信出版社，2002. 第 28 页.

点打败了驰骋沙场无敌手的项羽，成为古今中外少有人超越的杰出 CEO。

由此可以说，高效管理的最大奥秘就在于明白：被管理者是一个主体性存在。

阅，就是了解；习，就是实践。希望成为杰出 CEO 的人阅习的书，就一定不是空洞、晦涩、陈腐的理论说教，就一定不是表格、制度的堆砌，更不是 MBA 教程专业方法的连缀，而是企业组织运行管理的理论方法体系，是构建企业长青基业的组织运行规则体系的理论方法体系。没有理论的方法是肤浅的，没有方法的理论是迂腐的。希望成为杰出 CEO 的人想阅而能阅的必须是基于对人的本质特征把握基础上的系统理论，想习而能习的必须是以系统理论为指导的具有可操作性的方法体系。

《企业规范化管理系统实施方案》系列正是立足于这一目标进行的探索，并且作者自信也能达成这一目标。

CEO 是企业的 CEO，所以杰出 CEO 就绝对不是单打独斗的西部牛仔式的英雄，必须有一批与 CEO 紧密配合且能起互补作用的助手——企业高层管理人员，以及一批相互认同且意志统一的操盘手——中层管理人员。这两类人员也是本系列书的目标读者。对应这三类目标读者，本系列书在内容上比较明确地分为三个大的方面：一是理论思路，二是标准要求，三是实施方法。尽管这三类目标读者都需要通读整个系列，但可有所侧重：希望成为杰出 CEO 的人必须重点阅读理论思路部分的内容，只有确立了明确的理论思路，才能把握方向；杰出 CEO 的助手必须重点阅读标准要求部分的内容，只有掌握了具体的标准要求，才能传递 CEO 的智慧，使企业组织具有执行力；杰出 CEO 的操盘手必须重点阅读实施方法部分的内容，只有掌握了系统的实施方法，才能保证操盘不失误、不走弯路。

二、看不见的手与看得见的手

人是一个主体性存在，具有自我意识和自我意志。他所拥有的能保证自身福利的资源，包括内在的体能、知识、才干和外在的物质与关系，都不会轻易假于人。但在漫长的人类社会发展史中，人的这种主体性被压抑在社会奴役关系中。拥有超经济权力的人可以随意将自己的意志强加于人，无偿占有他人的资源。也正是这种奴役关系延缓了人类社会的发展，奴役关系的存在降低了社会成员个人所拥有资源的使用效率。人类从旧石器时代至公元 2000 年，在公元 1750—2000 年的 250 年间，用 0.01% 的时间创造了人类历史总财富的 97%。之所以如此，是因为工业革命带来了以承认个人权利的合法性为基础的市场经济制度的普及，也只有市场经济制度的普及，社会奴役关系才开始有实质意义上的缓解。

承认每一个人所拥有资源不被侵犯的权利，直到市场经济发展成为社会经济中占主导地位的经济联系形式时才得以实现，即个人所拥有的能保证自身福利的资源的权利在市场交换中得到保障。但保障个人权利的市场交换是有成本的，这个成本就是科斯所言的交易成本。这种交易成本的存在把个人的时间和精力浪费在不创造财富的交易过程之中。如何避免这种浪费？在2000多年前的古罗马时期，人类就找到了答案，即通过组建公司，用管理协调代替市场交易。只是在那个时候，社会奴役关系占主导，绝大多数人的主体性地位被社会奴役关系的枷锁扼杀，所以直到工业革命之后，这一问题的答案才发挥作用。并且随着信息技术的发展和普及，信息化社会的到来，社会奴役关系更加缓解之后，公司制度才成为个人社会生活中最重要的内容。据统计，2009年，全球81%的人口的工作机会是由公司提供的，全球90%的经济力量都集中在公司。这一现实揭示了这样一个事实，管理协调已经成为与市场交易同等重要的资源配置方式。所以，美国企业史研究学者钱德勒说过："公司组织这只看得见的手已经取代看不见的手，接管了原先由市场执行的资源配置功能。"（参见中央电视台第二频道大型纪录片《公司的力量》第六集）市场交换和公司组织二者作为一个整体就构成了企业丛林。市场交换就是丛林本身，它起着看不见的手的作用。管理协调就是公司组织本身，没有管理协调就没有公司组织，它起着看得见的手的作用。公司组织也就是构成丛林的大大小小、高高矮矮的树，没有公司组织，就只能有市场交换的草原，不可能有市场交换的丛林。

丛林中的企业通过管理协调实现企业的存在和发展，即达成企业组织内、外部关系协调的有效性。企业组织达成的内、外部关系协调的有效性有多大，企业就能发展到多大，这种关系协调的有效性一旦消失，也就意味着企业死亡。联想成功地收购了IBM计算机业务，这就是联想投资人与IBM投资人、计算机消费者以及联想内部等相互之间多重关系协调的有效性的达成。美国雷曼兄弟公司破产倒闭也仅仅是因为它的投资人、经营者、管理者以及与商务伙伴、服务客户之间关系协调的有效性的丧失。

三、企业丛林的生存之道

所谓管理协调，就是通过公司价值目标的设定、发展战略的构建、措施计划的拟订、个人行为的约束，在公司组织成员（包括投资人、经营者、管理者和劳动者）相互之间达成意志、意识和行为活动的统一协调，以保证每一个成员都把自己所拥有的资源，交由公司统一支配。在这里除了投资人投入的资源，作为公司经营的物质条件或价值化的资金，是独立于主体之外的，其他成员投入的资源都是与主体同在，无法独立于其主体之外的，无论是作为劳动投入的聪明才智或体能技术，还是其所拥有的社会关系，都是如此。公司作为一个整体参与市场交易行为，其风险是以投资人的投资为担保的，因而使管理协调的内容主要集中到了投资人与经营者、管理者和劳动者之间，即如何让经营者、管理者和劳动者都最大限度地根据公司发展的需要把其所拥有的以主体人为载体的资源都贡献出来。管理协调所花费的管理费用也主要是花在对这一问题上的投入。寻找投资、达成合作则仅仅是公司成立的过程以及公司增容投资的过程。但投资人与经营者、管理者和劳动者之间的关系，并不是一个简单的两两之间的交换关系，而是相互交错、纠结在一起的社会、政治、经济、文化关系的综合。要达成这些所有关系协调的有效性，其管理费用必然会随着公司规模的增大而增加，因为这种关系的复杂程度会以公司规模增加的几何级倍数增加，这就使公司的规模被限定在管理费用低于交易成本这一范围之内。而随着社会化生产的发展，规模经济的限制越来越大。如果公司规模不能满足社会化生产发展的需要，公司的生产经营本身就只能是无效或低效的。

企业丛林

并不是在所有的情况下，管理协调所花费的管理费用一定小于市场交易投入的交易成本。这就是科斯交易成本理论所讨论的公司产生的原因，当管理费用低于交易成本时，公司才能产生和存在。

关系协调的有效性包括两个方面的内容：一是从协调的范围分析，所协调的关系对象必须充分广泛，即所协调的投资人、经营者、管理者和劳动者在量上足够大，能适应社会化大生产的需要。二是从协调的质量分析，达成的遵从程度必须充分高，至少能保证公司成员的绝大多数都服从公司所确定的价值目标、发展战略、措施计划、组织约束。公司的价值目标、发展战略、措施计划、组织约束等也都是对人的意志行为的一种约定。由此不难理解，关系协调的有效性越高，公司的意志行为约定就贯彻执行得越全面彻底，公司的发展也就越快越稳定。在此，关系协调的有效性也就直接表现为对公司的价值目标、发展战略、措施计划、组织约束的人员遵从的广泛性，即让广泛的人员（投资人、经营者、管理者和劳动者）全面地遵从公司价值目标、发展战略、措施计划、组织约束的约定。

如何才能实现人员遵从的广泛性呢？其途径有三条：一是等级权力管控，二是规则约束协调，三是前两条途径的组合。第三条途径从性质内容上分析又可归入前两条途径，所不同的仅仅是它们各自所占比重的大小不同。

所谓等级权力管控，就是以权威为基础，在公司内部有一个拥有至高无上权力的人，他的意志也就是公司的意志，他提出的行为要求也就是公司的行为要求，没有人敢违抗，也没有人能违抗。当这个公司规模大得他两眼不能普照时，就只能由他一级一级地委任意志代言人，进行等级控制。这就像4000多年前埃及法老胡佛修建他的陵墓——胡佛金字塔一样，把4000人的庞大施工队伍按照工程四边分成四个二级负责人，每一个二级负责人再以此下分，直到每个施工作业班组达十人为止。这就像所建金字塔一样，形成了多级的等级权力结构。在此，管理协调就通过这种等级权力结构达成了目的。在这个等级权力管控结构中，任何一个下级对于上级都只能无条件地服从。

但这一形式的管控协调存在三个无法突破的限制。

一是权威人士的健康和生命限制。再权威的人都不可能因为权威而永远健康，长命百岁。建立在权威基础上的等级权力管控如果发生了权威人士死亡或健康问题，这一结构的秩序也就不存在了，关系协调的有效性也就没有了。

二是权威形成的限制。权威不是自封的，他必须有超人的见识或建树，而这种超人的见识或建树，往往还得由时间检验。一个权威人士的退位，无法保证有另一个权威及时替补上来，否则关系协调的有效性也就中断了。

三是权威人士不可能全知全能。斯隆曾经说过："在独裁者的公司，一个机构是不能发展成为成功的组织的。如果独裁者知道所有问题的所有答案，那么独裁制度是最有效的管理方式。但没有一个独裁者能做到这一点，将来也没有人能做到。"（参见中央电视台第二频道大型纪录片《公司的力量》第六集）

规则约束协调的规则包括两大要求：一是公司的价值目标、发展战略、措施计划、组织约束内容的必要性、合理性和不容违背性；二是公司的价值目标、发展战略、措施计划、组织约束形成程序的合情、合理、合法性。达成人员遵从广泛性的规则约束必须以规则认同的广泛性为条件：不仅公司组织内部成员大多数，甚至全部都认定规则约束的必要性、合理性和不容违背性，而且与公司发展相关的资源拥有人也都认定规则约束的必要性、合理性和不容违背性。只有公司发展利益关联主体的大多数，包括内部的和外部的，都对规则约束的内容和形成程序的认同，规则才具有权威性，也才能被自觉遵从，并形成相互监督的机制，以保证每一个利益关联主体都遵从，不发生违背的事件。在此，规则约束协调，也就通过规则权威性的获得而达成了人员遵从的广泛性。

很显然，规则认同的广泛性又直接是以环境适应的广泛性为前提的。如果其规则不具有环境适应的广泛性，也就是规则内容的必要性、合理性和不容违背性没有被广泛的认同，或者是规则形成程序的合情、合理、合法性没有得到广泛的认同。这也就是说，环境适应的广泛性必须以规则制定参与的广泛性为前提。所谓规则制定参与的广泛性，也就是让与公司发展相关的所有利益关联主体都参与到规则的制定过程中来，一方面集思广益，以保证环境适应的广泛性；另一方面又通过相互妥协达成意志意识的统一协调。

在企业的丛林里，有的企业百年长青，之所以能长成参天大树而仍然枝繁叶茂，是因为它有以规则制定参与的广泛性支持的环境适应的广泛性，进而获得了规则认同的广泛性，又由规则认同的广泛性支撑人员遵从的广泛性，进而获得了关系协调的有效性，即使得公司发展壮大和强盛。相反，有的企业仅仅因为偶尔的不确定的外部原因给它带来了在企业丛林中冒尖出头的机会，得到了阳光雨露，获得了短暂的枝叶茂盛后就叶落根败，落红成了无情物，化作春泥护他花，是因为它们或者是建立在个人权威基础之上，因为权威的限制而无法延续繁荣，或者是其支撑企业发展大树的树干中规则制定参与的广泛性、环境适应的广泛性、规则认同的广泛性、人员遵从的广泛性四段中的一段或几段没有达成而脆折所致。

四、企业丛林繁荣之路的探索

如何达成规则制定参与的广泛性、环境适应的广泛性、规则认同的广泛性、人员遵从的广泛性呢？这也就是探索企业在丛林中的繁荣之路的问题。这一问题的解，就是本系列丛书所讨论阐述的全部内容。

企业规范化管理，是通过一套公开透明、上下认同、系统完整、行之有效的游戏规则实现的，目标严格指向企业价值增值和积累的管理。“目标严格指向企业价值增值和积累”，强调管理实施目的是达成关系协调的有效性，能在充分整合内部资源的基础上整合充分多的外部资源以实现企业的发展；“通过游戏规则实现”，强调管理实施不是通过建立在能人权威基础上的等级权力管控达成公司内部管理协调的目的，而是通过规则约束达成公司内部管理协调；“行之有效”，强调所确定的规则具有充分的合情、合理、合法性，以及建立在这种合情、合理、合法性基础上的不可违背性；“系统完整”，强调规则是成体系的，不是支离破碎的要求，是环境适应的广泛性要求的达成；“上下认同”，强调这套规则体系是在规则制定参与的广泛性基础上实现的，具有形成程序上的合情、合理、合法性；“公开透明”，强调这套规则体系是相对稳定的，不是任何一个凌驾于公司发展要求之上的特权人物可“暗箱操作”、随意删改的。

所以，企业规范化管理实施的过程，也就是规则制定参与的广泛性、环境适应的广泛性、规则认同的广泛性、人员遵从的广泛性，以及关系协调的有效性实现的过程。

《企业规范化管理系统实施方案》的体系结构直接建立在把企业组织作为一个有机系统分析的基础之上。从系统的角度分析，企业组织是由目标体系、组织结构、岗位员工、运行流程和企业文化等五部分构成的有机体。目标体系是这个有机体的血液养分，组织结构是这个有机体的骨骼骨架，岗位员工是这个有机体的细胞组织，运行流程是这个有机体的神经血管，企业文化是这个有机体的基因密码。《企业规范化管理系统实施方案》整个系列分为六个相对独立的部分，每一部分独立成书，并且都有其理论思路、标准要求、实施方法的探索讨论。在这五个有机构成部分之前有一个基本理论思路的清理探索，即《企业规范化管理系统实施方案·理论思路清理》，回答的是为什么需要规范化管理及如何整体实施规范化管理的问题。目标体系是决策制定的结果，其所管理协调的是决策制定问题，所以有《企业规范化管理系统实施方案·决策制定管理》，其所回答的问题是如何避免企业决策制定失误，如何提升决策质量，以最大限度地保障企业持续、快速发展。另外四个部分依次为：《企业规范化管理系统实施方案·组织架构管理》，回答的是企业组织架构怎样才能铁骨铮铮，保障企业组织执行力，提升组织竞争力的问题；《企业规范化管理系统实施方案·岗位员工管理》，回答的是如何才能让每一个岗位员工有能力素质、有意志意愿、有热情耐心，以保证完满地履行所赋予职责的问题；《企业规范化管理系统实施方案·运行流程管理》，回答的是如何才能保证每一个岗位员工都做正确的事、正确地做事、负责地做事的问题；《企业规范化管理系统实施方案·文化建设管理》，回答的是如何进行企业文化建设管理，以实现企业组织基因的改造，全面构建出能保证企业发展持续快速，基业长青的强势企业文化的问题。

《企业规范化管理系统实施方案》系列书的研究探索，吸纳并整合了源于西方的MBA课程的专业化研究成果，但超越了MBA课程专业相互独立的局限，填平了专业分割所划分的鸿沟。其研究探索的是紧紧盯住企业整体和企业发展过程中进行的，不仅看清了企业组织有机体的手、臂、脚、腿、身躯，而且是在完整的企业组织有机体基础上对企业组织运行的规律和过程进行的研究。所以，它可直接为公司CEO提供经营管控的完整框架和思路、方法。各类MBA，如果想快速满足合格乃至杰出CEO的知识技能要求，必须补上《企业规范化管理系统实施方案》这一课，即使只想做CEO的助手或操盘手，也必须补上这一课。盲人摸象式的企业管理知识和技能，即使不葬送企业的发展，也难以保障企业的发展。不能起到保障企业发展作用的CEO助手或操盘手，也是不合格的CEO助手或操盘手。

当然，《企业规范化管理系统实施方案》系列丛书还仅仅是一个开创性的探索。为丰富完善这一探索，笔者主持创建了内容丰富、体系完整的信息交流平台——“中国企业规范化管理网”（网址为：www. hwaaaaa. com，或者 www. hwaaaaa. net），旨在为专家、学者以及各类MBA交流批评、补充意见提供方便。并且笔者也殷切希望有更多的专家、学者及各类MBA加入这一研究探索中来，提出批评，进行补充，以丰富完善本系列丛书所确立的理论方法体系。

舒化鲁

2011 年 11 月

本书内容概要

企业组织是由目标体系、组织结构、岗位员工、运行流程和企业文化五个部分紧密联系、相互渗透、相生相克构成的有机整体。企业管理规范化的实施，必须对应这五个部分。岗位员工是企业组织的细胞组织，细胞组织缺少活力，企业组织整体就不可能有活力，组织执行力也就只能是空话。

岗位员工要在企业发展中起到细胞组织的作用，必须保证每一个岗位员工都有能力素质，能完满地履行企业组织赋予的职责；都有意志意愿，愿意积极努力以完满地履行其职责；都有热情耐心，遇到任何艰难险阻，都不退缩地迎难而上。

要保证岗位员工有能力素质、意志意愿、热情耐心，其管理实施必须盯住人和目标，遵循关系平等、实施严肃、记录明细、诚实守信、公开透明、责任明确六大原则。

岗位员工管理的核心内容是把人置于价值需求满足和满足条件剥夺的边际情境以激励改变其意志行为选择。没有边际情境的构筑，人的潜能永远只是潜能；边际对比差距越大，人的潜能发挥越充分；激励兑现的时滞越短，效果越佳。激励的途径包括物质利益激励、权力授予激励、荣誉给予激励、使命赋予激励、目标感召激励、发展机会激励、自主权激励、参与权激励八个方面。企业组织激励机制主要由经济福利激励、绩效考核激励、价值认定激励三个构成部分。但激励的实施必须盯住企业组织内部的五种人及其对应关系。

人才和管理是新经济时代企业发展的两大瓶颈，员工发展管理是企业管理的永恒主题。而员工在发展上存在意志指向不稳定、意志努力程度不稳定、自我社会价值观念的限制和机会主义心理四个方面的惰性，必须从意志欲望、兴趣偏好、知识技能、事业成就四个方面全面实施管理，以克服惰性，引导发展。

岗位员工没有积极的态度，是因为其意志管理的愿景设计、沟通交流、授权支持、跟踪考核、酬赏兑现五个环节构成的激励封闭反馈环路不通。他们缺少热情耐心是因为岗位员工管理中缺少情感和情绪管理，存在不尊重人、不信任人、不关怀人的问题。

本书探索创新了薪点工资简化实施的方法及一般常见工资体系和奖励工资的核定方法，重点分析了保证激励效果的绩效考核“十字标准”，以及达成的方法，包括目标化管理法、用户评价法、质证举证法、问题清算法、问题查寻统计法等量化实施方法。岗位员工发展管理方法的分析探索也是本书的重要内容，本书分析探索了岗位员工简历管理法、岗位关联轮换管理法、人力规划对应法、时尚营造法、价值强化法、比赛竞技法、创业鼓励法、职业生涯设计法、金手铐控制法、目标强化法十个方法。

本书探索的理论思路、标准要求和实施方法与源自西方的MBA教程的人力资源管理不同，是在企业发展的系统框架中探索回答如何保证岗位员工有履行好职责的能力素质、意志意愿和热情耐心的问题，是为解答管理学的基础问题——如何通过他人做好工作——进行的具体分析和探索。

目　录

第一篇　岗位员工管理规范化实施的思路

第一章　岗位员工管理必须有的理念 …… 3

一、岗位员工的本质特性及其管理的内容 …… 3

二、员工永远是企业辉煌的根据 …… 7

三、市场竞争，最终是员工的比拼 …… 9

四、有人者输不久，无人者赢不长 …… 10

五、律人之道：天之无恩而大恩生 …… 12

六、对于下属员工要多给机会 …… 13

第二章　岗位员工管理必须盯住人和目标 …… 15

一、国美集团的企业战略观 …… 15

二、成就事业，人和比天时、地利更重要 …… 16

三、人和的基础：严于律己，宽以待人 …… 18

四、人和的艺术：仅仅明辨必须明辨的是非 …… 19

五、人和的关键：知过而不饰非 …… 21

六、人和的梗阻：容忍偷奸耍滑者 …… 23

七、人和的技巧：六大管理方式相机而用 …… 24

八、人和的陷阱：对员工定位失当 …… 25

第三章　激励是岗位员工管理的核心内容 …… 28

一、激励的本质 …… 28

二、激励效果分析 …… 29

三、激励实施的艺术 …… 32

四、激励实施的八条途径 …… 34

五、激励机制建设的思路 …… 37

六、企业组织内部的五种人 …… 39
七、企业组织内部五种人与激励机制的关系 …… 41
第四章 激励机制健全，岗位员工管理才能高效 …… 46
一、激励机制建设必须面对和回答的问题 …… 46
二、企业组织激励机制的三个构成部分 …… 47
三、激励实施管理的关键之一：对应努力和贡献 …… 53
四、激励实施管理的关键之二：不让人逃避责任 …… 54
五、激励机制不是几个激励措施的堆砌 …… 55
第五章 员工发展管理是企业管理的永恒主题 …… 58
一、一个具有永恒价值的案例：太阳神不再神 …… 58
二、两位世界级经营大师在人事政策上的忠告 …… 61
三、新经济时代企业发展的两大瓶颈 …… 62
四、企业发展与员工发展的关系 …… 65
五、企业现有人力资源开发方式的局限 …… 67
六、员工发展上的四大惰性 …… 69
第六章 员工发展管理的实施思路 …… 72
一、员工发展管理的内涵 …… 72
二、员工意志欲望的发展管理 …… 74
三、员工兴趣偏好的发展管理 …… 77
四、员工知识技能的发展管理 …… 80
五、员工事业成就的发展管理 …… 81
第七章 强化员工绩效管理 …… 84
一、索尼久陷困境而不能自拔的深层原因 …… 84
二、员工绩效管理的内容 …… 88
三、面谈沟通不充分难免酿成对立 …… 90
四、绩效考核面谈沟通的实施思路 …… 92
五、员工绩效管理分析的实施思路 …… 95
六、事先承诺的奖励打不得折扣 …… 98
七、员工绩效激励兑现的实施思路 …… 100

第二篇 岗位员工管理规范化的标准

第一章 岗位员工管理的原则要求 …… 109

一、关系平等原则的标准要求 …… 109

二、实施严肃原则的标准要求 …… 110

三、记录明细原则的标准要求 …… 111

四、诚实守信原则的标准要求 …… 112

五、公开透明原则的标准要求 …… 114

六、责任明确原则的标准要求 …… 115

第二章 选择聘任管理的标准要求 …… 117

一、岗位员工能力管理的内容 …… 117

二、选择聘任管理的内容 …… 118

三、招聘计划拟订管理的标准要求 …… 119

四、招聘信息发布管理的标准要求 …… 120

五、报名初选组织管理的标准要求 …… 121

六、招聘面试组织管理的标准要求 …… 122

七、岗位员工人选确定管理的标准要求 …… 123

八、岗位员工选择聘任管理必须注意的问题 …… 124

第三章 培训开发管理的标准要求 …… 126

一、培训开发管理的内容 …… 126

二、岗前培训开发管理的标准要求 …… 128

三、在岗培训开发管理的标准要求 …… 129

四、离岗内部培训开发管理的标准要求 …… 131

五、离岗外出短期培训开发管理的标准要求 …… 132

六、离岗外出长期培训开发管理的标准要求 …… 134

第四章 员工发展管理的标准要求 …… 136

一、意志欲望发展管理的标准要求 …… 136

二、兴趣偏好发展管理的标准要求 …… 138

三、知识技能发展管理的标准要求 …… 139

四、事业成就发展管理的标准要求 …… 140

五、员工发展管理实施过程中必须注意的问题 …… 142

第五章 愿景设计管理的标准要求 …… 143

一、岗位员工意志管理的激励环路 …… 143

二、愿景设计管理的内容 …… 147

三、企业组织共同愿景设计的标准要求 …… 150

四、岗位员工个人愿景设计的标准要求 …… 151

第六章 沟通交流管理的标准要求 …… 154

一、沟通交流的内涵 …… 154

二、沟通交流管理的基本要求 …… 156

三、决策讨论沟通管理的标准要求 …… 161

四、问题商讨沟通管理的标准要求 …… 164

五、工作指令沟通管理的标准要求 …… 165

六、工作进程沟通管理的标准要求 …… 169

七、绩效考核沟通管理的标准要求 …… 171

八、酬赏兑现沟通管理的标准要求 …… 174

九、矛盾化解沟通管理的标准要求 …… 175

十、情感融合沟通管理的标准要求 …… 179

第七章 跟踪考核管理的标准要求 …… 183

一、跟踪考核管理的内涵 …… 183

二、履职跟踪管理的标准要求 …… 186

三、绩效考核管理的基本要求 …… 187

四、绩效考核标准分析设定管理的标准要求 …… 190

五、绩效考核活动承担主体管理的标准要求 …… 191

六、绩效考核周期选择设定管理的标准要求 …… 194

七、绩效考核方法选择管理的标准要求 …… 195

八、绩效考核工具选择制作管理的标准要求 …… 196

第八章 酬赏兑现管理的标准要求 …… 198

一、酬赏兑现管理的内涵 …… 198

二、企业薪酬管理的标准要求 …… 200

三、岗位角色选拔任用管理的标准要求 …… 204

四、决策制定过程参与管理的标准要求 …… 206

第九章 岗位员工情感管理的标准要求 …… 209

一、岗位员工情感管理的内涵 …… 209

二、情感管理实施途径之一：尊重人管理的标准要求 …… 211
三、情感管理实施途径之二：信任人管理的标准要求 …… 218
四、情感管理实施途径之三：关怀人管理的标准要求 …… 223
第十章　岗位员工情绪管理的标准要求 …… 227
一、岗位员工情绪管理的内涵 …… 227
二、情绪诱导管理的标准要求 …… 229
三、情绪防范管理的标准要求 …… 231

第三篇　岗位员工管理规范化实施的方法

第一章　经济福利激励实施的基本方法 …… 237
一、经济福利激励的九个内容 …… 237
二、薪资管理政策的确立方法 …… 238
三、薪资总额的确定方法 …… 240
四、薪资结构的选择方法 …… 243
五、薪资体系的选择方法 …… 247
第二章　薪点工资实施的程序方法 …… 249
一、确定岗位工作评价需求 …… 249
二、确定岗位工作评价专门负责机构 …… 250
三、岗位工作评价知识技能培训 …… 251
四、谋取在岗员工的配合和支持 …… 252
五、收集评价要素信息 …… 252
六、进行岗位工作评价过程沟通 …… 253
七、选择确定岗位工作评价要素 …… 254
八、界定评价要素 …… 254
九、确定评价要素权重 …… 255
十、划分评价要素的水平等级 …… 255
十一、进行要素水平等级配分 …… 256
十二、确定薪点工资方案 …… 257
十三、制定岗位工作评价后续维护方案 …… 257
十四、定期检查维护岗位工作评价方案 …… 258

第三章　薪点工资实施的要素排序比较归位法 …… 260
一、收集岗位工作信息 …… 261
二、选择设定评价要素 …… 261
三、确定评价要素的等级水平数 …… 264
四、确定每个评价要素的权重 …… 264
五、对每个评价要素的每个水平等级配分 …… 265
六、根据不同评价要素分别对所有岗位工作进行交替排序 …… 266
七、归位确定每个岗位的每个评价要素的水平等级 …… 267
八、根据评价要素的水平等级配分计算各个岗位的薪点 …… 268
九、确定企业岗位工作最高和最低工资限额，计算工资率 …… 269
十、计算各个岗位的薪点工资数 …… 269
第四章　其他常见工资体系的确定方法 …… 271
一、岗位等级工资实施操作程序 …… 271
二、平均基础工资 …… 275
三、职务技能工资 …… 276
四、年薪制工资 …… 276
五、提成制工资 …… 277
六、计件制工资 …… 278
七、计时制工资 …… 278
第五章　奖励工资的核定方法 …… 279
一、奖励工资产生激励作用的三个条件 …… 279
二、目标锁定法 …… 280
三、综合绩效法 …… 284
四、其他三种奖励工资核定法 …… 286
第六章　其他薪资构成部分的核定方法 …… 288
一、附加工资的核定方法 …… 288
二、福利保险的核定方法 …… 290
第七章　薪资支付管理方法 …… 292
一、薪资支付的六个原则 …… 292
二、薪资支付程序规范 …… 294
第八章　薪资方案调整操作方法 …… 295
一、薪资方案调整的需求鉴别 …… 295

二、薪资方案调整的三个内容 …… 296
三、薪资方案调整的三种方法 …… 296
四、薪资方案调整的程序 …… 298
第九章　绩效考核激励实施的思路梳理 …… 300
一、绩效考核的五大常规问题 …… 300
二、绩效考核具有激励作用的前提：达成“十字标准” …… 307
三、突破上司主管的主观偏见局限的途径 …… 308
第十章　目标化管理法 …… 310
一、目标化管理法与一般目标管理法的区别 …… 310
二、目标选择激励的思路和方法 …… 311
三、目标族系分析 …… 313
四、岗位员工绩效绝对成绩计算方法 …… 316
五、一般性质岗位员工目标考核绝对成绩计算模型及分析 …… 318
六、特殊性质岗位员工目标考核绝对成绩计算模型 …… 321
七、岗位员工绩效特征得分的计算 …… 325
八、目标化管理法操作的七步程序 …… 328
第十一章　用户评价法 …… 335
一、用自己的钱投票评价，不会有虚假的高评价 …… 335
二、用户评价法的成功实践举例 …… 336
三、用户关系分析确定 …… 337
四、职责权重确定 …… 339
五、用户评价登记 …… 340
六、履职人员绩效自我总结评价 …… 341
七、审核确定绩效得分 …… 342
第十二章　质证举证法 …… 343
一、质证举证法的三大优点 …… 343
二、质证举证法操作的五个要点 …… 344
三、质证举证法实施的十一步程序 …… 344
第十三章　问题清算法 …… 347
一、问题清算法的五个优点 …… 347
二、问题清算法操作的十个要点 …… 348
三、问题清算法绩效考核成绩计算模型 …… 350

四、问题清算法实施的十步程序 …… 350
第十四章 问题查寻统计法 …… 359
一、问题查寻统计法的四个优点 …… 359
二、实施操作的七个要点 …… 360
三、问题查寻统计法绩效考核成绩计算模型 …… 361
四、实施操作的十步程序 …… 363
第十五章 岗位员工发展管理的十种方法 …… 366
一、岗位员工简历管理法 …… 366
二、岗位关联轮换管理法 …… 371
三、人力规划对应法 …… 375
四、时尚营造法 …… 378
五、价值强化法 …… 381
六、比赛竞技法 …… 382
七、创业鼓励法 …… 384
八、职业生涯设计法 …… 388
九、金手铐控制法 …… 391
十、目标强化法 …… 393
第十六章 岗位员工发展管理的实施程序 …… 396
一、岗位员工发展管理目标确定阶段的工作 …… 396
二、选择实施方法，组织实施阶段的工作 …… 399
三、完善岗位员工发展管理规则阶段的工作 …… 402

参考文献 …… 403
后 记 …… 408

第一篇

岗位员工管理规范化实施的思路

岗位员工要在企业发展中起到细胞组织的作用，必须保证每一个岗位员工有能力素质、意志意愿、热情耐心，其管理实施必须盯住人和目标，遵循关系平等、实施严肃、记录明细、诚实守信、公开透明、责任明确六大原则。岗位员工管理的核心内容是把人置于价值需求满足和满足条件剥夺的边际情境以激励改变其意志行为选择。没有边际情境的构筑，人的潜能永远只是潜能；边际对比差距越大，人的潜能发挥越充分；激励兑现的时滞越短，效果越佳。激励的途径包括物质利益激励、权力授予激励、荣誉给予激励、使命赋予激励、目标感召激励、发展机会激励、自主权激励、参与权激励八个方面。企业组织激励机制主要有经济福利激励、绩效考核激励、价值认定激励三个构成部分。

第一章

岗位员工管理必须有的理念

岗位员工就是被选派到特定岗位上担任一定角色并承担相应职责的人。一个人应聘被选中进入企业组织担任一定角色，在一定岗位上承担相应的职责，他也就成了这个企业组织的一个岗位员工。本章主要介绍岗位员工的本质特性及其管理的内容，员工永远是企业辉煌的根据，市场竞争最终是员工的比拼，要多给下属员工机会，懂得律人之道。

一、岗位员工的本质特性及其管理的内容

讨论岗位员工管理，首先必须明确岗位员工的本质特性是什么。

所谓岗位员工，简单地说，就是被选派到特定岗位上担任一定角色、承担相应职责的人。一个人应聘被选中进入企业组织担任一定角色，在一定岗位上承担相应的职责，他也就成了这个企业组织的一个岗位员工。即使他是企业投资人之一，只要他进入一个特定的岗位，承担相应职责，并通过自己的劳动获得报酬，他也就成了这个企业的一个岗位员工。岗位员工和员工是近似概念，其不同仅仅在于称为岗位员工是强调他必须担任一定角色、承担一定的职责，不是只拿钱不干活儿的特殊员工。

1. 岗位员工的共性

尽管岗位员工作为自然人可能存在很大的不同，但作为企业组织的一个特定分子却具有一系列共同的特性。无论他们各自在企业组织中的地位、身份、作用方面有多么大的不同，都不例外。这种共同特性，可主要概括为以下五个方面：

（1）他们与企业组织不存在任何形式的依附关系，都是自由人，随时都可以离开这个特定企业组织而另谋高就，并且也没有人能阻挡。

（2）他们都是具有自我意识，其行为活动仅仅是寻求自我肯定的主体性存在。没有人会无缘无故地进入一个企业组织，更不会不求回报地为企业发展贡献自己的才能和精力。

（3）他们在企业组织中的行为目的，要受到企业发展促进价值目标的限制，他们的活动必须服务于企业发展价值目标的达成。

（4）他们在企业组织中的活动，不再仅仅作为一个自然人个体进行，而是作为企业组织的一个分子、一个细胞进行的，在企业组织中活动的结果，无论好坏，最终都得由企业组织这个整体承担相应的责任。

（5）他们都必须具备一定的能力。具有一定的能力，能为企业发展价值目标的达成作出一定的贡献，这是他们进入企业组织特定岗位的门票。尽管这种能力在内容和形式上可能存在巨大的差别，但没有一定的能力，就不能进入企业组织特定岗位并担任一定角色，企业组织不会收留任何一个对企业发展毫无用处的人。

2. 岗位员工之间的差异

尽管岗位员工有五个方面的共同特性，但这些共同特性并不能抹杀他们彼此之间的差异。因为他们毕竟又是一个一个特定的个体。这种差异可主要概括为以下四个方面：

（1）他们个人所寻求的最终价值并不完全相同。他们进入企业组织，并不完全是为了同一目的，而是都有自己的追求。并且这种追求，都是他们自己的一种价值选择。尽管可以通过企业文化影响他们的价值观念，但任何人都无法把价值观念强加于他们。

（2）他们在兴趣偏好上，可能有自己的特点。任何一个人都不免有自己的个性，企业组织不能也没有必要把所有岗位员工都变成千孔一面的模式化的概念人。

（3）他们的角色行为和职责也不完全相同。他们的行为和职责是根据企业组织的要求设定的，从不同的方面服务于企业发展价值目标的达成。

（4）他们在企业组织中的地位、作用也不尽相同。角色所在岗位的层次地位不可避免地会有高低之分，对企业资源所拥有的支配、使用权力也不可避免地有大小之别。并且为企业组织目标的达成所承担工作的内容、形式、方式，也都会存在一定的差异。

岗位员工的这些特征，就决定了对他们的管理的基本前提和方式，不能像约束奴隶和罪犯那样用绳子绑着，或用枪顶着脑袋进行控制。而只能通过高度关注他们的价值需求的满足，用他们所寻求的利益来激励，使之自主调整其意志行为，以与企业组织的要求相适应。对任何一个岗位员工，不能强迫，也无法强迫。

3. 只有通过管理，岗位员工才可能转化为组织细胞

企业是社会经济组织，岗位员工是构成企业组织的分子，或叫细胞。但作为企业组织细胞的岗位员工，却又与生命有机组织的细胞完全不同，甚至可以说是相对立的。生命有机组织的细胞是组织细胞从内部分裂变化而成的。一方面，分裂产生的细胞在功能作用上与原有细胞仅仅具有很小的不同，但具有完全相同的基因密码，无论怎么分裂，它们相互之间都具有高度的亲和力。另一方面，生命有机组织的细胞本身不具有任何独立性，它们对生命有机组织整体存在着绝对的依附、依存关系，它们一旦脱离了存在于其中的生命有机组织，没有外力作用为之创造适宜的条件，就只能死亡。它们的生命活动也主要是在生命有机组织内进行的，其生命活动本身也是为生命有机组织的存在和发展服务的。否则，生命有机组织就可能会发生病变，甚至死亡。因此，生命有机组织的细胞，会自动地承担需要它承担的功能作用，并实现其相互之间的协调和融合。

图1－1 项目投资和岗位员工二者不能失衡

而企业组织则是由一个一个独立的自然人组成的，是由企业发展的愿景目标所具有的感召作用，把所需要的人聚合起来形成的。这种聚合无论发展到何种程度，都不能消除所聚合起来的自然人个体的独立性。在任何时候，他们都不免浮游于特定企业组织与社会其他群体组织之间。他们聚

聚散散，不断地寻寻觅觅，靠拢和进入对他们有吸引力的社会组织，逃离不认同他们也不被他们所认同的社会组织，甚至进入与他们所进入过的特定企业组织存在直接敌对关系的其他社会经济组织。

所以，进入企业组织，充当一定岗位角色的个人，是否能成为企业的组织细胞，是非常不确定的。不仅如此，他甚至有可能成为企业组织的一个毒刺，危害企业组织的存在和发展。把一个具有完全独立性的自然人，作为特定的岗位员工，纳入一个远不是统一的生命有机组织的企业组织之中，必须通过外部管理才可能实现岗位员工与企业组织整体及其他岗位员工相互之间关系的协调和融合，即让这种远不是细胞的独立个体与整体之间，以及个体与个体之间的关系，协调、融合为与生命有机组织内部的细胞与组织之间、细胞与细胞之间同样的关系。如果这种协调和融合，最终未能实现，那么这个企业组织作为一种组织，也就不可能真正具有生命有机组织所具有的性质特征，也就不可能具有执行力和竞争力，也就不可能具有充足的活力和生命力。

这种把远不是细胞的独立个体与整体之间、个体与个体之间的关系，协调、融合为与生命有机组织内部的细胞与组织之间、细胞与细胞之间同样关系的管理，就是岗位员工管理，并且是最为理想的岗位员工管理。这种岗位员工管理也因此与欧美 MBA 教科书中的人力资源管理大大不同。

4. 对应履行好职责所需主观条件的岗位员工管理

让具有完全独立性的自然人个体放弃一定的独立性，作为企业组织的构成细胞存在，在企业组织所赋予的角色上完满地履行职责——全面做好由履职标准界定的各项工作，仅仅从岗位员工的主观方面分析，也是有条件的。这条件主要有四个方面：

（1）能力素质条件。他们拥有完满地履行职责，出色地做好工作的能力——这是岗位员工个人成为组织细胞的前提条件。无论怎么努力，谁都只能做成他所能做成的事。企业不是福利院，也只能吸纳对其价值目标的达成有用的人。这一限制是无法突破的。

（2）意志意愿条件。他们拥有完满地履行职责，出色地做好工作的意志意愿——这就是岗位员工个人具有成为组织细胞的意志要求，不仅希望成为企业组织的相应岗位员工，而且愿意按照岗位职责的要求，付出努力把所承担的工作做好。

（3）热情耐心条件。他们拥有完满地履行职责，出色地做好工作的热情耐心——这就是让角色个人必须具有发挥组织细胞作用的稳定意志意愿。充当特定岗位员工，也就要求作为企业组织的特定组织细胞持续不断地发挥作用。突发奇想的一时冲动，是不能保证完满地履行好职责的。必须有特定的情感不断强化他的意志意愿，使之能经受得住挫折和艰难险阻的考验而不退缩。

（4）激情牺牲精神。他们拥有完满地履行职责，做好工作的激情和冲劲——这就是使角色个人作为组织细胞发挥作用，必须具有不惜牺牲一切的大无畏精神，就像人体的白细胞，要时刻准备与入侵的微生物体同归于尽一样。否则，过于患得患失，是不可能完满地履行好职责的。

这四个方面的条件，同时也是特定岗位员工完满地履行职责，成为企业杰出员工的条件。进入一个企业组织，充当特定岗位员工的人，既不可能自动保证其能力素质满足履职条件的要求，也不可能自动保证其具有完满地履行职责，以及出色地做好工作的意志意愿、热情耐心和激情牺牲精神。这就决定了必须借助于岗位员工管理来提供支持和保障。岗位员工管理的内容也就直接对应于岗位员工完满地履行职责，出色地做好工作的四个条件，即能力管理、意志管理、情感管理和情绪管理。

图1－2 杰出员工的标准

二、员工永远是企业辉煌的根据

笔者在所著的《中国式管理式系统实施方法》一书中，系统分析了岗位员工的属性。套入中国五行系统思考模式，其属金，其作用是审平。

岗位员工，作为一个主体性存在，在任何时候都是为希望而存在的。当他对未来充满希望时，他就会充满热情和耐心。如果他对于希望充满信心，那么当下的任何艰难困苦都不会让他低头和退缩。叛徒之所以成为叛徒，是因为他对他们所寻求的事业的希望和信心动摇了。岗位员工随时随地都在对他们所工作于其中的企业未来进行评估。如果其发展没有希望，或者其发展不能为他们提供实现其价值的舞台，以及让他们获得其所希望的利益满足，他们也就不会加入进来。即使加入进来了，他们也会逃离。任何让他们希望消失、信心动摇的感觉，都会使他们的心慢慢地从企业组织离去，由人和变得人不和，企业组织也就由有执行力、竞争力，变得不再有执行力、竞争力。

在企业发展的过程中，最重要的因素是人。人是名副其实的第一生产力，先进的技术、设备都得由人运用才能创造价值，机器人也得靠人控制才能组织生产。这个结论，至少科学技术发展到现在还无法改变。因而任何轻视岗位员工，不重视岗位员工发展的企业，要谋求发展并获得稳定的市场竞争力，也都是不可能的，那只能是缘木求鱼。

吴起是中国历史上名副其实的常胜将军。在他的军旅生涯中，大战76次，全胜64次，平局12次，无一败绩。他守西河长达二十多年，所统士兵不过五万，却抗击着秦国数十万大军，并为魏国拓展领土千里之阔。后来魏国的军事理论家尉缭子称赞吴起说："只要有七万之众的军队，天下就没有人可阻挡了。这样的人是谁？就是吴起。"

他之所以能成为常胜将军，除战略战术上精于计谋之外，更重要的一点是他治军有方，大得兵士之心，保证了人和。

他留下来的兵书《吴子》总共六篇，其中三篇与治军有关。《治兵》、《论将》和《励士》三篇都是阐述如何让兵士愿打仗、能打仗的。他认为，军队打胜仗，不完全取决于数量上的优势，重要的是依靠军队的质量。其标准为，有能干的将领统率，兵士经过严格训练，号令严明统一，赏罚严明有信。他重视将帅的作用，强调好的将帅不仅要有好的谋略，而且必须有优良的品质和作风。要重视士卒的训练，以提高兵士的实际作战能力。他强调通过赏功激励士兵。

他所带兵士，万众一心，战斗力极强。

在治军的实践中，他更是身体力行。《史记・孙子吴起列传》记载，吴起作为一个将军，与最下等的士卒穿同样的衣服，吃同样的饭。晚上睡觉从不另设床席，行军不骑马，与兵士同样徒步行进，并且亲自背负军粮，真正与士卒同劳苦。更为难得的是，士卒生了病疽，他亲自用嘴为士卒吮吸脓秽以医治。正是他能如此善待兵士，才全面创造出人和条件。有了这种人和条件，怎么能不在战场上攻无不克、战无不胜呢？

对于企业而言，这也就是员工队伍建设。所以，企业老板和高层主管必须牢记：员工永远是企业辉煌的根据，不着力于岗位员工的管理，辉煌就可能与你无缘。

三、市场竞争，最终是员工的比拼

人是第一生产力，市场竞争得靠人来竞争，竞争的任何活动都得由人来实施完成。也只有人的素质充分高，能力充分强，积极主动性充分大，有热情耐心，有牺牲精神，人人都最大限度地为企业发展作贡献，企业才能在市场竞争中所向无敌。

市场竞争说到底就是企业所“和”的人员规模、人员素质、人员意志等相互之间的较量。所以，有远见卓识的企业领导人都明确这一点：没有杰出员工也就不可能有杰出企业，杰出企业得靠杰出员工创造，也只有杰出员工才能创造出杰出企业。

微软公司是因为有微软员工才优秀，联想也因为有了联想员工才辉煌。所以，一个企业想成为一个杰出的企业，就必须从杰出员工的造就入手。

图1-3 人是第一生产力

市场竞争在员工方面的比拼，包括三个方面的内容：

（1）所“和”员工的数量。企业市场竞争力与忠诚于企业的员工人数成正比。忠诚于企业的员工人数越多，企业就越有员工竞争力，进而越有市场竞争力。什么是企业实力？忠诚于企业的员工人数就是企业实力。企业实力不是企业所拥有的资金的多少，至少主要不是这种资金的多少。优秀的岗位员工，十个、二十个，可以用重金挖来，但一百个、一千个、一万个却不可能用重金挖来。

（2）员工所“和”的程度。如果员工没有实现充分的“和”，个人的价值目标没有与企业组织的价值目标统一起来，那么仅仅是在企业混日子，谋一口饭吃，这种数量再大也没有意义。

（3）员工的能力素质。市场的竞争最后必然体现到员工能力素质的竞争上。员工能力素质高于对方，至少能创造出比对方多一点点的创新来，为客户提供稍稍多一点的价值满足，这样企业就站到了克敌制胜的制高点上，企业在市场竞争的角斗中也就有了战胜对手的优势。

四、有人者输不久，无人者赢不长

《增广贤文》有一句话讲：“有儿穷不久，无儿富不长。”这两句话所蕴涵的哲理转换运用到企业发展上来，也是十分恰当的。这也就变成了“有人者输不久，无人者赢不长”。

什么是有人？

有人就是企业广泛地凝聚了有能力素质、有意志意愿、有热情耐心、有牺牲精神的员工。有意志意愿，是指员工认同了企业发展目标，并把自己的价值目标与之统一起来了，即他们的心都与企业组织融合在一起了。有能力素质，是指心与企业组织融合在一起的人，能对企业发展有所贡献。有热情耐心是指“和”进来的员工具有情绪自控能力，不会被任何一点小小的挫折和艰险吓退。有牺牲精神，是指所“和”员工在情感上与企业组织团队实现了融合，爱企业组织团队整体，爱企业组织团队同事，能以企业大局为重，不会斤斤计较一时一事的得失。

企业组织“和”聚了大批这样的员工，即便在市场竞争中偶尔失利，陷入困境，也不会长久地困难下去，而会很快反败为胜，重新走向辉煌。相反，一个企业如果仅仅是抓住了某一个天赐的机会，或者用一个特别的计谋打败了竞争对手，而没有凝聚足够多的有能力素质并对企业组织具有足够高的忠诚度的员工，那么这种企业是不可能实现长久稳定发展的，赢也就是赢这一下子。很多辉煌仅仅昙花一现的企业，衰微也就衰微在这个地方。

由此可知，“有儿穷不久，无儿富不长”这句古训，对于那些津津乐道于营销计谋、市场操作手段翻新的企业领导者，确实具有振聋发聩的警示意义。

图谋通过营销计谋和市场手段，长期取得成功是不可能的。再会算计的人，也难以确保自己的算计稳获成功。诸葛亮的计谋可以说是空前绝后的，“死诸葛还吓走活仲达”，可诸葛亮六出祁山都没有占到任何便宜。因为双方实力差距过大。曹魏兵多将广，而诸葛亮手下则是兵少将寡。这种比拼，在一两个战场上获得一定的优势并获胜是可能的。但是，如果这种计谋不能够改变双方实力的对比，那么最终只能徒耗国力。

图1－4　做企业是“有人者输不久，无人者赢不长”

五、律人之道：天之无恩而大恩生

律，即约束，是管理实施的六大方式之一。对于任何性质的组织而言，管理实施中都必须有约束方式的运用。所以，进行岗位员工管理，往往要对下属员工中偷奸耍滑、不守组织运行规则的人进行惩处，包括扣减工资、降低职务，甚至开除走人。

对不守组织运行规则的成员实施惩处，任何一个主管都可能会感到于心不忍，难为情，往往不免迁就宽容，尤其是对于关系和自己比较亲近的成员。他们这样做实际上是没有弄明白“恩”与“害”之间的关系。

《黄帝阴符经》明确指出：“天之无恩而大恩生，恩生于害，害生于恩。”

严师厉罚出贤人，慈母宠惯养罪人。这是人的教育成长过程中的一个普遍规律。严厉的教育约束才能把人培养成贤德之人，相反，娇惯却会坑害被娇惯的对象。严是害，但对被严教者而言却是利、是恩。娇惯是恩、是爱，但这种恩和爱却直接使被娇惯的人好逸恶劳，为所欲为，不知约束，最终进入社会后，为非作歹，被人唾弃。这则是害了。

所以对于员工的管理必须严，严是对企业组织的负责，更是对岗位员工个人的负责、对社会的负责。一个主管要对下属员工负责，就必须基于这一理念进行思考。只要出于公心，真心站在企业发展的角度思考问题，持对下属员工负责的态度，对下属员工严加管束，你就完全可以理直气壮地严格管理。不要怕得罪人，否则不仅仅是得罪人，更是陷害人。

在此有很重要的一点要注意，这就是管束员工不能出于自己个人利益的考虑。如果有个人利益关系掺杂在其中，这种从严管理无论最终结果如何，都难以得到被管束对象的认同，甚至从情感上给对方造成伤害，让对方记恨一辈子。并且只要是出于公心，就可以理直气壮地对下属员工实施管束，明确告诉对方，对对方的严，是对企业组织的负责，更是对下属员工个人的负责。确立并贯彻了这种理念，对下属员工的严管，也就不会激发对立和冲突。

对下属员工没有管束不行，但这种管束必须站在对下属员工负责的立场上来实施。只有这样才能保证管束不会损害成事的人和条件的创造，同时又有助于推动这一条件的创造。

六、对于下属员工要多给机会

任何人都不会像猪那样吃了睡、睡了吃，总希望能活出自己的尊严，活出自己的价值。作为老板或主管就必须时时提醒下属员工，珍惜自己的时间，合理运用自己的时间，使自己在获得物质利益的同时，实现自己的人生价值。

这就要求一方面要为下属员工提供实现人生价值的舞台，让下属员工有足够大的发展余地；另一方面又要不断鼓励下属员工，挑战责任更重、困难更大，得付出更多努力的工作，并通过这种工作的完成实现其自身的价值。

做主管的，必须有为下属员工节省精力和时间的意识，不要以为你拿钱雇了他，你就可以不把他的时间和精力当一回事，而是要让他在为企业发展作贡献的同时，能实现他个人价值的满足。尤其要避免白白地浪费下属员工的精力和时间。

精力和时间对于任何一个人而言，都是他的最大财富。若你不能保证他的精力和时间用到他个人实现自我社会价值的工作和事业成就上来，那就是对他的伤害。老板和主管有了这种意识，下属员工也就容易与老板和主管齐心协力，从而达成人和。

下属员工的表现，与对他们的要求存在一定的差距，仅仅抱怨和指责是没有用的。关键是要为他们创造出多种多样的机会，提升他们适应岗位工作要求的能力。其途径有三个：

（1）激励员工发展，让员工自我约束，把岗位工作做得更完满。

（2）把员工置于囊中，使员工有出头的机会。

（3）要根据员工个人的实际，用其所长。

这也就是对于员工的工作分配和岗位指派，不能一次定终身，必须根据实际和员工个人的意愿，换岗、轮岗，让员工能够找到与自己的兴趣爱好相一致的工作岗位。也只有当他们的兴趣爱好与自己的工作职责一致的时候，他们的工作热情才能发挥到最大，他们的聪明才智才能够得到充分展现。这也就是要求，对于员工的管理，既要努力培养员工的兴趣爱好，又要为之创造机会，让他们有机会把兴趣爱好与工作结合起来。

对于人生的幸福有不同的定义，但有一点却是不变的：只有做自己想做的事，才是人生的幸福；被迫做自己不乐意做的事，则是一种身心折磨。一个人如果所做的事都是自己不想做的，也就没有什么人生幸福可言。猪没有这种限定，吃好睡好就行。人不一样，不违背自己的意志意愿，能体现自我社会价值，才是真正的幸福。

所以，轮岗、换岗，为员工找到自己喜欢的事提供机会，让他们自主选择所要做的事。这对于他们个人而言，本身就是一种幸福。有了这种幸福，他们也就不会斤斤计较工作之后获得的物质利益的多少。

第二章

岗位员工管理必须盯住人和目标

一个人想成就事业，必须在人和条件的创造上狠下工夫。当然，你如果选择当艺术家或科学家，独自冥思苦想、挖掘灵感就够了，有没有人和则无关紧要。否则，就必须具备人和条件，这样才能达到成就事业的目的。这就要认识到：想成就事业人和比天时、地利更重要。除了掌握人和的基础、关键、梗阻、艺术、技巧以外，还要学会辨识陷阱。

一、国美集团的企业战略观

国美集团的创始人黄某在企业发展的路上摔倒了，但不能因此就全面否定他。他 16 岁离家，从一无所有开始，到成为中国内地第一富豪，创造了中国流通企业成功的奇迹。这个奇迹是不容抹杀的，也无法抹杀，更不能因人废言。成功者总有成功的个人原因，天上掉个金山下来，也得有人能接住。

2006 年 5 月 30 日，在中央电视台第二套节目的一个现场讨论中，有人当面向黄某提出一个问题："如果给你 20 万元，用十年的时间你能否再做出一个国美?"

黄某给出了肯定的回答。他说也许只要五年。而另外一个在场的企业家当场提出了否定意见。

1987 年国美成立之初，其资产只有 3 万元，当年销售额就超过了 500 万元；次年销售额就上了千万元，1992 年就达到亿元；1993 年为 3. 5 亿元，1997 年接近 10 亿元，2000 年超过 30 亿元，2002 年突破 100 亿元大关，2004 年达到 238. 8 亿元，平均年增长率为 78%。其销售额已占到中国家电市场总额的 8%。

这个企业家提出质疑的一个重要理由是，当时的市场已经不存在，过去的市场机遇是不可再现的。这话有道理。成就事业必须具备三个要件，这就是天时、地利、人和。

提出质疑的人是从天时、地利两个条件做出的判断，而黄某本人则是从人和的条件做出的判断。

尽管成就事业，这三个条件必须具备，但更关键的条件是人和。就黄某当时人和所达到的水平，由他牵头再创业，成功应该说比 18 年前要容易得多。原因有三个：

（1）在这 18 年中他积累了一大批优秀的人才，并且这些优秀人才对于黄某和国美都有很高的认同度。甚至后来因金融诈骗案发，黄某身陷囹圄，他们其中很多人也不弃不离。这是企业组织内部的人和。

（2）从合作伙伴的角度分析，他在这 18 年中又积累了企业发展外部环境的广阔“人和”，包括供货商、商务伙伴，以及引导社会公众的媒体和公众人物。

（3）从客户方面分析，他所强调的规模经营和低价销售策略给消费者带来了实惠，得到了消费者的认同，因而为国美积累了广泛的信誉和美誉。黄某本人甚至成为很多青年人心中的偶像，并且在他犯罪入狱后也没有完全在他们心中推倒这种形象。这是客户关系上的人和。

当时他判断自己的人和已积累得如此雄厚，即使不具备天时、地利这样的市场机会，也会轻松地创造出一个国美。可口可乐公司前总裁夸海口说，一把大火把他们的厂房设备都化为灰烬，他们也能在半年内重造一个可口可乐。他的前提条件就是人还在。所谓人还在，也就是人和这一要件没有丧失。

所以，一个人想成就事业，必须在人和条件的创造上狠下工夫。当然，你如果选择当艺术家或科学家，一个人坐在书斋里冥思苦想，或者藏进大山里挖掘灵感，这就够了，有没有人和则无关紧要。否则，就必须具备人和条件，这样才能达到成就事业的目的。

二、成就事业，人和比天时、地利更重要

要想通过做企业成就事业，实现自我社会价值，人和就比天时、地利重要得多，企业的成功必须靠众人的努力。这里的人和，可以分为两个层次来分析：

第一个层次的人和是企业组织内部环境活动主体的人和，即投资人、经营者、管理者、作业者四者心齐，目标一致。

第二个层次的人和是企业外部环境的活动主体的人和，包括商务伙伴、产品客户、社会公众、国家政府对企业发展的认同和支持。

如果创造出这两个层面上的人和来，企业必然所向无敌。在这两个层次上的人和中，第一个层次的人和是基础。没有第一个层次的人和，第二个层次的外部环境活动主体的四个方面，也就不可能认同企业组织，更不可能提供支持。

在第一个层次的人和中，四类内部环境活动主体——投资人、经营者、管理者、作业者，实际上可以归纳为两个方面：一是投资人，二是员工。在这两类活动主体中，员工的人和是基础。员工的人和实现了，才能保证创造出足够高的投资回报来，那么投资人也才会找上门来投资。投资人要的就是回报，有高额回报就能和，没有就不能和。

图1－5　企业组织人和的四个层次

在员工所包含的三类主体之中，第一个是经营者，也就是企业经营决策领导者，他们是核心，必须和。他们不和，就不可能确立一致认同的发展目标和达成目标的战略措施。第二个是管理者。只有管理者和进来，才能保证决策的贯彻，也就是企业执行力的提升。第三个是作业者，这是现场为客户提供价值满足，为企业创造价值的人。

企业组织内部的人和分析，可以概括为四个层次：

第一个层次是经营者的人和。

第二个层次是经营者与管理者之间的人和。

第三个层次是前二者与作业者之间的人和。

第四个层次是员工作为一个整体与投资人之间的人和。

在这四个层次的人和中，只有第一个层次的人和达成了，才有第二、第三、第四个层次的人和。

三、人和的基础：严于律己，宽以待人

“严于律己，宽以待人”，这是有德之人的一种修炼。在企业管理中，这更是消除和减少主管与下属员工之间，因为严格管束而发生对立和冲突的一个基本思路。

在中国人人都非常重视人际关系，不愿意得罪人，希望彼此之间一团和气。但作为主管，往往要把自己所负责的工作做好，也就不得不对下属员工提出批评，乃至严厉的惩罚。

但这并不是问题的关键，问题的关键是“严于律己，宽以待人”。在对下属员工提出要求时，以同样的甚至更严格的要求约束自己，下属员工也就不会有抱怨，更不会形成冲突和对立。并且从情感上，在批评乃至惩罚下属员工的同时，也要给予下属员工以充分的关怀，这才可能避免彼此之间矛盾和冲突的发生。

这不仅仅是管理的技巧问题，更是思考问题的方法问题。做到了“严于律己，宽以待人”，也就意味着在你对下属员工的批评和惩罚中，不再包含任何个人的恩怨和利益冲突，对方也就会感觉到你所持的公心。越是如此，就越是能够产生“恩生于害”的效果。

相反地，宽于律己，严以待人，这就是“只许州官放火，不许百姓点灯”。这不免会导致主管与下属员工之间在利益和情感上的对立。那么你的任何形式的管束，也难以被下属员工认同、接受。你的任何批评，哪怕在客观上对他负责，对他的未来发展有利，他也会认为你是在吹毛求疵，故意和他过不去。

诸葛亮三出祁山与司马懿对阵，已取得一定的局部优势，街亭成为三

出祁山取胜的战略要地。跟随诸葛亮多年的谋士马谡，自请出兵守街亭，并立下军令状。诸葛亮心中虽然担心他能否胜任这一重任，可因为马谡的坚决态度，最后还是同意了他的请求。但诸葛亮仍不放心，特指派以稳健著称的王平为副将随行，并交代马谡在营寨安扎好后立即回报，有事要与王平商量。

马谡一一答应了。可他军队一到街亭，就一意孤行，执意扎兵在山上，完全不听王平的建议，更没有遵守约定，将安营的阵图送回本部。司马懿一到街亭，就把马谡兵众困于山上，切断水源供应。马谡大败，战略要地街亭也落入司马懿之手。

事后，诸葛亮挥泪斩杀了马谡。他对于马谡的家人，不仅没有依军令状斩杀，而且承诺拨给钱粮，给予优待。诸葛亮也自请处分，降职三等。这既维持了军纪，也赢得了人心。

这就是“严于律己，宽以待人”的典型。也正是这一点，马谡的兄弟和族人，仍保持了对蜀汉的忠诚。

四、人和的艺术：仅仅明辨必须明辨的是非

企业作为一个社会组织，众多的人聚集在一起，发生是非是不可避免的；同时，也会因为是非而影响人与人之间的关系，影响成事的人和条件的创造。这里的关键，就是老板和高层主管要明确一点——“来说是非者，定是是非人”。

传闲话，在你面前说三道四。这些人才是地地道道的小人，不能轻信，不能轻易任用。

他们之所以如此，都有其见不得人的目的。可能是想通过这种是非的传递与你套近乎，让你对他给予关注。这种人最可恶，他传递了是非，使你失去了应该有的心理平静，影响了平等地对待每一个员工的感情基础。他个人却从你这里得到了他想得到的利益，并且是不付出代价就得到的利益。这是最大的不公平，他是这场是非传递的最大受益者、最大的赢家。作为老板和主管必须明确这一点。

你不要讲：我的心胸很宽阔，传递来的是非对我不会有任何不良的影响；相反地，这种人让我了解了更多的信息，对我是一种帮助。因而，养成乐听是非、亲近是非人的习惯。如果这样，企业组织的人和条件也就被彻底破坏了。

任何一个人都不是圣人，不可能对别人背后对自己的批评和指责无动于衷。即使表面上不作表示，也会在心里对所传是非的对象深深地划下厌恶的痕迹，使自己在以后的管理中，不知不觉地向他扬起鞭子，报复他。

楚庄王时，楚国发生了一场惊心动魄的国内叛乱事件。叛乱的首犯是楚庄王一人之下的令尹斗越椒。楚庄王平定了斗越椒的叛乱后，回到郢都，拜虞邱为令尹，主管国事。然后，大摆宴席庆功。

楚庄王说："我六年没喝酒了，也未听钟鼓之声。今日叛乱已平，四境安宁，我破例设宴，就名为'太平宴'吧。请文武百官都参加，喝个痛快！"

大厅里奏着乐，大家高高兴兴地喝酒，一直喝到日落西山还没散席。楚庄王命令掌灯继续喝。大家边喝边谈笑，楚庄王喝得更高兴，叫他最宠爱的妃子许姬出来给大家敬酒。这位仙女般的许姬一出来，闹哄哄的酒宴就被她的动人美色镇住了，顿时鸦雀无声。

恰在这个时候，一阵狂风把宴厅里的蜡烛全吹熄了。也许是上天专门使坏以考验楚庄王，一个人乘蜡烛熄灭之机，拉住许姬的袖子，想轻薄她。许姬不愿受辱，顺手把那个色胆包天的人帽子上的飘带扯了下来，这个人才放了手。

许姬拿着扯下来的帽子飘带，摸到楚庄王跟前，对着楚庄王的耳朵诉说了此事，并请求楚庄王点燃蜡烛查看帽子上的飘带，以判定谁是大胆的色徒。正在这个时候，有人拿来了火，准备点燃蜡烛。

楚庄王赶忙对大家说：

"等一会儿点燃蜡烛，今天晚上我们来个痛快，不要那么拘礼。请大家都把帽子上的飘带摘下来，不摘喝不痛快。"

文武百官们不解其意，但都遵照行事，把自己帽子上的飘带摘下来了。到这时楚庄王才让人点燃蜡烛，让大家继续喝酒。

楚庄王和许姬都不知道这大胆的好色之徒是谁。许姬不明楚庄王的意思，散席回宫后，她甚是埋怨。楚庄王告诉她："大家为平定叛乱而高兴，酒喝多了点儿，看到你这样的美貌女子，谁不邪心蠢动？要是查出来治罪，不是弄得大家都没趣啦？"

许姬听了，非常佩服楚庄王的胸怀。

后来楚国讨伐郑国时，健将唐狡立了大功。楚庄王召见了他，并要重奖他。

他说："君王已给了我无上的赏赐，我今天应该报效于您，不敢再受赏了。"

楚庄王感到很奇怪，说：“我什么时候赏赐过你？”

唐狡红着脸回答说：“在太平宴上，那个色胆包天的人就是我，承蒙君王不杀之恩，今特舍命相报。”

这里许姬说的还不是是非，可楚庄王就不愿让这种事扰乱自己的心绪。如果他没有这种雅量，他也就失去了一个报效国家的英雄。

在对下属员工的管理过程中，很多传是非的人，总是把是非添油加醋，夸大其词，以激起你对对方的不满。如果你听信了他的是非传言，你就中了他的圈套。

在现实生活当中，真如《增广贤文》所言：“谁人人前不说人，谁人人后无人说。”有人说也就必然会生出是非，生出是非也就必然会影响自己的判断、自己的心绪，使一颗本来很公平而清静的心，因为是非而失去平衡。因此，致力于通过人和，打造员工竞争力的企业老板和高层主管，在实施岗位员工管理的过程中，必须用自己的意志、自己的人格来拒绝打小报告、说是非的人，让说是非的人没有机会把是非传递给自己。

“是非终日有，不听自然无”。这里的不听，是指听不到，而不是听而不信。听到了不信是不可能的。人非圣贤，怎么可能对他人的品评、指责无动于衷？只有没有听见是非，是非才能自然无。是非一听见，就自然有了，而不可能无。

在岗位员工管理过程中，消除了打小报告和说是非的人，老板和主管才能够真正听不见是非，是非才不会对老板和主管的心理造成不良的影响。

五、人和的关键：知过而不饰非

俗语说“小人自欺，君子知过”。这里所说的小人和君子，可以定义为难以成就事业的庸人和能成就大业的能才。

人和是成就事业的关键条件。如果企业老板和主管自欺欺人，把应该由自己承担的责任，推给下属员工，必然会恶化老板和主管与下属员工之间的关系，损害成就事业的人和条件。相反，如果企业老板和主管勇于承认错误、承担责任，甚至直接把由下属员工的过失导致的问题责任都担当起来，从自己的角度多做检查，就可以起到团结下属员工、安慰下属员工、稳定下属员工忠诚度的作用。

海尔管理模式中有一个重要的原则，主管对下属员工的失误要承担

80%的责任。这一原则在保证海尔员工人心统一、稳定企业凝聚力中起着非常重要的作用。

春秋时期，秦晋相互通婚和好，但秦国对于晋国仍是虎视眈眈。恰遇晋文公重耳升天，晋国无暇顾及郑国，郑国新君嗣位也不久，守备未修。秦穆公认为机会来了，与重臣蹇叔和百里奚谋划攻郑。蹇叔与百里奚都坚决反对。

蹇叔说："劳师以袭远，非所闻也。师劳力竭，远主备之，无乃不可乎。师之所为，郑必知之，勤而无所得，必有悖心。且行千里，其谁不知？"

秦穆公一意孤行，并拜百里奚之子孟明为大将，蹇叔之子白乙丙及另外一员猛将西乞术为副将，率精兵三千多人，战车三百辆，浩浩荡荡地长途跋涉去攻打郑国。

出师之日，蹇叔与百里奚哭号相送。秦穆公见后，对二人进行了申斥。二人答应说不敢哭师，只是哭子而已。蹇叔授予儿子密简一封，让他依简行事。

孟明见白乙丙得到他父亲的密简，以为是灭郑之策，安营后赶紧拆看。可简内仅仅两行字："你们此行，麻烦的不是郑国，而是晋国。崤山地险，你们一定要谨慎行事，我当在这里等收你们的尸骨。"

孟明阅过这封密简，连呼晦气，白乙丙也认为是过于多虑。

秦国发兵后，果如蹇叔所料，攻郑不成，转攻滑国，捡了一个便宜。

晋襄公听说秦军攻陷滑国，急召群臣商议后，判定秦军必经晋境崤函回国。此地险峻，若晋军埋伏于此，必大败秦军。

孟明率秦军入晋，果然在崤函中了埋伏，全军覆没，孟明、白乙丙、西乞术三帅被擒，经晋襄公母夫人——晋文公重耳逃亡避乱秦国时，由秦穆公挑选，许配给晋文公的女子——从中斡旋，才得以活命归国。

三人归国后，秦穆公不仅没有责备，反而向他们道歉，说是自己的过失，"我不听蹇叔之言，让你们遭罪。这都是我的罪过啊！"

更让人敬服的是，他作为一代霸主，能放下架子，"素服郊次，乡师而哭"，向天下人道歉，视殽山之败为己之过。

秦穆公完全可以归罪于孟明、西乞术、白乙丙三人，而保全自己的"尊严"与"英明"，可秦穆公自我剖析、自我批评，向国人致歉。秦穆公这一谢罪，表面上是折损了帝王那种无上的权威，结果却赢得了三军的信服、万民的归心。孟明、西乞术、白乙丙三人也更加忠诚，后来为秦国开疆拓土立下了丰功伟绩。

所以任何一个老板和主管，只有做知过能改的君子，不做自欺欺人的小人，才能保证与下属员工达成人和。

六、人和的梗阻：容忍偷奸耍滑者

谋求人和以增强员工竞争力，这并不是要对员工不加任何管束，放任迁就。如果员工对企业没有起码的忠诚度，没有踏踏实实的工作态度，以谋求自我社会价值实现的基本意识，偷奸耍滑，侵占企业组织的利益，这就绝不能宽容了。该予以严肃惩处的，必须予以惩处，甚至直接开除，将其从企业组织中赶出去。

因为容忍这种偷奸耍滑、侵占企业组织整体利益的人存在，实际上就是对踏踏实实工作、努力作贡献的员工的一种惩罚。并且对于偷奸耍滑的人的宽容迁就，对偷奸耍滑者本人而言也不是一种仁慈，而是对他的一种坑害。

在世界上谋取任何不义之财、不德之利，最后都会付出代价。当一个人因为偷奸耍滑而受到宽容时，也就是鼓励他去谋取不义之财、不德之利，最终必然会使之走向“多行不义必自毙”的下场。相反地，对偷奸耍滑的人予以严肃处理，让他明白世界上没有免费的午餐，要获得任何利益必须自己努力，他就会改掉偷奸耍滑的习气，最终走上自食其力以实现自我社会价值的道路。这才真正是对这类人的仁爱。

“小时偷针，长大偷金”是一个很有哲理的故事。故事是这样的：

有个人三岁时，从邻居家偷回一根缝衣针，他母亲大加赞赏：

“哎呀！我的儿真有出息，这么小就知道顾家啦！”

过了两天，他光着身，一丝不挂，把邻居家鸡笼里的鸡蛋夹在腿弯弯里，一条腿跳着，偷了回来。他母亲更是赞赏，说：

“我的乖乖，真聪明，我看当朝宰相也比不过我儿的智慧啊！”

他被他的母亲宠坏了，由偷针、偷蛋到偷金、偷银，刚成人就成了江洋大盗。最后他被官府拿住，要处以极刑。在行刑前，他向前来探望的母亲提出，要最后吸一次奶。母亲对他从来就是百依百顺，这次也答应了他。结果，他咬下了母亲的奶头，使他母亲当场昏死。他对行刑的知府大老爷说：

“我母亲如果从小教育我，偷盗是不道德的、是犯法的、是要坐牢杀头的，并对我严加管束，包括鞭打体罚，我怎么会有今天呢？”

企业老板和领导也必须明白这一点，对下属员工严加管束才是对他们的真正仁慈。

七、人和的技巧：六大管理方式相机而用

管理就是使他人做好工作。这里的他人就是员工。要让员工做好工作，而每一个员工又都有自己独立的意识和意志，要影响和改变员工的意志行为，使之做好工作，就必须借助于能影响和改变他人意志行为的方式方法。这也就是管理方式。

管理方式总共有六种，即尊重人、信任人、关怀人、教诲人、激励人、约束人。而每一种管理方式对员工意志行为改变的影响角度都是不同的。

图1－6　六种管理方式要相机而用

尊重人、信任人、关怀人三种管理方式，在改变员工行为选择的同时，又能够起到升华他们与企业组织团队整体之间的情感联系，提升企业

团队力量和凝聚力的作用。

员工是人，必须当人管。这是企业管理的一个最基本的常识。人的特点是什么？人除了生理需求之外，有自己的尊严，有自己的意识，有自己的目标，希望得到别人的理解，得到别人的认同，得到别人的信任，得到别人的关爱。所以，要提升企业的员工竞争力，就必须突出尊重人、信任人、关怀人三种管理方式在岗位员工管理过程中的运用。

但仅有这三种管理方式又是远远不够的，教诲人、激励人、约束人这三种方式必须相机而用。尽管管理不只是约束，但没有约束，往往就可能难以完满地达成管理目的。

对于六种管理方式的相机选用，包括两个方面的内容：

（1）根据不同的人，重点选择不同的管理方式。对于性格张扬、爱好表现的人，就要重点选择尊重人的方式；对于事业成就感强、把成就事业看得高于一切的人，就要重点选择信任人的方式；对于多愁善感、情绪化的人，则必须选择关怀人的方式；对于行事严谨、思考问题理性的人，就要重点选择教诲人的方式，使其明理之后自我约束；对于满足现状、无所事事的人，就要重点选择激励人的方式；对于偷奸耍滑、只图从企业谋求自己的利益、不愿意努力作贡献的人，则应重点选择约束人的方式，给予惩处。

（2）根据不同的情景、环境、时间进行恰当选择。对于时间紧急、无暇报批与讨论的事，信任人是首先要做的选择；对于下属员工错误发生在有公众在场的情况下，要避免选择责罚约束的方式；对于有积极态度但未明白行事方式的员工，就应该重点选择教诲人的方式。教诲人、约束人两种管理方式的运用，往往给下属员工造成尊严和面子上的伤害，必须注重运用场合。

八、人和的陷阱：对员工定位失当

要人和，首先必须对员工有一个恰当的定位，这就是把岗位员工当成与自己平等的事业成就伙伴、企业发展的根据。而在现实中总有一些人忽略这一点，在对员工定位上存在四大明显的失当。

1. 赚钱的工具

这是把员工简单地当做服务于企业老板赚钱目的的工具，没有意识到对于企业发展，实现人和是关键。

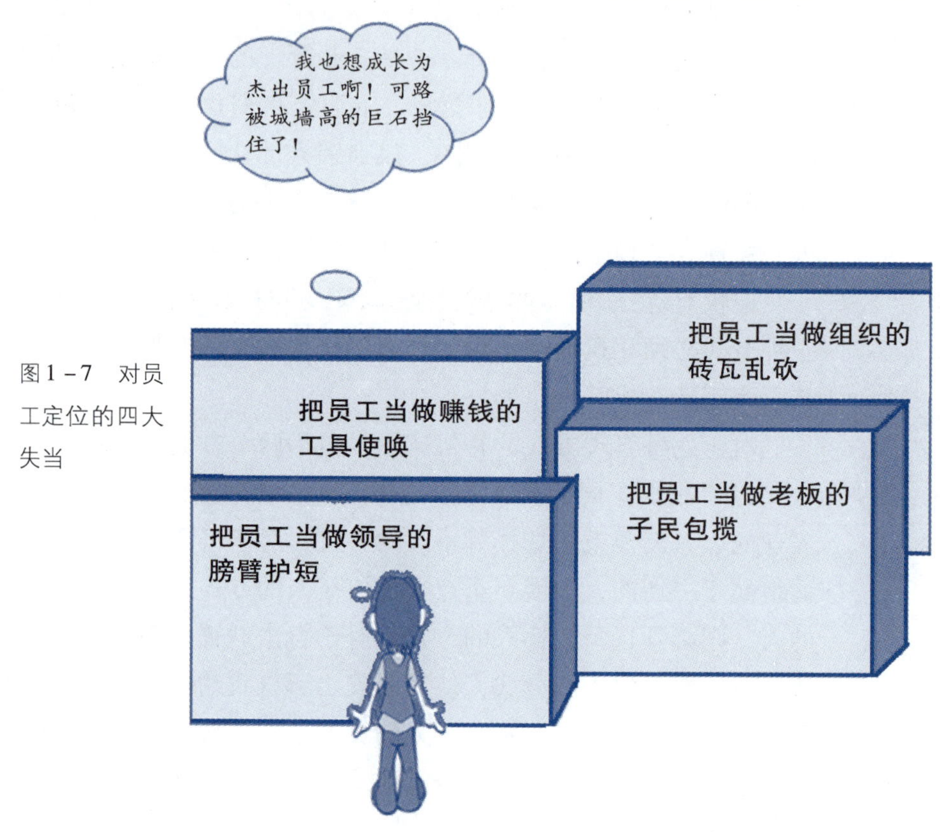

图1－7 对员工定位的四大失当

形成了多大的人和，就能成就多大的企业辉煌。没有企业的人和，也就不可能有企业的稳定发展和辉煌。二者之间的这种紧密依存关系，使岗位员工的本身也可以成为经营管理的目的。

若以“员工就是老板赚钱的工具”这样的理念指导岗位员工管理，企业组织就难以达成岗位员工之间的配合，也肯定难有员工竞争力。任何一个员工都是一个主体性存在，有自己的意识和意志。被当做工具，置于被动地位，他们的心也就不可能到企业组织中来，那么也就不会有其主动性和创造性的发挥。员工竞争力，不是仅仅体现在员工的人数上，至少不是主要体现在员工的人数上，而是重点体现在员工融入企业组织的程度和员工本身的素质层次上。

2. 组织的砖瓦

这是在计划经济条件下形成的一种否定人的主体性和能动性的观点。它强调，员工“就是一个螺丝钉，哪里需要哪里拧”，员工“就是一块砖，哪里需要哪里搬”。不允许员工有自己的意识和意志，要的就是服从。你是一个钢锭，要你当一颗螺丝钉，你就只能把自己车成一颗螺丝钉发挥作用。把人完全降为被动的死物对待，就不能融合员工的心。留不住员工的心，甚至还会导致相互之间的矛盾和对立，员工也就不会有归属感和能动性，企业也就不会有员工竞争力。

员工竞争力是员工的聪明才智发挥发掘出来之后所表现出来的一种创造力和创新力，砖瓦和螺丝钉怎么会有创造力和创新力呢？

3. 老板的子民

这种定位从老板的角度来看，就是关心员工，把员工当做一个人来对待，对他们的生活、工作、学习都有所考虑和安排。但并不是把他们当做独立的具有自我意识和意志的主体人对待，而把他们降低为从属于老板的一种附属物，不允许他们有自己的想法，只能听从老板和主管的意志和指令安排。这往往会使员工感到压抑，他们的创造性和积极性也会因此而受到遏制。

4. 领导的膀臂

这种定位又显得过高了。员工是一个独立的主体，有他自身的利益追求。彼此之间在利益目标上达成一致是完全必要的，但如果以膀臂的思路来定位，往往会忽视企业发展的目标，因而制约企业发展。刘备、关羽、张飞桃园三结义，结成生死兄弟关系。关羽被东吴设计谋害后，刘备因此而倾蜀汉之兵，为关羽报仇，结果是兵败人亡，为蜀汉的发展造成了不可挽回的损失，使蜀汉国力大伤，失去了逐鹿中原的能力。

第三章

激励是岗位员工管理的核心内容

要让岗位员工有某个行为，或者让他们更努力地工作，不可能通过强制实现。任何一个人都是一个主体性存在，其行为的形成都是他自己的选择，任何强制都不可能改变这一点。刘胡兰面对敌人的铡刀，并没有屈服于敌人的残暴和威胁，毅然选择就义也不说出党组织的秘密。在现实中，企业管理不可能营造这样的情境强迫下属员工，让下属员工仅仅按照老板和主管的意志进行行为选择。所以，有效地影响岗位员工行为选择的最有效途径就是激励，并且是通过健全完善企业组织的激励机制以系统地激励，引导他们提升自我的能力素质，诱导他们做出老板和主管希望的行为选择。所以，岗位员工管理规范化实施的方法，也就可以归纳为两大方面：一是激励机制建设管理，二是员工发展管理。

一、激励的本质

要讨论激励机制建设问题，首先必须回答什么是激励。激励在现实的企业管理中，很多管理人员把它等同于为下属员工加工资、发奖励工资，以及提升职务。这是一种误解。

激励的本质是构筑一种让人选择的边际情境。在这个边际情境中，一方面是通过自己的努力发挥自己的潜能，以获得自己价值需求的最大满足；另一方面，则是自己放弃努力，听天由命，使自己的价值需求满足蒙受损失。在海尔员工自己创作的漫画中，有一幅关于激励的漫画很形象。在这幅漫画中，有一个人被一只凶猛的老虎紧追，在他的面前有一条大沟，在大沟的对面有一个闪闪发光的诱人的大元宝。尽管这条沟相当宽，超出了他一般情况下的跨越能力，但因为前面有一个大元宝吸引他，后面又有一只老虎要撕咬他，这种边际情境使他的潜能发挥到了最大。这就是激励。

任何一个人总是会本能地逃避死亡、损失和耻辱，而寻求生存、利益和荣誉。当一个人处于这样一得一失的边际情境时，他就会自然而然地约束自己的行为，最大限度地发挥自己的主观能动性和潜能以逃避祸患，获得他想得到的利益和满足。

二、激励效果分析

激励就是创造边际情境，以使人强化自我约束，把潜能最大限度地发挥出来。问题是如何才能保证这种效果，下面简要加以分析。

1. 没有边际情境的构筑，人的潜能永远是潜能

在现实中有的人事业成就辉煌，让人不得不抬头仰视；有的人终生无所事事，庸庸碌碌。难道都是天赋所致？不是。但为什么会如此？答案是，一些人终生拼搏不已，时时努力发挥自己的潜能，做每一件事都把自我的潜能发挥到最大。而另一些人因为散漫懒惰，浪费掉了很大一部分潜能，使自己的潜能大部分一直处于潜在状态，最终也没能发挥出来，白白浪费了。

有人做过测算，一般人的智力潜能大约只发挥了5%，爱因斯坦也只发挥了30%；体力潜能一般人发挥不到50%。一个跳高冠军所跳过的高度早已突破了两米，但普通成人跳跃的高度平均不到一米。

要充分发挥人的潜能，就必须把人置于一种边际情境之下。而人的潜能只有处于一种生与死、荣与辱、得与失、升与降的边际情境之中，才能发挥到最佳状态。古时候，军事家背水列阵，把士兵置于生与死的情境，使士兵不得不奋勇向前，从而创造了以少胜多的战例。运动员创造最高纪录也都是在世界级的竞技场上，至少是在全国的大型比赛中。为什么？道理很简单，在大型比赛中，他们就被置于了一种边际情境。要么得冠军，名扬天下；要么成绩平平，一辈子默默无闻，让几年甚至十多年的训练都付诸东流水，白白浪费了自己的青春。所以，要想发挥、发掘出人的潜能，让人创造性地工作，就必须随时随地为下属员工构建欲懒不能的边际情境。

求生、求升、求荣、求得是人的本能和天性，只要被置于生与死、升与降、荣与辱、得与失的边际情境之中，人就会本能地积极奋发努力，使

潜在的能力显现出来。所以，所有包含有比赛性质的活动都具有激励作用。事先通过制度约定了的批评和表扬、奖励和惩罚、升迁和贬职也都有激励作用。比赛即使没有任何形式的奖品，胜负本身也包含着荣辱、得失。有了奖励，就更加重了它的荣辱、得失边际效果。通过制度事先约定什么行为和结果给予表扬、奖励、调升职务，什么行为和结果给予批评、惩罚、贬职，实际上也就把荣辱、得失、升降摆出来了，让人们自己去选择意志行为的方向和程度。当这种制度已取信于人，能按照预先约定的条款不折不扣地兑现时，更是如此。

2. 边际对比差距越大，对人的激励作用越大

一般而言，边际情境对人的激励作用的大小，取决于相对比的二者之间差距的大小。差距越大，其激励作用越大。例如，制度约定圆满完成工作任务奖励一分钱，完不成工作任务扣罚一分钱，这就不会有任何激励作用。在这种情况下，是否圆满完成任务都不会是激励所起的作用。

荣与辱、得与失两组边际情境的激励作用，还与获荣、获利和受辱、受损的人数相关。众奖和寡罚，会起到加大边际对比程度的作用。奖不加大，罚不加重，却可起到加大、加重的激励作用。

众奖是相对于寡奖而言的，它是让众多的人（如让 80% 以上的人）都能通过自己的努力获得奖励，仅仅极少数人因为不努力或者努力不够、能力不济而不能获奖。这种方式的奖励，对个别特别优秀的人激励作用不大，因为他无须努力就可获奖。但对众多人则会产生激励作用，因为只要努力，说不定就能获奖。众奖给予众多人以获奖机会，这就会对绝大部分人产生激励作用。因为得到奖励，对大多数人都会变成现实。不能得奖则会让人感到耻辱。相反，寡奖却只能对极少数精英人物起到激励作用，因为众多的人根本没有机会获奖，获奖的条件超越了他们的最大努力，努力都是白费力，而且大多数人没有获奖也不会感到耻辱。“人无我无”，不会形成心理压力。

寡罚，则是让受罚人的“人有我无”程度加大。众多人没有受到惩罚，而唯独自己受到惩罚，给受罚人带来的羞辱和心理压力就会倍增。相反，若受罚的人多，至少还有一个作陪的，同样形式和内容的惩罚，就会因为他感到受罚的也不只是自己一个人，是“人无我无”，在心理上会使他得到宽慰，从而降低自卑感，降低心理失衡压力，甚至使之满不在乎。这就会降低激励作用。

寡奖、众罚实际上是减小了边际情境的对比差距，因而不免降低激励作用。

激励的作用大小是直接建立在以下两种比较的基础之上的。

（1）自己得失的比较。得失之差越大，则激励作用越大。

（2）自己与周围众人的得失比较。“人有我无”的人越多，越会给自己造成心理压力和自卑。

但究竟是众奖，还是寡奖？这要根据所要激励的对象的性质决定。仅仅是要调动少数精英人物的积极性和创造性，寡奖、众罚就是最佳选择。如果不是处于两极的完全依赖于精英和完全依赖于众人，其众和寡的比例就只能也必须根据事业发展对精英努力和众人努力依赖的比例关系确定。

3. 激励兑现的时滞越短，效果越佳

激励是让下属员工所付出的努力与其个人所寻求的利益建立一种稳定的联系。但这种努力与其所带来的利益的实现之间，总存在一定的时间差。这个时间差也就是激励兑现的时滞。这种时滞越长，则越会让人因为这种得失的不确定性和自身未来的不确定性而感到这种得失对自己意义的降低。

在能激励人的四组边际情境之中，生与死、得与失、荣与辱、升与降所能发挥作用的效果都与兑现时滞相关。而生与死、升与降两组情境仅仅与事后兑现时间的滞延长短相关。兑现期在事后 100 年就绝对没有任何激励作用，世界上能有几人活过 100 岁？100 年后再处以极刑，也不会有多少威慑作用，100 年后只能对枯骨实施极刑。

只有当激励兑现的时间，即下属员工通过激励付出努力和贡献之后所获得的利益满足之间的时间越短，才能强化这种得与失的行为选择的影响作用。在现实中，人们往往忽视这一点，即使是应该发给员工的奖金，也是一拖再拖，甚至让员工对这种奖金能否兑现产生怀疑，从而降低了相应激励措施的作用力。

4. 综合激励效果最佳

激励的作用和意义，任何一个管理人员都明白，困难在于如何实现有效的激励。激励的目的是使下属员工把潜力挖掘出来，创造性地做好工作。因此，首要的问题也就是把做好工作的目标与所构建的得失边际情境紧密联系起来，并且要把下属员工所期望的多方面的价值需求满足综合起来。因为人的需求本身就是多方面的。

美国西北航空公司通过职工持股计划的实施实现了起死回生，就是得益于综合激励的作用。

美国西北航空公司负债累累，1989 年被一家公司贷款收购，虽然在管理方面做了一些改进，但到 1992 年仍严重亏损。公司面临破产，但公司考虑自己的主航线在亚洲国家，东方人对“破产”难以接受。经股东、员工和银行多次协商，最后达成了重整协议。措施是：四家主要债权人同意再贷款2.5亿美元给公司，一年后偿还；已欠的近3亿美元债务延期一年支付；7000多万美元的购货款延期一年支付；取消已订物资的订单。尽管达成了这样的协议，但并未使公司摆脱困境。到1993年1月，公司负债仍高达47.16亿美元，而且1994年又面临还债高峰。

为了避免公司破产、员工失业，劳资双方同意实行员工持股计划。经过协商，由员工持股30%，并提出了减薪方案。三年内员工减少的工资约为10亿美元。员工持股后，公司的股份结构发生了变化。

员工购买的股票为特别股，年红利为5%，当股价上涨时可以转为普通股，但公司在2003年前有义务收回。由于员工持股所占比例较大，员工直接进入了管理决策层。

改革重组之后，公司上下一致努力克服了重重困难，取得了较好的经济效益，股票很快升值。据测算，股票升值到每股24美元时，员工即可收回减少的工资。1995年中期，每股已升值到37美元，持股的员工都大大增加了一笔收入。由于员工们将新增的收入继续购买本公司股票，现在该公司的员工持股比例已占55%。

实现了员工持股计划，对于员工而言，企业发展走弯路，甚至破产倒闭，员工就有失业和股金缩水的双重损失。相反，如果企业发展辉煌，工作不仅有保障，而且还会使自己拥有更多的晋升的机会，实现自己的人生价值，提高自己在社会中的地位。这是莫大的利得。实行员工持股计划后，员工工作的安全性得到提高。同时，所持股票还会升值，带来更多的红利。这又是一种利得。在这种情况下，员工作为一个整体被置于了一种荣辱、得失的边际情境，结成了一个利益共同体。员工，至少是绝大多数员工不得不积极努力、创造性地工作以力保公司稳定持续发展。

这正是美国西北航空公司起死回生、走向辉煌的奥妙所在。①

三、激励实施的艺术

企业组织激励机制建设并不是非要企业花大笔钱投入，而在于完整地把握激励的作用机理，艺术地设计、构筑能激励人的情境。

---

① 参见《职工持股与股份合作制——职工持股暨股份合作国际研讨会文集》. 北京：民主与建设出版社，1996年11月第一版，第108~111页.

战国齐景公时，田开疆帅师征服徐国，有拓疆开边强齐之功；古冶子有斩鼋救主之功；由田开疆推荐的公孙捷有打虎救主之功。三人结为兄弟，自号为“齐邦三杰”。齐景公为奖其功劳，嘉赐“五乘之宾”的荣誉。随着时间的推移，他们三人挟功恃勇，不仅简慢公卿，而且在齐景公面前也全无礼统。甚至内结党羽，逐渐成为国家安定的隐患。齐相晏子深感忧虑，想除掉三人，又担心齐景公不允许，反结怨于三人。

一天，鲁齐结好，齐景公宴请鲁昭公。酒至半酣，晏子奏请开园取金桃为两国结盟祝贺。齐景公准奏后，晏子引园吏亲自监摘。摘得六个金桃，“其大如碗，其赤如炭，香气扑鼻”。依礼，齐鲁二国君各享一个，齐鲁二国相各享一个。盘中尚剩两个，晏子奏请赏给臣下功劳最大的两个人，以表彰其贤能。齐景公让诸臣自我荐功，由晏子评功赐桃。

公孙捷和古冶子因救主之功而自荐。二人自陈功劳后，晏子给予了肯定，并马上将这两个桃子分别赐给了二人。田开疆以开疆拓边有功而自荐。晏子评定田开疆功劳最大，但桃已赐完，说只能等到来年桃熟，再行奖赏。齐景公说他自荐得太迟，已没有桃子来表彰其大功。田开疆认为这是一种耻辱，功大反而不能得到桃子，于是挥剑自杀。古冶子和公孙捷相继因功小食桃而感到耻辱，也自杀身亡。晏子就用两个桃子除掉了三人，消除了齐国隐患。

在现实中，一谈到激励，人们就想到高官厚禄，大把大把的钞票，或者高高在上的地位。其实，激励只要运用得艺术，并不需要花费很多成本，或者授给很大权力，让企业蒙受投入风险和损失。在这则两桃杀三士的故事中，晏子只是用了两个并不值多少钱财的桃子，就激起了三人的荣辱之心，并用这种荣辱之心诱导他人的意志行为按照自己所期望的方向进行了选择。在这里，这三人并不是仅仅想吃这个桃子，而是想通过得到这个桃子来让人认同自己的功劳。一个桃子其利虽不大，任何一个人都不可能从这个桃子之中获得多少肌肤之利的满足，但它与名——荣辱联系在一起就非同小可了。能吃桃子的人就是功劳最大的，吃不到桃子的人就意味着自己的功劳不如人。在这里表面争的是一个名，其实质争的是公平问题。

从两桃杀三士的故事中，可以得到以下三点启示：

（1）保证公平是激励实施的关键。在现实中，人们为了获得自己价值的满足，让他人承认自己的价值，总是希望得到他人的公平评价。这种公平评价也就直接成为激励人的行为的一个主要动因。评价越是公平，人们越会看重这种评价，这种评价就越有激励作用。相反，评价不公正、不客观，人们就会看低这种评价的意义，不以这种评价为鉴，那这种评价就没有激励作用。

（2）人离不开物质利益，但诱导人行为的主要不是物质利益。物质利益对于人而言总是有限的，睡只要一张床，再多其意义就下降了。或者说它的意义不再是物质本身给人带来的满足，而是物质所包含的对自身价值评价的意义，就像晏子手中的桃子一样。而人对价值需求的满足的追求却是无限的，能激起人们对价值需求的满足的追求，就能激发出无穷尽的热情和力量。

（3）激励总要借助一定的物质形式，但它投入的大小与对员工激励作用的大小并不是成比例的。这也就是说，在企业组织激励机制建设中，并非只有企业投入的物质福利越大，对员工的激励作用才越大，而在于构筑一种特定的情境，让人们感到用于激励的物所包含的意义重要。

激励实施的所有艺术也都在此。

不是每个人都握有他人的生杀之权，所以不是每个人都能构筑关乎生死的边际情境。但荣与辱、升与降、得与失的边际情境却往往都有条件构筑。

美国贝斯雷罕钢铁公司总裁查尔斯·史考伯用一支粉笔就解决了暖气机车间员工劳动热情下降、效率低下的问题。他就用这样一支不值钱的粉笔创造出一种边际情境，把人置于了一种心理学上的荣与辱之中。他用粉笔挑起了班与班之间的比赛，激起了每班工人的好胜心，从而对于同样的人，同样的设备，一天时间就让暖气机车间的效率提升了67%，由每班生产六部提高到十部。

四、激励实施的八条途径

对下属员工实施激励，其方法并不神秘，概括起来主要就是物质利益激励、权力授予激励、荣誉给予激励、使命赋予激励、目标感召激励、发展机会激励、自主权激励、参与权激励八条途径。

1. 物质利益激励

物质利益尽管不是人们所追求的所有价值需求，但物质利益本身对于任何一个人而言，也都不是可有可无的，并且没有人会讨厌它的过多。也就是说，物质利益的获得——奖励，或者被剥夺——处罚，只要与人的特定行为联系在一起，总会对这个人的这种行为产生影响。物质利益的增加，则会使他重复可带来物质利益增加的行为；扣减物质利益，则会让他减少和避免导致物质利益被扣减的行为。

图1－8　八个方面的激励都看重

2. 权力授予激励

一般人都把权力理解为向他人发号施令这样一种特殊能力，让别人不得不在一定程度上服从自己。实际上权力只不过是人的一种自我社会价值的实现，即“善”的价值需求的满足，它让人感到他自身的意义和价值。正是因为人们重视自己的意义和价值，从而非常看重权力的获得，也非常期望获得权力。因而通过授予权力，或者剥夺权力就可起到诱导、调整其行为选择的作用。

3. 荣誉给予激励

人是个社会动物，生活在社会之中，总希望得到他人的肯定。名誉也就是他人的一种肯定。一个人如果在他所生活的社会之中得不到应有的肯定，他不仅会感到孤独、压抑，而且会感到没有存在的价值和意义。所以对他人的行为给予表扬或者批评，就会对他人的行为选择起到相应的诱导作用。

4. 使命赋予激励

这就是引导他认知他工作的重要性和意义，使他感觉到他所承担的工作的价值，进而使他感觉到做成这件事对他自我社会价值实现的影响，并使他尽最大努力把让他干的事做好。使命激励的基础是人对自我社会价值实现的追求。它让人感觉到他所承担工作的意义伟大，进而让他把自己的行为与伟大联系在一起，激发出他对自我社会价值实现的需求，使他产生热情，发挥自己的能动性和创造性，高质量地完成这一工作。

5. 目标感召激励

通过帮助下属员工设立一定的目标，并让他直接把这个目标的达成作为他自己的意志追求，就可能激发出他的积极性和创造性。在这里，所设立目标越能与他的利益联系在一起，这种目标的激励作用就越大。即使目标的达成不能与他的利益联系在一起，只要能使他感到达成这一目标，就会获得一种“人无我有”的自我社会价值实现的满足，产生一种成就感，也仍会使这个目标直接成为他的一种意志追求，让他的意志行为指向这一目标，并为这一目标的达成而努力。2001 年年初，一个世界高楼攀登高手——法国“蜘蛛人”，计划攀登世界第四高楼——上海金茂大厦。当这个消息传出之后，有一个安徽人不声不响地先攀上了这座大厦，尽管攀登这座大厦没有给他带来任何利益，相反还给他带来了不幸——被警察带走了。据 2001 年 1 月 20 日《合肥晚报》报道：“18 日爬上主楼楼顶后被警方带走的男子名叫韩奇志，是安徽省合肥市人。”“得知法国‘蜘蛛人’打算攀登浦东高楼，韩奇志觉得凭自己的本事也能攀登高楼，并能产生轰动效果。”“据悉，他原先并不想立即攀爬金茂大厦，只是想先‘踩踩点’，后来得知法国‘蜘蛛人’还没有攀登过该大厦，就一时冲动，在没有得到允许的情况下实施了自己的‘攀登’计划。”仅仅因为这个法国“蜘蛛人”的计划就使他设立了攀登这座大厦的目标，并使他产生了在外国攀楼高手之前达成这一目标的动机和力量。

6. 发展机会激励

任何一个人都希望自身的素质、能力能得到发展。所以，只要给予或剥夺这种发展机会，与人的某特定行为及结果直接关联起来，就会起到诱导他人重复或避免该特定行为的作用。尤其是进入新经济时代之后，社会发展的主要驱动力，已由原来的资本转化为知识信息，从而使学习培训的机会成为个人实现其自我发展的最重要途径。因而下属员工更加重视学习培训机会，只要把这种机会与特定意志行为联系在一起，就可以使这种行为得到激励。

7. 自主权激励

所谓自主就是不被人控制。在现实中，自主也可以被用做一个重要的激励措施和手段。曾有人做过一个著名的心理学实验，以观察噪声对工作效率的影响。将两组成年人带入实验室，每个人都给予难度相同的智力测验题和一段枯燥无味的文字校对工作，让这两组人进行比赛。比赛一开始，实验人员就将录音机打开，一台录音机播放的是一个人在讲西班牙语，另一台录音机播放的是两个人在用亚美尼亚语对话，另外还有油印机的沙沙滚动声，打字机的叭叭敲打声，马路上的汽车喇叭声。噪声种种，让人心神难宁。在这两个小组中，实验人员给予了其中一组人噪声控制电源按钮，另一组却没有给。比赛的结果是：拥有控制按钮的这一组，没有按过控制按钮的人的成绩也远远好于没有给予噪声控制按钮的人，所解决的智力测验题数量超过对方五倍，校对中存在的错误却只有对方的四分之一。这个实验说明了这样一个道理，当把控制一个人自我行为的权力交给他本人时，他对战胜困难的信心和能力都会因为这种自主权而得到鼓励，从而把工作做得更好。这就是自主权激励。

8. 参与权激励

决策参与也就是让承担工作的员工直接参与到这项工作的目标确定、标准设立和措施选择的讨论决策中来，让员工直接感到做这件工作是他自己的决策，从而使他产生一种自觉克服困难、努力达成工作目标的动机，进而起到让他做好工作的激励作用。人是主体性存在物，尽管可能有人不喜欢控制别人，但绝不会有人喜欢被别人控制。所以，当一个人被动地接受指令时，他就会感到一种压抑，甚至是愤慨和不满，对指令要他所从事的工作感到反感。在这里，他并不一定是对这项工作本身反感，而是对要被迫接受他人的指令，按照他人的指令来完成这项工作感到反感。通过增加其决策参与，可以降低甚至消除这种反感情绪，从而起到把工作做好的激励作用。

五、激励机制建设的思路

企业组织激励机制建设并不是一个引人关注的话题。20 世纪 90 年代中期之后，中国大地上掀起一股学习型组织建设的热潮，但很少有人把它与企业组织激励机制建设联系起来。要建设学习型组织，首先就必须建设、健全企业组织激励机制。学习型组织的核心机制就是企业组织激励机制。激励机制与学习机制，可以说是同一概念的不同表达。

美国心理学家斯金纳做过一个实验。这个实验证实的是动物学习原理问题，也是动物行为激励问题。

斯金纳在一个箱子里面用一个支点固定了一根细棍，并用一个弹簧拉住细棍的短头，细棍的短头连接了一条细绳，这条细绳由一个滑轮转换方向后与箱子的顶部相连，箱子的顶部开有一个口子。当这个细棍被压下去时，细棍短头连接的细绳就拉开箱子顶部的口子，往下掉豆子。在这个箱子里放进一只老鼠进行实验。

当这只老鼠跳动压下这根细棍时，上面就掉下豆子来。通过反复，老鼠发现了压细棍与掉豆子的联系。当它因饥饿需要吃豆子时，它就会自主地重复压这个细棍。

当“压细棍”与“掉豆子”这种联系在老鼠的脑子里已稳固地建立起来的时候，再把这只老鼠放到另外一个箱子里面。在这个箱子里面也有一根细棍，但这根细棍的短头不再是与顶部能掉豆子的箱子相连，而是与一个电动鞭子的开关相连。这只老鼠刚放进来的时候，仍会自主地去压这根细棍，寻求豆子。但它得到的不是豆子，而是鞭子。它有些疑惑，但仍会重复地压这根细棍，但每压一次就招来一顿鞭子。反复多次后，它就不会再碰这根细棍了。

图1-9 在这一点上人和老鼠没有区别

在这里，斯金纳认为“掉豆子”对老鼠的“压细棍”行为是一种正强化，招来鞭子是一种负强化。正强化使它不断重复“压细棍”的行为，负强化使它避免“压细棍”的行为。它的行为受到强化的过程，就是学习。

企业进行激励机制建设，实际上也就是依斯金纳实验的原理来诱导人。通过正强化——海尔叫做正激励——诱导员工去做企业所鼓励做的事，通过负强化——海尔叫做负激励——制止员工做企业禁止做的事。这也就是把企业所希望的员工意志行为与员工想得到的利益和满足关联起来，把企业所希望避免的员工意志行为与员工不想发生的价值需求满足条件的被剥夺关联起来。当这种关联关系成为一种稳定而紧密的联系时，员工的意志行为就与特定的后果紧密联系，这就迫使员工按照企业所希望的行事方式来活动。

由上述分析可知，所谓激励机制也就是能对人的行为选择产生稳定影响的一种作用力。企业组织激励机制也就是能对下属员工的行为选择形成稳定的影响，并且其影响作用的方向是与企业发展所需的下属员工努力一致的游戏规则体系所形的一种作用力。企业组织的激励机制建设也就是建立、健全、完善这样一套游戏规则。

六、企业组织内部的五种人

有人可能会问，企业为什么需要管理、需要激励？这是因为聚集到企业组织中的人，尽管不能说个个心怀鬼胎，但都有自己独立的利益和独特的意志，这是一个普遍的事实。他们各自的追求与企业发展目标存在一定的关联，但绝不会完全一致。正是由于这种差距，才需要通过企业组织激励机制的作用来协调统一聚集到企业组织中的所有人的意志行为，让每个人的意志目标都指向企业发展的目标。

企业是一种为了其经济利益而存在和发展的社会组织，人们加入进来，成为这个企业组织的一员，都有自己不同的意志追求。正是这种意志追求与企业发展目标的差异和不同，才使企业组织内的所有人员都可以归入企业发展价值目标的倡导者、追随者、响应者、易利者、食利者五种人之中。也就是说，企业组织内部的所有人，无论做什么，都不外乎这五种人中的一种。但归入何种人，不是人为划定的，更不是由谁指派、分工造成的，而是由个人的追求与企业发展价值目标之间的差距所决定的。

图1－10 企业组织内部的五种人

1. 倡导者

倡导者是企业组织的创业人，或者掌握企业发展方向的最高经营决策人。企业发展价值目标的确立主要是由他们完成的。他们把企业发展价值目标的达成及其发展作为自己的事业成就，他们的志趣和他们的自我社会价值，是直接与企业发展价值目标的达成联系在一起的。因为企业发展价值目标本身就是他们自己的价值和目标。因此，为了企业发展价值目标的达成及发展，他们殚精竭虑，从不计较个人得失。他们立志以此来建树自己的事业成就，这个企业对他们而言不仅是工作的场所、生活的最主要构成部分，而且是全部生命之所在。他们整天忙碌，但仍感到其乐无穷，愉快无限。

2. 追随者

追随者的意志追求与倡导者完全相同，只不过是由倡导者首先把自己的思想观点具体化为企业发展价值目标，以及实现这个价值目标的发展战略和措施。当倡导者提出企业发展价值目标及其实现战略措施时，他们立刻给予认同并紧紧追随其后，为企业发展价值目标的达成全身心地投入。因为由倡导者所提出的企业发展价值目标，也直接是他们自己所寻求的价值和目标，只不过他们没有表达出来，他们的个人志趣和事业成就基础就在此，所以他们和倡导者一样，也从不计较个人得失。他们感到他们的自我社会价值是与企业发展价值目标的达成直接联系在一起的。他们精力旺盛，从不会因为工作而感到劳累。

3. 响应者

响应者与追随者不同，他们只有部分的志趣和利益在这个企业发展价值目标的达成上。因为他们是受倡导者和追随者的魅力诱导与人格影响而接受企业发展价值目标，并成为这个企业组织一员的。他们会关注企业组织目标的可行性，在这个企业组织中，他们能用其所长，也能用其所好。但他们不能与企业组织共命运，当企业发展走弯路时，他们会观望、徘徊。当这个企业发展欣欣向荣时，他们的热情才会高涨，才会像倡导者和追随者一样，为企业发展价值目标的达成全身心地投入和努力。

4. 易利者

易利者并不认同企业发展价值目标，也不关心企业发展，仅仅关注自己的工作，因为他们在此可以获得多方面的价值需求的满足。他们的技能和长处可以在此得到发挥，他们也希望在这里发挥自己的技能和长处。但他们绝不会像前两类人一样不计个人得失，也永远不会与企业发展共命运。当他们努力工作为企业发展作了贡献之后，所得到的回报，包括经济福利、权力和地位，如果让他感到与他的贡献不对称，他就会愤愤不平，甚至思谋要另找归宿。

5. 食利者

食利者纯粹是企业组织的混子。他们不仅不会认同企业发展价值目标，而且不关注企业发展价值目标，甚至也不关心自己的工作。他们选择加入这个企业组织，是因为他们认为在这个企业组织中或许有不付出就能捞一把的机会。他们的行为选择是得过且过，能懒一下就懒一下。他们所关心的仅仅是他们的工资袋，尽管在这里他们的一点技能也可以得到一定的发挥，但这种技能并不是专用于此。他们对企业组织不会有一点忠诚，只要有机会从企业捞一把，他们就会不顾一切地、毫无廉耻地去大捞特捞。也只有在捞成为可能时，他们才会依恋这个企业组织。他们对企业组织的依恋，也仅仅是因为他们感到在这个企业组织中或许还有使他们实现大捞特捞的机会存在。

七、企业组织内部五种人与激励机制的关系

企业组织内部这五种人的意志目标与企业发展目标之间的关系，在性质上存在很大的差别。前两种人，即倡导者和追随者的意志目标，与企业

发展价值目标是高度统一的。他们会自动地、最大限度地发挥自己的主观能动性，为企业发展价值目标的达成不懈努力。他们不需要外部的激励，因为他们的志趣、事业成就都在企业发展价值目标的达成上，这本身可以为他们提供足够大的内在驱动力。

其他三种人必须通过外部激励，才能保证他们为企业发展价值目标的达成而积极努力、创造性地工作。如果没有强有力的激励措施推动，他们就不可能稳定不变地认同企业发展价值目标，更不会把企业发展价值目标当做自我追求的目标。要让他们为企业发展做点什么工作或贡献，有的会显得相当被动，有的甚至是被也不动。对于他们的这种工作态度，单纯的指责和批评，是毫无意义的。他们之所以选择这种被动的、消极的行为，并不是因为他们的人格低下，本身具有懒惰的本性，而是他们有他们自己的追求。这种追求又与企业发展价值目标的达成没有紧密而直接的联系。如果没有企业组织激励机制做桥梁和纽带，二者就无法建立起稳定的联系，他们也就不会认同、关注企业发展价值目标的达成。

1. 倡导者与企业组织激励机制的关系

倡导者是企业发展价值目标的定义和发起人，也是推动其实现的核心力量，建设和完善企业组织激励机制的工作要靠他们来完成。因为企业发展价值目标的达成本身就是他们的追求，而要让企业组织的其他成员像他们一样热心于企业发展价值目标的达成，就必须在激励机制建设上付出努力，把自己所希望实现的价值和目标，转化为企业组织所有成员期望实现的价值和目标。这种转变是激励机制建设的目的所在，也是他们自己所确立的企业发展价值目标能否实现的关键所在。

2. 追随者与企业组织激励机制的关系

在一般情况下，追随者也不用激励，因为他们的追求与倡导者的追求高度一致。所以，他们是企业组织的骨干。他们也明白建立和完善企业组织激励机制对他们所追求的价值和目标达成的意义。所以他们也会对企业组织激励机制的建设持高度关注和积极拥护的态度。他们并不是想从企业组织激励机制的建设和完善中谋求交换，实现个人的价值需求满足，而是因为他们深深感到企业发展仅靠他们和倡导者的努力是远远不够的。他们与倡导者的关系可以说是一种真正的铁哥们儿关系。

他们对倡导者确定的企业发展价值目标及其实现的战略措施设想充分认同，但对于倡导者所选择的实现企业发展价值目标的具体措施不一定完全认同，有可能存在分歧。当分歧产生时，他们一般不会盲目地顺从倡导者的意志而放弃自己的观点。他们甚至会因此与倡导者争得脸红脖子粗，但他们的动机是善意的，是真正希望企业发展价值目标能实现。在这种分歧产生之后，二者的争论就是一个谁说服谁的问题。如果倡导者说服了他们，他们不会形成任何陈见而消极怠工。如果他们说服倡导者接受了他们的观点和建议，他们也不会因此而贬低倡导者。

在他们与倡导者之间的分歧没有达成共识之前，他们往往也会意志消沉，导致工作的主动性和积极性下降。这时，他们会积极地寻求与倡导者沟通，从而达成共识。但是倡导者应更主动地以积极、热情的态度和广纳百川的胸怀去与他们进行沟通，及时达成共识。否则，在措施方法上的分歧，往往也会分裂二者之间的关系，使一种真诚的合作化为泡影。

3. 响应者与企业组织激励机制的关系

响应者比较容易与企业发展价值目标的达成建立起稳定的联系，因为他们的部分志趣和利益在此。只要通过沟通，让他们明白企业发展价值目标的达成与他们这部分志趣和利益的关系，他们就会全身心投入，努力地工作，并逐渐把自己的志趣和利益与企业发展价值目标结合起来，最大限度地为企业发展作出自己的贡献。对他们的激励，主要起作用的部分是绩效考核激励和价值认定激励，即让他们为企业发展价值目标的达成所作的努力和贡献得到充分的肯定，并在此基础上使他们的价值需求都得到充分的实现。他们也会关注经济福利的回报，但他们不会那么斤斤计较。

对于这一部分人，通过科学、公正、客观的绩效考核就会使他们的努力和贡献凸显出来；给予他们充分的尊重、信任、关怀，他们就可以维持热情、积极的态度。只要企业发展不出现大的并让人彻底失望的危机，他们对企业组织的忠诚就不会出现大的改变。

有时他们也会计较经济福利收益的大小，但只要经济福利的回报大体与他们的努力和贡献相适应，他们就不会产生不满。如果二者出现了明显的不对等，他们也会产生一种受挫的感觉，甚至产生被人耍的感觉。如果问题不能得到及时纠正，他们也会产生离德倾向。

在一般情况下，他们的工作热情不会陷入低沉。如果陷入低沉，就意味着由他们的判断来看，企业发展已经出现了令人失望的危机，或者他们从企业组织得到的经济福利回报和价值实现满足，已经发生很大的扭曲。在这种情况下，只要上司与他们进行一些令人信服的沟通，让他们恢复希望和信心，他们的热情仍会重新燃烧起来。

4. 易利者与企业组织激励机制的关系

易得者关注最多的是经济福利回报，他们所企求的是一种等价交换，并且希望这种等价交换能够及时地兑现。所以，对他们的激励最有效的是经济福利激励。但这并不是说他们不看重价值需求的实现，而是他们把经济福利收益的大小看得更重一些。所以，保证经济福利与他们的努力和贡献相适应，也就是实现了等价交换，再给他们提供一些经济福利之外的价值需求的满足，就会使他们喜出望外，这就可以使他们维持高昂而持久的热情。

他们的意志选择也会发生变化，由仅仅在经济福利上的等价交换逐渐转向通过工作的努力来实现自我社会价值，从而逐步选择在企业发展价值目标的达成上建树自己的事业成就。这样，他们也就逐渐转变为响应者了。到了这个时候，他们也就开始关心和认同企业发展价值目标的达成了。不过要做到这一点，需要主管做大量的沟通工作，尤其要在企业组织内部建立统一的、持续稳定的激励管理规则，使企业组织激励机制能自动地起作用。

这一类人的工作热情往往波动比较大。在三种情况下他们的工作热情会发生剧烈的波动：

（1）他们的经济福利回报与他们的努力和贡献相比，让他们感到发生了明显的背离时。

（2）经济福利酬赏的兑现一拖再拖，并开始怀疑老板和上司是否在欺骗他时。

（3）在这个企业组织之外有了一个新的更吸引他的岗位在向他发生召唤，并且工作条件好，经济福利回报高时。

在前两种情况下，只要通过沟通，上司给他提供有说服力的解释，他的工作热情就会逐步回升。但在第三种情况下，企业组织如果想留住他，就只能通过沟通了解到其他企业能为他提供的工作条件和回报之后，也同等提供给他。否则就只能尽快清理双方之间的纠葛，让他走人。

5. 食利者与企业组织激励机制的关系

对于食利者这一类人，对他们有激励作用的也仅仅是经济福利回报。不过在这里要强调一点，只要薪酬管理制度科学、合理，并且严格贯彻执行，不给他们留下任何占便宜的机会，让他们感到要有所得，就必须付出努力、作出贡献，这样，这部分人就有可能逐渐转向易利者。对于这部分人不要期望他们有多么高的热情和能动性，只要他们能严格按照岗位要求，履行其职责也就行了。

他们是不会对企业组织有任何忠诚的，他们是在随时随地地发掘能占便宜的机会。如果在这个企业组织中因为管理规则使这种机会不复存在了，并且又没有在其他地方发掘到他们占便宜的机会，他们也会本分地凭自己的努力和贡献获得收益。当他们确知还有可让他们占便宜、捞好处的企业存在时，他们就会积极行动起来，跳到这样的企业去。

对于这类人，如果不能把他们转变成易利者，那么留在企业组织的意义非常小。正是从这个意义上讲，企业必须在科学而严格的绩效考核基础上建立末位淘汰制，自主地把这类人淘汰出局。并且这种末位淘汰制，对这种人也有一定的激励作用，使他们感到混是不能持久的，要获得自己想得到的利益，就必须付出努力、作出贡献。当他们明白这是普遍现实时，他们也会逐渐选择按照易利者的行事方式来行事。海尔就是通过“三工并存，动态转换”的管理来淘汰这类人的。

第四章

激励机制健全，岗位员工管理才能高效

健全企业组织激励机制，也就是把“奖则赠其所欲，惩则施其所避”的规则普遍化、持久化、标准化。这就要搞清楚激励机制建设必须面对和回答的问题，通过经济福利激励、绩效考核激励、价值认定激励三个构成部分，使得企业组织激励机制健全，事先建立、健全企业组织运行的游戏规则，让员工能根据自己的意志对自己的行为进行选择。

一、激励机制建设必须面对和回答的问题

管理就是通过他人做好工作的意志行为。所以，岗位员工管理的目的，也就是企业管理的目的，即让岗位员工完满地履行其职责，最大限度地为企业发展价值的增值和积累努力作贡献。要达成岗位员工管理的目的，就必须健全企业组织的激励机制，让企业组织的激励机制稳定而自动地作用于岗位员工的行为选择，把他们的意志努力方向诱导到企业发展对他们的要求上来。

企业不是靠一个人做起来的，更不能靠一个人来维持其辉煌。企业组织没有健全的激励机制，员工就没有行为选择的稳定方向。能混，就一定会混；能懒，就一定会懒；能贪，就一定会贪。如果企业处于这样一种境地，老板无论是一个什么样的天才，也难以保证企业有辉煌的明天。所以必须通过激励机制建设，一方面让下属员工看到希望；另一方面又让下属员工明确，希望只有用自己的努力才能变为现实。

因此，在企业组织激励机制建设过程中，必须面对的问题有五个：

（1）下属员工为什么工作热情不高、积极性不大、创造性不强？

（2）工资、奖励工资没少发，为什么没有激起下属员工的积极性，相

反还引起一些不满情绪？

（3）有何对策和方法可提高员工薪酬的激励作用？

（4）绩效考核是企业管理的核心工作，如何量化考核才能保证其公正、公平、客观、准确、全面？

（5）有何办法可最大限度地增加企业组织的凝聚力和员工的忠诚度？

健全企业组织激励机制，也就是把“奖则赠其所欲，惩则施其所避”的规则普遍化、持久化、标准化。因此，企业组织激励机制健全，必须事先建立、健全企业组织运行的游戏规则，让员工能根据自己的意志对自己的行为进行选择。但这种选择是有明确的后果相伴随的：其意志行为与企业发展方向吻合，能为企业发展目标的达成有所作为，就一定能获得自己最想满足的价值需求。否则就要剥夺其价值需求满足条件。并且，企业通过制度所确立的游戏规则，还必须让人感到：奖，则奖得动心，让为企业发展努力作贡献的人一定获得足够大的价值需求满足；惩，则惩得痛心，让贪企业便宜、只想捞好处、不想对企业发展有所贡献的人，不仅要吐出贪捞的好处，而且还要让他蒙受比他从企业贪捞到的好处大得多的损失。并且这种奖惩不能仅仅体现在经济福利的得和失、大和小上，还必须涵盖人们所想望的所有价值需求满足。

因此，企业组织激励机制建设还有四个问题必须回答：

（1）这个企业组织鼓励什么？禁止什么？解答这一问题就是确定激励的方向。

（2）如何让员工按照企业组织所鼓励的方向进行行为选择？解答这一问题就是确定激励的途径。

（3）如何保证贡献于企业发展的人能得到应该有的价值需求满足？解答这一问题就是制定具体而明确的正激励的措施方法。

（4）如何保证犯禁会受到足够大的惩处，使犯禁的收益远远小于这种惩处带来的损失？解答这一问题就是制定具体而明确的负激励的措施方法。

二、企业组织激励机制的三个构成部分

所谓激励机制，也就是企业组织运行规则体系直接对应于岗位员工的行为选择而自动地对应提供或剥夺其价值需求满足条件的稳定作用力和作用过程。其作用针对的是人的“有”、“能”、“善”三类价值需求，构成

企业组织激励机制的组织运行规则体系必须对应分为三个部分：一是经济福利激励，二是绩效考核激励，三是价值认定激励。尽管这三个部分并不是绝对地分别对应于人的三类价值需求的满足，但各有所重。经济福利激励的作用更多的是针对“有”的价值需求的满足，绩效考核激励则更多的是针对“能”的价值需求的满足，价值认定激励则更多的是针对“善”的价值需求的满足。

1. 经济福利激励

经济福利激励也就是通过企业薪酬管理，让岗位员工的工作努力程度和对企业发展目标达成所作贡献的大小，与其所获得的经济福利——工资的高低、奖励工资的多少、福利和津贴的多少直接而紧密地挂起钩来。让人所期望的实现经济福利增加的需求的满足，只能通过多努力、多贡献来实现。并且要让这种努力和贡献与他们在经济福利上的收益大小相适应，真正实现多劳多得、少劳少得、不劳不得。但这里的劳不仅仅是指努力的过程，而更多的是指努力的结果，即努力所创造的企业发展业绩——销售收入的增加、市场份额的提升和投资回报率的提高，也就是所作贡献的大小。

单有态度这种劳，是不能给予经济福利酬赏的。若其劳不能贡献于企业发展业绩的改变，对企业发展价值目标的达成没有什么帮助，就只是一种空洞的苦劳。企业只能认功劳，不能认苦劳。只能按照功劳——贡献的大小，从企业获取经济福利。企业是一个以获得现实物质利益为基础的社会组织，它不能仅仅靠空洞的理想和苍白的意志实现存在和发展，必须有人为它创造实实在在的经济效益，使它获得存在和发展。一种不能带来经济效益的苦劳，或者空有美好愿望的态度，对企业发展而言是没有任何作用的。

2. 绩效考核激励

很少有人把绩效考核当做激励机制的一个构成部分，认为它只不过是为工资的增减、奖励工资的发放提供一个依据。除此之外，并不会给人带来什么满足，相反对人是一种折腾。这是一种对人性没有深刻认知的偏见。人要获得“能”的价值需求的满足，实现其社会价值，尤其在企业内部实现其社会价值，就需要通过绩效考核进行比较，为每个员工提供大家认同的“人无我有”心理评价结构。如果没有绩效考核提供比较的基础，也就难以确定每个人的“人无我有”，也就难以让人获得社会价值实现的满足。定期的公正、公平、客观、准确、全面的绩效考核，会给积极工作、努力作贡献的人带来极大的满足。这就像学生总希望自己所擅长的课程天天考试一样，以通过考试在考分上实现自己的价值，获得自己的满足。

并且仅有经济福利增加得比他人多，这种多还不一定能给员工带来“能”的价值需求的满足。如果没有严格而公正的绩效考核作为基础，从企业获得了比他人多得多的经济福利，会让人看不起，自己心里也会感到压抑。

海尔的 OEC 管理中的日清体系，每天有一个考核。由此就褒扬了积极工作、努力贡献的员工，使他们获得了一种心理的满足。海尔的工资水平并不高，但它却具有较强的凝聚力，这与它高频率的科学考核，让积极工作、努力贡献的人感到社会价值的满足有直接的关系。

人是社会性存在物，任何一个人都希望得到他人的赏识，这就是被人知。古人云：士为知己者死。也就是说读书知理的人非常看重社会价值的实现、被人所知。如果有一个地位显赫的人赏识他，他会感到这是一种莫大的恩惠，因而他会以死相报。在封建专制社会中，一个人能被有权力、有地位的人赏识，也就是其社会价值的实现。而在平等的现代社会，众人能认同其价值，也就是其社会价值的实现。正是这个原因，使绩效考核直接成为构成企业组织激励机制的一个不可或缺的部分。

社会价值的满足，可以通过在企业内部进行的相互比较，对每个人独特的“人无我有”心理评价结构进行确定——绩效考核和各种形式的比赛——来实现。这种比较可以通过多种多样的形式来实施。海尔的日清考核体系是一种比较，各种形式的劳动比赛也是一种比较，通过赛马机制竞聘上岗更是一种比较。在这里有意义的不仅是这种比赛的奖赏，更是这种比赛本身通过比较所形成的“人有我无”心理评价。

海尔实施笑脸管理，在每天的日清考核中超越工作目标的人，会得到一张比铜钱稍大一点、画有笑脸的小纸片。如果工作目标只是正常完成，就只能得到一张画有平脸的小纸片。当日的工作目标没有达成，就会得到一张画有哭脸的小纸片。这张纸片从经济价值的角度来看，真正是一文不值。而且这张纸片还不是归你所有，只是在你的名字下面移来换去。但它却可以给海尔人带来一种天天有的激励。海尔人相互见面往往会问：

“你今天得的是笑脸还是哭脸?”

如果得的是一个笑脸，他会很自豪地告诉对方：“我今天得的是一个笑脸。”从他的语气中就可以感觉到他社会价值实现的满足。如果他得的是一个哭脸，他的头就会马上低下来，长叹一口气，以低沉而自卑的语气回答：“我得的是一个哭脸。”他心里会咯噔一下，感到自己不如人，这是一种社会价值的丧失。

这就是绩效考核的激励作用。

3. 价值认定激励

人所寻求的价值满足包括三个方面的含义：

（1）自我生命价值实现的满足，即“有”的价值需求的满足。

（2）自我社会价值实现的满足，即“能”的价值需求的满足。

（3）自我意志价值实现的满足，即“善”的价值需求的满足。

所谓自我意志价值，也就是主体“我”的价值观念和价值判断的实现，强调的是自我的个性和意志的实现。它严格地依赖于企业组织文化氛围。当这个企业组织有一种相互尊重、相互信任、相互关怀的文化时，每一个员工有相对较多的机会参与到企业大大小小的决策中来，使其自身的价值观念有机会得到表达和认同。在这种文化氛围里工作，他就会有一种无法言表的自我意志价值的满足。他感到被人尊重、被人信任和被人关怀，他也就感到他自我的个性得到尊重和承认，从而感到自己的地位和权力的存在。在这种文化氛围内工作，他的智慧和潜能就有机会得到充分的发挥，进而使他感受到自身的存在与这个企业组织的依存关系，产生一种强烈的归属感。

图 1 － 11 “有”、“能”、“善”三种需求都要满足

因此，给予人尊重、信任和关怀，也就是对对方价值的认定。如果认定对方没有价值，也就不会给予对方任何形式的尊重、信任和关怀。给予对方尊重、信任和关怀的多少与认定的对方价值的大小成正比，并且比值大于1。而作为主体性存在的人，其社会性决定了他会高度看重这种价值

认定。获得他人的尊重、信任和关怀，尤其是得到地位等于和高于自己的他人的价值认定——获得他们的尊重、信任和关怀，会给他带来任何肌肤之利都无法比拟的满足。所以，岗位员工的上司、主管和同事给予他尊重、信任和关怀也就是给予他价值认定激励，从而使之调整自己的行为选择，努力达成上司、主管和同事的希望和要求。

尽管价值认定激励是一种相互的过程，但在并非完全平等的企业组织中，却首先需要老板和主管平等地对待下属员工，尊重、信任、关怀下属员工，让下属员工的价值判断有机会得以表达和实现，让下属员工的潜能和个性有机会得以发挥与实现。如果形成了这样一种氛围，下属员工就会感到在这个企业组织小社会中的权力和地位，感到自己的重要和价值，即获得“能”和“善”的价值需求的满足。这种满足会使他把自己融入企业组织这个团队中，与企业组织这个团队融为一个整体，进而全身心地投入这个团队的所有活动中，以这个团队整体的荣为荣，以这个团队整体的辱为辱，以这个团队整体的得为得，以这个团队整体的失为失。

价值认定激励，不是简单地构筑一种边际情境迫使人把潜能发挥出来，而是让人愉快、自豪、有抱负、有信心，能使自己的潜能自然而然地发挥。当人的“善”的价值需求得以满足时，他的意志指向就是他以之为善的活动，他是用自己的行为实现自己的理想和抱负，是真正的自己为自己存在。他的精力就会格外地充沛，他的热情就会格外地高涨，他也就会微笑着面对需要他做出的牺牲。

4. 经济福利激励与人的三大需求的关系

如果就企业组织激励机制的三个构成部分与人的“三种需求”的对应关系进行分析，可以发现经济福利激励，除了与“有”的价值需求的满足直接相关外，还与“能”和“善”的价值需求的满足存在一定程度的关联。

就“能”的价值需求而言，如果他拿的钱比别人多，这本身就形成了一种特有的“人无我有”心理评价结构。并且，在市场经济条件下，收入本身就说明了一个人的社会价值实现的程度。一个马路“艺术家”，无论他自我感觉多么良好，甚至是沉浸于吉他的弹奏而忘记了有没有人向他面前的破帽子里丢钱，也摆脱不了被人当做孔乙己一样嘲笑的下场。

一个人有了钱，怎么花这个钱，又包含有他自我社会价值的实现。因为他花钱买的就是他认为是好的、美的、善的东西。

5. 绩效考核激励与人的三大需求的关系

如果绩效考核的结果不与工资、奖励工资挂钩，绩效考核激励就与

“有”的价值需求没有关联。

但公平、公正、客观、准确、全面的绩效考核能直接形成众人认同的个人“人无我有”心理评价结构，从而给人带来一种自我社会价值上的满足，即“能”的价值需求的满足。

它与“善”的价值需求的满足有无关联，并不确定。如果一个人的绩效成绩非常显著，让众人佩服、尊重，并都自主地唯其马首是瞻，他的“善”的价值需求也就得到了满足。

6. 价值认定激励与人的三大需求的关系

价值认定激励也能给人带来“有”的价值需求的满足。因为只要彼此之间真诚地相互关怀，当一个人发生“有”的价值需求不能满足的危机时，马上就会有人为之提供这种价值需求的满足。

价值认定激励与人的“能”和“善”的关系很密切。一个相互平等、尊重人、信任人、关怀人的文化氛围，会直接给人带来这两种价值需求的满足。

尊重人就是理解他人、认同他人的思想观念的合理性，认定他人的个性特征和特有的“人无我有”，这不仅是承认他人的自我社会价值，而且会直接给他人带来意志价值实现的满足。人也就从这种被尊重的氛围中获得了“能”和“善”的价值需求的满足。

信任人是以承认他人价值观念的合理性，认同对方的价值观念为前提的。在这种前提下，对对方的行为动机按照对方的意志选择进行假设，就会直接让对方感到其价值观念的合理性。自我之外的他人认同其价值观念的合理性，也就是其意志价值实现的满足。这种信任本身也就直接给他带来了“善”的价值需求的满足。生活、工作在一个没有信任、人际关系紧张的环境中，时时刻刻提防被人算计，又时时刻刻挖空心思算计别人，在任何一个小问题上都难以达成真正的共识，也就不会有谁信服谁。这只会让人感到压抑、惶恐和不安。这必然会让人感到自己没有地位、没有权力、没有尊严。这也就没有“善”的价值需求的满足。

关怀人不是同情人，是承认人的价值、地位、权力和尊严。人们会惦记一个在其心目中非常有地位但绝对平安无恙的人，但可能会对门外行乞的瞎眼老太婆视而不见。在这种关怀中实际上包含了“有”、“能”和“善”三种需求的满足，而不仅仅是关注和给予对方生理和安全需求上的满足。

三、激励实施管理的关键之一：对应努力和贡献

有一个广泛流传的案例，可直接为经济福利管理提供明确的思路。现转录如下。

美国一位著名心理学家为了研究母亲对人一生的影响，在美国选出50位成功人士，他们都在各自的行业中获得了卓越的成就，同时又选出50位有犯罪记录的人，分别写信给他们，请他们谈谈母亲对他们的影响。有两封回信给这位心理学家的印象最深。一封来自白宫一位著名人士，一封来自监狱一位服刑的犯人。他们谈的都是同一件事：小时候母亲给他们分苹果。

那位来自监狱的犯人在信中是这样写的：小时候，有一天妈妈拿来几个苹果，红红的，大小各不同。我一眼就看见中间的一个又红又大，十分喜欢，非常想要。这时，妈妈把苹果放在桌上，问我和弟弟："你们想要哪个？"我刚想说想要最大最红的一个，这时弟弟抢先说出了我想说的话。妈妈听了，瞪了他一眼，责备他说："好孩子要学会把好东西让给别人，不能总想着自己。"

于是，我灵机一动，改口说："妈妈，我想要那个最小的，把大的留给弟弟吧。"

妈妈听了非常高兴，在我的脸上亲了一下，并把那个又红又大的苹果奖励给我。我得到了我想要的东西，从此我学会了说谎。以后，我又学会了打架、偷、抢，为了得到想要得到的东西，我不择手段。直到现在，我被送进监狱。

那位来自白宫的著名人士是这样写的：小时候，有一天妈妈拿来几个苹果，红红的，大小各不同。我和弟弟们都争着要大的，妈妈把那个最大最红的苹果举在手中，对我们说："这个苹果最大最红最好吃，谁都想要得到它。很好，现在让我们来进行一个比赛，我把门前的草坪分成三块，你们三人一人一块负责修剪好，谁干得最快最好，谁就有权得到它！"

我们三人比赛除草，结果我赢得了那个最大的苹果。

我非常感谢母亲，她让我明白一个最简单也最重要的道理：想要得到最好的，就必须通过自己的努力争取，没有人会无条件地施舍，施舍得到的绝不可能是最好的。她一直都是这样教育我们的，也是这样做的。在我们家里，你想要什么好东西必须通过比赛来赢得，这很公平。我因此从小

就明白了这一人生的道理，想获得自己企求的东西，必须付出努力，要想多获得就必须多做努力，任何投机取巧最多能达成暂时的目的，最终都会让自己加倍付出代价！

对于服务于企业组织激励机制建设的激励实施，保证其效果的关键措施之一是，在明确贡献和责任的基础上，严格对应贡献和责任实施正激励和负激励，不给投机取巧留下任何一点余地。

四、激励实施管理的关键之二：不让人逃避责任

在西南师范大学出版社出版的小学三年级语文课本下册中有这样一则故事。

1920 年的一天，美国一位不到 12 岁的小男孩正与他的伙伴们踢足球，一不小心，他把足球踢到了附近一户人家的窗户上，一块窗玻璃被击碎了。

一位老人立即从屋里跑出来，勃然大怒，大声责问是谁干的。踢足球的伙伴们纷纷逃跑了，这个小男孩走到老人跟前，低着头向老人认错，请老人宽恕。然而，老人要求小男孩赔偿 15 美元。

回到家，闯了祸的小男孩怯生生地将事情的经过告诉了父亲。父亲说："家里虽然有钱，但是你闯的祸，就应该由你自己对过失行为负责。这 15 美元我暂时借给你赔人家，不过，你必须还给我。"小男孩从父亲手中接过钱，飞快地跑过去赔给了老人家。

从此，小男孩一边读书，一边利用空余时间打工赚钱。由于他年纪小，不能干重活，他就到餐馆帮别人洗盘子刷碗，有时还捡破烂。经过几个月的努力，他终于挣到了 15 美元，并自豪地交给了他的父亲。父亲欣然拍着他的肩膀说："一个能为自己的过失行为负责的人，将来一定会有出息的。"

许多年后，这个男孩成了美国的总统，他就是里根。

这则故事应该很多人都记在了心上。里根在 12 岁的时候，犯了错就知道要诚实，并勇于承担自身行为的后果，为自己的过失负责任。据说里根八年白宫生涯结束时接受一个记者采访，记者请里根说说他人生灿烂的原因，他向记者讲述的也是这个故事。诚实不欺，知道对自己的行为后果负责，不仅是一种修养，而且是人生成功的基本条件。

对于服务于企业组织激励机制建设的激励实施，保证其效果的关键措

施之二是，让人对自己的行为后果负责，不让任何一个人能逃避责任。人是主体性存在，当他无法逃避责任时，就会约束自己，不做要以自己的利益损失为代价承担责任后果的行为选择。

春秋时期，楚国令尹孙叔敖在黄陂区一带修建了一条南北水渠。这条水渠又宽又长，足以灌溉沿渠的万顷农田，可是一到天旱的时候，沿堤的农民就在渠水退去的堤岸边种庄稼，有的甚至还把农作物种到了堤中央。等到雨水一多，渠水上涨，这些农民为了保住庄稼和渠田，便偷偷地在堤坝上挖开口子放水。这样的情况越来越严重，一条辛苦建成的水渠被弄得面目全非，常常因为决堤而发生水灾，一个水利工程变成了水害工程。

面对这一情形，历代黄陂区的行政官员都无可奈何。每当渠水暴涨成灾时，便调动军队去修坝护堤，堵塞漏洞。后来宋代李若谷出任知县时，也要面对决堤修堤这个头疼的问题。经分析，他认定沿渠百姓之所以不顾决堤后果在渠坝上种庄稼，是因为他们并不对决堤的后果承担责任。要解决这一问题，只有让行为者对自己的行为后果负责，这样他们就会约束自己。他贴出布告说："今后凡是水渠决口，不再调动军队修堤，全由沿渠的百姓负责，把决口的堤坝修好。"这布告贴出以后，再也没有人偷偷地上渠种庄稼和决堤放水了。

五、激励机制不是几个激励措施的堆砌

管理人员实施管理，都知道必须通过一定的激励措施来调动员工的积极性。但这种激励措施，若仅仅是管理人员实施管理的一种个人行为，就不能构成企业组织的激励机制。即使叠加运用很多激励措施，如果只是管理人员个人随机选择，用于调动下属员工积极性的权宜措施，就不能说是健全了企业组织激励机制。

能称为机制的东西，至少是一种稳定、经久的作用力量。就像一辆汽车，只有发动机汽缸内汽油的燃烧能有规律地进行，这辆汽车才能够跑起来。也就是说，只有当由各个管理者个人分别选用调动下属员工积极性的激励措施，已发展成为一种企业内部实施管理的共同行为规则，并且这种行为规则已与下属员工的特定行为和结果建立起稳定、经久的关联关系，使下属员工自始至终都按照企业组织所期望的方向和标准选择自己的意志行为时，企业组织激励机制才算健全。

一条一条随机选用的激励下属员工的措施，并不能构成企业组织激励

机制。由单个的或叠加的激励措施，发展为企业组织激励机制有三个前提条件。

（1）普遍持久。在一个企业内部，当下属员工的行为和行为结果与企业组织所期望的行为和行为结果相吻合时，企业就给他一定的鼓励；如果下属员工的行为和行为结果与企业组织所期望的行为和行为结果相违背时，就给予惩罚。只有当这种鼓励和惩罚对于企业组织所有的人员都拥有同样的作用并持久不变时，下属员工才会从这种鼓励和惩罚作用的过程中学习并调整自己的行为，以使自己的行为结果与企业组织所期望的相一致。否则，只要存在任何形式的机会主义例外，人们就不会严格约束自己，使自己的行为选择与企业组织的期望相一致。

（2）对应公平。这就是把奖励和惩罚的程度，与下属员工行为和行为结果对企业发展价值目标达成的作用大小对应起来。下属员工的行为和行为结果与企业组织所期望的行为和行为结果越一致，其得到的奖励就越大。当下属员工的行为和行为结果与企业组织所期望的行为和行为结果相对立时，对立作用越大，其受到的惩罚就越重。

图1－12 企业组织激励机制形成的条件

（3）反馈及时。企业组织对下属员工的行为和行为结果所做的激励反馈越及时，就越能使下属员工将这种激励与他的行为和行为结果建立起直接而紧密的联系。进而使下属员工为了自身的利益更加严格地约束自己的意志，调节自己的行为，以保证自己的行为和行为结果与企业组织所期望的行为和行为结果相一致。相反，激励反馈时间滞延过长，则难以产生激励作用，就像老鼠压下了细棍，过很久才掉豆子下来，就难以让它把压细棍的行为与掉豆子联系起来。不仅如此，甚至还会让人产生机会主义的例外幻想，放纵自己的行为。

所以，企业组织激励机制建设和完善，必须满足以下四个基本要求：

（1）使企业组织所希望的员工行为，与员工的价值需求的满足建立起稳定而紧密的联系。不允许有任何的例外，因为任何例外都会弱化这种联系。

（2）让企业组织最希望的员工行为，与员工的价值需求满足联系在一起，使员工为了自身的利益满足而直接按照企业组织最希望的行为选择自己的意志行为。

（3）使企业组织要禁止的员工行为，与员工价值需求的满足条件被剥夺建立起稳定而紧密的联系。不允许有任何的例外，因为任何例外都会弱化这种联系。

（4）使企业组织最不希望的员工行为，与员工较大的价值需求满足条件的被剥夺联系在一起，使员工为了自身的利益满足而让自己的行为选择避开企业组织最不希望的行为。

第五章

员工发展管理是企业管理的永恒主题

企业发展依赖于员工自我发展。要使企业和员工之间的这种相互依存关系，能在互利共赢的基础上实现，企业就必须高度重视对员工自我发展的管理。也只有高度重视对员工自我发展的管理，消除员工发展中的局限和自身惰性，才能稳定巩固这种相互依存的关系，进而有效地突破企业发展中的管理和人才这两大瓶颈，实现企业的持续快速发展。

一、一个具有永恒价值的案例：太阳神不再神

广东太阳神在中国企业发展史上也曾一度辉煌，创造了企业发展的奇迹。1987 年创业，1990 年销售额就达到 2.4 亿元，在保健品市场创造了 63% 的市场占有率。1991 年进入中国五百家最大利税总额工业企业行列。1993 年营业额突破 13 亿元，远远超过当时的海尔、联想和万向集团。

但让人为之感叹的不是它的这些经营业绩，而是当时被媒体炒得天花乱坠的所谓 CI 道路的成功。太阳神实施 CI 系统后，使其形象一下亮遍全国各地。它用一个象征太阳的圆形和“Apollo”首字母“A”的三角变形构成的组合，设定了太阳神的商标图案。用单纯的圆与三角，构成了既有对比又和谐的形象，表达了企业积极向上的意愿，同时体现了“以人为中心”的企业经营理念。商标选择红、黑、白三种颜色，形成了具有强烈反差的视觉冲击效果，又暗含健康向上的商品功能、永不满足的企业目标、不断创新的经营理念。

太阳神的形象和理念随着太阳神商标的传播，在业界和消费者心中树立起一个健康不败的信念。尤其是 1994 年在中央电视台播出的一条长达

45 秒、名为“睡狮惊醒”的形象广告：黄河千年冰破，长城万里鼓鸣，一头东方雄狮昂然而起，在仰天长啸的视觉形象之外，配以浑厚、沉重、有力的旁白：“只要努力，梦想总能成真；当太阳升起的时候，我们的爱天长地久！”

这一广告的播出，让太阳神人振奋不已，甚至让全中国人也为之振奋。

太阳神，就靠它独有的且影响力巨大的形象，创造出惊人的辉煌。这种辉煌甚至开辟了企业经营的一个新时代，以形象征服市场，征服世界。不过，这并没有成为现实。仅有一个形象的企业，无论多么辉煌，也只能是一个吹胀了的气球，用一根指头就可捣破。甚至不用人捣，它自己也会胀破。

太阳神，这个靠 CI 形象撑起来的漂亮气球，没过多久，就开始泄气萎缩。辉煌也随着其泄气萎缩而消失。到 1996 年，企业就出现严重亏损，1997 年的亏损进一步加剧。其股价一路走低，下跌到惨不忍睹的地步。1998 年太阳神的业绩进一步下滑，到它十年华诞之时，给人留下的就只有冷清、衰败的景象了。

太阳神不再神的原因，与其领导层的市场决策失误有关。但一深思，就会发现不仅仅是市场决策失误，更深层的原因是才俊人事政策的失误。

在中国保健饮料业界，太阳神被称为中国新兴企业的“黄埔军校”。但在这个美名的背后，却隐藏着太阳神的一个令人顿足的败笔。它通过 CI 取得成功之后，就停留在 CI 创新上，没有在企业内部管理上下工夫，没有通过内部管理水平的提升来巩固 CI 创新带来的外部市场成果。随着时间的推移，CI 创新的新鲜感渐渐消失了，企业凝聚力也渐渐消失了。一些人，尤其是从名牌大学毕业的高才生们，渐渐失去了对太阳神的依恋，一批又一批地从太阳神出走。在 20 世纪 90 年代的中国南方保健品、饮料和食品企业中，只要是稍具规模的企业，都可以找到曾在太阳神这座“黄埔军校”留下身影的青年才俊。

但可悲的是从太阳神这所“黄埔军校”出来的才俊，却不是太阳神事业成就发展嫡系部队的将帅，而是自立山头，或者以不菲的身价投向了竞争对手，并最终在市场上成为对太阳神进行倾力围剿的急先锋。他们明白太阳神的战略，他们熟悉太阳神的市场运作技巧，个个能知己知彼，做到百战不殆。这一切使太阳神的形象广告，变成了“当太阳升起的时候，我们的兄弟都成了对手”这样一种无可奈何的悲鸣。太阳神也就是在这种悲鸣声中，渐渐衰微下去的。

在这里，还要简单地回顾一下太阳神的人事政策所走过的历史。1990年怀汉新通过“杯酒释兵权”的阴谋，把与他一块创业的九位元老赶出了企业决策层，并用不惜重金聘来的青年才俊和能人贤士替代。这些青年才俊以青年人特有的浪漫，在太阳神进行了一系列的新思想试验。花巨资完成的CI系统就是一例。而当太阳神的CI设计取得了一些成就时，就更坚定了怀汉新实施这一人事政策的决心。不断通过各种途径挖掘青年才俊，并期望通过实战，把他们训练成为企业发展的通才。

但现实让人喜出望外的少，让人彻底失望的多。到1995年，怀汉新对这些刚出大学校门不久的高才生的浪漫，可能给企业发展带来的危害有所察觉。他痛下决心，把他们从高层行政管理的职位上拉了下来，放到省级分公司副经理的位置上去锻炼，以求使他们成为既具有知识才华，又具有实践经验的通才。但这一措施不仅没有获得这些青年才俊的理解，反而导致怨言横生，加剧了离心倾向。他们成为通才之后，一个个都另攀了高枝。而这些被称为通才的青年才俊一个一个地出走，仍没有引起怀汉新的深思，相反他仍沉浸于中国企业“黄埔军校”的美誉之中。

进入20世纪90年代中期之后，企业步步走低。1997年太阳神已明显陷入夕阳西下的局面。怀汉新从太阳神总裁宝座上引退下来，引进出身哈佛大学MBA的洋经理人王哲入主太阳神。这倒是体现了怀汉新不计个人声誉得失、心胸宽广的高尚品质，同时也由此可以看出他的良苦用心，希望通过“空降兵”力挽狂澜，拯救危机之中的太阳神。可惜这位洋统帅辜负了他的厚望，没有给太阳神带来希望。

这位“空降兵”洋统帅之所以辜负了他的厚望，原因有三个：

（1）洋统帅的高薪让内部高层管理人员感到不平，致使彼此之间无法真诚合作、相互协调。

（2）洋统帅入主之后大量换血，赶走了在太阳神已经形成一定归属感的中高层管理人员，致使企业的凝聚力大幅度下降。

（3）这个洋统帅不懂汉语，与员工无法沟通，无法实现有效的管理。

前两个原因是与“空降兵”人事政策相伴的痼疾。洋统帅的到来，不仅没有能够拯救太阳神，相反还使太阳神加剧了下滑和衰败。

太阳神之所以没有守住辉煌，相反快速由盛到衰，是直接与它没有员工发展管理意识的人事政策密切相关的。这可以从与太阳神同为保健行业两颗新星的娃哈哈的人事政策中得到说明。娃哈哈除了经营决策稳重、谨慎外，在企业人事政策上坚守三个原则：

（1）用熟而不用生。

（2）用专才而不用通才。

（3）用执行型人才，而不用才俊型人才。

娃哈哈的中高层管理人员，绝大多数都是宗庆后创业时期的旧部。尽管娃哈哈并没有完整的员工发展管理方案，但它明确了思路，知道致力于通过对员工发展进行相应的管理，使这些很普通的员工能伴随企业发展而发展，并使部分员工成长为企业稳定发展所需的骨干人才。这使一些甚至只有高中文化程度的家庭妇女，现在也能在娃哈哈挑大梁，并且其业绩一点也不逊色。

宗庆后也曾在人事政策上浪漫过一次。1992 年，宗庆后亲临北京，面向全国招聘人才，并精心撰写了娃哈哈的“人才宣言”。“人才宣言”在《人民日报》等大报登出后，当时有 2000 多人前去应聘，不仅有博士、硕士，而且还有春风得意的市长助理。娃哈哈选用的仅几十人。可两年后，这几十个人也因为缺乏对娃哈哈必有的、最基本的归属感和认同而离开了娃哈哈。宗庆后由此坚定了通过员工发展管理来开发、积累企业发展所需人才的决心。娃哈哈把人才寻求的目光落在了企业内部，不再刻意去寻求所谓身怀绝技的高人，而是一步一个脚印，通过引导员工自我发展，实现对员工发展的管理，稳定积累企业发展所需人才。他的目标达成了，他的目的达到了，由他主导的娃哈哈也实现了持续稳定的发展。

二、两位世界级经营大师在人事政策上的忠告

人事政策是很多企业发展的滑铁卢。但有两位世界级经营大师，在企业的人事政策上，早已为人们提出过忠告。

一位是日本西武集团的老板堤义明。他经常对人讲，聪明人不能随便启用。因为聪明人有四个毛病：

（1）聪明人大多因为自己聪明而骄傲自大，不愿踏踏实实地从事具体工作，往往言过其实，成事不足。

（2）聪明人常常目中无人，看不起周围的同事；往往多生事端，导致企业内部不安定，致使相互合作发生困难。

（3）聪明人往往过于心高气傲，藐视他人，藐视企业组织和制度，甚至以权谋私和越权谋私。

（4）聪明人常常自以为是，不思进取，不约束自己的行为，不发展自

己的道德修养，往往很容易从企业的经营者，蜕变成企业公众利益的破坏者。[①]

另一位是松下幸之助。他认为在一个企业中，不要每个人都精干，这样容易造成排斥对立，破坏企业内部的融洽。他还专门举例来说明了这一点。

当时在日本曾经有一个企业，是三个能力和智慧都很高的企业家创办的，分别担任会长、社长和常务董事的职位。一般人都以为这家公司一定会欣欣向荣，发展很快。结果却是经营不善，严重亏损。最后，这家公司不得不改组，社长退股，从这个企业离开。最后留下的会长和常务董事，两人齐心努力，才改变了企业经营困境，扭亏为盈。

他认为，如果每个人都是一流人才，都有高超的智慧和独特的个性，如果观点不合，或者性格不投，自以为是，各不相让，往往会发生内耗，致使任何一个人的智慧和才干都难以得到合理的发挥。所以，在十个人中，只有一两个特别杰出的，其余的才识平平，这样的结构更稳定，更优。在这种人才结构下，才识平平的人会心悦诚服地遵从那一两位杰出人员的领导，脚踏实地地履行职责；才识特别杰出者，则可以使自己的智慧比较容易地付诸实施。这样反而更可能创造出优异的成绩。[②]

与两位大师的忠告相反，太阳神没有对这些青年才俊进行合理搭配，尤其是没有按照企业发展所需人才结构选配人才，而是盲目地引进名牌大学的高才生，进行通才培养，最后使自己留下了一个多少含有一些苦涩味道的“黄埔军校”美名。

三、新经济时代企业发展的两大瓶颈

1. 新经济时代的一个特征：企业发展的主导资源由资本转为人才

社会发展进入21世纪之后，市场全球一体化的步伐加快，企业面对的市场竞争越来越成为全球范围的活动。这种全球化的市场竞争，使企业发展都梗阻在人才和管理两大瓶颈上。全球化的资本过剩，使资本不再成为瓶颈资源。相反，人才、管理却成了企业发展的瓶颈资源。谁拥有了人

---

① 参见世界著名企业研究组．世界著名企业管理模式——人力资源．珠海：珠海出版社，2002年3月第一版，第153～154页．

② 参见世界著名企业研究组．世界著名企业管理模式——人力资源．珠海：珠海出版社，2002年3月第一版，第23～24页．

才、提升了管理，谁就可以在广阔的全球化大市场上叱咤风云，立于不败之地。从现实中也可发现，新崛起的著名企业没有哪一家不是靠人才、靠管理实现快速发展的。微软是如此，戴尔也是如此，联想更是如此。下面就人才和管理这两大瓶颈略作分析。

社会经济的发展进入20世纪70年代之后，经济发展的主导资源就开始发生转移。不再是资本，而是知识信息。进入2000年之后，这一特征更加强化，从而使企业发展不再主要依赖于资本，而是依赖于承载知识信息和聪明才智的人力资源。这就使企业发展普遍感到缺乏人才，从而使人才成为企业发展的一大瓶颈。

一个企业如果拥有创造性人才，就会在相对较短的时间内，实现快速发展，积累足够多的物质财富。根据世界五百强的排列顺序，也可以明显看出这一点。老牌的传统工业企业尽管积累的物质财富非常雄厚，但排名却相对在后移。从股票市场对企业市价的分析来看，这一特征更是明显。尽管网络经济的泡沫破灭了，但建立在以知识信息和高层人才积累基础上的高新技术企业，只用了相对很短时间的发展，就追上甚至超过了诸如杜邦、洛克菲勒等昔日的工业帝国。最典型的是微软、戴尔、思科。微软集团的比尔·盖茨、戴尔公司的戴尔和Oracle公司的埃里森，现在仍然是世界上个人财富拥有量最多的人。其个人所拥有的财富，远远超过福特家族、杜邦家族、洛克菲勒家族和卡内基家族。

2. 人才和管理是新经济时代企业发展的瓶颈

企业发展的主导资源的转换，使企业发展对人才的依赖越来越大，人才也显得越来越稀缺，越来越成为企业发展的瓶颈。

在世界经济一体化程度越来越高的今天，市场竞争越来越惨烈。任何一个行业、任何一个产品，都不再有相对分离的市场。每个企业很难想象到它的竞争对手是在世界的哪一国、哪一个城市、哪一个地区，从而使如何最大限度地发挥人的主观能动性和创造性，实现产品创新、市场创新、降低消耗，成了企业的生命线。管理也因而成为企业发展的瓶颈。

众多知名的大企业，甚至是历史极为悠久的大企业，因不适应新的市场竞争环境，逐步走向了毁灭。有300多年历史的英国皇家巴林银行破产倒闭。创立于1850年、具有150多年历史的投资银行雷曼兄弟公司，以及最近欧美国家一些有影响的企业，都因管理丑闻而陷入困境，甚至破产。尽管这些企业的管理问题与企业的治理结构相关，但实际上仍是人的问题没有解决好，从而使企业因为内部人员的违规行为而陷入了困境。

中国企业更是如此。广东科龙、湖北蓝田深陷困境，可以说都是管理不善所致。曾为中国三大汽车集团之一的中国重汽集团，亏空达数十亿元之多，不得不在重组后喘息，尽管现在有了一些生机，但仍然问题多多。曾为中国摩托车行业大哥大的中国轻骑集团，如今济南总部早已路断人稀。他们自己认定是产业技术含量过低所致，其实管理问题是关键。不仅在同行中仍有保持充分活力的企业，而且在比摩托车行业技术含量更低的行业中也有保持着不错经济效益的企业。例如地方性商业企业——山东潍百集团，没有什么技术可言，可它通过全面实施规范化管理，在山东潍坊创造了单店与沃尔玛打擂竞争获胜的业绩。同在新华路的两个大型超市，沃尔玛 2 万多平方米的大卖场，其销售收入远远赶不上潍百集团佳乐家 1.5 万平方米卖场的销售收入，这就是实证。内部管理混乱，管理水平低下，是众多企业发展走低的根本原因。

管理已成为企业发展的一个决定性因素，谁实现了管理创新，在管理上有所突破，谁就可以创造奇迹。但让人不寒而栗的是，仍然有众多的企业领导人还没有这种意识，他们并不认为管理是一种稀缺资源，只有对资金和技术的饥渴。而只有当他们感觉到危机来临，甚至陷于灭顶之灾时，才会感觉到管理对于企业的珍贵。

图 1－13　企业发展的两大瓶颈

3. 人才和管理两个瓶颈之间存在交相作用

人才和管理这两个瓶颈，本身又是一对孪生兄弟。管理资源依赖于人力资源。管理要靠人去管，当然首先是企业最高领导人有这种意识。如果没有管理人才，也就不可能有企业管理的不断创新和管理水平的提升。而人才的积累又依赖于管理。企业没有健全的管理规则，就无法聚集企业发展所需的人才。更重要的是人才的成长，也需要管理。也就是说，在一个企业之中，如果每个人都能发挥出他的潜能和长项，那么人人都是人才。

在这里，企业的人才并不是指这个人的学历有多高，知识有多丰富，智商有多超人，而是他能够在自己的岗位上创造性地发挥作用，达到或超过岗位职责对他的要求。娃哈哈的宗庆后深谙此理，他创业初期招到门下的并没有什么高学历的大姐，现在都发展成了他企业组织的骨干。相反，怀汉新追求那种才华横溢、出身名牌大学的高才生，最后却落得两手空空，死心塌地跟着他拼搏的人寥寥无几。

要突破企业发展的人才瓶颈，最有效的途径，就是强化员工发展管理，即通过对员工发展管理的实施，诱导员工向企业发展所需的人才发展。它有两个作用：

（1）可以使员工保持相对稳定，避免用“空降兵”而带来的员工心理振荡和情感失落。

（2）可以提升企业凝聚力，稳定企业发展。按照企业发展所需，从已有员工中发展起来的人才会对企业有更多的感情、更高的忠诚度，进而会对企业更负责任。

要突破企业发展的管理瓶颈，最有效的途径，就是全面实施规范化管理。

四、企业发展与员工发展的关系

劳资对立是马克思社会理论的现实基础。但这种对立关系，与马克思所分析的所有矛盾一样，是一种对立统一关系，并且这种关系还会随着社会本身的发展而发生变化。下面就这种关系的转换形式——企业发展与员工发展的关系略作分析。

1. 劳资关系的新发展——由对立走向依存

现代社会经济的发展，已经彻底改变了企业与员工关系的性质，不再是马克思所描写的那种资本家对工人敲骨吸髓的残酷剥削和压迫，以及工人对资本家的刻骨仇恨和打倒在地使之永世不翻身的反抗，而是一种共存亡、共荣辱的相互依存关系。尽管劳务市场的供求状况没有发生明显的改变，仍然存在着马克思所说的庞大产业后备军，对在职人员构成威胁，但这种威胁的性质已发生了变化，具有独特技能、适应新经济时代企业发展需要的人才，是远远供不应求的。并且，任何一个企业，尤其是想实现持续快速发展的企业，也不再以一种高高在上的态度来对待员工，甚至包括最基层的员工，而是把员工当做企业发展的重要资源。

2. 劳资关系走向依存的原因

之所以会有劳资关系由对立走向依存的变化，是因为市场经济的格局发生了翻天覆地的变化，由卖方市场转向了买方市场。供给严重过剩，客户成了具有充分自由选择权的上帝，他们会以手中的钞票投票，以决定一家企业的生死存亡。任何一个企业的领导人都开始明白这个道理，粗暴地对待客户，甚至通过欺骗和强取豪夺，实现一种不公平的交易来保证企业的利润，越来越困难。迫使企业不得不尊重客户，关心客户，从内心把客户当做企业的上帝，从而获得他们用钞票对自己的投票支持。

正是这一关系的改变使企业与员工关系的性质发生了变化。任何一个老板都必须通过他的下属员工来面对他的客户。因此，下属员工的态度、技能，都会直接影响到客户对其企业的评价。客户个性化的需求越来越高，而要满足这种个性化需求，不仅需要下属员工高度理解客户、关心客户，而且需要下属员工发挥他们的聪明才智，创造性地为客户提供需求满足。这也就决定了企业发展对员工发展的依存。

同时，现代社会的员工不再仅仅是为了温饱而工作。社会保障制度的完善，尤其在发达国家，这已使劳动者获得基本生存资料的途径，不再仅仅依赖于向企业老板出卖自己的劳动力。这迫使企业老板不得不关心下属员工的情感需要和自我社会价值实现的需要。

这种关系的改变，彻底改变了企业老板在劳资关系上所拥有的绝对支配地位，从而使企业老板对员工的相对依存关系变得更加牢不可破，使之不得不站在员工的角度思考问题，为员工的需求和利益考虑。但是，这种关系的改变还只是平衡了原来不平衡的两级之间的关系倾斜，远不可能使岗位员工，尤其是基层普通员工，上升到能对企业老板为所欲为，倒向发号施令的地步。他们自身的发展，尤其是对事业成就的追求、对自我社会价值实现的追求，还必须紧密地依靠企业为他们创造条件、提供舞台，从而使企业发展成为他们自身发展的一个必要条件。

3. 企业稳固劳资依存关系的途径

尽管员工可以通过“炒老板鱿鱼”的办法重新谋取自身发展的条件和舞台，但这却是自身发展的一种弯路。因为短短的人生，不可能为每个人留下不断重复选择老板的时间和可能。因为任何一次重新选择都需要浪费自己非常宝贵的时间。如果员工能够和企业实现同步发展，这不仅可以节省员工在发展道路上所耗用的时间，而且可以使员工的自我社会价值得到一种稳定的实现。在娃哈哈，不仅没有大批引进的“空降兵”，而且也没有发生过企业骨干力量集体背离另作他求的事件。这就是因为娃哈哈和员工自我发展相互高度依存的关系，已经稳定地建立起来了。

企业发展依赖于员工自我发展，这已经成为没有人能够回避的一个事实。但要使企业和员工之间的这种相互依存关系，能在互利共赢的基础上实现，企业就必须高度重视对员工自我发展的管理。也只有高度重视对员工自我发展的管理，才能稳定、巩固这种相互依存的关系，进而有效地突破企业发展中的管理和人才这两大瓶颈，实现企业的持续快速发展。

五、企业现有人力资源开发方式的局限

人才已成为企业发展的重要资源，并且是一种稀缺资源。正是这种资源的稀缺性，才使企业领导人感到它已成为制约企业发展的一个瓶颈。这种意识已在越来越多的企业领导人心中形成，因而也有越来越多的企业领导人开始重视人力资源开发，并主动地培训和造就企业发展所需要的人才。但其开发方式过于简单，存在诸多局限。

尽管已有诸多企业领导人开始重视人力资源的开发，但因为现有人力资源开发方式，包括措施和思路都存在严重的局限性，远远不能适应企业发展的需要。这种局限性概括起来主要有以下五个方面。

（1）企业对所需人才资源的培训开发，这是最重要的。没有让员工成为积极活动的主体，而是被动地接受企业组织的培训，会使企业花钱组织的培训无法取得预期的效果。因为有相当多的员工把这种培训当做一种负担，被动地接受，甚至被动也不愿接受，从而造成这种培训的低效益和无效益。

（2）培训的内容选择，不适应企业发展所需人才的知识结构和人才结构。无论是必要的员工素质培训，还是相关运用技能培训，都是如此。尽管培训工作做得好的企业，有相对完善的培训体系，但其内容的选择总是难以适应企业发展的需要。造成这种局面的原因，主要是企业发展所需人才，不仅仅是知识和技能的问题，单有这两方面内容的补充，不足以开发出企业发展所需的人才。

（3）人才培训开发的途径简单而狭窄。一般企业对人才的开发主要是通过培训来完成的；也有构建企业人才梯队，通过提供实践机会让他们逐渐成长，以适应企业发展之后的更高要求的。但这种人才培训开发远没有

在企业发展与员工自我发展的相互依存关系上建立起稳固的联系。所以，员工只能被动地接受选择，并且常常因为企业负责人才梯队建设、进行后备人员选拔的管理人员的道德素质和业务素质的限制，不能及时地把有潜力、可发展为企业发展所需人才的对象都选拔出来。

（4）人才培训开发只注重技能和知识的培训和积累，因而没有深入到如何增强所开发培养人才对企业的忠诚度这一层次，即增强他们对企业发展的依存关系。因而，企业投入人、财、物培养的人才，往往不能为企业所拥有。尽管有的企业通过协议形式来延长所开发培训人才在企业任职年限，但远未从根本上解决这一问题，从而使企业就像太阳神一样成了他人的培训学校。

（5）人才培训开发投入与企业发展所需人才的有效供给严重不适应，使企业投入多，收效远不理想。并且员工还天真地把这种培训视为企业发展没有用的投入，从而使企业费力不讨好，花了钱还没有拢住员工的心。

要突破企业人才资源这种传统开发方式的局限，最重要的一点就是在企业人才的开发培训上，变企业单方面的积极性为企业、员工两个方面的积极性，使员工对自身发展的要求上升为企业人才开发培训的主导力量。只有这样才能既做到降低企业的人才培训开发投入，又可以获得人才的有效供给。

这样，可能有些人会担心进一步降低企业的归属感和忠诚度，从而使企业更难以获得的稀缺人才流失。在企业的人才培训开发上，本身就存在一对矛盾。当员工感觉到自己是个人才，并且难以在所在企业发挥作用时，员工的离心倾向就不可避免地会产生。企业在这个员工身上所作的投入并不能使这个员工永远对企业忠贞不渝。情感的力量是有效的，但又总是有限的，是利益关系把企业和员工捆绑到了一起。

只有员工在这个企业有足够大的发展空间，保证他的才干能得到与之匹配的舞台，他才可能对企业忠贞不渝。同时，只有这个员工对企业有不可取代的贡献，从而使企业在一定程度上对这个员工形成一种依存关系，企业才会重视他。也只有同时满足这两个条件，企业的这种凝聚力才会有稳固的基础。

从这个意义上讲，企业开发培训人才的思路，就应该由企业越俎代庖，为员工进行设计，代替甚至剥夺员工自主选择的发展思路，改为由企业提供机遇，员工自主设计自我发展计划，自我实施以实现自我发展。尤其要从员工的意志和兴趣偏好入手，把他们的心相对稳固地和企业发展联系在一起。

六、员工发展上的四大惰性

员工能自我发展成为企业发展所需的人才，以保障企业发展所需人才的供给，这是任何一个企业领导人都向往的状态。但员工自我发展成为企业发展所需人才的前提是员工渴望自我发展，并且其发展方向和目标与企业发展需求一致。这首先就会遇到员工发展的惰性限制。在员工自我发展上存在四个方面的惰性，正是这些惰性的存在，使企业进行员工发展管理成为必要和可能。没有有效的员工发展管理就难以激发员工自我发展的积极性，更不可能保证其发展方向和目标与企业发展需求一致。任何一个员工的行为选择都是由其对未来的期望引导的，只有让员工形成了与之对应的期望，他们才会对应企业发展需求做出自我发展的行为选择。所以员工发展管理的首要问题就是如何消除员工自我发展的惰性。

所有员工都有作为人所共有的弱点，这就是惰性。这种惰性不仅会表现为他们对他人的事业成就的冷漠和不关心，而且还表现为自身的一种得过且过、安于现状、不求进取的行为选择。这种惰性主要表现在以下四个方面。

1. 意志指向不稳定

这是指自己在追求什么、放弃什么上，总是摇摆不定。不能在所选择的意志目标上，集中投入自己所有的资源，做到有所为，有所不为，使自己在特定的方面有所突破，取得事业成就，实现自我发展。通过员工发展管理，让岗位员工把意志指向相对固定在某一点上，就可以直接起到对其潜能的开发和其个人发展的促进作用。

2. 意志努力程度不稳定

尽管一个人确定了一定的意志指向，对自己的未来有所憧憬，但是，往往因为他对这种憧憬实现的信心会随着其努力过程中所遇到的困难而降低，因而自我放弃意志努力。或者因为情感、情绪的波动而导致意志努力的程度忽高忽低，丧失了本来应该抓住的发展机会，从而使之应该实现的发展，最终未能成为现实。通过员工发展管理，使其坚定信心，稳定情感和情绪，就可以起到促使其发展、保证其发展的作用。

3. 自我社会价值观念的限制

任何一个人的意志目标最终能否实现，这既取决于他个人所作的努力，同时也取决于他所选择的意志目标方向与社会现实需要相吻合的程度。如果所选择的意志目标方向与社会现实需要相吻合，能够获得外部环境的支持，那么他的这种意志目标就容易实现。但是，人的意志指向选择往往会受制于他所固有的价值观念的限制。一个人甚至会把对已经形成的价值观念的固守，当做自己的意志目标。自己画一个锁链——价值观念——自己套上，使自己无法挣脱。这一方面导致他所能够利用的资源和外部环境的支持受到限制，降低了他意志目标最终实现的可能性；另一方面，因为他的这种价值观念的作用，使他所选择的既定意志目标方向不能随着外部环境的变化而调整，使他所努力的方向与社会要求、外部实际格格不入，从而导致他所寻求的意志目标最终不能实现，或者在其实现程度上大打折扣。通过员工发展管理，突破自我套上的价值观念枷锁，可以推动员工自我发展的实现。

4. 机会主义心理

图1－14 员工发展上的四大惰性

这是指人们总希望通过搭便车获得无须付出努力的价值需求满足；或者希望通过极少的努力赚取巨大的回报，把自己的行为押在一种赌博式的机会上：能成则成，不能成则自认倒霉。因此，放弃付出努力。结果所期望的好运气并没有降临，反而使自己所能成就的事业和获得的价值需求满足，停留在很低的层次上。在严格企业内部管理的基础上，通过员工发展管理进行诱导，使员工放弃幻想，努力奋斗，这会直接起到推动员工自我发展的作用。

员工发展管理之所以成为可能和必要，也是因为员工在发展上所存在的惰性。

（1）员工意志指向不稳定，这种不稳定使企业把员工意志稳定到企业的这个团队中成为可能。通过一定的员工发展管理，让员工把意志目标取向转向企业发展的方向，这就可能使员工的志趣转向企业发展的事业成就。海尔一位22岁的青年女工，因癌症离开人世之前留下的遗嘱是送她去火葬场之前，在海尔大门前停留三分钟，让她再“看一看”海尔。一方面，这显示了海尔的管理充分人性化，使她对海尔形成了强烈的归属感；另一个方面，这显示了海尔的员工发展管理做得好，它把海尔员工利益和企业发展融为一体，使人到死也眷恋着企业发展的事业。

（2）员工意志指向上的不稳定性，又使诱导员工朝向企业发展所需要的方向做出选择成为可能。员工意志行为方向不是一成不变的，这就可以通过价值观念的调整，乃至众人兴趣的营造，改变人的意志行为方向。

（3）因为员工意志行为存在多变性，所以，如果没有相应的员工发展管理，员工行为就会左右摇摆，很难保证其朝着一个稳定目标持续不断地努力。通过员工发展管理，让外部的压力作用于他，就会相应稳定他的意志行为方向，减少摇摆。

（4）人的机会主义心理，会阻碍员工的持续不断的努力。因此，企业必须通过员工发展管理让员工丢掉幻想，踏实奋斗，让员工在为自己的意志满足努力的同时，为企业贡献力量。

第六章

员工发展管理的实施思路

员工发展是与员工的意志欲望的满足联系在一起的。因为这种发展，无论是意志欲望，还是兴趣偏好、知识技能、事业成就，本身都直接表现为一种自我社会价值的实现，也就是一定程度的价值需求的满足。企业发展与员工发展存在一种紧密的相互依存关系，企业要持续快速发展，就必须对员工自我发展施以恰当的管理。

一、员工发展管理的内涵

员工发展管理也不是什么新鲜概念，但发展的是什么，不仅主管，甚至被管理者——员工本人也是迷迷糊糊，没有一个明确的意识，或者各有各的定义。如果把它上升为企业组织岗位员工管理的一个内容，就必须对它进行明确的定义。

1. 员工发展是与员工的意志欲望的满足联系在一起的

人的活动，说到底都是服务于“有”、“能”、“善”三种需求的满足。对于“有”的价值需求而言，它的满足的增加，就是物质生活质量的提升和发展。活得更健康、更有质量、更长寿。而“能”和“善”的价值需求的满足，是与个人自我发展严格一致的。任何一个人都希望自己有所发展。因为这种发展，无论是意志欲望，还是兴趣偏好、知识技能、事业成就，本身都直接表现为一种自我社会价值的实现，也就是一定程度的价值需求的满足。四者之中任何一个方面，只要有所发展，就是自我社会价值需求满足程度的一种提升，或者是价值需求满足方式——获得自己价值需求满足手段和能力的一种改善和提升，有了获得自身更多、更大价值需求满足的能力和手段。实现了一分发展，也就是价值需求的满足多了一分，至少是多了一分可能。价值需求的满足每增加一分，也就是自我发展实现了一分。

而“能”和“善”两种价值需求的满足，又是与个人潜能的发掘和发挥联系在一起的。“能”的价值需求的满足，是人的潜能的一种发掘和发挥，一个人潜能得到了比较充分的发掘和发挥之后，形成了强于他人的能力，使他表现出比他人更高的智慧、更多的个人技能，能成他人想成而不能成的事。“善”的价值需求的满足，则是人的潜能发掘和发挥的结果，一个人有高于一般人的独特才智和能力，使更多的人佩服他、信任他、追随他、遵从他，他也因此拥有了为自己立法和为他人立法的权力——使自己的行为主要服从自己的价值判断，并且自己的价值判断也直接成为他人活动的依据和准则。

尽管每一个人都希望获得充分发展，具有更多、更大的能耐，实现更多、更大的价值需求的满足，但人所固有的四种惰性，直接制约着个人潜能的发掘和发挥，使个人本来应该实现的发展而最终没有成为现实。所以，仅仅有一部分人因为种种外部环境的限制，迫使他不得不克制这种惰性，使自己的这部分潜能实现了较为充分的发挥，同时也使他个人实现了较为充分的发展。而更多的人却往往因为安于现状、得过且过、不求进取，一生都只是无所事事，满足于衣食不缺，从而使其所具有的潜能不能最终被发掘和发挥出来，只能永远作为一种潜能存在而被带进坟墓，不为他人所知。

2. 企业发展与员工发展存在一种紧密的相互依存关系

企业要持续快速发展，就必须对员工自我发展施以恰当的管理。把员工自我发展纳入企业发展的运行过程之中管理，并用企业发展的前景规划号召员工，与员工达成共同愿景，让每个员工自主发展成为企业发展的栋梁。

如何进行员工发展管理?

这也许是统领企业的老板们更关心的问题。要实施员工发展管理，首先必须明了这种管理能管什么。也就是说，在员工的哪些方面的发展上能够实施管理，以使员工自我发展依照企业发展的需求来进行。这也就是把员工并入企业组织有机体，使之成为细胞和组织器官。

也许会有人对这种员工发展管理提出批评，认为这是对员工自由发展权力的一种剥夺，是一种非人性的行为。作此思考的人虽不能说一定是伪君子，但一定是不谙人本性、侈谈人的自由的迂夫子。人虽不乐意让他人紧紧相逼，使自己无法根据自己的意志进行选择，但并不拒绝和反对他人为其发展提供思路。

人的“三大价值需求”是人所固有的，但其内容却不是先天即有的。刚降生的婴儿就有吮吸的本能。但长大之后，究竟是喜吃牛排，还是爱吃烤鸭，却远非天生的偏好。这也就是这种员工发展管理并不是剥夺人的意志自由的原因。员工发展管理的可能性和必要性，恰好都缘于此。并且，任何一个人在社会之中所起的作用无非是连杆、齿轮和螺丝钉的作用，不可能直接成为一台机车、一架飞机。最为理想的也只能成为细胞和组织器官，不可能成为飞龙或猛虎。他在哪里充当连杆、齿轮和螺丝钉，也都是充当连杆、齿轮和螺丝钉，这并没有扼杀人的意志和自由。并且做什么机车的连杆、齿轮和螺丝钉，并没有自我事先设定的一成不变的意志。

海尔的杨绵绵、柴永森等人，在他们融入海尔这个社会之时，他们谁也没有想到他们会成为世界知名跨国公司的总裁、副总裁，在这样一个航空母舰上充当连杆、齿轮和螺丝钉。这正是员工发展管理相对于员工本人意志目标达成的利益所在。对员工发展管理可以从意志欲望、兴趣偏好、知识技能、事业成就四个方面进行。

二、员工意志欲望的发展管理

1. 意志欲望的内容

人的行为是由其意志欲望驱动的。一个人想达成自己特定的目的，才会采取某种行动。这种目的，就是他的意志欲望所指向的东西，这也正是他所没有的东西。世界上所有的人，无论是高贵的伟人，还是平庸的百姓，他们的行为都毫不例外地是受各自所希望得到而又尚未得到的东西所驱使的。一个人所没有的东西很多很多，他究竟会受到哪一种他所没有的东西吸引和驱使，形成他特定的意志欲望，对于任何一个人，既存在一定的必然性，又存在很大或然性。其必然性是他在特定时间和特定地点一定会产生对某一特定稀缺物的向往、企求，并形成努力获得的意志。这就像肚中无食时他一定会产生谋求一饱的意志行为。其或然性是他在特定时间和特定地点对何种稀缺物产生向往、企求，形成努力获得的意志并不确定，其意志行为选择具有太大的偶然性。正是这种或然性，使对人的意志欲望进行管理成为可能，即通过特定情境的构筑，让他只关注特定稀缺物并形成获得的意志。

对员工意志欲望的发展管理的内容主要包括两个方面：意志欲望的方向管理和意志欲望的强度管理。

2. 意志欲望的方向管理

当一个人温暖不保、衣食不济时，受到谋生本能的驱动，会自然而然地把他的意志欲望指向这类稀缺的东西。但是，当一个人的生理需求满足的条件不再稀缺时，驱动他行为的意志欲望，就很难再有一个相对固定不变的指向。也就是说，当人的生理需求获得满足之后，人所需求的东西是无边无际的，他究竟选择哪些稀缺物，作为自己意志欲望所指向的目标，不再是相对固定不变的。这就是企业实施员工发展管理，对员工的意志欲望进行管理的前提。

一个员工究竟把他所稀缺的什么东西，作为他意志欲望的目标，对他个人而言，不再有不可突破的限制。他作出何种选择，完全依照周围环境给他传输的价值信息。什么东西最有价值，什么东西就最重要。正是这种价值信息影响了他对所企求稀缺物的选择，并最终确定了他意志欲望的目标方向。因此，通过调整和改变周围环境传输给他的价值信息内容，让他按照所传输价值信息所指引的方向去选择，并不是剥夺人的意志自由，而是让人的意志自由的内容具体化。

中国女人有几百年的缠足历史。缠足对于人的身体而言是一种极为痛苦而残忍的行为，是活生生地把一双天足折断缠成畸形后定型的。但是，在当时仍有众多的人做出这种自愿的选择。

人不要一双健康的脚，而要一双走路不稳、行走不便的小脚，这是社会传输给她的价值信息的作用所致。因此，企业组织作为一个小社会，实际上可以构筑企业特有的价值信息，然后传输给每个员工，从而达到对员工的意志欲望发展进行管理的目的。

3. 意志欲望的强度管理

对人的意志欲望发展的管理，除了对人的意志欲望所指向的方向（即他所选择的目标内容）进行管理之外，还要对这种意志欲望的强度进行管理。也就是说，一个人形成了某一动机驱使他朝向特定的方向努力，以获得他所向往的稀缺物，但他的这种动机有强有弱。只有当他这种动机非常强烈时，他才会尽最大的努力，不畏艰险，为获得他所向往的这种稀缺物而勇往直前。反之，当他的这种动机不太强烈时，如果他在获得他所向往的稀缺物的努力过程中遇到艰难险阻而使他的信心降低，他就会放弃这种努力，终止这种行为。这就需要对人的这种意志欲望的强度进行管理，让员工能够克服艰难险阻，付出最大的努力，以获得他所向往的这种稀缺物。

小猫钓鱼的寓言很能说明这个道理。小猫对它向往的鱼没有形成非常强烈的价值需求，它一会儿去捉蝴蝶，一会儿抓蜻蜓。因为它要吃的鱼有它的妈妈钓给它吃，所以它没有克服周围的诱惑的耐心，不能静下心来，最终一条鱼也没有钓到。

企业对员工意志欲望的管理，就是通过一定的措施，构筑特定的情境，不断强化员工向某一方向进行不懈努力的动机，使之克服艰难险阻，最终达成目标。

图 1 – 15 “空降兵”不是突破人力瓶颈的出路

4. 对员工的意志欲望进行管理，不是否定其意志欲望

对员工的意志欲望进行管理，首先必须承认员工意志欲望的合理性。

在这一问题上，很多人存在一种误解，不能接受员工对自己价值需求的追求这样的现实，甚至把有欲望、有追求的人，特别是在金钱、权力、地位上有欲望、有追求的人，视为一种无法容忍的小人。这只能说是一种偏见。管理目的之所以能够得以实现，就是因为人有价值需求，有欲望、有追求。人有价值需求是对人实施管理的基础和前提。

明朝第一谋臣刘伯温在他的《郁离子·使贪》一文中明确了这一道理。他写道：

“客有短吴起于魏武侯者，曰：‘吴起贪不可用也。’武侯疏吴起。公子成入见曰：‘君奚为疏吴起也。’武侯曰：‘人言起贪，寡人是以不乐焉。’公子成曰：‘君过矣，夫起之能，天下之士莫先焉。惟其贪也，是以来事君，不然君岂能臣之哉？且君自以为与殷汤、周武王孰贤？务光、伯夷天下之不贪者也，汤不能臣务光，武王不能臣伯夷，今有不贪如二人者，其肯为君臣乎。今君之国，东距齐，南距楚，北距韩赵，西有虎狼之秦，君独以四战之地处其中，而彼五国顿兵坐视，不敢窥魏者何哉？以魏国有吴起以为将也……君若念社稷，惟起所愿好而予之，使起足其欲而无他求，坐威魏国之师，所失甚小，所得甚大……’武侯曰善。复进吴起。”

文中所讲的是春秋时常胜将军吴起与魏武侯的一段故事。魏国地处秦、楚、齐、韩、赵五国的包围之中，五国都想吞并魏国，就因为魏国有吴起做大将，才没有人敢窥视魏国。有一天，有个人在魏武侯面前说吴起的坏话，说吴起贪财，不可重用。魏武侯因此就疏远了吴起，并解除了他的大将职务。魏公子得知后，立刻求见魏武侯，说：“正是由于吴起有贪欲，所以才来辅佐你，要不然就不可能让他做你的臣下。务光是个没有贪欲的真正君子，但奉为明君的殷汤就无法让他为自己所用。伯夷、叔齐，也都是没有贪欲的贤士，周武王却无法让他们臣服自己。你比殷汤、周武王如何？如果吴起是没有贪欲的贤士，能为你所用吗？”

魏武侯听后，马上恢复了吴起的大将职务。

也正是因为每个人都有他的欲望和他所企求的东西，才能对他的行为进行相应的诱导。因此，承认人的贪欲并诱导这种贪欲的形成及其贪恋程度，就可以实现对这个人的全面发展进行管理。

意志欲望就是贪。所以，对员工的意志欲望进行管理，不是否定其意志欲望，而是刘伯温所说的“使贪”，设计其所贪的目的物。无贪则无以使之做好工作，不能达成管理的目的。要达成管理目的，让他人做好工作，首先就必须设计其所贪的目的物。如果他所贪的目的物不是管理者所拥有的，管理目的也就完全不可能达成了。

三、员工兴趣偏好的发展管理

1. 兴趣偏好的内涵

兴趣偏好本身是人的意志欲望中的一个构成部分。它是社会传输给一个人的价值信息在他意识中形成的一种稳固的，甚至是一种很难改变的联系。它使人的行为自然而然地指向它，并让人在这种行为的过程中得到一种满足。

如果说意志欲望是一种飘忽不定的寻求，那么兴趣偏好则是一种稳定不变的意志欲望。这种兴趣偏好不是与生俱来的，而是社会反反复复地给他传输的价值信息的作用所致。在笔者的家乡小村，七岁幼童也会下象棋。究其原因是每个人都有这种偏好。在这个村子里有上百年的下象棋传统，无论大人、小孩，还是老人、青年，都会在一个小桌上对阵。很多人，可能不认识自己的名字，但却认识棋子，甚至能成为高手。并且下象棋这种活动，不仅农闲时在家里进行，而且在田边地头都有石刻的棋盘，劳作之余也有人会对上一局。正是这种传统，使众多的人形成了对象棋的兴趣和偏好。任何一个人的兴趣偏好的形成都与周围环境的价值信息传输有关。在这个小村里，因为人人都会下象棋，所以不会下象棋者甚至会被视为低能之辈，被人看不起。

企业作为一个稳定的社会组织，也完全可以形成相对稳定的价值信息，并不断反复地向员工传输，最终影响员工的兴趣偏好发展。从而通过这种兴趣偏好的发展，把员工的兴趣偏好引导到企业发展所需要的技能上来。

在美国的通用公司和惠普公司，就广泛形成了一种科学实验、技术革新的兴趣偏好。无论是技术人员还是一般员工，在工余空闲时间，都会弄一些材料设备来折腾，把自己的遐想变为现实的改革创新。海尔平均一天半有一个新产品面世，每天有一件半专利申报，这与海尔把科学技术和创新作为一种价值信息传输给了员工，使众多员工在创新探索上形成了兴趣偏好直接相关。

当一个人对某件事形成独特的兴趣偏好，也就是说迷上了这件事时，他就会不知疲劳。兴奋和快乐，使之自觉自愿地投入他所能投入的精力和时间。这就可以强化人的行为动机，使人在休闲中创造出奇迹。马克思所分析的未来社会，人们会把自己的劳动当成愉快的事，也就是建立在工作和兴趣偏好的高度统一基础之上的。而人的兴趣偏好，是可以通过输入价值信息来诱导的。

兴趣偏好的形成并不神秘，它是个人经历对他意志欲望作用的结果，也是社会环境对他耳濡目染的结果。它与人的先天遗传毫无关系。人所工作、生活的社会环境，通过一定的方式施以潜移默化的影响，就会让人不由自主地去寻求获得某种特定的目的物，或者使人不由自主地提升某种特定意志欲望的强度。当某种特定意志欲望的强度增强到一定程度时，就会使他产生一种强烈的冲动，形成一种不满足就不能罢休的强大内在驱动力，使之把自己的意志行为经久不变地锁定在特定目的物上。

2. 兴趣偏好的形成规律

外部环境和他个人经历对他的兴趣偏好形成的作用过程，也是有规律可循的。这种规律概括起来有以下四个方面。这四个方面也是对岗位员工的兴趣偏好实施管理的途径。

（1）一定程度的对应满足，可推动人的兴趣偏好的形成。

对于任何一个人而言，当他特定的意志欲望获得一定的满足之后，这一定的满足就会对他的心理产生影响，起到提升他这种意志欲望强度的作用。它会让他产生一种余兴犹在、回味无穷的感觉。这种感觉会不断地推动他回想，使他继续和重复寻求这种意志欲望的满足。这就可起到不断强化他这种意志欲望的作用，并使之投入更多的精力、付出更多的努力、寻求更多的满足，形成他的兴趣偏好。相反，如果这种意志欲望他从未获得过满足，则它对于他而言仅仅是借助想象来构筑的一种虚幻的愿景。这种虚幻的愿景对人的心理影响作用就要乏力得多，甚至很难经久地维持这种意志欲望的存在。没有斗过蟋蟀的人，不会感受到斗蟋蟀的乐趣，也不会有斗蟋蟀的强烈欲望。

（2）社会群体共有的价值选择，会直接诱导其成员个人的兴趣偏好的形成和发展。

在一定社会群体中，某种能给人的一定意志欲望带来满足的目的物，越是受到这个社会群体的广泛推崇，就越是容易成为这个社会群体中众多个人的兴趣偏好目的物。人是存在于一定社会之中的社会性动物，不可能不对这个特定社会中其他成员的反应做出反应。加之人所共有的从众心理作用，又会驱使人们不由自主地追逐社会公众都推崇的东西。个人要寻求“能”的价值需求的满足，也必须从获得的社会公众认同中实现。孤芳自赏并不能实现其自我社会价值。因而，人不得不充分看重社会公众共同的价值选择。这就决定了通过自主设计企业组织这个社会群体的价值观念，可以达到对岗位员工的兴趣偏好发展进行有效管理的目的。

（3）兴趣偏好的形成是一个不断强化的过程。

一个人的意志欲望，如果能够不断地强化，它就会逐渐发展成为他的兴趣偏好。如何强化？其途径有两个。

①通过一定的方式，不断提供一定价值需求满足的机会。一定的意志欲望获得过一次满足后，他的胃口就可能被吊起来。如果有再进一步的满足发生，这种意志欲望的强度就会再度加强。这也就是说，如果对一个人的一定意志欲望有规律地提供满足，就可能使他的这种意志欲望发展成为兴趣偏好。有规律地提供一定的满足也就是外部激励奖赏。

②一定的意志欲望，无论其大或小，只要是这个社会群体的价值观念所指向的目的物，并且不断有声音予以重复，这种价值观念所指向的意志欲望，就会逐渐发展成为这个社会群体中大多数成员的兴趣偏好。因此，

企业组织通过选择一定的价值观念，并借助多种多样的方式不断地激励和强化，就可以起到对岗位员工兴趣偏好发展进行管理的作用。

（4）社会公众人物的个人兴趣偏好对社会性兴趣偏好形成的影响。

社会公众人物的个人兴趣偏好对社会性兴趣偏好的形成有直接的促进作用，只要这种兴趣偏好没有投入费用上的限制。

任何一个人都存在一定的从众倾向。而社会公众人物往往会有众多的追随者。这就使被这个社会公众人物所推崇和选择的模式化行为，自然而然地成为众人效仿的对象，从而形成一种时尚。这种时尚只要经久地持续一段时间，就逐渐发展成为这个社会中大多数成员兴趣偏好的一个内容。这就是通过对企业组织中公众人物的模式化行为进行有目的的设计、规划，让被设计、规划的企业公众人物的模式化行为自动地作用于员工的兴趣偏好的形成，使之起到对员工的兴趣偏好进行管理的作用。

四、员工知识技能的发展管理

前两个方面的员工发展管理，只是解决了员工向什么方向去努力的问题，并没有涉及如何才能使他们的意志欲望、所寻求的目标成为现实的问题。要解决这一问题，就必须对人的知识技能的发展进行管理，让员工知识技能的积累，能够适应员工个人意志欲望发展的方向，以及不断强化的意志追求和其意志努力过程中必需的知识技能要求。

可以说，知识技能是实现员工价值需求满足的条件和手段。任何一个人所选择确立的意志欲望，都必须有相应的知识和技能提供保证。没有自己的知识技能的积累和发展，不可能实现“能”和“善”的价值需求的满足。并且知识技能的积累，还会直接提升其意志欲望的强度。因为意志欲望的强度，会随着这种价值需求满足信心的提升而提升。而知识技能的发展和积累可直接提升获得特定价值需求满足的信心。

在现实中，总存在着言语的巨人、行动的矮子。之所以有这样的空谈家存在，其中有两个方面的原因。

（1）这类为语言所表达的意志欲望本身没有足够的强度，对所向往的稀缺物没有足够的动机驱使他付诸具体行动，以把他所期望的目标变成现实。

（2）他对语言所表达的意志欲望虽然有非常强烈的动机让他付出努力，但因为他所具备的知识和技能，不足以把他所寻求的目标变成现实，所以就停留在言语上。

根据作者所分析过的管理学原理的第三推论：人在勤劳无益时，不会不懒。① 一个人仅仅有美好的愿望，但却没有把这个愿望变成现实的知识技能，那么他也就不会付诸行动，而甘做一个言语的巨人、行动的矮子。

在现实中，人的知识技能发展本身也是艰苦而持久的，要使一个人持续不断地把他达到目标的方式——具体的知识技能全部掌握，这本身既需要从方式方法上施以管理，让他有充分的信心获得这些知识和技能；又要通过社会环境给他一定的外在压力，以强化他获得这些知识和技能的决心。

当一个人在社会群体中感到可以维持现状、得过且过时，他就会放松对自己的约束，放弃对美好未来的追求，懈怠必须付出的努力。企业应通过员工发展管理，从不同方面给员工施以某种压力，迫使他按照企业发展的需求来选择构筑自己的知识结构，学习掌握必要的技能。员工的意志欲望发展管理、兴趣偏好发展管理、知识技能发展管理三个方面的工作如果都做到了位，那么员工自我发展也就可以与企业发展需求高度统一起来，既使企业发展不再为人才的缺乏而困惑，又让员工不再为自己的发展舞台而担忧。

五、员工事业成就的发展管理

所谓事业成就的发展，就是员工获得了更多的事业成就。事业成就，也就是人的“能”的价值需求的一种满足。事业成就获得了发展，也就是有更多的“能”的价值需求获得了满足。但在这里必须把事业成就的发展与权力、地位的提升区别开来。所谓事业成就，就是以不同的方式，在不同的方面为企业发展，乃至人类社会的存在和发展作出一定的贡献，并通过这种贡献展现个人的独有的“能”——做成了他人没有做成的事。并且这种贡献不是简单地表现为他做成了什么事，而是表现为他所做成的事，对他所工作、生活于其中的社会能起到有益作用，能为这个社会的成员带来某种福利。而地位和权力的提升仅仅意味着某一个人在正规的组织内，所承担工作的重要性有所提升，能支配、使用更多的资源。这并不一定代表他做成了什么，更不一定代表他为这个组织整体或成员个人带来了什么

① 参见舒化鲁：《企业规范化管理实施的18个模板》第二章．

福利。尽管这种地位和权力的提升，与贡献的大小存在一定的关联关系。权力的提升，可以为权力所有人在作出更多贡献上获得更多的资源支持。同时，一个人的贡献的增加，也会让他在这个组织小社会中获得认同后得到地位和权力的提升。但二者并不能画等号。地位和权力的提升完全可以通过贡献之外的途径实现，并且提升地位和权力之后所获得的资源支持，也不一定都用于他对这个组织发展和福利增加作贡献上。同时，有了贡献，也不一定会得到相对应的地位和权力，并且也不是每一个作出贡献的人都想谋求他在这个组织中的地位和权力的提升。

员工的事业成就，是直接构成员工意志欲望的一个部分。这一内容与员工所寻求的自我社会价值的实现是直接统一的。但它又是员工个人知识技能发展之后所努力的结果。当温饱问题不再对人的生存构成威胁时，人对事业成就的追求就会越来越强烈。

但是，对事业成就追求往往因为没有恰当的管理而导致员工的努力方向和方法失当，不仅使员工的这种追求受挫甚至难以实现，而且还会给企业发展造成不良影响。例如，在西方的企业管理中，把成为企业组织的最高决策人作为事业上最大成功的体现，结果是在一个企业组织中只可能有一个董事长、CEO、总裁，这就导致知识才华相当出众的人，因为最终只能留下一个人做董事长、CEO、总裁，不得不离开而另求发展。

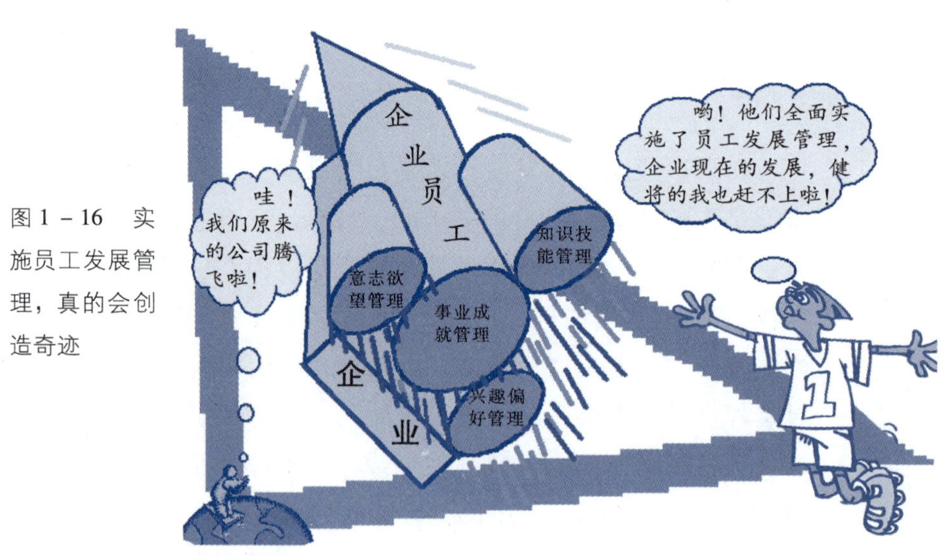

图1－16 实施员工发展管理，真的会创造奇迹

之所以会如此，是因为对事业成就本身的界定过于狭窄，让人们挤在一个独木桥上进行竞争。结果是一方面加剧了高层人才之间的矛盾和对立，另一方面又造成了企业高层人才的流失。

对员工事业成就发展进行管理，首先要解决的问题是在事业成就成败的界定上引入多元化的内容，避免单一独木桥上的恶性竞争。同时还要不断强化人们对事业成就的追求，使员工能够持续不断地为自己事业成就的成功不懈努力。在海尔，事业成就的内容就定义得相对宽广，远不止提升为高层管理人员这一条途径。在海尔一年一度的功臣榜上，可以看到既有在企业管理岗位作出卓越贡献的经营管理人员，也有在产品开发上作出卓越贡献的科研人员，还有跃马市场、开疆拓土的业务人员，更有创新工作、创造出卓越生产力的一线普通工人。在这里，就不能说只有担任了经营管理领导人才成就了事业，登上功臣榜的任何一个人都可以说成就了他自己的事业。

对员工在事业成就发展上的需求强度进行管理，也是员工事业成就发展管理的一个重要内容。员工作为一个人，都毫不例外地存在人所固有的惰性。这种惰性往往会使他满足现状，不求进取，从而放松在事业成就发展上的追求，尤其是当事业成就发展受阻、遇到一定困难时。这就需要通过一定的方式，对员工追求事业成就的强度进行管理，让员工对事业成就的追求能够长久地保持高昂的热情。正是因为如此，员工的事业成就发展管理在人力资源开发中起着至关重要的作用。

事业成就发展管理与前述三个方面的发展管理直接相关，它可能直接是前三个方面的发展管理的结果。并且事业成就的发展管理又可能起到强化前三个方面的发展管理的作用，使前三个方面的发展管理落到实处，让人看得见、摸得着。同时它还会激发员工自我寻求前三个方面的发展的热情，使员工发展管理步入一个不断自我激励和强化的良性循环轨道。

事业成就的性质和内容，是多种多样、五彩缤纷的。一个人究竟把他的事业成就定位在哪一点上，这往往对他事业成就的发展具有直接而重大的影响。因此对员工的事业成就的发展进行管理，既是员工个人的需要，也是企业发展的需要。

第七章

强化员工绩效管理

员工绩效管理就是各级管理人员和其下属员工为了达成企业发展价值增值积累的目标而提升岗位员工个人履职效果与效率的全部努力，其内容分为员工绩效目标设定、员工绩效责任承诺、员工履职过程跟踪、员工绩效考核评价、员工绩效管理沟通、员工绩效提升分析、员工绩效激励兑现七个方面。

一、索尼久陷困境而不能自拔的深层原因

2006年，索尼公司迎来了创业60年的大喜，可它怎么也喜不起来了。曾经像钻石一样璀璨晶莹的世界级明星企业，现在变得污垢满身、暗淡无光了。

它的股价已经连续多年探底走低，并承担着巨额亏损的压力，投资人开始抛弃它、忘记它，甚至讨厌它。

2005年12月，由于索尼CCD生产工艺上的瑕疵，导致八大数码相机生产商先后发布公告，宣布免费更换故障CCD，造成了数码相机行业的一次大地震。

紧接着，索尼的六款数码相机又被浙江省工商局检查出现了质量问题，引发了一场被媒体声讨的轩然大波。

2005年，因笔记本电脑锂电池着火事故，世界上使用索尼生产的锂电池的约960万台笔记本电脑被召回，仅更换电池的费用就超过510亿日元。

2006年2月，索尼中国公司宣布，2005年下半年在中国内地市场推出的5款电视，包括液晶电视和液晶背投电视，在机器软件方面有设计缺

陷，导致电视不能正常开关机。

PS3 游戏机曾被视为索尼的“救星”，在上市当天就销售一空。就因为关键部件批量生产的速度跟不上，索尼被迫控制整机的生产数量。PS3 是尖端产品，生产成本也很高，据说卖一台索尼就亏 3.5 万日元。2007 年 3 月进行上年度结算时，游戏机部门的上年度经营亏损达 2000 亿日元。

索尼怎么啦？为何一下子成了一个迟暮的老人，竟然羸弱得蹒跚难行了？

2007 年 1 月，索尼公司前常务董事天外伺朗撰写了一篇文章，找了一个令人大跌眼镜的理由。他在文中指出：索尼失败的根源是绩效管理。绩效管理是从 1995 年开始实施的，并成立了专门机构，制定了非常详细的评价标准，每个员工的报酬都以这种绩效考核评价为依据。就是这个举措导致了绩效主义在索尼公司的逐渐蔓延，最终使索尼从 2003 年春天开始，问题不断，仅当时一个季度就出现了约 1000 亿日元的亏损。

他认为绩效主义毁掉了索尼的传统文化，失去了集团激情、挑战精神以及团队精神。因为要考核绩效，就必须把各种工作要素量化，但是根本做不到。绩效考核的最大弊端是搞坏了公司内部气氛。上司不把部下当做有情感的人看待，而是一切都看指标，时时用“评价的目光”审视部下。因为要考核绩效，花费了大量的精力和时间，而真正用在工作上的时间减少了，变成了敷衍了事，出现了本末倒置的倾向。因为要考核业绩，几乎所有人都提出容易实现的低目标。作为索尼精神核心的挑战精神，被绩效管理管得没有了。

他这篇文章叫《绩效主义毁了索尼》。这篇文章出炉不久，就有一个叫杨云龙的记者撰文《真是绩效主义毁了索尼?》进行附和。他说：

“不得不承认，有过‘绩效之痛’的企业也绝不仅仅是索尼一家。现在一部分管理者在反思绩效管理，一方面绩效管理脱胎于工业生产时代，而现在企业内部大多是知识员工……另一方面，绩效管理本身存在着缺陷，如不能全面反映员工的工作情况、对文化的破坏、影响沟通……”

一个明星走上衰败之路，竟认定是绩效管理所致。不亦谬乎！

绩效是什么？

绩效，从企业组织整体的角度分析，就是企业交易收益、风险价值、投资回报和社会美誉四大价值的增值与积累。企业衰败就是这四大价值的减少和丧失。从岗位员工的角度分析，绩效就是岗位员工个人为企业四大价值的增值和积累所作的贡献。由此而论，无论如何也不能把企业衰败的账算到绩效管理头上。如果说是不当的绩效管理方法所致，这倒还说得过去。

笔者无缘去索尼公司本部调研核实，究竟是不是不当的绩效管理方法所致，但完全可以从天外伺朗《绩效主义毁了索尼》的文章，以及《IT时代周刊》2004年采访索尼公司中国副总裁、人力资源部长张燕梅女士的文章——《索尼在中国如何进行绩效管理?》中知其要略。

这要略是：不是绩效管理导致了索尼的衰败，而是索尼基础管理失当所致。

（1）索尼公司并没有严格意义上的绩效管理，他们对于岗位员工进行评价的绩效，脱离了企业的四大价值，没有从为企业四大价值的增值和积累的贡献上界定绩效，而是仅仅盯着岗位职责。张燕梅说L“在索尼内部，采用5P——Person（个人）、Position（职位）、Past（过去）、Present（现在）、Potential（潜力）——评价体系来全面评估员工的业绩。”在这5P中就没有从企业发展目标——四大价值的增值和积累中导出的岗位员工绩效的内容。

（2）索尼把对员工的激励简单化了，导向有误。在索尼的激励中，除了钱，还是钱。正如天外伺朗所言，“业务成果和金钱报酬直接挂钩，职工是为了拿到更多报酬而努力工作的”。

（3）把绩效考核等同于绩效管理。天外伺朗提出：“为衡量业绩，首先必须把各种工作要素量化。但是工作是无法简单量化的。公司为统计业绩，花费了大量的精力和时间，而在真正的工作上却敷衍了事，出现了本末倒置的倾向。”这就是证明。

（4）索尼绩效管理的价值观念缺失。在企业管理过程中，本来是可以通过激励体现和贯彻有利于企业持续稳定发展的企业文化观念的，可在索尼没有。有的只是张燕梅说的“完全按照业绩来发放薪金和奖金”。所以，就有了天外伺朗说的“业务部门相互拆台，都想方设法从公司的整体利益中为本部门多捞取好处”的问题。

（5）索尼的绩效管理中绩效沟通环节没有得到充分重视。张燕梅说：“每一个分公司的总经理要陈述对下级的评估，说明打分的原因。”从表面看似乎索尼的绩效考核还很客观，其实暴露了索尼绩效沟通环节的薄弱，下属员工处于被动的被评价地位，没有平等的交流，上司的评价能否得到下属的认同就有问题了。

索尼之所以在进入花甲之年，走向衰败，不是它的绩效管理毁了它，而是它的传统文化害了它。

索尼是靠创新力打下天下的，所以在整整60年中，都存在对基础管理关注不够的问题。岗位员工工作是不是都做到了位，没有人在乎。

索尼笔记本电脑电池，为何着火？

索尼先是抵赖不承认自己的产品存在质量问题，认为是用户使用不当，导致过度的冲击和外部过热所致。直到最后在事实面前无法抵赖时，他们的工程师才找到原因：在电池电芯的制造过程中，电芯正极和负极之间的绝缘层渗入金属粉引起短路。可这不是一个技术问题，而是基础管理问题。电池制造出来之后是不能立刻出厂的，必须放置一段时间，再通过检查剔除不合格产品。这就是“老化处理”。为什么在“老化处理”程序上没发现问题？这也是基础管理问题，岗位员工工作没有做到位。

为什么会如此？就是因为他们认定有了不断的创新，万事俱足矣。不屑于在如何提升基础管理水平，如何最大限度地提升质量、降低成本，以巩固创新所开发的市场成果等活动上努力。

甚至还不仅仅是基础管理薄弱，经营管理也令人不敢恭维。

2005年，索尼在中国市场上的六款问题数码相机，被浙江省工商局检查出来后，它犯了一连串的危机管理应对乏力的错误。首先是质疑工商局的检测结果，自信产品是合格的，拒绝召回产品。并以撤回广告为手段，试图阻止杭州、重庆等地媒体发新闻稿。可最后在铁的事实面前，在强大的舆论压力下，不得不承认问题相机这一事实。索尼召回相机，向消费者致歉却表现出万分的不乐意和委屈，承诺开通的退货电话也迟迟打不通。即使是开始办理退货的消费者，也遭遇了“打白条”的尴尬。

2005年，从年初一直延续到岁尾，索尼中国公司几乎是新老产品一同降价，彩电、相机无一幸免，每次降价幅度大多保持在20%上下。降价成了主旋律，由此可知其营销手段之乏善可陈。

绩效管理是一个系统完整的过程，企业组织内部所有岗位（包括企业组织最高层的主管岗位）都必须纳入进来，企业组织运行的所有环节（包括高层次的战略决策）也都必须纳入进来，并且在绩效管理的实施过程中任何一个环节都不能忽略，否则就难保其实施效果和效益。索尼的绩效管理过程是残缺不全的，所以也就不能指望它产生什么好的效果。

强化员工绩效管理的意义也在此。它起到让岗位员工从独立的绩效考核过程回到绩效管理的完整系统过程中来的作用，让员工从企业发展的角度思考自己的目标责任，以及自己岗位目标达成率提升的思路和办法。在现实中实施绩效管理的企业，大都忽视了这一环节，因而导致管理效率降低，索尼更是如此。

二、员工绩效管理的内容

所谓员工绩效，就是岗位员工个人履职的效果和效率的总称。绩效是一个完整的概念，也可分解说明。绩也就是业绩，即岗位员工通过履职努力，为企业发展所作的贡献，或者叫做履职达成的效果。尽管企业发展体现在交易收益、风险价值、投资回报和社会美誉四大价值的增值与积累上，但并不是说岗位员工绩效是这四者或其中之一的直接实现，而是其活动对这四者的实现所作的贡献。效也就是效率，体现的是行为过程上的有效性，是对岗位员工职责履行过程中的方式方法的评价说明。有了绩和效的界定，员工绩效的内涵也就清楚了，它是岗位员工个人在一定时期内履行其职责所发生的投入（包括人力、物力）所创造的产出，包括岗位员工职责目标在数量、质量上的达成情况的综合评价。

图1－17 绩效管理远不止是绩效考核

所谓员工绩效管理，也就是各级管理人员和其下属员工为了达成企业发展价值增值积累的目标而提升岗位员工个人履职效果与效率的全部努力，其内容可分为以下七个方面。

1. 员工绩效目标设定

这包括两个方面的内容：

（1）岗位员工要达成的职责效果目标要求，这是从履职结果上对岗位员工努力方向和努力效果的界定。

（2）岗位员工达成职责效果目标的过程要求，即对他履行职责的最基本方式方法的限定。岗位员工可探索更有效的方式方法，但必须高于所限定的最基本方式方法。

2. 员工绩效责任承诺

这主要是通过管理沟通，让岗位员工对他的绩效目标达成信心和决心进行确认，一方面让他明确自己职责的具体要求是什么，以明确岗位员工努力的方向；另一方面是让他进行信心和意愿的表达，以确认岗位员工达成职责目标的信心和决心。

3. 员工履职过程跟踪

这主要是通过对履职过程进行跟踪，把握岗位员工是否走在正确的履职方式方法轨道上，进而避免因为履职方式方法的不当造成的职责履行效果失控。

4. 员工绩效考核评价

这主要是通过对岗位员工的履职效果和效率的考核评价，把握岗位员工职责效果目标和职责效率目标的达成情况，以为岗位员工的去留和升降，以及薪资的核定提供依据。

5. 员工绩效管理沟通

这主要是在定期地对员工进行绩效考核的基础上由直接上司与其下属岗位员工进行沟通，就岗位员工的绩效目标达成的实际、存在的问题，以及尚有的潜力，与他进行讨论，并确认，为岗位员工的绩效改进理清思路。

6. 员工绩效提升分析

这是在绩效管理沟通的基础上，在直接上司的指导下，以岗位员工个人为主体，对他自己的履职效果的改进方向和措施进行分析和确认，一方面让岗位员工明确自己职责履行存在的差距；另一方面让他理清努力的具体方向和措施。

7. 员工绩效激励兑现

这主要是对应岗位员工履职的效果目标和效率目标达成情况，给予正激励——奖励和负激励——惩处，以影响和诱导岗位员工进行意志指向的调整和行为选择的调整，把他们的意志指向和行为选择都引导到企业发展的要求上来。

三、面谈沟通不充分难免酿成对立

2007年春节前，笔者应邀到一家煤炭企业做项目咨询前的调研诊断。他们引进了ERP信息管理平台，花了160万元，可运行效果不行，系统提供的信息与眼见的现实有明显的差距。座谈会由分管副总主持，三个关联部门——企管部、人力资源部和财务部的三个部长都参加了，总共十几个人，地点就在他们办公楼的一个小会议室。

座谈会刚刚开始一会儿，就听到外面人声嚷嚷。这个副总说有点儿急事要处理一下，让财务部长主持座谈会，他和企管部长、人力资源部长，另外还有三个人，就匆匆忙忙地离开了。

外面人声升级了，由嚷嚷声变成了呼喊声。笔者问财务部长发生了什么事。他说没什么。参加座谈的还有八九个人，可人们都有些心不在焉。笔者问了一些问题，他们不置可否地做了回答。他们都有心事，上午的座谈会开了两个小时就草草结束了。

后来明白了，原来是工人闹事，把办公楼大门给堵住了。大家都出不去，企管部的一个职员陪着笔者，就待在小会议室。笔者要求去看看。他带笔者来到一楼大厅的侧房，隔着玻璃从窗子向外一看：大门口足足堵了两三百人，大都是壮年男人，好多人脸上还有煤灰没有洗，偶尔夹杂着几个女人和老人。他们都穿着厚厚的棉衣，表情冷漠，但脸都冻得发红。公司保安有十几个人，他们用肘弯相互扣在一起，拦在大门口，都木着脸，堵着不让闹事的工人进入。

天空中飘着雪花，有一片没一片地往下落。透过窗子玻璃向天空望去，天色也很暗淡，灰灰的。可能是僵持的时间已经久了的缘故，再也听不到吵嚷声了。紧靠大门门柱，停着一辆黑色的奥迪车，车窗玻璃打碎了散落在地上，粼粼点点反射着凛冽的光。估计是刚才有人激动给砸碎了。

一会儿，一阵清脆的警笛声打破了僵持的沉寂。两辆警车停在正对大楼大门的柏油路上，从车上跳下七八个手执警棍的警察，边挥舞着警棍，边吆喝：

“都散开！都散开！上班的上班去！不上班的回家去！”

人群开始散了，有人在解释什么，没有人与警察作对。有个保安对着一个警察的耳朵咕噜了几句，这个警察用手指指了指几个工人，其他几个警察走过去，打了一下手势，有三四个人被带上警车，咔的一声关上车门走了。

直到下午，笔者才弄明白，这场紧张对阵发生的原因。

公司实施目标管理，每个生产岗位都订立了目标责任，并且从每个工人的月工资中扣下了20%作为责任保证，说到年底发给工人过年。只要达成了生产目标，会一分不少地发给工人，工作出色超目标还有奖金。可年终总结，有好多人没有达成目标。当时扣下的20%的工资，本来说年底发，现在却说没有了。原因是没有达成生产目标。而没有达成生产目标却是矿井发生透水事故，停产40多天所致。

快过年了，人人都巴望着把扣下的20%的工资拿回家过年。可在信息栏公布的结果是：他们大多数人不可能得到这部分钱了，更不用说奖金。一些工人心酸了，家里老小还盼着他们带回大把的钱，解决很多要急花钱的问题。一些人激动了，在下面找区队长闹。区队长说是公司在十个月前就定好了的目标责任，现在不能不兑现。一些工人更激动了，结伙来到公司办公大楼前，有的还带上老婆和年迈的父母。本是想讨一个说法，结果就发生了上午的一幕。

有人说："绩效管理其实很简单，就是目标加沟通。"这种沟通概括起来，主要有四个方面：一是绩效目标设定沟通，二是绩效辅导沟通，三是绩效评价沟通，四是绩效改进沟通。可在现实中，就有人总是忽略沟通问题。前面的例子就是如此。

绩效目标设定沟通不充分，没有界定清楚岗位员工个人要承担什么样的绩效目标责任。每月扣下的20%的工资是作为目标责任保证金的，达不成目标就扣掉的政策，很多人还不清楚是怎么回事。绩效辅导沟通没有，因为透水事故导致的生产目标达成发生困难，这该如何进行责任分摊，如何把生产任务赶上去，没有人向工人作说明，更没有措施办法上的交流。绩效评价沟通简单化，上司与下属岗位员工的直接沟通对话没有人做，仅仅通过一张公告，告诉工人谁达成了目标，可得到目标达成的回报；谁没有达成目标，原来扣下作为目标责任保证金的20%的工资要扣掉。这放在谁身上，谁也不免激动起来。

四、绩效考核面谈沟通的实施思路

绩效考核面谈沟通，可通过《绩效考核面谈沟通表》（见表1－1）完善其实施。在这张表中，包含四个方面的内容。

表1－1 绩效考核面谈沟通表

<table>
<tr><td colspan="2">沟通对象
姓名</td><td>沟通对象
岗位编号</td><td colspan="2">沟通对象
岗位名称</td><td colspan="2">主管岗位
（沟通者）名称</td><td colspan="2">主管岗位
（沟通者）姓名</td></tr>
<tr><td colspan="2"></td><td></td><td colspan="2"></td><td colspan="2"></td><td colspan="2"></td></tr>
<tr><td colspan="2">沟通对象
年度考核成绩</td><td>沟通对象
成绩的等级</td><td colspan="6">奖惩加、扣分项目统计</td></tr>
<tr><td colspan="2"></td><td></td><td>时间</td><td>项目
名称</td><td>加、扣分</td><td>时间</td><td>项目
名称</td><td>加、扣分</td></tr>
<tr><td rowspan="5">面谈
准备
清单</td><td colspan="2" rowspan="5">1. 地点
2. 时间
3. 考核表
4. 佐证材料
5. 同事评价要点</td><td></td><td></td><td></td><td></td><td></td><td></td></tr>
<tr><td></td><td></td><td></td><td></td><td></td><td></td></tr>
<tr><td></td><td></td><td></td><td></td><td></td><td></td></tr>
<tr><td></td><td></td><td></td><td></td><td></td><td></td></tr>
<tr><td colspan="6">奖惩加、扣分总计：</td></tr>
<tr><td>得分
特征
说明</td><td colspan="8">说明主要的加分项和扣分项</td></tr>
<tr><td colspan="9">沟通要面谈的问题、目的及最后效果</td></tr>
<tr><td>序号</td><td colspan="2">面谈问题内容</td><td colspan="2">表达设计</td><td colspan="2">要达到的目的</td><td colspan="2">最后的效果</td></tr>
<tr><td>1</td><td colspan="2">对方在这一年中所取得的成绩，这包括可用量化指标说明的业绩，以及无法量化的工作贡献和努力</td><td colspan="2">正面说明</td><td colspan="2">让下属岗位员工在下年有信心创造出更好的绩效</td><td colspan="2">说明下属岗位员工的信心是否被激发</td></tr>
<tr><td>2</td><td colspan="2">对方在这一年的工作中存在的不足，这包括量化的业绩差距，以及工作中发生的失误</td><td colspan="2">根据对方的性格特征，选择表达方式。一般要求从侧面说明，避免变成对对方的指责</td><td colspan="2">让下属岗位员工明白自身存在的问题及改进思路</td><td colspan="2">说明下属岗位员工接受认同的程度</td></tr>
<tr><td>3</td><td colspan="2">对方的潜力和优势，以及这种潜力和优势对履行好职责的作用</td><td colspan="2">以欣赏的语气，正面给予说明</td><td colspan="2">激发下属岗位员工在下年确定更高的目标</td><td colspan="2">说明下属岗位员工认同的程度</td></tr>
</table>

续表

4	询问下属岗位员工在工作和学习上的困难与要求，以及自己所能给予的帮助、建议和承诺	态度要真诚，要以关怀的语气说明	让下属岗位员工形成完成更高目标的信心和热情	是否承诺更高的工作目标了
5	征询对方对于单位部门工作的建议和提升单位部门整体业绩的思路	要表现出对对方的尊重和信任，以及求教的诚恳	让下属岗位员工感到被尊重，同时获得好的建议	是否真诚地给出他的慎重建议
6	其他问题			
综合评语	肯定该员工的成绩，说明该员工的发展潜力，以及他努力的方向 主管（沟通者）签字：		被考核人意见	被考核人签字：
			上司审核意见	说明该表是不是认真填写的，有无敷衍导致的雷同沟通表 隔级上司签字：

1. 沟通实施前，对沟通对象的了解和客观条件的准备

图 1－18
考核面谈沟通
管理真有用

在现实中，沟通效果往往不佳，一个重要原因就是准备不充分。沟通准备的首要内容是对沟通对象的深入了解，最基础的是对他的绩效考核得分情况、奖励加分情况、惩罚扣分情况一一进行了解，并分析确定他得分和失分的原因，即为什么得分，为什么失分。这种准备就是对对方的研究和把握。在对对方不了解的情况下沟通，就是无的放矢。除此之外，准备

工作还包括预约沟通地点和沟通时间，找出对方的年终考核表，以及必须向对方说明的问题的佐证材料，综合同事对他评价的要点等。这是为有效的沟通创造客观条件。没有这些条件的保证，沟通效果就不免受影响。

2. 沟通实施前，上司必须有的思考

这主要是思考确定与对方沟通交流的内容，以及就这些内容进行沟通的最佳表达方式、必须达成的目的。这些思考不成熟，临时随心所欲地漫谈，沟通的全部意义也就没有了。如果是这样，这种沟通就真正是形式主义的浪费时间。

就沟通要交流的内容分析，至少应包括以下五个方面：

（1）对方在这一年中所取得的成绩，这包括可用量化指标说明的业绩，以及无法量化的工作贡献和努力。

（2）对方在这一年的工作中存在的不足，这包括量化的业绩差距，以及工作中发生的失误。

（3）对方的潜力和优势，以及这种潜力和优势对履行好职责的作用。

（4）询问对方在工作和学习上的困难和要求，以及自己所能给予的帮助、建议和承诺。

（5）征询对方对于单位部门工作的建议和提升单位部门整体业绩的思路。

对应于每一内容的表达设计、要达到的目的和最后的效果，在《绩效考核面谈沟通表》中，也都给出了建议性的界定，但这不能硬套，必须根据实际进行调整。而沟通交流的五方面内容，是必须有的。另外，还需要补充的内容可放在其他栏中，甚至可以有多个方面的补充。

3. 沟通后的总结

这包括对每一个沟通交流内容所达成的效果进行总结分析，确定是否达到目的，同时写出综合评语。最后交由沟通交流的对方确认，以确定沟通的效果和对上司的交流意见的认同。

4. 隔级上司的审核

这主要是通过审核，确定有没有内容大同小异的考核沟通表，以此考察主管对这一工作的认真程度。这虽然只是一个小栏，但其意义不可小觑。有了这一栏，每一个主管人员就不敢糊弄这一工作，更不敢以权压人，歧视下属员工。

5. 保证绩效考核面谈沟通效果的关键点

员工绩效考核面谈沟通的目的在于达成绩效考核评价的共识，明确努

力方向。而要达到这一目的，其关键有三点：

（1）对《绩效考核面谈沟通表》要有管理，即评审确定合格与不合格，并把评审结果作为对主管岗位职责考核的一项具体内容，迫使每一个主管都认真地对待这一工作，而不是搞形式、走过场。

（2）鼓励下属员工对主管的沟通提出不同意见，让每一个下属都受到尊重，让任何一个主管都不能以权压人，降低这一工作的价值。

（3）主管的上司必须按时完成审核工作。这种审核工作其实很简单，只要查看一下不同员工的综合评语，是否具有充分的个性化，能否让人感觉到是针对不同的员工做出的，就够了。

五、员工绩效管理分析的实施思路

员工绩效管理分析，可通过《员工绩效管理分析表》（见表1－2）完善其实施。下面略作分析。

表1－2 员工绩效管理分析表

<table>
<tr><td colspan="8">1. 被分析者基本信息</td></tr>
<tr><td>岗位
名称</td><td></td><td>岗位
编号</td><td></td><td>任岗人
姓名</td><td></td><td>上司岗位
名称</td><td></td></tr>
<tr><td>下属/协同
岗位名称</td><td colspan="7"></td></tr>
<tr><td colspan="8">2. 目标责任反省分析</td></tr>
<tr><td colspan="2">未达标目标项</td><td rowspan="2" colspan="2">该目标项不达标
给本单位部门造成的
业绩损失</td><td rowspan="2" colspan="2">该目标项不达标
给企业组织造成的
发展损失</td><td rowspan="2" colspan="2">直接上司交流
审核意见</td></tr>
<tr><td>编号</td><td>名称</td></tr>
<tr><td></td><td></td><td colspan="2"></td><td colspan="2"></td><td colspan="2"></td></tr>
<tr><td></td><td></td><td colspan="2"></td><td colspan="2"></td><td colspan="2"></td></tr>
<tr><td></td><td></td><td colspan="2"></td><td colspan="2"></td><td colspan="2"></td></tr>
<tr><td></td><td></td><td colspan="2"></td><td colspan="2"></td><td colspan="2"></td></tr>
<tr><td colspan="8">3. 主要目标达成率提升分析</td></tr>
<tr><td>目标
名称</td><td></td><td colspan="2"></td><td colspan="2"></td><td colspan="2"></td></tr>
<tr><td>自己最
好水平</td><td></td><td colspan="2"></td><td colspan="2"></td><td colspan="2"></td></tr>
</table>

续表

同行最好水平				
存在差距的原因				
消除差距的思路				
创新纪录的思路				
上司审核意见				

1. 分析表的内容员工绩效管理分析的内容主要有两个方面：

（1）岗位员工个人的目标责任反省分析。这是对上一年度的目标达成差距给单位部门和企业整体发展所造成的，以及可能造成的不良影响的反省分析。其目的在于提升岗位员工下一年为保证每一个目标项的达成而努力的自觉性和积极性。

（2）岗位员工个人的目标责任提升思路分析。这是对下一年度的个人工作目标体系的指标值以及达成办法的思考，目的在于挖潜自身的目标达成潜力，以在为企业发展作出更大贡献的同时，更充分地实现自己的个人价值，实现更多的“能”的欲望——个人社会价值的满足。

2. 员工绩效管理分析的实施思路

（1）回顾自己当年没有完全达成的目标项，包括哪怕达成率只差0.1%的目标项，通过清理罗列出来。

（2）分析每一个目标项的没达成已经给和将给单位部门业绩造成的不良影响，以从内心形成自责而强化自我约束。

（3）分析每一个目标项的没达成已经给和将给企业整体发展造成的不良影响，以从内心形成自责而提升融入企业组织大团队的程度。

（4）直接上司与岗位员工就员工自己的反省进行交流沟通，在达成理解和共识的基础上，真正在上下级之间建立一种绩效伙伴关系。

（5）岗位员工自我总结自己工作目标体系中的主要目标项，对比曾经创造的最好业绩水平——目标指标值，分析自己的业绩水平是否有滑落。

（6）岗位员工自己收集了解企业组织内部，以及同行的最好业绩水平。首先从内部进行比较，然后从国内同行的范围比较，最后从世界同行的范围比较，从结果中发现自己工作上的差距。

（7）与最高水平比较，无论是自己的最高水平，还是企业内部，或者国内、国际同行的最高水平，分析找出导致差距存在的原因，为下一步的努力确定思路。

（8）分析确定消除自己工作业绩与最高水平之间的差距的思路。

（9）如果自己的业绩就是国内同行，甚至国际同行的最高水平，则分析确定刷新纪录的思路，以保持自己的业绩水平的领先地位。

（10）直接上司与岗位员工就员工自己业绩的挖潜分析和思路设想进行交流沟通，并提供指导，包括下属岗位员工所不了解的情况信息，以保证下属岗位员工的努力不走弯路，使下属岗位员工和单位部门整体的业绩稳步改善。

3. 员工绩效管理分析的关键点

在绩效管理实施的过程中，完成了员工年度绩效考核和绩效沟通之后，就进入了员工绩效管理分析程序。这一程序在以年度为周期的绩效管理循环中，是下一个循环周期的开始。人的行为活动没有原点，任何一个起点也都是建立在前期活动结果的基础上的。而任何一个活动的起点，也都必须以对前期活动的总结分析为前提，只有这样才能保证避免在人生的轨迹中出现大起大落的波动，使人生轨迹始终沿着上升的方向平稳地前进。可惜很多人都忽视了这一点，而正是这一不该有的忽视让他们的人生灰暗无光，一次又一次地陷入悲哀的困境。绩效管理就是要对企业发展负责，对岗位员工的人生发展负责，所以必须强化这一工作。

员工绩效管理分析有四个关键点：

（1）作为上司，要有积极主动的态度，把辅导下属岗位员工，帮助其提升业绩，切实当做自己的职责和义务，而不能有任何“放羊”——任其自然，甚至看下属岗位员工的笑话的心理。

（2）上司要通过诱导，在分析与最好业绩水平之间存在差距的原因的过程中，让岗位员工从责己的主观努力上分析原因，避免一味地从推卸责任的角度思考。否则就难以形成自主消除差距，提升业绩水平的积极态度。

（3）思路的分析必须建立在与上司交流沟通的基础上，并且所选择确定的思路一定要能付诸实施，保证思路必须具有可操作性。这一点上司在交流时必须要把握住。

（4）强化员工的修养和人格培训，让岗位员工不自以为是，不认定只有自己最了不起；不故步自封，能以开放的态度接受不利于自己的信息和现实；不安于现状，有不断超越自我、否定自我的“天行健，君子以自强不息”的志向。只有这样，才能充分保证这一工作的效果。

六、事先承诺的奖励打不得折扣

有一个企业的经营效益一直很好，整整12年都一直保持着良好的发展势头，年增长率最高时达到190%，发展速度慢的年份，增长率也超过35%。可在第十三年出现了问题，不仅没有增长，反而萎缩了16%。财务年终结算，不仅没有一分钱的利润，而且严重亏损，亏损额高达1.7亿元。

马上就要过年了，依往年的惯例，年终奖金平均两个月工资，并且都在春节前十天兑现完成。这要拿出大量的现金。尽管账上的资金发奖金有余。可发了奖金，流动资金就没有了。

图1－19　不能忽视激励兑现对稳定员工的作用

离春节只有半个月了，公司董事长和总经理都在为此事发愁。最后由董事长主持，召开了一个高层秘密会议，讨论这一问题。参加者有公司总经理、常务副总经理、生产副总、营销副总、行政总监、财务总监和人力资源总监，会议选择在郊区一个四星级酒店的小会议室举行。

当董事长开场说明会议议题时，大家都是一脸的严肃。好长一段时间没有一个人说话。

今年的奖金怎么发呀？大家都在为这个问题而沉思。

“就实话告诉大家，今年效益严重下滑，年终奖金不发了。”财务总监开了一个头。

“这不行。这样会导致员工士气下滑，甚至出现关键岗位员工跳槽。那样公司就完蛋了。”董事长立刻反对说。

“我们早搞目标管理就好了。公司发展目标没有达成，也就是岗位员工的工作目标没有达成，也就用不着发奖金了。”行政总监说。

“废话！我们没有实施目标管理，这不是白说。”董事长很不高兴地训斥行政总监说。

“不然我们今年平均发一个月的奖金，今年效益不好，大家都是知道的。只发一个月，大家应该能理解。支付一个月的工资，资金周转会紧张，可不至于发生大的危机吧！”财务总监说。

“可是……”董事长和总经理都双眉紧锁，董事长说了半句话就不语了。

会议又进入了沉默阶段。

“可以这样，说明实际，奖金照发，但不是马上发，而是等效益好转后补发。明确承诺，我想员工会理解的，心也不会因此而散的。”

“实际上是一样，发奖金打白条，员工不一定认同，传出去还被人笑话。”总经理说完，望了望董事长，去洗手间了。

总经理一走，人力资源总监马上跟去了。他们两人回来时，会场仍然静悄悄的。他们的脚步敲在地板上咚咚响，特别让人心焦。总经理坐下后对着董事长耳语了几句，董事长宣布散会，说回去都思考思考，找时间再议。

没过两天，一个小道消息不胫而走——“由于业绩不佳，年底要裁员”。

一下子人心惶惶了，每个人都在猜测，会不会裁到自己头上。

正在人们心神不定时，总经理却宣布：“再怎么艰苦，公司也绝不愿牺牲同甘共苦的同事兄弟，只是年终奖金今年没有财力发了。”

总经理一席话，使员工们的心安下来了。员工们都在想：“只要不裁员，没有奖金就没有吧。”人人都打算过一个穷年。

离除夕只有五天了，财务部发出通告，说今天的年终奖已打到每一个员工的工资卡中了，整整一个月的工资，让大家抓紧时间核查一下，如果有误，速告知财务部查对。

公告一贴出，整个公司大楼欢呼声一片，接着从车间也传来阵阵欢呼……

他们奖金的发放艺术着实让人敬佩，可它只能运用一次。下一年再如此，其效果可能就不同了。

奖励的兑现必须有根据，并且这有根据的奖励丝毫也不能打折扣。这就是员工绩效激励兑现管理的作用和意义。

七、员工绩效激励兑现的实施思路

员工绩效激励兑现，可通过三张表——《管理人员、科研人员激励实施标准约定表》（见表1－3）、《一般岗位员工激励实施标准约定表》（见表1－4）和《员工绩效考核排序激励兑现管理表》（见表1－5）完善其实施。其实施可分为两个相对独立的阶段完成，下面略作分析。

表1－3 管理人员、科研人员激励实施标准约定表

绩效考核相对成绩得分 \ 对应激励途径项目内容		奖金	加薪	晋职	出国培训	国内培训	出国旅游	国内旅游	其他	其他	其他	其他
1	96～100	60%的年薪	2级	1级	或1周	或2周				高层主管不定期拜访	节日赠品	
2	91～95	40%的年薪	1级	候升		或1周	或3天	或1周	或带薪假10天	高层主管不定期拜访	节日赠品	
3	86～90	30%的年薪	半级	预选		或1周		或3天	或带薪假5天	高层主管不定期拜访	节日赠品	
4	81～85	20%的年薪				或3天				高层主管不定期拜访	节日赠品	
5	76～80	15%的年薪								高层主管不定期拜访	节日赠品	
6	71～75	10%的年薪								高层主管不定期拜访	节日赠品	

续表

绩效考核相对成绩得分 \ 对应激励途径项目内容		奖金	加薪	晋职	出国培训	国内培训	出国旅游	国内旅游	其他	其他	其他	其他
7	66～70	5%的年薪									节日赠品	
8	60～65										节日赠品	
9	40～59											
10	31～39							书面提示				
11	21～30							书面提示	无薪假日培训5天			
12	16～20							书面提示	无薪假日培训10天			
13	11～15							书面警示	无薪假日培训20天	降薪半级		
14	6～10							书面警示	停薪培训1月	降薪1级		
15	3～5							书面警示	停薪培训1月	降薪1级	降职1级	
16	0～2											解聘
合计		35%	15%	15%	5%	20%	5%	10% 37%	10% 30%	30% 13%	40% 3%	2%

表1－4 一般岗位员工激励实施标准约定表

绩效考核相对成绩得分 \ 对应激励途径项目内容		奖金	加薪	晋职	出国旅游	国内旅游	其他	其他	其他	其他	其他	其他
1	96～100	60%的年薪	2级	1级	或1周	或2周	或带薪假半月	CEO宴请	登榜表彰	高层主管不定期拜访	节日赠品	
2	91～95	40%的年薪	1级	候升		1周	或带薪假10天	副总宴请	登榜表彰	高层主管不定期拜访	节日赠品	

续表

对应激励途径项目内容 / 绩效考核相对成绩得分		奖金	加薪	晋职	出国旅游	国内旅游	其他	其他	其他	其他	其他	其他
3	86~90	30%的年薪	半级	预选		5天	或带薪假5天	高管宴请	登榜表彰	高层主管不定期拜访	节日赠品	
4	81~85	20%的年薪						高管宴请	登榜表彰	高层主管不定期拜访	节日赠品	
5	76~80	15%的年薪								高层主管不定期拜访	节日赠品	
6	71~75	10%的年薪								高层主管不定期拜访	节日赠品	
7	66~70	5%的年薪									节日赠品	
8	60~65										节日赠品	
9	40~59											
10	31~39								书面提示			
11	21~30								书面提示	无薪假日培训5天		
12	16~20								书面提示	无薪假日培训10天		
13	11~15								书面警示	无薪假日培训20天	降薪半级	
14	6~10								书面警示	停薪培训1月	降薪1级	
15	3~5								书面警示	停薪培训1月	降薪1级	
16	0~2											解聘
合计		35%	15%	15%	5%	15%	15%	20%	20% 37%	30% 28%	40% 13%	2%

表 1－5 员工绩效考核排序激励兑现管理表

绩兑字编号： 单位名称：

序号	员工姓名	岗位编号	考核绝对成绩（W_i）	考核相对成绩（H_i）	应该激励兑现的奖惩项名称和等级	兑现完成日期	被兑现人签字	备注
1								
2								
3								
4								
5								
6								
7								
8								
9								
10								
11								
12								
13								
14								
15								
16								
17								
18								
19								
20								

制表人： 单位主管签字： 年 月 日

说明：

考核相对成绩的计算公式为 $H_i=(W_i)/(\sum W_i)/N\times 50$。式中，$H_i$ 为企业第 i 个岗位员工的考核相对成绩；W_i 为企业第 i 个岗位员工的考核绝对成绩；N 为企业员工总人数。

1. 激励实施标准约定确认

这一阶段的目标是在企业组织所寻求的目标与员工个人所寻求的目标之间搭起沟通连接的桥梁。其内容包括七个步骤的工作。

（1）全面分析企业员工的实际情况，根据他们的价值追求进行分类，以使所设定的奖项能奖得动心，惩项能惩得伤心，保证企业激励机制能最大限度地激发每一个岗位员工的内在行为动机。

（2）针对每一类岗位员工价值追求的重点设定奖惩项目，以用最小的资源投入取得最好的奖励效果，以用最人性的惩处让员工规避企业组织所不希望的行为活动及其后果。

（3）确定奖惩比例，让受奖人足够多，受惩人相对少。只有当一个人处于“人有我无”（众人受奖，而我独无）的状态时，他受到的激励才足够大。

（4）对应制定奖惩激励兑现管理制度，以完全具有约束力的制度的形式详细界定岗位员工月度和年度绩效考核得分处于100分制综合排序的什么区段时，就会得到什么奖励或者处罚。

（5）把奖惩项目与所对应的绩效得分100分制综合排序区段对应起来并简化成一张表，在企业所在地具有权威象征的场所，以醒目、固定的大牌子公示出来。

（6）分为多个层次，反复宣告《激励实施标准约定表》的内涵，让每一个岗位员工都明了其所包含的内容。

（7）在各个内部单位组织的公共场所，也制作成标牌公示出来。让每一个岗位员工随时随地都能看得见，以提示员工努力工作，争取奖励，规避惩罚。

2. 激励标准约定兑现实施

这一阶段的目标是根据事先共同确认的激励实施标准约定，对应岗位员工的绩效考核成绩，兑现激励。其内容包括七个步骤的工作。

（1）以工资发放汇总单位为单位，登记员工姓名、岗位编号和绩效考核绝对成绩（W_i）。

（2）计算每一个员工的绩效考核相对成绩，对员工的绩效成绩进行排序，以对应于激励机制展示牌所事先界定的应该有的奖赏激励。员工绩效考核相对成绩计算公式为

$$H_i=(W_i)/(\sum W_i)/N\times 50$$

式中 H_i——第 i 个员工的绩效考核相对成绩；

W_i——第 i 个员工的绩效考核绝对成绩；

N——企业员工总数，$(\sum W_i)/N$ 为企业员工绩效考核的平均绝对成绩。

（3）对应企业组织激励机制展示牌，确定每一个员工应该享有的激励奖赏。

（4）由企业统一确定兑现时间并在兑现完成后，注明兑现完成日期。

（5）交由接受激励的被兑现人签字核对确认。

（6）对兑现还存在的问题进行备注说明，员工个人、单位主管，只要发现了问题都可在此备注说明。

（7）单位主管审核签字后由人力资源部装订归档，以备核查。

图 1－20 想得到什么，就付出什么样的努力吧

3. 员工绩效激励兑现的关键点

要保证员工绩效考核排序激励兑现管理的效果，有四个关键点必须把握住：

（1）信息要公开透明，员工年终绩效考核的绝对成绩和相对成绩，必须公布出来，避免暗箱操作对员工积极性的挫伤。

（2）激励兑现完成日期必须事先做出限定，并在年初就公布出来，以成为员工个人与企业组织的一种事先的约定。随意更改兑现日期，会让员工失去信心，至少会对企业高管的诚信产生怀疑。

（3）单位主管签字不能成为一个橡皮图章，要给予兑现不力、不及时的监督权力。鼓励兑现不力、不及时，会直接导致单位主管的威信下降，进而降低企业组织的执行力。

（4）备注所记载的问题必须由人力资源部汇总，并限期解决。

第二篇

岗位员工管理规范化的标准

人才和管理是新经济时代企业发展的两大瓶颈，员工发展管理是企业管理的永恒主题。而员工在发展上存在意志指向不稳定、意志努力程度不稳定、自我社会价值观念的限制和机会主义心理四个方面的惰性，必须从意志欲望、兴趣偏好、知识技能、事业成就四个方面全面实施管理，以克服惰性，引导发展。

岗位员工没有积极的态度，是其意志管理的愿景设计、沟通交流、授权支持、跟踪考核、酬赏兑现五个环节构成的激励封闭反馈环路不通。他们缺少热情耐心是因为岗位员工管理中缺少情感和情绪管理，存在不尊重人、不信任人、不关怀人的问题。

第一章

岗位员工管理的原则要求

要保证岗位员工能作为企业组织的细胞发挥作用，在对岗位员工的管理上必须遵循六大原则要求：①关系平等原则，这是从管理者与被管理者的关系上提出的要求；②实施严肃原则，这是从管理者管理实施的态度上提出的要求；③记录明晰原则，这是从管理者管理实施的过程上提出的要求；④诚实守信原则，这是从管理者管理实施的理念上提出的要求；⑤公开透明原则，这是从管理者管理实施的方式上提出的要求；⑥责任明确原则，这是从管理者管理实施的行为上提出的要求。下面分别加以讨论。

一、关系平等原则的标准要求

所谓关系平等，也就是在企业内部，无论这个岗位员工处于组织的哪一个层次或级别，都必须尊重他的主体地位，实现人格上的平等。无论你担任的岗位角色地位如何高、权力如何大，无论你个人具有何种优势，都没有理由自视高人一等，更不能把自己的意志强加于他人，让他人无条件地服从。关系平等也就是承认每一个人价值需求满足的合理性，在平等互利的基础上进行合作，使每一个人都有机会通过自身努力作出贡献后，获得他所希望得到的价值需求满足。

这里的平等，尤其必须承认企业组织中的每一个人，对应于他为企业所能作出的贡献和已作出的贡献，在实现其价值需求满足上的平等权利。避免通过剥夺对方与其贡献和努力相对应的价值需求满足来威胁对方，迫使对方屈从。否则，就不免会激起对方对这个企业组织的仇恨。

在岗位员工管理实施的过程中贯彻关系平等的原则，是企业发展价值目标最大限度地实现的要求。在企业内部，任何形式的等级压迫，都会造成企业内部成员相互之间的矛盾和对立，致使人们努力的方向发生扭曲，至少分散其精力而用于相互之间的攻击，降低企业组织运行的效率和效益。而不平等又总是与等级压迫联系在一起的。不平则鸣，哪里有压迫，哪里就有反抗，任何由压迫激起的反抗行为都不免摧毁企业发展目标的达成可能。只有关系平等，才能消除人与人之间的矛盾、对立和冲突，使每一个人都把自己的努力方向指向企业发展价值目标的达成。

这一原则的具体要求，主要有五个方面：

（1）作为上司主管的高一层次的岗位角色，必须平等地对待岗位层次比自己低的下属员工，绝对不能有颐指气使、贬低对方、侮辱责骂下属员工的行为。

（2）对于下属员工，不得提出任何让他们单方面作出贡献和牺牲的要求。下属员工为达成企业发展价值目标作出的任何贡献和牺牲，都必须在他的价值需求满足上给予充分的补偿。

（3）不得有任何形式的特权存在。不是工作所必需的外部条件的差别，就是特权。对于为企业发展作出特别贡献的人，给予特别的经济补偿和特别的尊重是必要的，但不能把这种补偿和尊重变成特权。

（4）只要不是危机性的紧急事件，上司主管要让下属员工承担的工作都必须通过平等沟通，达成共识后共同决策。至少要把决策的依据和意义向下属员工解释清楚。不能仅仅因为自己是上司主管，就任意地把自己的意志强加于人。

（5）任何个人都不得假公济私，以企业组织或单位、部门整体利益的名誉来剥夺其他岗位员工应该有的权力和利益。

二、实施严肃原则的标准要求

所谓实施严肃，就是要求管理人员，在对岗位员工的能力、意志、情感和情绪进行管理的过程中，任何一个环节的工作都必须慎重、认真地对待，避免发生任何草率、随意的行为，避免因草率、随意的行为给下属员工带来不经意的伤害。

岗位员工管理，对于企业发展是一项至关重要的工作。企业发展价值目标的达成，最终都得通过岗位员工的工作努力来实现。但绝大多数企业老板和领导者，都没有对此给予足够的重视。这就更不用说一般高、中层管理人员了。他们对于投资项目，只要稍具规模就会精心设计，反复论证，并在制订出严密的计划后再组织实施。但对于承担投资项目工作的人的管理工作，却很少有人像对待投资项目本身那样认认真真，而是随随便便，想当然地行事。往往到了明显因为人的原因，使本来应该成功的项目走了弯路之后，才引起对人的重视。但也只是反思是不是人员选择有问题，很少有人对管理实施的行为进行反思，寻找自己对于下属员工管理实施过程中的失误和不当。或者认为是自己在项目选择上发生了失误，自我抱怨，以自认倒霉的心态处之。在企业发展的过程中，一个项目是否成功，与项目工作的具体承担主体是否尽心尽力，是否为项目的成功付出了最大的努力，关系甚为密切。而岗位员工作为活生生的人，具有自我意识，具有自己的情感，即使慎重对待管理实施过程中的每项工作，也难以保证使之尽心尽力，为项目的成功付出最大的努力。不予慎重对待，马虎处之，其结果也就可想而知了。

实施严肃这一原则的具体要求，主要有三个方面：

（1）必须在科学分析的基础上，对岗位员工管理实施过程中的每一个环节，包括能力管理、意志管理、情感管理、情绪管理实施的每一个具体工作和细节，制定出具体的标准要求，让每一个管理人员都遵照实施，以消除这种管理实施过程中的随意性。

（2）岗位员工管理的每一个环节的实施都必须有计划。即通过事先的计划，对岗位员工管理实施的过程进行全面的设计、安排，以保证管理实施的周密性。岗位员工管理的每一个环节的实施，都必须按照事先的计划要求做好充分的准备并列出清单，按照清单进行准备，以避免任何不经意行为而导致的失控和失当。

（3）任何一项岗位员工管理工作完成后，都必须对照计划进行系统的总结，以及时发现偏差，及时补救，同时也通过总结来改善和提升管理人员实施岗位员工管理的能力。

三、记录明细原则的标准要求

所谓记录明细，就是要求岗位员工管理实施过程中的每一个环节，从计划到对结果进行总结评估，整个过程都必须有明确而详细的记录。一方面，可以通过记录总结经验，对效果显著的做法发扬光大，在企业内部全面推广，以提升企业组织的岗位员工管理水平；另一方面，对于效果不佳，甚至是失败的做法进行教训分析，找出原因，发现问题，以便在下一步的岗位员工管理实施过程中改进，不犯同样的错误，同时为岗位员工管理实施过程中工作的责任划分和绩效考核提供准确的依据。

岗位员工管理，是企业内部管理的主要内容。而这一管理面对的对象是流动的活动，并且管理本身也是流动的活动，如果没有对这种流动的活动的记录，单单通过结果很难追溯导致结果的准确原因，因而也就不可能充分有效地把握管理实施过程的事实，准确地界定这种管理实施过程的工作失误责任，更不可能有效地通过经验总结提升管理人员实施岗位员工管理的能力。

这种记录，主要包括四个方面的内容：

（1）岗位员工管理实施的计划记录以及计划形成过程记录。

（2）计划贯彻执行的过程记录。

（3）计划贯彻执行效果的事实说明记录。

（4）考核、总结的分析和结论记录。

记录明细原则的具体要求，主要包括三个方面：

（1）岗位员工管理实施过程中的每一个环节的每一步工作，都必须留下明确的文字记载；涉及多个不同行为主体的，还必须有行为主体本人的签字确认。

（2）对于记录原件，必须集中归档管理。凡是具有典型意义的管理实施方法或管理事件必须进行专门的整理，撰写成案例在企业内部推广，让企业所有管理人员都能分享这其中的经验和教训。

（3）根据企业的实际，对于一些常规性的记录，必须统一编制印发格式化的表单，以明确和统一记录必须收集的内容信息。

四、诚实守信原则的标准要求

诚实守信原则是保证下属员工的行为选择，满足企业发展价值目标达成要求的基本前提。没有人能容忍他人的虚伪和欺骗，任何一次、任何一种形式的虚伪和失信，都可能摧毁以往付出的诸多努力建立起来的激励机制，甚至直接导致彼此之间的敌对行为。误解可以解释，欺骗导致的敌对关系是很难改变的。因此，岗位员工管理的实施必须严守诚实守信原则。

所谓诚实守信，就是在岗位员工管理实施的过程中，对于岗位员工管理的每一个活动都要求以诚信为基础，不得有任何形式的逢场作戏和虚于应酬。同时，承诺要谨慎，只有能够完全兑现落实的东西才能承诺，其结果带有任何一点不确定性的东西就不能随意承诺。作为管理者、上司、上司的上司，是具有自我意识和独立利益的主体性存在；作为被管理者、下属、下属的下属，也都是具有自我意识和独立利益的主体性存在。

当下属员工受到欺骗之后，他们不仅会失去对企业组织的信心，丧失工作的热情，而且会使企业组织的相应管理制度和工作标准的权威性丧失，导致一些人转向谋求通过做好工作之外的途径去谋取个人利益，使保证企业组织运行效率的预期引导作用机制削弱和丧失。主导人的行为选择的作用因素首要的是预期，当他的预期因为被欺骗而改变后，他就不会再按照企业组织运行的已有制度规则行事。

世界上没有骗不醒的傻瓜，一个人不会永远被蒙骗下去，虚伪和欺骗总有一天会被揭穿。在岗位员工管理过程中的虚伪和欺骗一旦被揭穿，岗位员工管理的目的也就不再有任何达成的可能。当岗位员工感到被欺骗时，他有的就只能是愤怒情绪和雪耻冲动。

图2－1 以竞争力打造为目的的岗位员工管理原则

这一原则的具体要求，可以概括为以下三点：

（1）在岗位员工管理实施过程中的任何承诺，都必须严格兑现。不能兑现的承诺，或者其兑现要受到自己不能自主决定的因素影响制约，就不能随意承诺。否则就是对下属员工的恶意欺骗，至少会让对方感到是一种恶意欺骗。

（2）企业制定的所有管理制度，必须不折不扣地全面贯彻执行。不能全面贯彻执行的制度，就不能作为制度制定出来。制定成制度了，又不能全面贯彻执行，这不是歧视和压迫，就是愚弄和欺骗。

（3）对下属员工要以诚相待，对他们不能隐瞒任何有关企业发展的实际。隐瞒企业发展的实际，就是对岗位员工的欺骗，就是剥夺下属员工自主进行行为选择的权力，这也是一种压迫。

五、公开透明原则的标准要求

所谓公开透明，就是使岗位员工管理实施的过程公开化、透明化，不存在任何形式的暗箱操作。

对于岗位员工的管理，会直接涉及具体个人的各种利益。如果这种管理活动不公开、不透明，存在暗箱操作，就不免导致私下交易的猫腻行为发生，致使企业组织运行利益受到损害。而公开、透明则可把这种行为置于众人的监督之下，使私下交易不可能发生。尤其是完善了岗位员工管理实施过程的行为标准，并且公开化、透明化了。这也就是各级管理人员与被管理者在事先达成的约定基础上相互约束，从而达到减少和消除管理实施过程中不自主地发生的欺骗行为。

在企业内部，作为特定岗位员工的下属员工，相对于他的上司主管，在地位上处于劣势。如果其管理行为不透明、不公开，上司主管欺骗下属员工的行为也就难以避免。

公开透明原则不仅能够在一定程度上减少和消除上司主管在管理实施过程中的不诚信行为，而且能够提升岗位员工对企业组织的归属感和凝聚力。任何形式的不诚信行为都是以信息的不对称为前提的，公开透明减少和消除了信息的不对称，上司主管欲不诚信也不能。而保证岗位员工管理实施过程的公开、透明，又是对下属员工的一种尊重和信任，因而会使他们与企业组织共荣辱，更有信心和热情为企业发展价值目标的达成努力作贡献。

这一原则的具体要求，主要有以下五个方面：

（1）岗位员工管理的各项工作和各项活动，都必须有明确的程序要求，并且这种程序要求必须事先不折不扣地向岗位员工公开。

（2）对于岗位员工的管理，在内容和过程上不仅要有明确的文字界定，而且要让每一个岗位员工明确其具体的内涵，避免因为理解上的误差而导致矛盾和冲突的发生。

（3）给予每一个下属员工了解与他个人有利益关联关系的管理活动和过程的权力，以保证每一个岗位员工在这种管理实施过程中应该有的利益。

（4）任何一种形式、任何一个内容的管理制度，必须公开发布，并广泛宣传，让涉及其利益的相关人员都充分了解之后，再付诸实施，避免上司主管片面地把责任和义务强加于人。

（5）向下属员工下达的任何一项指令，必须明确其理由、意义、价值，把指令背后的信息完整地传递给下属员工，保证在使知之的基础上使由之，消除“民可使由之，不可使知之”的腐朽等级观念。

六、责任明确原则的标准要求

所谓责任明确，就是要求岗位员工管理实施过程中各个环节的责任，必须有明确的界定，使岗位员工管理实施过程中的任何一个不可缺少的环节都有人负责，有人为之付出努力以保证达到预期的目的和效果。要保证企业组织事事有人做、人人都做事、事事都做好，首先就必须保证使岗位员工做好工作的能力开发、意志诱导、热情激发、情绪稳定的每一项工作，都有人去努力，并承担责任。只有这样，才能保证每一个岗位员工的工作都达到保障企业组织运行效率和效益的要求。

如果没有人对企业组织岗位员工的能力、意愿、情感、情绪的管理，承担相应的责任，下属员工也就不可能按照保障企业组织运行效率和效益的要求做好工作。事事有人做、事事都做好也就成了一句空话。在任何一个性质或形式的组织中，要保证其组织目标的达成，使组织的每一个成员有能力承担相应责任，并积极地承担相应责任是前提。但这二者都不可能简单地通过一个告示，就让岗位员工个人自主努力去实现，必须有人为企业组织岗位员工的素质能力的开发和积极态度的激发付出努力，以保证其达到要求。在任何一个环节上，只要存在任何可能，即无须对其活动的结果承担责任，就不会有人关注其活动的结果，也就不会有人为之付出努力，以争取所期望目标的达成。

责任就是一种约束。要让人在没有约束的情况下做好工作，只有当这项工作本身就是这个人的兴趣和爱好之所在时才有可能。但这在现实中，尽管不是不可能，但却不可能保证事事都如此。让每一个人都只做他兴趣和爱好之所在的事，这只能是空想社会主义的理论家们凭空造出的诱人的虚幻愿景。

这一原则的具体要求，主要概括为以下三点：

（1）对于岗位员工管理实施过程中的每一项工作，都必须有明确的责任人，以使岗位员工管理实施过程中的事，事事有人做，并且事事都做好。

（2）对于岗位员工管理实施过程中的每一个活动，都要既明确界定其责任要求，又要确定其责任的承担方式，以使承担相应活动责任的人，能够慎重地对待所必须承担的责任，以保证在主观动机上事事都有人为之付出努力。

（3）所明确的责任不仅要具体化，而且必须有主、辅责任的界定，以使特定工作的主要责任人的任何形式的疏忽都有人为之补救，从而使任何一项工作都能够圆满地完成，而不是在发生不良后果之后再去追究责任。

第二章

选择聘任管理的标准要求

选择聘任管理就是通过对岗位员工选择聘任过程进行管理和控制，尽可能多地吸引符合岗位履职条件的应聘人员，并从应聘人员中选择充分符合岗位履职条件要求的人员担任相应岗位角色。要保证所选择聘任的岗位员工完全符合岗位履职条件要求，就要使应聘的候选人足够多。应聘候选人的能力素质，应与岗位履职条件要求相符合。

一、岗位员工能力管理的内容

能力是做好工作的前提，在任何情况下，如果不具备做好工作的能力，也就不可能做好工作，这是不言而喻的。而一个人的能力又直接与他个人的素质修养相关。一个人的能力实际上是他素质修养程度的一种展现。这里强调能力素质是做好工作的前提条件，但这并不是说要在用人的选择上，把能力素质本身绝对化，仅仅根据所具备的能力素质来选择人，而是必须重视对岗位员工能力素质的开发管理，不能脱离能力素质这个前提去要求岗位员工，强人所难。至于在用人选择上，是否把能力素质放在首要位置，这本身也是一个管理实施的理念问题。如果认为任何一个人的意愿和态度都是可以通过管理给予协调、诱导、改变的，也就必然会把选择的重点放在能力素质上。因为能力素质的形成，需要特定的学习、培训和实践。十年树木，百年树人。造就一定能力素质的人才，不是一日之功。相反，如果认为一个人的能力素质的改变相对要容易一些，而意愿态度的改变会更难一些，那么就必然会把选择的重点放到行事态度上。

但如果引入了时间限制，则任何理念也不能改变能力素质是做好工作的前提，它比行事态度更重要、更关键这一事实。在相对较短的时间内，时间的限制使一个人做好工作的能力素质无法得到提升，那么如果他本身不具备这种能力素质，也就不可能做好这一工作。如果这个时间限制相对较宽松，能力素质的限制就会增加一些弹性。当一个人有强烈的意愿和高度的热情去做好某一特定工作时，即使他暂时不具备相关的能力素质，也会通过自己超常的努力很快提升和完备这种能力素质。

无论哪种情况都包含一种假设，一者比另一者的改变更为困难，或者更为容易。但是，对于具体的人而言，提升和完备其能力素质则是他个人的事，意愿态度则与管理实施的有效程度有关。下属员工缺乏做好工作的意志意愿和积极的态度，只能说是管理工作本身做得还不到位，没有把被管理者的意志意愿引导协调到所希望的方向上来。

所以，对岗位员工管理，保障其能力能够达到岗位履职条件的要求，是首先要完成的工作。

如何才能保证岗位员工具有履职条件所要求的能力素质呢？其途径有三条：

（1）对应岗位要求选聘任岗人员。在对岗位员工的选择聘任上，尽可能选择能满足岗位履职条件要求的人，使所选择的人本身具备与履职条件要求完全相适应的能力素质。

（2）完善培训体系，提升在岗人员能力素质。通过健全完善的岗位员工培训体系，对岗位员工进行培训，开发提升其能力素质，使岗位员工的能力素质得到改善提升后满足岗位履职条件的要求，并且能随着企业和社会的发展实现同步发展，以保证岗位员工的能力素质一直满足岗位履职条件的要求。

（3）强化员工发展管理，进行人力资源的内向开发。通过对岗位员工的意志欲望、兴趣偏好、知识技能和事业成就的发展进行管理，引导岗位员工对自我发展进行设计，促使岗位员工自主努力学习，以提升自己的能力素质，最后达到全面满足企业发展对人力资源的需求的目的。

二、选择聘任管理的内容

选择聘任管理，就是通过对岗位员工选择聘任过程进行管理和控制，尽可能多地吸引符合岗位履职条件的应聘人员，并从应聘人员中选择充分符合岗位履职条件要求的人员担任相应岗位的角色。

要保证所选择聘任的岗位员工完全符合岗位履职条件要求，则要满足以下两个要求：

（1）相对于特定的岗位，应聘的候选人足够多。只有应聘的候选人足够多，选择才能有足够大的余地，也才有可能选择到完全符合岗位履职条件要求的人才。

（2）应聘候选人的能力素质，与岗位履职条件要求相符合。如果没有与岗位履职条件相符合的人来应聘，也就不可能选聘到充分符合岗位履职条件要求的人才。

能否满足上述两个要求，又直接受到两个方面的限制：

（1）岗位本身的吸引力，即这个岗位能给岗位员工带来充分大的价值需求满足。岗位能给岗位员工带来的价值需求满足越大，其吸引力就越大。这种价值需求满足，既包括经济福利，也包括岗位工作本身的性质和特点、岗位员工在岗位工作上所能够实现的个人发展和自我社会价值等内容。只有当这个岗位给岗位员工带来的价值需求满足足够大时，才能吸引足够多的人来应聘。

（2）符合岗位履职条件的同类人员的市场供求状况。符合岗位履职条件要求的人，在人才市场上是供大于求还是求大于供，其影响是截然不同的。而市场供给状况，又与能满足这一履职条件要求的人的个人特征和所受教育培训程度相关。

要保证有足够多的与履职条件要求相适应的应聘人员，就必须在对相应岗位的特点进行系统分析说明后进行适当的广告宣传，并在选择聘任工作的每一个环节上层层把关。选择聘任管理工作，主要包括以下五个环节：

（1）拟订招聘计划。

（2）发布招聘信息。

（3）组织报名初选。

（4）组织招聘面试。

（5）选择确定人选。

三、招聘计划拟订管理的标准要求

除了以传统方式生产传统产品的企业之外，任何一个现代化的企业组织，它的绝大部分岗位对其岗位员工都有其特定的要求。这种要求既有知识、技能、体能方面的，也有心理素质方面的。这就决定了对岗位员工的招聘不是轻而易举的事，必须花费时间，投入精力。首先必须做好的是招聘计划的拟订工作，它是保证岗位员工人选能力素质的起点。任何事情没有严密的计划指导控制，随心所欲都不会取得应有的效果。拟订招聘计划的具体要求，主要有以下五个方面：

（1）成规模的企业，必须根据企业发展战略规划，对人力资源的需求进行预测，并在这种预测的基础上编制3～5年的人力资源发展规划，为岗位员工的招聘工作提供方向性指导。

（2）成规模的企业，必须定期对人员流动的状况进行分析，以准确把握其规律，并根据其规律对企业发展不同时期的各类岗位员工的需求进行预算，编制确定年度岗位用人需求计划，以及全年每一个阶段的岗位员工招聘计划，以保证这一工作有条不紊地进行，避免仓促行事造成的混乱和低效。

（3）企业发展新建立的单位和部门的用人，必须由相关职能部门作出分析后，提前三个月核定需求计划；现有单位和部门的人员更替和流动补充，必须由用人单位和部门提前一个月提出准确的需求计划。

（4）所有用人计划都必须有明确的岗位工作价值意义界定、工作特点界定、履职条件要求界定。即使没有岗位流程工作标准，也要有人力资源管理教科书中所讲的工作说明书。

（5）每一个待招聘的岗位，都必须有薪资标准及其核定办法说明，以及岗位吸引力分析说明，尤其是岗位员工个人职业发展前景的分析说明。

四、招聘信息发布管理的标准要求

发布招聘信息，也就是传播用人需求信息。这就是通过对所需岗位员工的信息进行发布，吸引到足够多的应聘人员。招聘信息发布工作，会直接影响到对岗位员工人选选择的范围。信息发布得越广泛，应聘的人员越多，这样才能保证这种选择的余地和空间。发布招聘信息，不仅仅是要告知单位或部门的用人需求，而且必须有对企业发展愿景和岗位员工个人愿景的描绘说明，以使潜在的应聘候选人明了其岗位工作的价值意义，以及能给岗位员工个人带来的价值需求的满足。其具体要求有以下五方面：

（1）所发布的招聘信息内容必须全面完整。其内容至少要包括岗位工作内容、履职标准要求、履职条件限制和岗位员工能在履职中获得的价值需求的满足，以及企业发展愿景及其实现能给岗位员工带来的个人发展机会说明。

（2）在向外部劳动市场发布招聘信息之前，必须先在企业内部公开用人需求信息，以使企业原有的岗位员工，能根据自己的实际来应聘新的岗位以实现其个人发展。企业内部没有合格人员竞聘的岗位，才对外发布招聘广告。

（3）公开对外发布招聘广告，必须根据岗位特点选择媒体，确定广告时间，以保证把信息带给对这个信息感兴趣并且符合岗位履职条件的人，以便能从人才市场吸引到足够多的符合履职条件的应聘人员。

（4）发布广告之前，必须进行广告效果分析、媒体选择组合设计、费用预算，并在此基础上编制、确定广告实施方案，以保证费用最小化。

（5）广告内容因为受到费用限制，不可能很全面、很详细、很具体，这就必须设立招聘联系热线电话，为应聘人员获取相关信息提供方便。

图2－2 失信于岗位员工就是自毁企业组织执行力

五、报名初选组织管理的标准要求

报名初选组织工作，也就是收集应聘人员的个人信息，为招聘选择提供可靠的依据。因为种种原因，应聘人员弄虚作假、隐瞒自身真实情况的事很难避免。为保证用人选择不被误导，必须对应聘人员所提供的个人信息进行初步的核实查证；同时进行初选，淘汰与履职条件要求存在明显差距的应聘人员，并按一定的比例确定应聘面试人。以此保证所选择的岗位员工人选充分满足岗位履职条件要求，降低招聘选择工作的投入。

这一工作的具体要求有五点：

（1）在应聘报名开始之前，必须事先准备好招聘选择工具，包括应聘申请书、初选评价表、面试试题、面试评分表、录用通知书、对落选应聘人员的感谢信等。

（2）在应聘人员填写应聘申请书时，必须给予必要的指导，至少要把应聘人员的学历、经历、兴趣、爱好等相关信息，以及其真实性的证明方式信息，准确地收集起来，以便于需要时对应聘人员的相关情况进行核实，达到完整而准确地了解应聘人员的情况的目的。

（3）对应聘人员自我填写的内容产生疑问时，必须让应聘人员作出说明，重要信息还必须通过与其所提供的证明人联系，予以核实。

（4）在进入面试程序之前，必须根据已核定的信息对应聘人员进行初选。初选要严格根据履职条件要求选择，不能以貌取人，不能凭一事一语的印象评价选择人，以避免先入为主的心理作用导致符合岗位履职条件要求的人才漏选。

（5）初选进入面试程序的候选人，必须确定一定的比例，如1：1.5或1：2。一方面保证面试选择的余地；另一方面避免因参加面试的人员过多而增加面试工作的投入。

六、招聘面试组织管理的标准要求

招聘面试工作是通过程式化的方式，对应聘人员的心理素质、知识结构、技能水平和体能状况进行当面检验测试，以确定是否与岗位履职条件要求相符。应聘人员所提供的信息以及核查确证的信息，只是对他这四个方面以往情况的初步界定。并且，人是在不断地发展变化的，只有通过当面测试，才能够做出更客观、更准确的判断。是骡子是马，只有拉出来遛一遛，才能准确鉴别。

这种面试是保证所招聘选择的人员，能完整地履行其职责的一个关键环节。这一关键环节不把握住，就不免有不具备相应能力的人滥竽充数，给企业组织的运行造成损失。这种面试是一种全面的面试，不是简单地对应聘人员的专业知识进行考试、了解，而要包括履职条件四个方面的内容。由应聘人员自己提供的并已经核实的经历能够证明其能力的，可予以简化。但并不能因此而放松这一环节的工作。应聘人员以往的工作环境，要他面对的工作环境不可能完全相同，这就决定了不能简单地根据他已有的成果和经历来判断他是否符合岗位履职条件要求。任何一个人所取得的成果，都有一个外部条件支持问题。这种条件不一样，在过去能够取得的成果，进入一个新的企业之后，不一定能够继续取得同样的履职成果。

这种当面测试是一种非常复杂的工作，所以必须在严格的初试基础上进行，并且其内容也要尽可能简化。能通过已有的材料核准的信息，就要避免通过当面测试来重复收集信息。

组织招聘面试工作的具体要求，主要有五个方面：

（1）面试必须有完整的程序，其过程必须透明、公开，不得有暗箱操作。

（2）面试的内容和问题，必须事先作好设计，尤其要与相应岗位的特点相对应，具有充分的针对性，不能简单地用现场随机提问来代替面试。

（3）面试形式可以多样化，但必须充分反映岗位所要求的能力素质特征。书面考试的试题要根据岗位对知识结构的要求确定；技能面试必须进行现场操作，以直接对候选人的动手能力进行检验。

（4）面试的实施必须由不少于三个人组成的评价小组来完成。对于专业技能要求高的岗位员工人选确定，其中至少要有一人是用人单位的内行专家。

（5）心理要求面试难度大，只有当岗位有特殊要求时才对应进行组织。其实施必须有相关方面的专家主导，但要避免用简单的心理测评，代替心理素质要求的面试。

七、岗位员工人选确定管理的标准要求

这一步工作，就是最后选择确定岗位员工人选。它是严格建立在前几步工作的基础上的，对前几步工作所收集的信息进行综合，并通过这种综合全面评价，以选择充分符合岗位履职条件要求的人选。但这一步工作又不是简单地进行计分统计，而要对所确定的人选通过多个方面的评价要素加权后进行评价比较，并且一定要根据岗位本身的特点有所侧重。例如，对于在相对较短的时间内能掌握的技能或知识，尽管也有必要纳入评价的范围，但不应该作为选择评价的重点依据。一般而言，选择评价的重点应该放在心理素质要求和短期难以获得的知识、技能要求上。尽管人的心理素质也不是一成不变的，但改变的难度较大、时间较长。需要个人长时间地努力，才可能具备的能力素质，才是必须严格、认真、准确把握的重

点。否则，企业组织就会为之付出不必要的培训开发代价。

这一工作的具体要求，主要有以下七个方面：

（1）岗位员工人选的选择确定，必须综合面试成绩和应聘人员的经历，根据所确定已经具备的能力情况进行选择。

（2）在岗位员工人选的最后选择确定上，要以发展的眼光看待人，不能仅仅盯住其学历、经历。必须充分考虑到候选人所具有的发展潜力，尤其注意不要过分关注短期内比较容易掌握的知识技能。

（3）最后确定岗位员工人选，必须充分尊重用人单位的意见。只有完全没有特殊要求的一般岗位员工的选聘，才可由人力资源部单独地按照事先确立的履职条件来取舍。

（4）对于中高级管理岗位、技术开发骨干岗位和市场营销骨干岗位的角色候选人的选择，必须把心理素质要求的满足作为重中之重。这类岗位员工最终能否完满地履行好职责，他的心理特征是一个重要的影响因素。

（5）岗位员工人选的选择确定，必须紧扣岗位履职条件要求，不能低也不能高。在可预期的时间内，如果没有条件要求更高的岗位用人需求产生，就要避免选择明显高于岗位履职条件要求的候选人。否则，因大材小用而导致的人员流动就不可避免。

（6）所确定的岗位员工人选数量，必须与岗位空缺数基本相当，但必须适当留有余地，为预想不到的变化做出安排，但不能超过正常情况下预期可能发生的流动比例数。

（7）确立为岗位员工人选后必须签订用工试用合同，以明确双方的责任和权力。其协议内容必须与国家相关法规要求一致，以避免发生不必要的纠纷。

八、岗位员工选择聘任管理必须注意的问题

选择聘任管理，是保证岗位员工有效地履行岗位职责的第一步工作，在这步工作中，还有以下八个方面的问题必须注意：

（1）要区别岗位的层次和对于企业的重要性。重要的岗位员工的选择聘任管理，要与一般岗位员工的选择聘任管理有所区别，不能同等地要求。对前者要严，对后者可根据实际适当放宽。

（2）无论对于哪一类岗位，对岗位员工个人能从履职中和履职后获得的价值需求的满足，都要事先作出界定，避免把这种权益界定变成一对一

的讨价还价谈判。

（3）要充分考虑应聘人员的意志目标，并根据企业发展的不同阶段来挑选更适应企业实际的岗位员工人选，要特别注意避免选择有行为短期化倾向的候选人。除了特别紧缺难找的人员之外，不能选择缺乏长久融入企业组织意愿的候选人。

（4）要向候选人公开企业组织的共同价值观念，准确介绍企业文化的基本内涵，为候选人选择企业提供一个依据，避免让候选人进入企业组织之后，因为价值观念上的分歧而导致中途分道扬镳。

（5）无论对应聘人员是否最终选择，都要尽可能多地给予鼓励，避免对候选人做出否定性的评价，给他造成不必要的挫折感，降低他对自己未来的信心。

（6）对任何一个应聘人员，无论有无选择倾向都要以礼相待，充分尊重应聘人员。不得有任何形式的鄙视、贬低应聘人员的言语和行为。

（7）不得用歧视人、侮辱人的形式面试检验应聘人员的意志取向和性格特征。

（8）企业与应聘人员的关系也是一种商务关系，要真诚地欢迎每一个应聘人员。不得有任何形式的店大可欺客的心态和行为表现。

第三章 培训开发管理的标准要求

为了更好地让岗位员工在能力素质、价值观念和行事方式上与岗位履职条件要求起到相适应的保障作用，必须构建一个完整的岗位员工培训体系。内容上必须包括企业文化培训、心理素质培训、行事方式培训、知识结构更新培训、操作技能培训；形式上包括岗前培训、在岗培训、离岗内部培训、离岗外部培训。这些都必须有完整的标准要求和管控规则。

一、培训开发管理的内容

培训开发，就是通过对在岗的岗位员工进行培训，开发其能力素质和意志意愿，以保证其与岗位履职要求相适应。它通过交流信息、提供学习的机会，使岗位员工具有更加适应岗位履职条件要求的能力素质和意志意愿。其目的是提升岗位员工的心理素质，更新岗位员工的知识结构，改善岗位员工的操作技能。它是解决岗位员工能力素质和意志意愿问题的重要途径。要保证岗位员工的能力素质和意志意愿充分满足其履职条件要求，仅仅靠招聘选择是不够的。其原因主要有三个：

（1）新聘人员加入企业组织之后，在特定岗位上担当特定的角色，即使他们在学历、经历上都与岗位履职条件要求一致，也不能充分保证他们都能完满地履行好职责。因为至少还有一个使岗位员工人选的价值观念与企业文化相吻合的问题。要保证所选择聘任的岗位员工人选融入到企业组织这个团队中来，就必须进行管理制度规则和企业文化培训，使他们在意识上明了其行为要求，在价值观念上与企业文化相吻合。

（2）岗位所需要的系统知识和专门技能，不仅要求与企业的实际情况相适应，而且还有一个不断发展更新的问题。选择聘任最多只能使岗位员工人选，在被选择任用时基本上与岗位履职条件要求相符，远不能保证他们的能力长久地适应其岗位履职条件要求。企业在发展变化，社会也在发展变化，对岗位员工不进行培训，这种发展变化就不免会使他们落后于企业发展所提出的新要求。这就要求通过培训来消除岗位员工能力素质与不断发展变化的岗位履职条件要求之间的差距。

（3）在行事方式和人际关系上融入企业组织的需要。任何一个人都有自己特有的行事方式和人际关系特点，任何一个组织也都有自己特有的行事方式和人际关系特点。要保证二者的融合和默契，就必须通过培训来磨合，甚至包括改变新进人员僵化不变的行事方式和习惯等。

培训开发在一个企业中，包含一系列的工作，为了更好地让岗位员工在能力素质、价值观念和行事方式上与岗位履职条件要求起到相适应的保障作用，仅仅做一些零碎的知识和技能补习是不够的，必须构建一个完整的岗位员工培训体系。完整的岗位员工培训体系，从内容上分析，必须包括企业文化培训、心理素质培训、行事方式培训、知识结构更新培训、操作技能培训；从形式上分，包括岗前培训、在岗培训、离岗内部培训、离岗外部培训。为保证培训的效果，每一类培训都必须有完整的标准要求和管控规则。下面主要从培训开发形式的角度对其管理规范化的标准要求做一些分析和讨论。

图2－3　最有效的人力资源开发是激发岗位员工自我努力提升能力和素质

二、岗前培训开发管理的标准要求

岗前培训，是对岗位员工人选在正式上岗之前实施的培训，其内容包括入职培训和融合培训。

入职培训的目的是让岗位员工人选对企业历史、企业文化、管理制度、发展战略有一个完整的了解，并掌握岗位履职要求的具体操作技能，明确人际协调要求，以使之具备完满地履行岗位职责、做好工作的个人条件。这种培训，对于任何一个新进岗位员工都是必不可少的。

融合培训也可称之为试用培训，即让试用期的岗位员工候选人直接进入岗位工作，通过在岗位工作中与工作本身、岗位同事的实际融合检验来提升岗位员工候选人完满地履行岗位职责的能力。

其具体要求，主要有以下 11 个方面：

（1）培训内容要完整。其内容必须包括企业发展的愿景目标、企业发展历史、企业发展战略、共同价值观念、组织管理制度、岗位员工行为准则、岗位工作专门知识和专门技能。这种培训不能仅仅定义在岗位履职所要求的专门知识和专门技能上，更重要的是通过培训实现在价值观念、做事方式、人际关系上的融合。磨炼新聘人员意志的军训，可以列为岗前培训的一个内容，但不能用它来代替岗前培训。并且，军训所占时间也不宜过长，应该以共同价值观念、组织管理制度、岗位员工行为准则的培训为主要内容。

（2）必须有完整的计划安排。企业发展的愿景目标、企业发展历史、企业发展战略、共同价值观念、组织管理制度、岗位员工行为准则、岗位工作专门知识和专门技能七个方面的内容，各自要用多长时间，必须有科学的计划安排，不能随心所欲。只有有计划地组织，突出培训重点，才能保证培训效果。

（3）必须有针对岗位实际的专门培训教材。培训教材内容的多少与培训计划要求必须相适应，避免简单地选用学校的通用教材来代替企业的内部培训教材。否则可能会让学过相应课程的人感到厌倦和无聊。企业内部培训在特点、目的、方式上都与学校教育不同。照搬学校教育模式，是很难保证这种培训的效果和效益的。

（4）必须有专门的场地和设备。在物质条件上要为这一工作的质量和效果提供保障，使培训工作能达到预期的目的。尤其不能让参加培训的人员感到这种培训仅仅是一种没有意义的临时待岗活动。

（5）每一项内容的培训结束后都必须有相应的效果检验。这不仅仅是检验培训效果，而且是对岗位员工人选的进一步考查选择。检验考试的形式可以多样化，不必局限于书面测试，座谈、讨论都可作为培训检验的形式。

（6）必须有专门的培训师。培训师不一定要专职，可以由企业内部相关在职或退休的资深管理人员、技术骨干、操作能手兼职承担，但必须有严密的计划安排和充分准备。没有专门的培训师，随时拼凑人员应付这种培训活动，不仅不能保证培训效果，相反还会给新进人员传达一种做事马虎随便的企业文化信息。

（7）必须强化试用期的培训功能。正式上岗前的试用，可以视为岗前培训的一个组成部分。在试用期内，要对每一个试岗人员确定专人对他提供任职指导，并且要求有明确的计划和目标，避免让试岗人员感到这种试岗仅仅是企业为了少发工资、减少劳动投入而采取的一个措施。

（8）在试用期，要对岗位员工人选的价值观念、行事方式与企业组织进行磨合。不能达成融合的候选人，不能正式聘任。

（9）试用培训必须有完善的考评管理。试岗人员进入企业之后，其工作、生活、学习都必须有严格而完整的考评办法，并通过考评本身来教育诱导试岗人员。

（10）试岗评价不能简单地用知识技能评价作为选择标准，必须把心理素质和与企业组织融合的程度作为评价的重点内容。

（11）试岗选择必须确定淘汰比例。这个比例不能太小，如小于5%，也不能太大，如超过10%。过小则起不到试用选择的作用，过大则会增加这种培训的投入。

三、在岗培训开发管理的标准要求

在岗培训是提升岗位员工履职能力的重要途径。这种培训是让岗位员工结合自己的岗位工作实际，不离开岗位工作而组织的一种提升岗位员工履职能力的开发培训。通过这种开发培训，直接改善岗位员工的心理素质、知识结构和技能水平，使之更加符合岗位履职条件要求，尤其是促使岗位员工个人自我学习，实现发展，能够随着企业和社会的发展而不断提升自己的个人素质和履职能力，以适应企业组织更高层次岗位的履职条件，为企业组织的人力资源储备服务。

这种培训投入小、见效快，是一种开发企业人力资源的有效途径。这种开发所带来的效果很直接，它会直接表现为岗位员工履职能力的提升，使他能够把岗位职责所要求的工作做得更出色。但是，在岗培训仅仅一般性地号召号召，是不会有什么效果的。必须严格、严密地组织，以消除岗位员工在自我发展上可能存在的惰性。并且，这种培训强调通过制度化的激励措施进行诱导，即通过强化岗位员工自我学习实现自我发展的动机，从激发岗位员工这一方面的积极性入手。否则，强制性地实施，把这种培训作为一种外加的活动强加给岗位员工，只会引起他们的反感。这不仅不能使岗位员工提升履职能力，相反还会使培训成为他们工作实际与职责标准发生偏差后推卸责任的借口。

在岗培训开发管理的具体要求，主要有九个方面：

（1）对于每一个岗位员工都必须制订在岗培训开发计划。一方面直接服务于提升岗位员工的履职能力的需要；另一方面服务于内部人力资源开发，为企业发展所需的人才做梯队储备。

（2）在岗培训要联系岗位工作实际，对所需的知识和技能发展作出计划安排，让岗位员工有确定的目的和计划指导，通过减少随意性来避免岗位员工在自我发展上的惰性冒头。

（3）培训开发形式要求多样化，自学、小组学习、师傅帮带，都可以成为在岗培训的重要形式。但每种形式都必须有明确、具体的组织措施提供保障。

（4）对于知识技能要求较高的岗位，要根据相应学科的发展制定在岗培训的学习大纲，以指导岗位员工在岗的培训学习；并定期组织考试、考核，检查在岗培训的效果和质量，以免流于形式。

（5）对于高层次的岗位员工而言，尽管他们自己也是在岗培训的对象，为保证他们对下属员工的在岗培训工作的重视，必须把这一工作列为必须履行的一项职责，并纳入绩效考核的范围。

（6）必须有确定的时间保障。这种培训不能局限于上班的八小时之内。培训不是工作，是岗位员工自己的事，只不过为了抵御个人在自我发展上所固有的惰性作用，才进行统一组织。所以，完全可以根据实际在工作时间之外作出安排。

（7）师傅带徒弟的形式，是在岗培训的最有效形式，必须充分利用。师徒关系的确定，必须在自觉自愿的基础上由单位、部门统一协调，以尽可能结成广泛的师徒关系，保证学习的效果，并且要举行拜师仪式，以确保师徒关系的严肃性和稳定性。

(8) 小组学习必须与岗位工作的专题攻关紧密联系起来组织，并制定鼓励措施，让岗位员工针对自己岗位工作中存在的疑难问题，自主自愿地组成攻关小组，集体学习，相互讨论，以解决共同面临的履职疑难问题。

(9) 在岗培训开发的实施必须尊重岗位员工的意愿，把培训方式、培训内容、精力投入、组织形式的选择权交给岗位员工，至少要与他们在沟通理解的基础上达成共识，否则被培训开发对象对培训开发工作不理解、不支持，也就不可能保证培训开发工作的效果和效益。

四、离岗内部培训开发管理的标准要求

离岗内部培训，是在企业内部统一集中组织培训，让岗位员工在短时间内离开自己的岗位参加培训学习。这种培训的目的是使企业内部同类岗位员工的特定知识或技能，在较短的时间内实现提升，或者强化对企业组织某种新的价值观念和战略决策的认同，以提高贯彻落实的自觉性和积极性。但这种短时间的离岗，不能减少岗位职责，更不能降低岗位职责标准。

这种培训与在岗培训的最大不同是需要集中专门组织，并有相应的培训投入。其投入主要是外聘专家费用、场地设备投入，以及岗位员工停止手头工作接受培训可能给企业组织的正常运行造成的潜在影响等。这种培训可以在企业内部培训学院中完成，也可以委托培训公司异地组织。同时其目标相比在岗培训更为明确。它是在企业发展战略贯彻过程中，需要对岗位员工的价值观念进行调整或者增加特定知识和操作技能的一种补充培训，它直接为企业发展战略的贯彻提供人力资源和价值观念调整服务。

这一工作的具体要求，主要有以下 11 个方面：

(1) 必须有严密的计划和严格的预算。一方面要保证这种培训能与企业发展的实际相适应，能推动企业发展战略的实施；另一方面又要兼顾在培训费用上的投入限制和让岗位员工暂时离岗可能给企业组织的正常运行带来的影响两个方面的承受能力。

(2) 每一次培训都必须有完整的方案设计，并对培训的投入和收益进行盈亏平衡点计算，以保证这种投入较大的企业内部培训工作，能获得足够大的效果和效益。

(3) 培训师的选择必须有明确的标准。无论是从企业内部现有岗位上

或退休人员中聘请兼职培训师还是外聘专家，都要充分考虑培训目标的达成，把培训效果放到第一位。这种内部培训最大的成本并不是培训师的费用，而是培训参与人员的时间投入。

（4）培训必须有科学的效果评估。每次培训结束后，都必须有完整的效果评估，其内容包括培训课程选择、培训现场效果、培训内容的接受程度和参加培训人员的行为改变四个方面。

（5）培训目标必须明确，具有充分的针对性。每次培训不仅必须根据现实的培训需求选择、确定培训内容，而且还要根据培训内容与岗位职责的关联关系选择、确定培训对象。避免把一些与培训内容不相关、对培训内容不感兴趣的岗位员工强拉进来进行培训。任何一个内容、任何一个形式的培训，都不可能使每一个岗位员工感兴趣，也不可能对每一个岗位员工的履职能力的提升有足够大的帮助。

（6）每一次参加培训的人员数量必须有所控制，以保证培训的效果。根据培训内容和形式的要求来确定每一个培训班的参与人数，避免因为同班培训的人员过多而降低培训效果。

（7）每次培训都必须有专门的培训讲义，为参加培训的人员在培训结束后的进一步自我学习提供方便和依据。

（8）培训的组织必须有严格的考勤记录。对于必须参加的培训对象，擅自不参加培训的，必须有追究其责任的制度安排。

（9）每一次培训都要根据其内容需要，配置必要的培训设施，以提高培训实施效果，尤其是通过培训实施互动强化受训人的参与条件的创造不能打折扣，以避免枯燥的报告会式的单向知识灌输。

（10）每次培训都必须有确定的主持人。培训主持人应该由与培训内容相关的企业领导人担任，以让参加培训的人员感到企业领导的重视，从而提高他们的重视程度。

（11）每次培训必须有专门人员负责整个培训过程的记录，把培训内容要点和互动活动参与人的表现记录在案。对于后一内容，还必须列为对参训人员的绩效进行考核的一个内容。

五、离岗外出短期培训开发管理的标准要求

对于专业性特别强的岗位，要保证这些岗位的工作效果在同行业中处于平均水平以上或者前列，就必须保证其所掌握的知识和技能领先。如果

这些知识、技能的学习不能通过在岗学习解决，就必须定期选派相关人员离岗外出培训，以接受新信息，了解本行业发展的新动向和前沿知识。这就是离岗外出短期培训。

图2－4 这才是选聘人的关键，必须盯住

这种培训与离岗内部培训的差别在于目的不同。它主要服务于岗位员工的知识和技能的更新。并且，这种知识和技能的更新，还不便于把专家请进来进行传授。或者是因为费用特别高，或者是因为专家稀缺，或者是因为这种知识、技能的需求岗位相对较少。这种培训与离岗内部培训相比，在培训对象的人均单位培训时间上的投入费用要大得多。因此其组织必须进行严格的管理，以保证其效果和效益。

这一工作的具体要求，主要有以下九个方面：

（1）外出培训必须有统筹的计划安排，并严格与企业发展战略的实施相对应，至少要在年初作出统一安排。不能谁想参加什么离岗外出培训，就提供什么离岗外出培训。尤其不能让它成为少数人公费旅游的借口。

（2）对培训组织单位必须严格挑选，并有培训组织单位的选择、确定标准和程序，其关键又在于培训主讲专家知识的全面性、探索的广泛性、研究的权威性，否则难以保证其培训的内容具有领先性和权威性。

（3）培训对象的选择要充分听取单位、部门主管的意见，并要严格控制单位、部门主管的外出培训，以避免这种外出培训的机会被单位、部门主管所垄断。

（4）培训对象的选拔要尽可能与已有的工作业绩挂钩，使这种培训在保证培训目标达成的前提下，成为一种对专业性强的岗位员工的有效激励手段。至少要避免这种培训机会被白送给没有充分融入企业组织的业绩平平的岗位员工。对于职责履行好、对企业发展贡献大、有潜力的在岗人员，要给予充分的倾斜。

（5）必须做到学以致用。在外出培训之前，必须由选派单位和部门提出要通过这种培训解决的问题纲要，让培训参与人员带着问题参加培训，以提高培训学习的针对性，保证通过外部培训真正解决在内部无法解决的疑难问题。

（6）外出培训需求，必须在年初由相关单位、部门提交附有需要解决的疑难问题的培训需求分析报告，然后由人力资源部汇总后，平衡协调，统一安排。

（7）必须有严格的培训信息管理。被培训人员回到单位之后，不仅要把外出培训所获得的各种资料上缴，登记归档，统一管理，而且要求就培训内容向同行其他岗位员工进行传达介绍，并撰写疑难问题解决的思路办法提纲，以与同行其他岗位员工共享培训知识信息。

（8）外出培训费用比较大，其培训安排必须严格进行预算管理，以避免失控，导致真正需要外出进行的培训无法实现。

（9）必须有严格的培训考核，凡是参与培训后没有获得解决疑难问题的思路，并把相应的知识和解决问题的思路带回来的被培训人员，可通过制度事先约定自行承担一定比例的差旅费，以作为惩戒，从而避免被培训人员借外出培训去游山玩水。

六、离岗外出长期培训开发管理的标准要求

为了服务于企业的战略调整，往往需要有具备相应系统知识和操作技能的专门人才。而这种系统知识和专门技能，如果无法通过人才引进解决，就需要通过外出长期培训来解决。这种培训一般在一个月以上，所获得的知识和技能也是比较完整系统的。接受培训的岗位员工，完成培训之后就可以独立地承担一门新技术在企业生产经营中的运用。

这一培训与离岗外出短期培训联系很紧密，其差别仅仅在于所要获得的知识信息的数量和系统程度的不同。这种培训的费用更高，所以企业所需的专门知识和技能，要尽可能通过人才引进解决。系统的知识和技能的培训本身属于国民教育的责任，没有必要由企业揽过来承担，增加企业经营负担。所以，它是在企业发展急需而又在人才市场无法找到合适人选时，不得不选择的一种人力资源开发方式。

这一工作的具体要求，主要有以下五个方面：

（1）这种培训必须与企业的战略调整相适应，只有当企业进行战略调整所需的关键性技术人才，市场供给严重不足，并且无法通过招聘引进获得，或者其成本比外出长期培训更高时，才能选择这一途径来解决企业发展的人才之需。因此，对这种培训必须严格控制。

（2）必须严格区别岗位履职培训与学历教育、继续教育的关系，以避免把培训费用投向不必由企业投入解决的知识技能提升上。学历教育是社会和个人的事，企业不能承担学历教育的义务。岗位员工的继续教育，如果不是企业发展所需要的，也只能由岗位员工自己承担其责任。只有所需专门人才，需要长期系统培训，并且有计划地在岗培训也无法完全解决，才有必要考虑选择这种外出长期培训的形式。

（3）这类培训对象的选择必须有明确的要求。既要考虑原有的基础知识，又要考虑岗位工作的要求、培训对象对企业的认同和融入程度。后两个内容必须作为选择培训对象的重要标准。企业不能做“为人做嫁衣”的无效益事情。

（4）这种培训对象的选拔，必须充分考虑个人的兴趣爱好，以使这种培训尽可能与个人的兴趣爱好对应起来。对培训对象的选择必须首先由个人提出申请，并以愿意自主承担一定培训费用的人为优先选择对象。

（5）对培训组织机构的选择必须有事先确定的标准要求，对照标准进行考察，以保证这种培训所提供的知识和技术具有领先性、完整性和系统性。

第四章

员工发展管理的标准要求

通过构筑特定的外部情境可以影响、诱导岗位员工选择、确定意志欲望的方向。把需要岗位员工承担的职责和完成的工作，变成他们自己的兴趣偏好。使岗位员工的知识技能的发展与企业发展的需求一致。通过使岗位员工在企业内部实现事业成就上的不断发展，进而使岗位员工和企业在发展上形成一种相互支持、相互促进的关系。

一、意志欲望发展管理的标准要求

任何一个人的任何一个行为，都只是服务于其自我肯定的目的。这种自我肯定也就是他的意志欲望的实现和满足。人的意志欲望，抽象地说，也就是实现他自已的“有”、“能”、“善”价值需求的满足。但具体分析，其内涵却极其丰富。对岗位员工的意志欲望发展实施管理，也就是通过构筑特定的外部情境，影响、诱导他们选择、确定其意志欲望的方向，使他们赋予自己的价值需求以具体的内容，明确自己意志努力的目标。

就意志欲望的方向选择而言，尽管每一个人的意志欲望都可以归结为“有”、“能”、“善”三个内容，但对于具体的个人来说，究竟把“有”、“能”、“善”定义在什么样的具体内容上，却各有各的特点。即便是属于“有”的需求的吃，选择什么东西来吃，用什么方法来吃，这都会有不同的内涵。尽管都是消除饥饿、补充营养，但其所代表的意志欲望并不完全相同。而表现为“能”和“善”的价值需求的内涵更是丰富。究竟把这二者的内涵，定义在哪一个具体目标上，这其中就包含着意志欲望方向的选择问题。有人放弃数百万、数千万美元的年收入，宁愿只拿一美元的年薪，也要竞选市长；也有人为了区区几万元人民币，甘愿自毁前程，丢掉省长、市长的宝座，沦为阶下囚。这就是因为不同的人给他的意志欲望注入了不同的内涵。

企业组织中的任何一个岗位员工，尽管在给他的意志欲望注入什么样内涵的选择上都有自己的自由，但其选择却不能超越他的意识限制。人们会把吃山珍海味视为有口福，却没有人会寻求外星美味。他的意识限制就是他的知识和他的价值观念。这二者又直接受到他工作和生活于其中的企业组织这个社会群体对他的影响。这种影响一般情况下都是漫无目的地在发挥作用。如何影响，向何处影响，都是不确定的。如果通过规划设计，有计划地组织一些活动，制定一些管理制度，把岗位员工的意志欲望方向诱导到企业希望的，与他们个人的根本长远利益——使他们“有”、“能”、“善”三类价值需求能稳定而长久地获得满足——也相吻合的具体目标上，这就是对岗位员工意志欲望进行的一种有助于推动其自我发展的管理。

对岗位员工的意志欲望进行管理的具体要求，主要有以下七个方面：

（1）在企业内部必须有统一的价值观念体系，并使这种价值观念体系向每一个岗位员工的意识中渗透，以达到诱导岗位员工选择意志欲望的目的，使之能根据企业发展的需要，确立自己的意志目标方向。

（2）必须定期或不定期地开展科学的人生观、价值观宣传教育，以引导岗位员工对自己的价值观和人生观进行整理。尤其要让他们淡化对肌肤之利的吃喝玩乐欲望满足的追求，强化对事业成就等高尚欲望满足的追求，把更多的精力投入实现其“能”和“善”两类欲望的满足中来。

（3）必须健全、完善岗位员工职业生涯发展设计管理，通过职业生涯设计来诱导岗位员工的意志欲望的选择，以使岗位员工直接通过职业生涯的发展来实现其“能”的需求的满足。

（4）必须经常性地进行时尚营造活动的组织，以通过自主营造的时尚来诱导岗位员工的意志欲望的选择，同时提升这种意志欲望的强度。

（5）必须为岗位员工充分发挥自己的潜能创造和提供广泛的机会和舞台，以使岗位员工逐渐把能发挥自己潜能以出色地履行职责确立为自己的意志目标，从而实现其“能”的需求的满足，避免仅仅盯住吃、喝、玩、乐等肌肤之利。

（6）必须广泛吸纳岗位员工参与企业组织运行的决策和管理活动，使之能够自己为自己的行为定规立法，从而使之逐渐把“善”的价值需求的满足确立为自己的意志目标。尤其要避免把岗位员工当做机器、工具来使用。

（7）必须通过目标强化法的实施，让岗位员工把企业希望他们发展的意志欲望稳定下来，以避免在意志努力的方向上产生波动和摇摆。

二、兴趣偏好发展管理的标准要求

兴趣偏好是人对其意志目标所指向的事物，形成了特定的情感，爱它、惜它、护它、成就它，使其意志欲望相对稳定地固着在所选择的对象上。也可以说，它是人的某种意志欲望所处的一种状态，即一种高强度的意志欲望，是人首先想满足的意志欲望。并且，它已从寻求结果的满足，发展到从寻求结果的过程中获得满足。一想到它，心里就激动；一接触它，手足就不由自主地开始行动。如果能把需要岗位员工承担的职责和完成的工作，变成他们自己的兴趣偏好，这对于管理者和被管理者可以说都是最美满的事。管理者不再需要为让被管理者做好工作而投入精力进行管控和督促，被管理者在工作中的每时每刻都享受自己的人生和幸福。幸福不是拥有一座金山，也不是做高高在上的皇帝，而是自己的双手只做自己最想做的事，自己的脑只想自己乐意思考的问题。

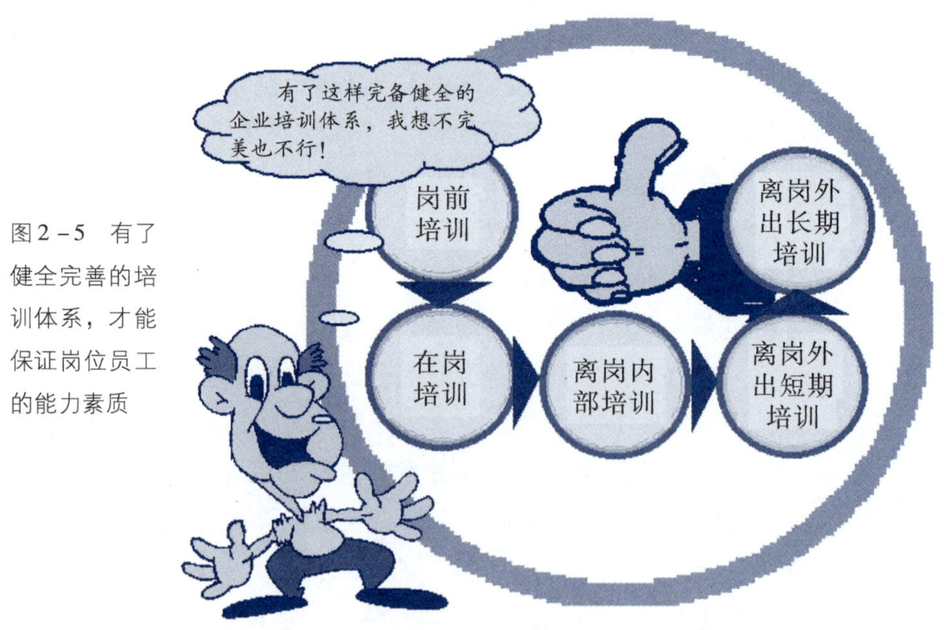

图2－5　有了健全完善的培训体系，才能保证岗位员工的能力素质

如何才能做到这一点？这就要对岗位员工的兴趣偏好发展进行管理。

对岗位员工的兴趣偏好发展进行管理的具体要求，概括起来主要有以下八个方面：

（1）必须有鼓励岗位员工根据自己的特点和企业发展的需要，发展岗位员工兴趣偏好的具体诱导管理措施。不能让岗位员工的兴趣偏好随意发展，尤其不能让与企业发展需求相对立的兴趣偏好任意发展。

（2）必须重视岗位关联轮换法的实施，让岗位员工有充分的机会根据自己的兴趣偏好选择自己的工作岗位，以使岗位员工的职责和工作能最大限度地与兴趣偏好相吻合。

（3）必须重视时尚营造法的实施，通过有计划地营造企业这个小社会的时尚，诱导岗位员工形成和发展与企业发展需要相吻合的个人兴趣偏好。

（4）对于不能直接服务于企业发展的兴趣偏好，只要对企业发展没有负面作用，也必须承认其合理性并予以鼓励，以使岗位员工有机会通过这种兴趣偏好的发展来提升相关方面的能力和生活的质量、人生的价值。

（5）管理人员，尤其是企业主要领导者和高层管理人员，必须有统一的行为活动模式设计管理，以通过这种设计来诱导下属员工发展自己的兴趣偏好。通过“上有所好，下有所效”的机理来有效地推动岗位员工兴趣偏好的形成和发展。

（6）必须根据企业实际，在岗位员工兴趣偏好发展的必要物质条件配置上做出财务安排，以使岗位员工个人兴趣偏好的发展有场所设施方面的保障。

（7）必须有鼓励岗位员工自主组织发展兴趣偏好活动的措施，包括定期或不定期地组织一些比赛活动，以诱导和丰富岗位员工的兴趣偏好。

（8）对岗位员工现存的不良偏好，不能仅仅进行强制性的约束，必须通过诱导和教育，使其自主调整，以形成良好的兴趣偏好。尤其要注意通过淡化关注的方式来改变岗位员工的不良兴趣偏好，避免强制性约束引起的逆反心理，造成岗位员工与企业倡导的良好兴趣偏好相对抗。

三、知识技能发展管理的标准要求

知识技能是岗位员工完满地履行其职责的前提条件，更是他个人实现意志欲望满足的手段。所以，岗位员工知识技能的发展，不能仅仅由企业组织的培训和灌输来实现，而应该重点放在让岗位员工个人根据自己的实际，在职业生涯自我设计的基础上自主实现发展。企业仅仅是采取一些积极的诱导措施，以使这种发展能与企业发展的要求相适应。也就是说，对岗位员工的知识技能的发展进行管理，不仅要让他们关注自己知识技能的发展和积累，而且要使这种知识技能的发展和积累，与企业发展的需求一致，最终能实现企业和岗位员工的共同发展。

这一管理的具体要求，主要有以下六点：

（1）对岗位员工必须有简历的更新发展管理。让岗位员工每年更新一次个人简历，通过对岗位员工个人简历的内容更新，强化岗位员工自我进行知识技能发展的意识和意志，引导岗位员工个人自主地进行知识技能发展的设计，从而有目的地发展其知识技能。

（2）必须定期组织岗位员工进行职业生涯设计。通过对岗位员工的职业生涯设计提供指导服务，使每一个岗位员工明确职业生涯发展在知识技能发展上的要求，让岗位员工通过有计划、有远见地进行知识技能的积累和发展，推动其职业生涯的发展和事业成就的发展。

（3）必须定期和不定期地组织一些与事业成就、职业发展相对应的知识技能结构讲座，让岗位员工能根据自己的职业生涯发展设计和事业成就目标，合理地设计自己的知识和技能的组合，使之把精力投向事业成就和职业生涯发展的必要知识技能的获得与积累上，以避免岗位员工在知识技能的发展上走弯路。

（4）对于岗位员工以解决共同关注的问题为目的而自主自愿组成的研究探索小组，必须有鼓励支持的具体措施和办法，引导岗位员工组成各种各样的问题研究探索小组，使他们根据自己已形成的兴趣爱好和意志欲望，共同学习新知识，积累新技能。

（5）对企业发展所需要的普遍性知识和技能，必须通过比赛竞技法的实施，定期和不定期地举办各种形式的比赛，以诱导岗位员工在相应的知识技能上，投入更多的精力，以丰富和发展其知识技能。

（6）对于岗位员工的标新立异，无论是否能立即给企业带来效益，都必须有多种形式的精神鼓励和物质鼓励办法给予引导，并通过这种标新立异风气的形成来推动知识技能的积累和发展，为多方面的创新营造氛围，提供知识技能上的支持。

四、事业成就发展管理的标准要求

对岗位员工的事业成就发展进行管理，主要包括两个方面的内容：一是让他们把他们个人所寻求的事业成就与企业发展直接对应起来，并通过为企业发展作贡献来成就其事业；二是为岗位员工的这种事业成就发展提供一定的外部条件支持，使之在事业成就发展上的愿望、设想和规划，能够得到部分外部条件的支持，以增加其信心并最终能付诸实践。这样，也就可以通过使岗位员工在企业内部实现事业成就上的不断发展来不断激发他们在企业内部作贡献，成就更多事业，进而使岗位员工和企业在发展上形成一种相互支持、相互促进的关系。

这一发展管理的具体要求，可主要概括为以下七个方面：

（1）必须拓宽对事业成就的定义。这就意味着不能简单地把管理岗位级别的提升定义为事业成就，而要把岗位业绩的提升和发明创新的取得等通过为企业发展价值目标的达成作贡献而获得的“能”的需求的满足定义为事业成就的发展。在企业内部，为岗位员工事业成就的发展确立多种途径，并鼓励岗位员工通过多种途径来获得自己的事业成就。尤其要避免让岗位员工在管理岗位的“官”路上挤独木桥，造成重复投入的浪费。

（2）必须对每条发展途径进行相应的层次阶梯设计，使每一个层次阶梯都成为岗位员工事业成就发展上的一个阶段性目标，让每一个人都可以根据自己所选择的事业成就内容制订发展计划，并沿着所设定的层次阶梯循序渐进。并且这种层次阶梯本身也可以起到稳定和强化岗位员工寻求事业成就的意志欲望的作用。

（3）必须在企业内部健全公平、公正、公开的职务和职位晋升制度，以保证每一个岗位员工通过努力为企业发展作贡献来使自己在所选择的发展方向上，沿着设计的层次阶梯向上攀登，实现其事业成就的发展。

（4）必须通过创业鼓励法的实施，为岗位员工在企业内部创业提供机会，使岗位员工有更多的途径来实现自己事业成就的发展。尤其要使岗位员工有机会突破现有组织框架的限制，使在原有组织内受到压制的岗位员工，有机会通过自主创业来实现其事业成就的发展。

（5）必须通过价值强化法的实施，反复强化事业成就发展的价值宣传，以使岗位员工把更多的精力投入到事业成就的发展中来，而不是仅仅盯住经济福利——工资、奖金等经济收入的增长上。

（6）必须通过人力规划对应法的实施，让岗位员工根据自己的实际，对应于企业发展的需要来确立和设计自己的事业成就发展目标，以引导其事业成就的发展。

（7）必须通过“金手铐”控制法的实施，让岗位员工把自己锁定在企业，以使自己与企业融为一体，一心一意地通过为企业发展作贡献来实现自己的事业成就，避免随意跳槽所带来的工作单位频繁变换造成的时间损失和事业成就发展的中断。

五、员工发展管理实施过程中必须注意的问题

在实施员工发展管理的过程中必须注意的问题主要有以下几个：

（1）员工发展管理不是选太子，必须避免“钦点式”的后备梯队建设，要把这种发展的机会平等地给予每一个人，让任何一个岗位员工，都有机会获得相应的发展。

（2）在员工发展管理的操作上，只能通过有效的激励措施来诱导，不能把这种管理变成一种强制，使每一个岗位员工丧失自我选择的余地，甚至引起反感而使这样一项造福于岗位员工个人的活动被岗位员工所抵制。

（3）惰性是人所共有的，企业组织的各级主管在讲述分析这种惰性时，只能从人的本性的角度进行，不能把它具体化，更不能用它来影射具体的人，以至于造成矛盾和对立。

（4）对于任何一项推动岗位员工发展的管理措施的实施，都必须周密规划，在制定出详细的实施方案并通过讨论得到广泛的认同之后，再付诸实施，以避免把企业领导人的一种美好愿望囫囵吞枣地灌下去，导致下属员工的误解，引起逆反心理。

（5）员工发展管理，仅仅有企业领导者的思路和倡导是不够的，必须在企业内部制定出整体规划和制度安排并通过制度推动实施。

（6）企业不是一个慈善组织，企业所推动的各种形式的岗位员工发展，都要与企业发展价值目标的达成直接关联起来，至少不能有负面作用。

第五章

愿景设计管理的标准要求

相对于一个众多成员彼此之间建立有稳定联系的企业组织，而不是单个自然人之间的萍水相逢、转瞬即逝的一次性共事，哄骗对方，让他做好工作是绝对达不到目的的。在企业内部建立激励环路，健全激励机制，才是唯一有效的选择。这也就是完善、规范由愿景设计、沟通交流、授权支持、跟踪考核、酬赏兑现五个环节构成的封闭反馈环路。

一、岗位员工意志管理的激励环路

1. 岗位员工意志管理激励环路的五个构成环节

能力仅仅是岗位员工履行好职责的前提条件，是他有这种能力把要他承担的工作做好。但这远不等于他一定会完满地履行好职责，出色地做好工作。这里还有一个他主观上的意志意愿问题——想不想履行好职责，把工作做好。岗位员工个人没有这种主观意愿，根本就不愿去做，也不会去做，更不用说会做好。凡是他不想做的事，他总可以找到不做的理由，更能找到无法做好的理由。这是任何一个管理人员都必须铭记在心的千古不变的真理。对岗位员工的意志进行管理，也就是给他注入履行好职责、做好工作的主观动机——让他真正想做好工作。可以说，世界上所有的管理活动，其核心目的都在此。管理的目的就是让他人做好工作。如果不能使他产生做好工作的意志意愿并有所行动，管理目的达成的可能性就是零。

如何才能让岗位员工形成履行好职责、把工作做好的意志意愿？

相对于一个众多成员彼此之间建立有稳定联系的企业组织，而不是单个自然人之间的萍水相逢、转瞬即逝的一次性共事，哄骗对方，让他做好工作是绝对达不到目的的。在企业内部建立激励环路，健全激励机制才是唯一有效的选择。这也就是完善、规范由愿景设计、沟通交流、授权支持、跟踪考核、酬赏兑现五个环节构成的封闭反馈环路。把被管理者置于这样一个封闭的反馈环路中，使之不断受到感召，融入企业组织中来，并在积极为企业发展作贡献的同时，不断获得自己认定合理的价值需求满足，进而增强他为企业发展努力作贡献的积极性和能动性。只有通过这条封闭的反馈环路，才能把企业内部所有单位或部门中所有岗位员工串联起来，保证每一个岗位员工相互之间都彼此配合，积极努力，完满地履行职责，出色地做好工作。任何一个加入特定企业组织，成为一个特定岗位员工的人，都只是为了寻求自己价值需求的满足，不会为了学雷锋加入企业组织，为企业排忧解难。利益才是一种割不断、揉不烂的联系纽带。不过这里的利益不仅仅是一种金钱物质利益，其内涵却是丰富多样的，任何一种形式的价值需求满足的手段和条件的提供，都是一种利益。因而没有这样一个封闭的反馈环路，也就难以稳定地把企业组织运行利益与岗位员工个人利益融为一体，统一起来。

图2－6　意志指向不稳定，饿死驴

所谓岗位员工意志管理的激励环路，也就是指由愿景设计、沟通交流、授权支持、跟踪考核、酬赏兑现五个环节构成的封闭反馈环路。

2. 愿景设计

任何一个个人都有自己独立的追求和利益，而他的行为也都只是为他自己的价值需求的满足服务，从而使通过单向指令和等级控制的方式很难圆满地达成管理的目的。指令和控制是否能对他人产生约束作用，是有前提的。这前提是，他人不得不接受指令和控制。也就是说，在他与下达指令和实施控制的人之间存在一种人身依附关系，使他不能有其他的选择。没有不得不接受指令和控制的人身依附关系的存在，任何一个人都不会选择让自己的意志行为服从他人的指令和控制。到了21世纪的今天，这种不得不接受指令和控制的人身依附关系却早已不再广泛存在，尚存在的也仅仅是一种遗迹。所以，要让他人做好工作，首先就必须通过一定能对他人产生感召作用的共同愿景吸引他。任何一个人的行为选择，都是根据外部环境信息所预示的发展前景进行的。当某种发展前景直接是他所企盼和憧憬的愿景的时候，这个发展前景也就直接构成了他的岗位员工个人愿景。使他关注这种前景，并形成积极努力以谋求这种前景实现的意志意愿。能成为岗位员工个人愿景的共同发展前景，也就是企业组织共同愿景。

要对岗位员工的意志进行管理，首先也就必须通过企业组织共同愿景的设计，以吸引岗位员工的注意力使之产生兴趣，并给予关注和认同后，把他的意志行为调整到需要他付出努力的方向上来。

3. 沟通交流

沟通交流，是指在企业内部让不同岗位员工的信息、价值、情感，通过交流和交换实现相互之间的共享。通过沟通交流，不仅要让管理者和被管理者双方明了企业组织共同愿景，而且要明确各自所要承担的职责及其标准要求，以及被管理者履行职责之后个人所能从中获得的价值需求满足——岗位员工个人愿景的实现。沟通交流的目的，一方面是实现信息交流传递，对共同愿景和岗位员工个人愿景，以及相互关联关系进行描绘、界定，使作为特定岗位员工的个人，明确地感知企业组织共同愿景和自己岗位员工个人愿景的具体内涵，及其二者之间的关联关系；另一方面是相互通报自己的工作进展和自身的意志要求，并相互表达自己的情感和价值判断，以达到在人际关系和行为活动上实现融合的目的。

如果这种沟通交流能够让对方相信所沟通内容的真实性和可能性，就必然会激起他的思考："这对我是否有价值？我是否应该调整自己的行为选择？"当他做出肯定的回答时，他也就形成了对完满地履行职责，出色地做好工作的意志认同，也就开始形成他完满地履行职责，出色地做好工作的主观动机，使他从内心产生一种想去做好让他承担的工作，履行好让他承担的职责的意愿。

4. 跟踪考核

为了保证岗位员工所做的工作与其岗位职责要求相适应，一方面要对他的工作进程进行跟踪，以及时发现问题，纠正错误，使他的工作进程都被限制在所要求的范围之内。另一方面又要对他的工作结果对照事先约定的标准要求进行评估考核，以确定是否达成了事先约定的目标要求。

这个环节在激励环路中起着关键性作用。这不仅是因为任何一个人都有惰性，没有相应的跟踪考核，很难不折不扣地按照标准要求履行职责，做好工作。而且共同愿景与岗位员工个人愿景之间的依存关系，最终必须通过对应的依据来连接，使岗位员工个人稳固其行为选择。这对应的依据必须通过跟踪考核来获得。

5. 酬赏兑现

酬赏兑现，是根据跟踪考核的结果和通过沟通交流事先达成的激励奖赏约定，进行兑现，直接给他提供一定的“有”、“能”、“善”价值需求的满足或者满足条件，使其岗位员工个人愿景变为现实。

这种事先达成的共同约定，必须从两个方面对奖赏进行限定：

（1）获得奖赏的绩效标准。即岗位职责履行到什么程度，才能给予奖赏。

（2）对应于绩效水平的奖赏标准。即对应于不同的绩效水平所给予的奖赏方式和奖赏大小。如果达不到所限定的绩效水平，对应的奖赏就没有，岗位员工个人愿景就不能实现。

酬赏兑现之后，会使岗位员工再次做出判断：

（1）自己所作的努力和贡献，是不是得到了其所期望的回报，包括“有”、“能”、“善”三类价值需求的综合满足？

（2）我能否在其他地方获得更多的“有”、“能”、“善”三类价值需求的综合满足？

（3）我是否仍然维持已有的行为选择，继续为做好工作、履行职责付出努力。

对这三个问题的思考，也就直接把他带入下一个激励循环，进入岗位员工个人愿景的再设计过程。

6. 授权支持

授权支持，也就是对岗位员工授予相应资源，包括人、财、物的支配、使用权力，让岗位员工通过拥有支配、使用人、财、物等资源的权力而获得做好工作、履行好职责的外部条件支持。外部资源条件不具备，他也就无法做好工作、履行好职责，也不会有信心做好工作、履行好职责。那么他的主观意愿也就会消失，根本不会把做好工作、履行好职责的意愿付诸行动。谁也不会做勤劳无益的事。所以，授权支持也是构成企业组织激励机制的激励环路中的一个环节。但这个环节主要是通过组织架构过程中明确各个组织成员的授权实现的，在《企业规范化管理系统实施方案·组织架构管理》一书中已做过系统分析，本书不再赘述。

二、愿景设计管理的内容

1. 愿景设计的两个内容

相比动物，人的一个最大不同是具有自我意识。而这种自我意识，直接把人的存在导向了未来，使人不再仅仅为了他的现在而活着，而主要是为了他的未来而活着。当一个人对他的未来不再具有信心，感觉到没有未来时，这个人即使不选择自杀也会自暴自弃。当他感觉到自己的前景辉煌灿烂时，他什么都不会畏惧，再大的困难也不会让他退缩。这种未来也就是他的岗位员工个人愿景，即他希望变为现实的一种特定的未来情景。所以，对于岗位员工的意志管理，首先必须抓住愿景设计，让他对美好的未来产生一种憧憬和企盼，进而产生一种信心和力量。

愿景设计作为岗位员工意志管理激励环路的起点，要使之能感召被管理者，对被管理者的意志意愿具有诱引作用，这种愿景就必须具备以下五个方面的特征。

（1）这种愿景必须是岗位员工个人所向往的。即这种愿景直接是他个人的意志愿望的具体化，这种愿景的实现会直接给他个人带来一系列价值需求的满足。谁也不会关注与己无关的事。

（2）这种愿景不是虚无缥缈的，而是具体的、明确的。任何一种抽象的承诺，若不能借助他人自己的想象把它具体化为形象生动的情景，就很难引起他人的关注，对他人产生吸引力。说“你把这事办好了，我会让你幸福”，就没有说“你把这事办好了，奖你一辆大奔”能激起对方的工作激情。尽管一辆大奔并不能保证给他带来幸福。因为谁也不会为缥缈无形的东西去努力。

（3）这种愿景的达成可能性是充分高的。愿景所描绘的情境不是一种幻想，而是通过他自身的努力能够变现成真的。让人感觉到不可能的愿景，无论描绘得如何美妙、灿烂，也都不会对人形成诱导影响作用。他对这种愿景没有信心，也就是他认定这种愿景不可能变现成真，他也就不会调整他的意志行为为这种愿景的实现付出努力。谁也不会去做勤劳无益的事。

（4）这种愿景的实现给岗位员工所带来的满足，要与这个岗位员工为这种愿景的实现所付出的努力相当。因为他认定为之付出的努力在愿景完全实现后，所获得的价值需求的满足不能完全补偿他在努力过程中所做的牺牲，他就难免认定这种努力不值得，也就不会为这种愿景的实现调整自己的意志行为。谁也不会做得不偿失的事。

（5）这种愿景必须是具体、形象、生动的。即愿景本身必须明确地描述出在未来某一时刻企业整体和岗位员工个人所企盼的具体情景。不能只是简单地用数量指标来界定的一种抽象目标，必须是让人能直观地感知到具体情景构成的蓝图，似乎就是一种近在咫尺的现实，只不过进入这个现实还要穿过一片小森林。

要保证愿景满足以上五个方面的要求，也就必须对这种愿景进行周密的规划和科学的设计。只有这样，才能通过所设计的愿景诱引岗位员工，并把他们引导到激励环路中来。

这种愿景设计包括两方面的内容：一方面是企业组织共同愿景设计，另一方面是岗位员工个人愿景设计。

2. 愿景的愿究竟是什么

在具体讨论愿景设计之前，有一个问题必须明确解答，即：愿景的愿究竟是什么？

愿就是意愿，是一个人对特定事物未来发展的一种向往和企求。它首先是具体个人发自内心的一种期望，并且是他个人乐意为之付出努力和牺牲争取实现的期望。走在大马路上，被天上掉下来的“馅饼”打中，也许是任何一个人都向往的事，但它并不能构成愿景的愿。因为无须人们为之付出努力，是可遇不可求的，因而就不会对人的行为选择有任何诱导作用。并且任何一种愿，首先都只能以具体个人的愿的形式存在。由众多的个人构成的组织的愿，是以这个组织成员个人的愿的形成和存在为基础的。或者说一定组织的愿，必须而且也只能首先表现为这个组织的特定成员个人的愿。明确了愿的这一内涵才能完全明了共同愿景和岗位员工个人愿景的关系。

3. 企业组织共同愿景与岗位员工个人愿景之间的关系

这两种愿景之间不仅不是相互独立的，而且相互紧紧关联依存。岗位员工个人愿景的实现，依赖于企业组织共同愿景的实现，是通过共同愿景的实现来实现成员个人的美好未来。企业组织共同愿景的实现，又依赖于岗位员工为岗位员工个人愿景实现的努力。如果企业组织共同愿景与岗位员工个人愿景的实现，不存在任何关联关系，也就没有人为企业组织共同愿景的实现付出努力，企业组织共同愿景也就不免成为毫无意义的幻想。只有岗位员工个人愿景，把岗位员工的意志意愿引导到为企业组织共同愿景实现的努力上来，提供岗位员工行为动机上的支持，企业组织共同愿景的实现才能最终成为现实。因而，企业组织共同愿景与成员的岗位员工个人愿景之间，也就构成了一种集合与被集合的关系。

图2－7 员工发展管理对企业和岗位员工都重要

岗位员工个人愿景也就是能让岗位员工个人从价值需求满足的角度所看到的一种美好前景和希望。但这种愿景不是简单地描绘他个人将来某一时刻所能获得的肌肤之利的满足程度，更多的是展示岗位员工个人事业成就发展的未来，是他个人在事业成就上所能达到的一种境界。书中单有黄金屋，或者书中单有颜如玉，都不能构成完整的岗位员工个人愿景。并且，这里讨论的是企业组织中的岗位员工个人愿景。所以，这种岗位员工个人愿景，实际上也是企业组织对具体岗位员工的一种承诺。但这种承诺不是单向的，而是一种相互承诺。当企业组织共同愿景实现之后，岗位员工个人愿景是否一定实现，还要与岗位员工的个人努力和贡献对应起来。

三、企业组织共同愿景设计的标准要求

企业组织共同愿景，也就是企业发展的未来前景。它描绘的是企业在什么情况下，到什么时候，实现什么样的发展，达到一种什么样的境地。但只有当这种发展的前景，能给这个企业组织中的每一个个人带来相应的价值需求的满足时，这种愿景才会直接对岗位员工个人的行为选择形成有力的诱导作用。共同愿景对企业组织的成员个人诱导作用的大小，除了与这种愿景给成员个人带来的满足大小相关外，还直接与他个人在这个组织中的地位作用相关。如果他就是创造辉煌的人，即使这种辉煌不能给他带来物质利益上的满足，他也会激动万分。否则，如果他仅仅是这个组织中的一个无足轻重的分子，无论这个组织的共同愿景怎么辉煌，他也只能是被这种辉煌照耀的人，不会使他也发光，仅仅给他带来的一点自豪感不会让他激动多久。

人是一种社会性动物，必然存在于一定社会之中。这个社会共同向往的未来情景，也就构成了这个社会的共同愿景。企业作为一种特殊的社会经济组织，其共同愿景也就是企业发展的愿景目标。企业组织共同愿景，尽管与企业发展规划和计划目标在本质上存在统一关系，但二者并不完全相同。企业发展规划和计划目标是对企业发展的一种数量化的描述，而企业组织共同愿景则是一种具体的、生动的、实务性的形象描绘，提供的是一种直观的蓝图。企业组织共同愿景，会让企业组织的每一个成员产生一种兴奋感，并从内心感到愉悦和激动。而抽象的、数量化的发展规划和计划目标，则不可能直接起到这种作用。抽象的、数量化的发展规划和计划目标要对人产生激励作用，还需要接收这种信息的人在大脑中对这种信息进行形象化的转换加工，使它变成一幅生动的图画。企业组织共同愿景则不需要再做这种转换，所以它对企业组织的任何一个成员都可产生一定激励作用，而不限于具有丰富想象的人。

共同愿景是岗位员工个人愿景的基础，任何一个个人加入一定的企业组织之后，并且又没有萌发离开这个企业组织的想法，他就必然要把个人的发展，建立在这个企业发展的基础上。这也就是让他的岗位员工个人愿景设计建立到企业组织共同愿景的基础上，并使企业组织共同愿景的实现，直接成为他岗位员工个人愿景的实现。在这种情况下，岗位员工个人愿景的实现依赖于企业组织共同愿景的实现，并且企业组织共同愿景还构

成了岗位员工个人愿景的背景边界，使岗位员工个人愿景最大只能与企业组织共同愿景相等，即共同愿景所实现的美好未来都是他个人的，被他一个人所独占。

共同愿景设计管理的具体要求，可主要概括为以下六个方面。

（1）任何一家企业，如果希望维持对其成员的凝聚力，不仅必须有分时段的发展规划和计划目标的设计，而且必须把这种发展规划和计划目标转化成企业不同时段上的愿景图画，让每一个岗位员工能为这种愿景图画所感染和激动。

（2）所设计的共同愿景必须简单、明了，便于企业组织成员进行辨识和把握。能让岗位员工一听就明白，明白之后能闭着眼就能想象出来：我们企业将要实现的前景就是这样。

（3）构成这种愿景图画的发展规划和计划目标必须切实可行，不能让人认为这种愿景图画是一种空想。即所设计的共同愿景必须有实现途径的具体分析说明，并且每一个岗位员工都坚信通过共同的努力，一定能保证这种愿景的实现。

（4）愿景的描绘必须用形象、具体、生动而准确的语言。一方面要避免牵强附会的不实之词，让岗位员工当成是企业领导人的自我吹嘘；另一方面又要使之对岗位员工有充分的感染力，能让岗位员工为之激动。

（5）共同愿景的设计必须广泛吸纳岗位员工参与讨论。一方面使之理解所设计愿景的可能性；另一方面又能感知到自己所能从这种共同愿景的实现中获得的价值需求满足，以直接形成自己的岗位员工个人愿景。

（6）所设计的共同愿景必须与企业组织和岗位员工活动于其中的社会联系起来，以使岗位员工能感觉到自己肩负的使命伟大，并通过激发岗位员工的使命感来激发岗位员工为实现企业组织共同愿景努力的热情。

四、岗位员工个人愿景设计的标准要求

岗位员工个人愿景，也就是岗位员工个人发展的一种美好前景。它描绘的是他个人在什么情况下，会实现什么样的发展，获得什么样的价值需求满足。这种愿景对于岗位员工个人的意志意愿的诱导作用的大小，直接取决于这种愿景将给岗位员工个人带来的实际价值需求满足的大小，及其实现的可能性的大小。这种愿景的实现将给岗位员工带来的价值需求的满足越大，并且实现的可能性也越大，这个愿景就越能给岗位员工个人的意

志意愿带来诱导影响。所能带来的价值需求的满足，与其实现的可能性之间还不能分离，二者之中任何一个方面的缺失，都会使之丧失诱导影响作用。

岗位员工个人愿景的设计，也就是联系共同愿景的内容，对岗位员工个人的美好未来进行具体、生动、明确的描绘。岗位员工个人愿景所描绘的发展前景，直接是岗位员工个人的意志表现，是岗位员工个人非常期望实现的，并且愿意通过自己的努力实现的。不能构成岗位员工个人意志意愿的内容，是不能称其为岗位员工个人愿景的。

同时，岗位员工个人愿景所描绘的发展前景，是岗位员工个人通过自己的努力能够实现的一种美好前景。因此，对应于岗位员工个人愿景实现的绩效标准，也必须是他个人通过努力一定能达到的。否则，所描绘的愿景就是与他个人不相关的一种未来，这种未来也就不可能成为他的岗位员工个人愿景。

岗位员工个人愿景设计管理的具体要求，主要有以下十个方面。

（1）岗位员工个人愿景所描绘的蓝图，必须是岗位员工个人高度关注的，是他愿意为之付出全部努力而寻求的目的和目标。否则，它就难以对岗位员工个人的意志行为起到诱导影响作用，以使他为这种愿景的实现付出努力。

（2）岗位员工个人愿景必须能够通过自身的努力达成。它不能是一种外部的施舍或许诺，而是岗位员工个人付出努力后，应该得到的一种回报。只有严格地使这种岗位员工个人愿景，建立在个人努力的基础上，并且岗位员工个人又有充分的信心达成，它才能起到影响这特定岗位员工个人行为选择的作用。

（3）愿景所描绘的蓝图，必须是岗位员工个人在这个企业组织之外很难实现的。否则，岗位员工个人有其他更佳的选择，他也就不会付出全部的努力来谋求这种愿景的实现。

（4）指导下属员工进行岗位员工个人愿景设计，必须作为上司主管职责的一个重要内容，以使每一个管理人员明确对下属员工实施意志管理的起点何在，并慎重对待。

（5）上司主管指导下属员工设计岗位员工个人愿景，必须紧密联系岗位工作的实际和岗位员工本人的实际。不仅要站在下属员工的立场上，帮助勾画、描绘岗位员工个人的发展蓝图，而且要使他对这种岗位员工个人愿景的实现产生充分大的信心，让他坚信能通过自己的努力把这种愿景变为现实。

（6）岗位员工所设定的岗位员工个人愿景，必须与企业组织共同愿景紧密地结合起来，是岗位员工在企业组织共同愿景的范围内能够达成的愿景。超越企业组织共同愿景的岗位员工个人愿景，就不具有对特定岗位员工的行为选择的影响诱导作用。

（7）指导岗位员工设计岗位员工个人愿景，必须高度关注岗位员工个人的兴趣偏好，不能脱离岗位员工的个人偏好来设定岗位员工个人愿景。脱离岗位员工个人偏好的愿景，是难以成为他个人的愿景的。但是，对于岗位员工个人的兴趣偏好，又不能任其自由，必须给予一定形式的管理。

（8）岗位员工个人愿景的设计，也必须用形象、生动、具体的语言描绘。只有具体、形象、生动的图画，才能时时激起岗位员工个人的联想，并使之为其实现付出努力。

（9）岗位员工个人愿景的设计，必须有愿景实现的可能性分析。这种可能性一是岗位员工个人现有的和可能发展出来的资源和条件，能够保证其实现；二是企业组织所能为他提供的舞台和机会。其作用不是仅仅使他有信心，而且包括界定责任，避免让人产生误解，以为是一种单向承诺。

（10）在岗位员工个人愿景的设计上，上司主管不能越俎代庖，剥夺下属员工本人的主体地位。上司主管主要是起一个顾问的作用，仅仅为下属员工设计岗位员工个人愿景提供方向、思路和方法上的指导。

第六章 沟通交流管理的标准要求

管理者下达指令是直言不讳、不容分辩地把自己的意志意愿和价值观念告知对方，让对方遵从。被管理者通过沟通也可以达到同样的目的，只是被管理者不能通过指令来表达自己的意志意愿和价值观念，但仍然可以通过沟通陈述自己的意志意愿和价值观念，包括自己对于上司及其所下达指令的看法和意见。沟通的差别仅仅在于表达的方式不同。

一、沟通交流的内涵

笔者在此强调的是沟通交流，而不只是沟通，尽管二者在语意上并没有什么本质的不同。笔者是想在沟通的语意中添加一种平等和相互的内涵。即这种沟通，是建立在平等基础上的，即使是下达指令也不能改变这一点。强调其行为是相互的，表达是以对方在倾听、有反馈的前提下进行的。但在行文上，为了表达的方便，笔者却并没有也没有必要对二者进行严格的区分。这是首先要说明的一点。

沟通是伴随管理全过程的一种管理行为，没有沟通也就没有管理，无论这种沟通是以哪种形式来实现的。两目怒视、捶胸顿足、破口大骂是一种沟通，和颜悦色、循循善诱、娓娓道来也是一种沟通。但是二者所沟通的效果可能完全不同。

沟通传送的是一种信息，是一种情感，也是一种情绪，更是一种意志意愿、一种价值观念。其目的是让对方接受自己的意志意愿和价值观念，以使对方按照自己的意志意愿和价值观念去行动。管理者下达指令是直言不讳或不容分辩地把自己的意志意愿和价值观念告知对方，让对方遵从。被管理者通过沟通也可以达到同样的目的，只是被管理者不能通过指令来表达自己的意志意愿和价值观念，但仍然可以通过沟通陈述自己的意志意愿和价值观念，包括自己对于上司及其所下达指令的看法和意见。所以，下达指令、接受指令、听取汇报、汇报工作、讨论问题等，这所有的沟通，都是在传递、表达自己的情感、情绪、意志意愿和价值观念，其差别仅仅在于表达的方式不同。

图2－8 不想做的事，总可以找到不做的理由

表达意志意愿，是沟通的核心内容。即使传递的是一种信息，这也是在表达一种特定的意志意愿。对一定信息进行取舍，其中就包含有传递信息的人的意志意愿。情绪、情感的交流，更是一种直接的意志意愿的表达。在讨论问题中，似乎双方都是在听取对方的意志意愿表达，实际上在这种倾听的过程中，也包含有自己意志意愿的表达。是通过听取对方的意志意愿表达，以检验和探索自己的意志意愿及其被对方所接受的程度。在同事之间，或者在代表单位、部门意志的负责人之间的沟通，他们彼此之间谁也不能向谁下达指令，谁也不会听取谁的汇报，但这种沟通仍然是表达自己的意志意愿。价值观念，直接就是一种意志意愿，只不过并不一定表现为具体的行为要求，而仅仅是一种思路或立场。并且，沟通这一行为的目的，还不仅仅是表达意志意愿，简单地让对方知道我的意志意愿是什么，而且是要让对方认同自己的意志意愿，并按照自己的意志意愿去行动。

所以，沟通也就不是一件轻松随意能做好的工作，而是需要掌握其规律之后付出努力，认真实施才能达到目的的活动。这也就是说，只有沟通具有充分的艺术性并且严肃实施，才能够最终达到目的。即使是一个手握重权的高层管理人员，要使他的意志意愿能够变成下属员工的意志行为，仅仅把这种意志意愿告知对方还是远远不够的。在任何地方、任何时候，如果对方对于你的意志意愿不能认同，对方就不会按照你的意志意愿去努力，以贯彻你的意志意愿。对方不想做的事，不仅很容易找到不做的理由，而且也很容易在没有做好时找到推卸责任的理由。

因此，一个主管能否把他所担负的岗位职责履行好，沟通能力是一个重要的约束条件。选择的沟通方式恰当，运用的沟通艺术有效，才能取得好的沟通效果。只有这样的主管，才能笼络住更多的人心，并使他所领导的团队步调一致地按照他的意志意愿行动，真正达到协调行为，统一行动，使每一个成员都用最大限度的努力来保证这种意志意愿的实现。相反，不善于沟通，沟通方式不当，词不达意，他所表达的意志意愿，就不能被他所领导的团队成员认同和接受，这个团队的成员迫于一种等级强权的压迫，仅仅表面上顺从上司主管所表达的意志意愿，但背地里软磨硬泡也就不可避免了。这就必然会使这个企业组织的运行效率下降，执行力削弱，使本应该顺利办成的事也办不成。在水平关系之间的沟通更是如此，谁也没有权力把自己意志意愿强加给对方，没有恰当的沟通方式和有效的沟通艺术，也就不可能达到沟通的目的。

二、沟通交流管理的基本要求

沟通交流所包含的内容很广泛，要达成的目的也是各种各样的。但要保证其目的的达成，有五个基本要求必须遵循，即认真准备、严肃实施、艺术表达、用心倾听、积极反馈。这五个基本要求是任何形式、任何内容、任何目的的沟通也都必须遵循的，不遵循就肯定难以保证其效果。但这五个基本要求的满足，还仅仅是充分达成沟通目的的必要条件，远不是充要条件。不同内容和形式的沟通，还有各自的具体要求。具体内容的沟通，只有在达到这五个基本要求的同时，又满足具体内容沟通所必须满足的要求，才能圆满地达到目的。下面就对这五个基本要求分别进行讨论、界定。

1. 认真准备

所谓认真准备，也就是在沟通交流实施过程开始之前，为保证其效果对沟通交流的内容、形式和必要的设施条件进行设计规划与准备。其具体要求可主要概括为以下六个方面。

（1）对对方的个人特征必须有事先的分析。其内容包括对方的利益特征、性格特征、价值取向特征、人际关系特征等。

（2）对沟通所要表达的内容，要事先拟订好表达提纲，并尽可能做到条理清楚、简明扼要、用语通俗易懂。

（3）在对应对方的个人特征进行内容表达的可能反应的分析基础上，预测对方可能采取的态度。

（4）对沟通方式必须有事先的选择和设计。对于所要传递的信息、情感、意志意愿或价值观念都必须根据各自的特点，事先选择和设计最有效的沟通方式。即使是选择面对面的沟通，也要事先选择确定沟通的表达方式。是直接告知，还是婉言暗示；是正面陈述，还是比喻说明等，都有必要事先设计好。

（5）沟通的主题内容必须事先告知对方，让对方对所要沟通的内容有所思考并做好准备。图谋通过突然袭击的方式使对方不知所措，也许对获得信息有所帮助，但对于相互之间的意志意愿的表达，不仅不会有什么作用，相反还会恶化彼此之间的关系。这种突然袭击式的沟通，是对对方的一种不尊重。而沟通的目的，不是让对方屈服，而是心服。

（6）沟通的时间、时限和地点必须在与对方交换意见的基础上，达成共识后事先确定，并在约定的时间将至之时提醒对方。其提醒时间必须留足提前量，即保证对方能从容地从其驻地到达约定的沟通地点。

2. 严肃实施

所谓严肃实施，也就是把沟通交流工作当做一项慎重的管理工作完成，高度重视，避免随意性。其具体要求，可主要概括为以下七个方面。

（1）无论自己地位有多高，都不得以高高在上、自以为是的态度对待对方。以不平等的态度对待对方，只会堵住可能存在的沟通通路，导致沟而不通，妨碍沟通目的的达成。

（2）不得有对对方不尊重、不礼貌的语言和行为。不尊重、不礼貌的语言和行为，即使不激怒对方，导致沟通的中断，也会使对方关闭心扉，拒绝真实的信息和情感传递。

（3）不得以冷嘲热讽的语气与对方讲话。冷嘲热讽的语气只会激起对方的仇恨，使对方拒绝沟通传递的意志意愿，拒绝向你传递你所需要的信息。

（4）避免从正面直接反驳对方意见的事发生。从正面直接反驳对方的意见，不能起到改变对方的意志意愿的作用，相反只会使对方转向自我保护的立场，强化对方维护原有立场和态度的意愿。

（5）不得随意打断对方的讲话。随意打断对方的讲话，会扰乱对方的思路，影响对方意见表达的完整性、连贯性和系统性。

（6）不得有过于夸张的手势。过于夸张的手势会给人以咄咄逼人和盛气凌人的感觉，让人感到压抑和压迫，以致无法再继续真诚地接受你所传递的信息和意志意愿。

（7）在表达和反馈时，必须避免有否定对方价值的用词。否定对方价值的用词会激起对方的不满，引起和加大双方的对立情绪，进而使对方从内心直接抵制你所表达的意见。即便是对对方有益的善意意见，也可能最终被对方拒绝。

3. 艺术表达

所谓艺术表达，也就是为达成改变对方的意志意愿的目的，在意志意愿和价值观念的表达上必须寻求让对方最能接受的方式，让对方没有任何抗拒地接纳所表达的意志意愿和价值观念。其具体要求，可主要概括为以下十个方面。

（1）必须从对方感兴趣的话题入手，紧紧围绕对方的利益来展开话题。只有紧密地关系到对方利益的事，才能使对方高度关注而产生兴趣。

（2）必须从对方可以认同的话语开场，以避免让与对方所存在的分歧一开场就公开化而影响沟通交流的进行，导致消除和缩小分歧可能性的丧失。

（3）必须尽可能多地提问。善意地提问是一种谦逊的表示，向对方传达的是一种尊重，因而有助于让对方透露自己真实的想法和态度，并且提问本身就是一种艺术的表达。

（4）必须以商讨的口吻向对方传达自己的主张和意见。这可让对方感到被尊重并把所传达的意见当做他自己的行为选择。

（5）必须以求教、征求对方意见的方式来提出自己的建议。不带强制性质的建议，更容易攻破对方可能存在的自我保护心态，使对方接受建议而改变原有的想法。

（6）必须高度关注对方，并尽可能多地与对方进行目光对接交换，把注意力集中到沟通过程中，以表达对对方的重视，以便把对方的注意力也锁定在沟通交流的过程之中。

（7）运用动作适中的身体语言辅助性地传达信息。这种动作适中的身体语言，有助于不断激起对方对所沟通交流内容的注意力，加深对方对所沟通交流内容的记忆。

（8）避免过多地使用专业术语，尤其是与非专业人员进行沟通时。在沟通中运用过多的专业术语，只会使对方误以为你在卖弄学识，导致对方对你敬而远之，不仅如此，而且还会造成对方理解上的困难，阻断沟通。

（9）必须尽可能借助于有情节的故事来阐述自己的观点。有情节的故事会以其悬念把对方的注意力锁定在所表达的内容上。

（10）适当地重复以强调沟通的要点，以帮助对方理清思路，使之更准确地把握所表达内容的重点和要点。

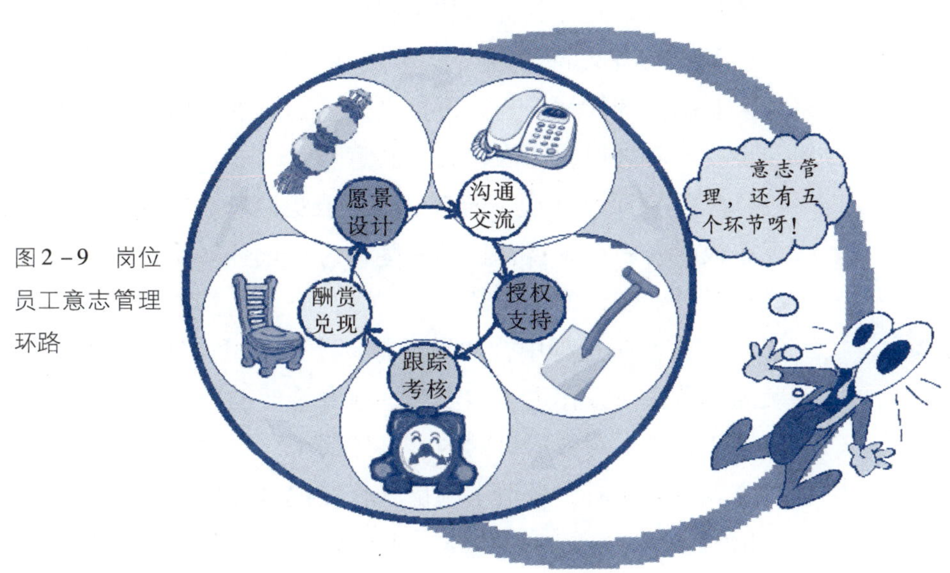

图2-9 岗位员工意志管理环路

4. 用心倾听

所谓用心倾听，也就是在沟通交流过程中，当对方表达自己的意志传递信息时，静心聆听，并以此表示重视对方表达的意见和传递的信息的态度。其具体要求，可主要概括为以下十个方面。

（1）不得心不在焉地听对方讲话。心不在焉地听对方讲话，会让对方认为你不感兴趣而终止表达。

（2）必须明确向对方表达自己倾听的感受，包括偶尔复述对方讲的话，用鼓励、请求的语言鼓励对方，不断向对方传递信任与尊重的信号，以及对其所表达内容的重视和接纳，以使对方增加沟通表达的信心和意愿。

（3）努力推测对方可能要说的话，以便紧紧跟上对方的思路，更好地理解和体会对方的情感与意愿。

（4）不能把对对方要表达意见的推测假设当真，而要用对方自己的表达来不断检验所作的推测假设，并通过这种推测假设的检验以准确地把握对方的思路。尤其要注意避免先入为主的心理影响，用推测假设替代听取对方的意见表达。

（5）必须保持与对方进行眼神接触，以通过眼神交流让对方感知你对于他所表达的内容的态度。但要避免长时间地盯着对方，否则会使对方感到局促不安。

（6）坐姿要保持端正，让身体稍稍前倾，面对着对方，并在对方讲话时不时地写一些笔记，以表示对对方所讲内容的高度关注和重视。尤其注意不能让对方感到你精神不佳和有懈怠倾向。

（7）不要让外部事务干扰了正在进行的沟通。如果突然有电话打进来，要明确告知让过一会儿再打过来。如果电话内容紧急而重要必须接听时，也要向对方说明原因，表示歉意。

（8）不要东张西望，若有所思，避免跷着二郎腿、双手抱胸、双目仰视天花板或者斜目睨视，这样一些行为举止容易使对方误以为你不尊重对方或是对对方表达的不耐烦。

（9）在倾听过程中，如果没有听清楚或想得到更多的信息以澄清自己的疑问，希望对方作进一步表达；或者希望能用其他的方法表述，以便于理解；或者你对对方所讲的内容已经明了，希望他谈其他问题，这都可以在对方表达停顿时，以请求的口气直接把自己的想法告知对方。

（10）必须有宽阔的心怀，并有听取不同意见的心理准备。即使对方所说的话不恰当，伤害了自己，也绝不能在脸色和语调上马上表现出来，至少要让对方把话说完后，再以对方能接受的方式予以澄清和解释。

5. 积极反馈

所谓积极反馈，也就是在对方表达一定意志意愿和价值观念之后，必须在保证沟通交流能友好地继续进行的基础上，从正面对对方的表达进行反馈，以对方能接受的方式明确说明自己对对方所表达内容的态度。其具体要求，可主要概括为以下八个方面。

（1）站在对方的立场上，针对对方希望反馈的内容和信息进行反馈，以避免隔靴搔痒、答非所问的意见反馈。

（2）要使用描述性而不是评价性的语言进行反馈，尤其必须对事不对人，避免把对事的分析变成对人的褒贬，以在保证使对方明白自己的真实意见和态度的同时，能充分接纳所反馈的意见。

（3）反馈意见要表达得明确、具体。若有不同意见，可提供对方能认同的实例予以说明，以避免发生正面争执和冲突。

（4）无论所要反馈的意见是否与对方所寻求的意见一致，都要避免在对方情绪激动时反馈自己的意见，以避免加剧对方的情绪。

（5）必须避免给对方反馈全盘否定性的评价意见。即使要批评对方，也必须先有正面赞扬作铺垫，并且批评性意见也必须以一种具有建设性的建议提出来，以便让对方能心悦诚服地接受。

(6) 必须向对方明确表示你将考虑如何采取行动，让对方感觉到这种沟通有立竿见影的效果，以增加对方对你的信任。

(7) 只能针对对方可以改变的行为进行反馈。对对方不能改变的事实或行为进行反馈，只会激起双方的矛盾，增加对方的抵触情绪。

(8) 反馈必须有重点，以使对方对重要的问题获得明确的回应意见，并确保对方对所反馈意见的理解和接受。

三、决策讨论沟通管理的标准要求

就其内容分析，沟通交流可以分为决策讨论沟通、问题商讨沟通、工作指令沟通、工作进程沟通、绩效考核沟通、酬赏兑现沟通、矛盾化解沟通这七个方面，下面依次讨论其标准要求。

决策讨论沟通，也就是对于决策制定意见和决策贯彻意见的交流沟通。决策的制定必须广泛听取各个方面的意见。因为决策本身作为一种意志行为的选择，要保证所制定决策的全面贯彻实施，首先必须保证决策所涉及的所有人员从内心认同。这一方面要收集决策可能触及其利益人的意见，另一方面又要征集决策执行人的意见。没有前者的认同，被触及其利益的人作梗必然增加决策贯彻的难度；没有后者的认同，决策的具体贯彻执行人阳奉阴违，决策也就难以最终落实。不仅如此，在决策贯彻过程中遇到的新问题、发生的新变化，这又需要通过上下左右之间的沟通达成共识后协调行动。这些都是必须通过决策讨论沟通解决的问题。

决策讨论沟通除了要满足沟通所必须共同遵循的五个基本要求之外，还必须满足决策组织各个环节上的沟通所特有的要求。决策组织的环节主要包括决策信息沟通、决策制定沟通、决策传达沟通三个方面。下面分别就其具体要求进行分析、讨论和界定。

1. 决策信息沟通

决策信息沟通，是决策信息收集过程中的一项重要工作。决策信息的收集并非都是技术问题，而是存在一个掌握信息的人愿不愿透露出相关信息的问题。所以，在很多情况下，决策信息的收集需要通过一定有效的沟通才能获得。也只有沟通方式恰当，沟通得充分，才能够获得完整而准确的决策信息。

决策信息沟通的对象一般是掌握有一些决策必需信息的专业人员。这些人员可能是企业内部的，也可能是企业组织外部的。这种沟通若发生在对方并没有义务把信息告知你的情况下，使你不得不通过特定的沟通，从对方的表达中获取所需要的信息。这一沟通的形式主要是通过一对一的面谈讨论交流，或者小组讨论进行。

这种沟通的具体要求，主要有以下六个方面。

（1）要向对方充分表达自己的诚意，并以请教的口吻向对方提出问题，请求对方给予解答。

（2）所提问题既必须紧紧围绕对方可能掌握的信息，同时又要把问题所涉及的范围适当放宽，以保证对方所提供信息的完整性和准确性。

（3）对方提供了有价值的信息必须通过信息来源追踪，让对方明确说明信息的根据，以便事后进行核对。但追踪信息根据，必须避免以怀疑的口气提出问题，而只能通过表示对这个信息非常感兴趣的方式，让对方自动地告知信息的根据或来源。否则可能会导致对方提供信息的意愿消失。

（4）必须以赞扬的口气充分肯定对方所提供信息的价值，以使对方受到鼓励后更多地提供他所掌握的信息。

（5）沟通必须有明确而完整的记录，其内容包括沟通时间、地点、对象。整个沟通过程可用采访的文体进行记录。

（6）对于对方不愿意深谈的问题，不要强迫不舍，追根究底。否则或者引起对方的反感，或者使对方提供一些虚假的信息。这二者都是与这一沟通的目的相左的。

2. 决策制定沟通

所谓决策制定沟通，也就是在决策最后拍板之前通过对话讨论，与更广泛的人员交换意见。其目的有以下四点。

（1）为了让更多的人能充分表达自己的意志意见，以使决策能够得到更广泛的认同和支持。

（2）为了使自己的意见得到检验，以强化自己决策选择的信心。

（3）使这种决策的制定把问题考虑得更周全，以避免单由一个人拍板决策造成的失误。

（4）表达对对方的尊重和信任，以使对方能全身心地为决策的全面贯彻落实付出努力。

但这种沟通绝不能虚情假意地形式化，而必须谦虚地倾听对方的意见表达，以保证决策的质量和决策贯彻的质量。

这一沟通管理的具体要求，主要有以下十个方面。

（1）决策制定沟通对象，必须全面包括决策所涉及的利益关联人和贯彻实施活动承担人。不能忽视和漏掉其中任何一个方面。

（2）必须事先把要决策的问题内容及讨论沟通的时间、地点至少提前三天告知沟通对象，以便让对方有充分的时间进行思考和准备。

（3）讨论交流的形式可根据参与人的多少来决定。当参与人比较少并且需要让参与人有全面、完整的意志意愿表达时，可选择面对面的沟通。否则，选择小组讨论的形式进行沟通会更有效率。

（4）必须让对方充分表达自己的意见。即使对方的意见与自己既有的想法相左，也要持一个乐于接收的态度，让对方把意见表达完整，以供自己决策拍板时参考。

（5）在对方意志意愿充分表达之前，不要把自己的观点先公示出来，以使对方能充分自主地表达自己的意见，避免让对方附和自己的意见。

（6）无论对方所表达的意见是否与自己的观点相左，都要让对方明确说明这种意见的依据，以使决策选择有更全面的信息提供支持。

（7）当出现多种不同的意见时，要诱导持不同意见的各方就意见的分歧，充分就自己意见的依据和可能的结果进行沟通，力争最终让大家的意见达成共识。

（8）在沟通中，对于对方所表达的不同意见，要对其要点予以复述。一方面让参与讨论沟通的各方都有一个准确的理解；另一方面以引导对方作进一步的思考，以求得进一步的论证和完善。

（9）在意见达成一致之前，不要简单地根据自己的意见得出结论，以使一部分人的不同意见受到压抑而感到不满。即使倾向性的意见已经出来，大多数人已就决策达成共识时，也必须把仍坚持不同意见的人的思路提出来，让大家进一步思考。尤其是要从不同意见的合理性中寻找和发现已有意见的偏颇之处，以达到修正己见的目的。

（10）对最终仍存在不同意见的人，必须当众鼓励其所作的思考和探索，并对最终未选择其意见的原因做出说明，以消除他因意见未被采纳而带来的压抑和不满。

3. 决策传达沟通

所谓决策传达沟通，也就是把已经制定的决策告知对方。但这种沟通又不等于下达指令。其所涉及的对象包括决策贯彻实施需要其提供支持和协调的单位负责人或者个人。沟通方式可以选择会议、文件等形式。所要沟通的内容很明确，这就是已经作出的决策选择，以及这种决策选择的依据分析论证说明。这类沟通的目的是让决策贯彻实施可能涉及的方方面面的人，完整准确地理解决策的内涵和意义，并在理解的基础上统一行动，统一步伐，减少决策在贯彻实施过程中可能出现的不理解、不支持的问题。

这种沟通的具体要求有以下六点。

（1）决策传达沟通对象，包括对决策的贯彻落实工作直接承担责任的所有岗位员工，不能因故忽视和漏掉其中任何一个人。

（2）对决策内容的传达必须准确全面，尤其要注意对决策形成的依据作出令人信服的分析论证，以便于对方的理解和认同。

（3）传达决策的沟通方式要严肃，所用的语言必须是正面的陈述说明。如果是对所制定的决策进行宣讲，其形式可多样化，语言活泼的幽默也可运用。但对决策的传达沟通却要保证其严肃性，并通过严肃性来维护决策的权威性。

（4）对沟通过程必须进行详细的记录。贯彻落实决策的具体工作承担主体，必须在传达沟通之后签字认可，以明确决策传达者的责任。

（5）如果是选择会议形式进行的沟通，沟通介绍者必须是上一级的主管领导，以示严肃和认真。

（6）为了表示对岗位员工的普遍信任，决策传达沟通对象必须扩大到关注这一决策内容的每一个岗位员工。

四、问题商讨沟通管理的标准要求

问题商讨沟通，也就是管理者和被管理者就相互关心的问题在确立解决思路、采取措施对策上，通过沟通，协调意见，达成共识。这种沟通与决策讨论沟通的差别在于要通过这种沟通广泛地听取对方的意见，并让对方能完整准确地表达自己的意见和看法。这种沟通是严格建立在互动基础上的一种沟通。一方面对于某一问题的解决思路办法，每一个人都可能有自己的观点和意见。但在沟通中，各自的意见和观点又都会受到对方的观点和意见的影响，进而调整、修改自己的观点和意见。这一方面是因为通过这种沟通，可以使沟通的双方都对自己原有的观点进行审视和反思。任何一个人持有不同的观点和意见，都有其特定的理由。当通过沟通接触到对方的观点和意见的理由时，必然会使他从对方所持的观点、意见的理由中吸收、丰富和完善自己观点的思路。另一方面，沟通的双方又都会从对方那里获得一些客观准确的信息，以修正自己的观点和意见。问题讨论沟通，并不是简单地向对方告知自己的看法和意见，而是通过这种讨论互动，缩小彼此在观点和意见上的分歧，以走向融合，达成共识。

这种沟通无论哪一方处于何种地位，都只有在完全平等的基础上，并以平等的心态对待对方，才能最终达成这种沟通的目的。管理并不等于指令和控制，而是要让别人心悦诚服地配合和行动。使双方在特定问题上的思路和意见达成共识，就显得特别重要。所以，问题讨论沟通在管理实施的过程中是广泛存在的一种管理活动，领导艺术和修养高超的主管即使是进行决策讨论沟通，他们也会选择以问题商讨沟通的形式来最终达成目的。这种形式的沟通会使被管理者感到受尊重，而这本身就会激发被管理者的工作热情。

这一形式的沟通的具体要求，主要有以下五个方面的内容。

（1）必须为商讨问题的沟通做好具体准备。事先必须制定好商讨问题的过程计划和提纲，防止跑题，以提高达成沟通目的的效率。

（2）注意多发问，多使用鼓励性的词语，诱导对方讲出自己的真实想法，以便于抓住对方表达的核心内容和自己想获得的信息。

（3）在商讨问题的过程中，如果对方提出与自己意见不同的看法，要以尽可能快的速度作出反应。尤其是要从对方的角度思考问题，找出对方意见的合理性并充分认定其合理性，以鼓励对方大胆阐述自己的意见。

（4）不要把自己置身度外，仅仅做对方意见的评价人，而必须密切地把自己的意见与对方的意见关联起来进行思考并及时进行反馈。

（5）要防止把讨论问题变成下指示。尤其要注意不要在对方明确问题解决思路之前下结论，以诱导对方自己整理归纳作结论，激发对方的信心和责任感。

五、工作指令沟通管理的标准要求

工作指令沟通，不仅仅是告知下属要做什么，而且是把要求下属承担的工作内容、标准要求、应该承担的责任和奖励承诺，通过沟通传达给下属员工。这一沟通与决策传达沟通有联系，但又不完全一样。决策传达沟通的重点是放在对决策内容的理解和把握上，而工作指令沟通则是要让对方明确要做什么，做到什么程度。它是对决策贯彻过程的具体分解，其重点在于激发对方所要采取的行动上。

图2－10 不加沟通的任务指令就荒谬、荒唐

这种沟通所传达的信息是具有刚性的，不得有任何形式的怀疑，接受工作指令的人没有任何自主选择的余地。在这种沟通中，主要是一种单向的信息传递，是管理者对被管理者单向传递工作内容和标准要求。即使是具有高超的管理艺术的主管进行这种沟通，也不能过多地运用艺术，以免让接受指令的下属员工在理解上发生偏差。

工作指令沟通，从相对关系分析，可分为下达指令和接受指令两个方面。下面分别就其具体要求进行分析、讨论和界定。

1. 指令下达沟通

指令下达沟通，也就是工作指令的下达沟通。指令下达沟通管理的具体要求主要有以下 14 个方面。

（1）工作指令的下达必须逐级进行。只要没有发生无法预测的突发性灾难性事件，就不得有越级指挥的工作指令。上司主管只能给直接下属下达指令，不能直接给下属的下属下达指令。

（2）在下达指令前，必须把要通过沟通下达的指令内容全面系统地列成清单，以避免沟通漏掉相关内容，给指令的执行带来不便。

（3）必须在下达指令之前一定时间，例如 4 个小时之前，与接受指令人商议确定沟通的时间、地点，并说明有工作问题要沟通，以让下属有思想准备。尤其要尽可能避免没有事先约定就突然把下属招到办公室下达指令。

（4）下达指令，除了要明确说明工作内容和标准要求之外，还必须对工作的价值和意义，即与企业发展价值目标达成之间的关系作出说明，以使对方充分理解所要承担的工作的价值和意义，并能自主地判断和修正工作指令的口误与笔误。对方不理解工作的价值和意义，就不会产生积极努力工作的热情，更无法判断和修正工作指令的口误与笔误。

（5）必须有明确的考核方式说明，让工作指令接受人知道会对自己所承担的工作如何进行考核。其内容包括以什么方式考核、由谁考核、考核的具体指标包括哪些内容等。

（6）指令下达人必须对指令有全面、准确的界定。其内容包括：指令的具体内涵是什么？为什么下达这一指令？指令的具体要求是什么？由谁监督指令的实施？什么时候对指令的落实情况进行检查？在什么时间和什么地点验收结果？对指令的实施有什么方向性的思路？

（7）态度要和蔼，关系要平等，用语要礼貌。不要以为是下达指令，就可以盛气凌人。必须多用“请”、“我们”等用语，避免用“你应当怎么样”、“你只能怎么样”、“组织限制你怎么样”等用语，以使对方感到自己的价值，进而提升执行工作指令的积极性和责任心。

（8）要尽可能激发对方意愿，让对方自己承诺，主动请缨，避免简单地让下属被动接受指令。不要以一种绝对不容置疑和不可挑战的组织原则，强制性地让下属接受工作指令。

（9）必须明确告知自己能为下属提供的资源和支持，以使下属自主权衡资源的使用，并自我寻求保证工作圆满完成的途径和措施。

（10）必须给予下属就工作指令落实执行中可能发生的问题提出自己的意见和要求的机会并给予正面解答，以消除对方受压迫、被压抑的情绪。

（11）指令下达完毕之后，必须让下属复述一下所下达的指令的要点，以检验下属是否准确无误地理解了指令的内涵和要求。

（12）指令下达完毕之后，必须询问下属在落实工作指令上是否存在困难并指明解决困难的途径，帮助下属树立全面贯彻执行工作指令的信心。

（13）如果下属承担的工作存在与其他单位或部门的配合问题，必须明确提出要求并让对方就配合问题自主进行承诺，以实现整体工作的协调。

（14）下达工作指令必须有完整的沟通记录。其内容包括工作指令沟通的方式、地点、时间。重要的工作指令沟通还必须有工作指令接受者的签字认同。

2. 指令接受沟通

指令接受沟通，也就是工作指令的接受沟通，是与指令下达沟通相对的。接受指令沟通管理的具体要求主要有以下七个方面。

（1）上司确定了下达指令沟通的时间、地点后，要事先问一问工作指令的大体内容，以便对应进行准备，包括拟订贯彻指令的思路。如果上司不愿即刻告知，就不要反复追问。

（2）如果没有事先的约定，被上司突然招去后才知道要接受工作指令，无论工作指令内容是什么都必须保持冷静，让上司把指令内容下达完毕之后，再谈自己的感受和想法。

（3）在接受指令的过程中必须认真倾听，并对指令要点做好记录。当上司下达指令完毕后，必须把所记录的要点和重点复述一遍，以让上司给予澄清和确认。

（4）上司指令下达完毕后，无论有无不同意见都必须通过发问，以明确三个问题：一是指令的目标要求是什么？明白了这一问题，才便于自己对行动路线进行选择。二是指令的依据是什么？明白了这一问题，才能提高贯彻执行指令的能动性和创造性。三是落实这一指令，上司有何思路？明白了这一点，才能准确地贯彻执行指令。

（5）如果对上司的指令没有不同意见，可简要地把自己贯彻指令的思路和办法提出来，请上司指示，以便尽可能多地争取上司在指令贯彻上的指导，以使指令的贯彻更全面、更准确。

（6）如果对上司的指令有不同意见也不能匆匆表达，更不能与上司针锋相对地争论。必须首先将指令接受下来。待上司把话说完之后，可以按照上司的思路，以假设的口吻提出异议，让上司思考后作出解答。或者把自己疑惑的问题概括出来，让上司确认时间、地点再进行沟通。

（7）下属员工不能无条件地接受隔级上司的指令。当接到隔级上司的指令后，必须及时与直接上司进行沟通以反馈信息。只有在对自己的常规性工作和直接上司交付的工作没有任何妨碍的情况下，才勉强可以不经直接上司的认可，就执行隔级上司的指令。否则，没有直接上司的认同，就不能擅自行动。更不得自以为是，用隔级上司的指令来反驳直接上司的已有安排。如果一时无法与直接上司联系沟通，则必须向隔级上司明确说明直接上司已有的安排。若隔级上司仍坚持要执行他的指令时，才能执行。

隔级上司比直接上司有更大的权威，隔级下属不能抗拒其指令，但必须让隔级上司权衡这不同指令之间的优先性，下属不能自作主张。

图 2－11 我要的是希望

六、工作进程沟通管理的标准要求

工作进程沟通，是在管理者与被管理者之间就岗位职责履行情况和工作指令执行情况进行的沟通。其目的在于让上司主管及时了解工作的进程，并及时把握工作过程中出现的问题，以及时提供指导，保证工作按事先的计划和目标要求完成。

为了保证企业组织运行的每一项工作、每一个活动都处于受控状态，而不是仅仅在不良结果发生之后再追究责任，这就必须强化工作进程的沟通管理。工作进程沟通的目的有以下三点。

（1）保证上司能及时准确地了解工作进程情况以及存在的问题，以便能及时采取措施。

（2）使具体工作的承担主体有机会及时获得上司的指导和支持。

（3）对工作进程实施控制，以使各方面的工作能相互配合和协调。

这种沟通的内容包括两个方面：一方面是上司听取回报，另一方面是下属汇报工作。下面分别就其具体要求进行分析、讨论和界定。

1. 上司听取回报沟通

上司听取回报沟通管理的具体要求主要有以下十个方面。

（1）听取汇报必须有事先的时间、地点约定，以便让下属有充分的时间进行工作汇报准备。

（2）必须高度关注下属的工作汇报表达并细心倾听，以让下属感到自己以及自己所承担的工作被上司所重视。

（3）必须通过倾听发现下属工作进程中可能隐藏的问题。在一般情况下，人们都会报喜不报忧，倾向于淡化自己在工作中的失误，尽量把问题缩小而夸大所取得的成绩。通过倾听可有助于发现下属不愿意暴露的问题。

（4）尽可能少插话，但必须通过非语言的表达进行鼓励，让下属系统完整地进行汇报，以防止下属揣摩上司主管的意见倾向后，有选择地汇报，致使你不能获得全面、准确的信息。

（5）必须适时地诱导下属对汇报内容进行取舍，让下属抓住重点和要点，使汇报简明扼要。当下属有离题的多余话时，可通过手势或暗示让对方简化表达，回到正题上来。

（6）下属把工作汇报完毕后，必须当场作出评价。该肯定的必须即时予以肯定，对于存在的差距需要下一步改进努力的，也必须即时指出其差距的内容和程度。

（7）评价下属的工作必须以正面肯定为主，并让下属明白没有肯定的内容，也就是还存在差距，需要努力进一步做好的地方。

（8）评价下属的工作，在表达上要区别对待。例如对于有些死心眼的人，工作的不足之处就必须明确指出来，以免引起误解。

（9）如果下属的工作问题较大，只要没有换“将”的安排，就必须在指出问题的同时，找出可以肯定的地方，给予充分的肯定和鼓励，以提升和稳定下属改进工作，最终保证预期效果的信心和决心。尤其要避免过多的指责，造成下属的信心丧失和抵触情绪的产生。

（10）听取汇报的形式不必太局限于形式，能在工作现场进行讨论沟通的必须在工作现场进行。

2. 下属汇报工作沟通

下属汇报工作沟通管理的具体要求主要有以下八个方面。

（1）汇报前要做好准备，不仅必须有完整的工作汇报提纲，并且要准备好重大事实的见证材料。有条件的还必须准备好投影展示资料，以使汇报直观、简明。

（2）汇报的内容必须与上司的指令、计划目标对应，避免文不对题，浪费上司的时间。

（3）要从上司的角度来分析评价自己所承担工作的贯彻落实进展情

况，并简洁地说明一下工作进程的客观背景。但必须注意，既不能自以为是，也不能过分强调工作进展不理想的客观原因。

（4）要关注上司的期望。对于上司所关注的内容，必须作为重点进行详细汇报。

（5）要避免单向的信息传递。一个方面的工作汇报完毕，或者整个工作汇报完毕，都要主动地寻求反馈，让上司确认对汇报内容的理解并提出评价和指导意见。

（6）对于工作过程和结果，必须用事实、事例和数据说话，以保证汇报陈述的客观和准确，不得用抽象的形容词进行修饰。

（7）汇报表达要谦虚、诚恳，并适当地就上司工作指令和指导的正确性进行正面评价，把工作成果归功于上司。尤其不要突出个人，自我标榜，以免引起上司的反感。

（8）对上司做出的绩效考核有不明白之处，必须复述后让上司确认，以获知上司评价的真实意思。

七、绩效考核沟通管理的标准要求

1. 绩效考核沟通管理的内容

绩效考核沟通，是当下属履行一个阶段的职责之后，在对下属的工作业绩、能力、态度等进行全面评估的过程中和评估结束后的沟通交流。其目的是让下属员工能够正确、客观地评价自己的工作。一方面要找出工作业绩，肯定所作的努力和贡献；另一方面又要分析总结经验，找出差距，尤其要让下属明白更好地履行职责，做好工作，提升业绩的方向、方法和途径。

绩效考核沟通包括以下四个方面的内容。

（1）绩效考核要求沟通，其目的是让每一个岗位员工都明确绩效考核的要求、程序、方法。

（2）绩效考核总结沟通，其目的是通过岗位员工自我进行公开的岗位履职总结，把自己的工作业绩向同事和上司公示出来，以达到相互监督的目的。

（3）绩效考核评价沟通，其目的一方面是让岗位员工明白自己工作中取得的成绩和存在的差距；另一方面又激起每一个人的对比思考，从同事的工作中学习经验教训，吸纳同事好的做法，避免犯同类错误。

（4）绩效考核结果沟通，其目的是让岗位员工明了自己绩效改进的方向、途径和措施，以提升其工作业绩。

2. 绩效考核要求沟通

绩效考核要求沟通管理的具体要求主要有以下五个方面。

（1）绩效考核要求沟通必须通过正式的制度文件完成，但在每次绩效考核工作开始之前，必须有一个简单的动员，以说明其本次考核的重点要求之所在。

（2）这种沟通的实施必须公开进行，一般不必进行单独的面谈。否则会让人产生猜测和不信任，从而降低岗位员工对绩效考核工作的重视程度。

（3）其沟通的内容必须全面完整，要求准确地说明绩效考核的内容要求、程序步骤、方法措施、时间安排。

（4）岗位员工对绩效考核要求不明白、不理解的地方，可直接向上司主管进行咨询，上司主管必须给予明确的解答。

（5）如果绩效考核管理已经规范化、常态化，这种绩效考核要求的沟通可相对简化，仅仅通过公示或者在局域网上发出一个公告也就可以了。

3. 绩效考核总结沟通

绩效考核总结沟通管理的具体要求主要有以下六个方面。

（1）必须给出一定的时间让岗位员工个人对自己的履职情况、工作业绩，对照履职标准要求和工作指令要求进行回顾总结。首先让他自己明白：做了一些什么工作，取得了一些什么成果，还有什么该做的事没有做，所完成的工作与履职标准要求还存在哪些差距。

（2）每一个岗位员工个人绩效的自我总结必须公开化，并通过公开总结汇报让同事给予监督，同时使自我总结不周的地方，能通过同事补充给予完善。公开的方式不局限于总结评价会的形式，把自我总结张贴出来，或者放到局域网上，都是可行的办法。目的就是一个：让上下级之间、同事之间能达成相互了解、相互监督。

（3）绩效考核总结要求完整、准确地对事实进行陈述，不得有空话、套话，或者用抽象的形容词进行评价。也就是说只能就所做的工作和存在的问题就事论事地进行陈述说明，而不是抽象地进行评价。

（4）凡是不能让人一目了然的事实，在自我总结时都必须提供能说明业绩事实的依据，强调用事实说话。

（5）对他人的工作总结进行补充，只能就事实进行说明，不得作抽象的评价，尤其要避免发生任何形式的恶意攻讦。

（6）绩效考核总结沟通讨论不必一定让上司主管主持，但上司主管必须参加，以通过参加这种沟通讨论获得下属员工绩效表现的真实信息。

4. 绩效考核评价沟通

绩效考核评价沟通管理的具体要求主要有以下六个方面。

（1）绩效考核评价沟通之前，必须全面收集评价标准要求和履职实际的事实资料，并且这个收集工作必须主要由下属员工本人完成，其他人只做一些配合辅助工作。

（2）绩效考核评价沟通的方式可灵活多样。实行团队管理的可面对面地进行，让每一个人把话说到明处，有疑义的地方当面提出，当即解答，不得事后再在评价中加进当面没有议论到的事实和观点。实行等级控制或职能组织管理的，评价可选择匿名的形式收集意见后，由上司主管或人力资源部专门人员核实。建立有企业局域网的，收集意见工作可在网上匿名进行。

（3）绩效考核，要以下属员工个人的总结评价为基础，让下属员工自我总结界定说明：在哪些方面达到了履职标准和工作指令要求，在哪些方面还存在差距，差距有多大。

（4）上司主管和其他绩效考核参与人，只能根据下属员工本人的总结评价，对照履职标准和指令要求与总结确定的事实进行审核。有补充的事实也必须公开提出来，让下属员工本人认同后，才能作为评价的基本事实依据。

（5）凡是下属员工本人总结评价准确的内容，都必须明确地给予认可，不当的地方以履职标准和履职事实为依据，重新评价。

图2－12 没有沟通，让人如何用脑子

（6）绩效考核必须充分肯定成绩，以保护下属员工的工作热情。对所存在的缺点和问题，要在分析说明客观原因的基础上明确指出来，但必须避免从行为动机上进行纠缠。即使存在行为动机原因，也没有必要进行公开指责。行为动机上的批评和指责只会增加相互之间的对立情绪，对澄清问题、解决问题不会有任何帮助。

5. 绩效考核结果沟通

绩效考核结果沟通管理的具体要求主要有以下六个方面。

（1）绩效考核结果沟通必须尽可能选择面对面的形式进行，并事先约定时间、地点。

（2）绩效考核结果沟通，不能只是简单地告知下属员工绩效得分的多少，必须明确肯定所获得的成绩和创新的做法，以使之发扬光大。对存在的差距必须明确指出改进的方向、方法和措施，以使之提升业绩和履职质量。

（3）在绩效考核结果沟通中双方都不必再议论考核问题，而是要把沟通的焦点放到未来，就如何提升业绩、改进履职质量进行讨论。

（4）上司主管必须通过绩效考核结果沟通充分表达对下属员工工作价值的肯定和个人发展的关怀，以鼓励下属员工更加努力地做好工作。

（5）上司主管对于下属员工绩效改进的方向、办法、途径，必须在深思熟虑后，以建议的方式向对方提出来。并且必须表明，仅仅是建议。不能让这种建议变成指令，把下属员工的绩效责任揽过来。

（6）对于绩效考核结果的沟通，必须提醒下属员工自己进行完整的记录并在沟通结束之后进一步整理，为下一步提升业绩，改进职责履行质量理清思路。

八、酬赏兑现沟通管理的标准要求

所谓酬赏兑现沟通，也就是在下属员工履行一个阶段的职责后，或者所承担的项目完成后，通过绩效考核确定了绩效成绩，按照既定的约定兑现酬赏时要进行的沟通。其目的不是简单地告知对方获得了什么奖励，或者要接受什么惩罚，而是要对酬赏兑现大造舆论。通过这种舆论，以强化奖励的激励作用和惩罚的惩戒作用，以进一步强化企业组织激励机制的功能作用。

酬赏兑现沟通管理的具体要求可主要概括为以下六点。

（1）这种沟通的形式以会议的形式进行为宜，或者通过文件、广播、板报来实现，目的是充分保证这种沟通的广泛性。把这种酬赏兑现信息传播得越广泛，让越多的人从这种酬赏兑现之中受到越多的鼓励越好，而不是仅仅让受到奖励的岗位员工个人得到这个信息。

（2）这种沟通的重点必须放在酬赏兑现的正面激励上，通过对获奖的事实、获奖的人员进行广泛宣传，大造舆论，更广泛地引导岗位员工为企业发展作贡献。对于要惩戒的人，一般要避免公开造舆论，只能私下面对面地沟通，为对方改正错误、改进业绩留有充分的机会。

（3）对于重大酬赏激励兑现，必须在企业组织的范围内大张旗鼓地宣传，把舆论造够，让每一个岗位员工都知晓。对于较小的酬赏激励兑现，也必须在酬赏获得者的单位、部门的范围内进行宣传。以使这种沟通在给酬赏兑现对象带来物质利益奖励的同时，获得社会价值实现的满足。酬赏激励兑现宣传舆论本身就是一种奖励。

（4）酬赏激励兑现沟通必须在充分准备的基础上，尽可能做得隆重一些，并以庆功会、表彰会的形式，在公开的场合让相应负责人与酬赏兑现对象在众人的关注下进行。同时还必须正式形成文字，以表示慎重。

（5）相应负责人必须代表企业或者单位、部门，传递酬赏兑现信息的同时，送上相应的祝贺词。

（6）必须把酬赏兑现与这一沟通紧密连接起来进行。酬赏兑现过程完成后，企业有自己的报纸或者内部网站的，必须把酬赏兑现的主要内容及其兑现过程制成音像材料，至少是书面材料进行报道和宣传。如果企业没有自己的报纸或网站，也至少必须以板报的形式出专刊予以通报。这种通报是这一沟通的一个重要组成部分。

九、矛盾化解沟通管理的标准要求

在一个企业组织中，不同岗位员工之间总会存在权力地位不一样、信息不对称、思考问题的角度以及方法不一致、理解问题的能力高低不一样等方面的差距。而这些差距往往会造成人与人之间的矛盾，差距本来就意味着矛盾。这种矛盾尽管在开始发生时并不会直接危及企业发展，但如果不及时发现和化解，这种矛盾就可能会逐步积累演化成为危及企业发展的重大矛盾和危机。为了保证企业组织运行的效率和健康，必须及时化解随时随地产生的各种形式的矛盾。而这些矛盾的解决途径又主要是沟通。

通过沟通一方面可以降低信息不对称的程度，加深双方对同一问题的统一认识；另一方面，又可以通过这种沟通达成相互之间的理解，使思考问题的方式、方法和信息不对称造成的差别缩小，从而达到消除误解、化解矛盾的目的。

在企业组织运行过程中发生的人际矛盾，从矛盾双方的人与人之间的相互关系分析，主要有两大类：一类是上下级之间的矛盾，另一类是水平同事之间的矛盾。

1. 上下级之间的矛盾化解沟通

在上下级之间，往往总会因为权力、地位的差距而导致误解，发生上下级之间关系不协调的矛盾。这种矛盾或者表现为上司对下属某个方面的不满，或者下属对上司产生一定形式的怨言或怨恨。而导致这种矛盾的原因，可能与工作的安排、考核的实施、酬赏的兑现相关。但其矛盾又总是超越工作本身的，甚至是工作之外的某种利益关系或情感亲疏关系引起的。无论哪种原因引起的矛盾，一旦矛盾发生，就必须即时通过沟通消除误解，化解矛盾，以防扩大和蔓延。

上下级之间的矛盾沟通的范围主要是矛盾的双方。其目的是消除分歧、统一行动，维护团队执行力，进而提高企业组织运行效率。因为任何形式的矛盾都会造成矛盾的双方在行为上的不配合、不支持，甚至是相互拆台、出难题，进而导致组织内耗的发生。因此，如果不及时有效地进行沟通，矛盾的任何形式的发展或升级都会降低企业组织运行效率，甚至摧毁整个企业组织。

上下级之间的矛盾沟通管理的具体要求主要有以下 12 个方面。

（1）在上下级之间的矛盾中，上司主管是矛盾的主要方面，处于主动的地位。上司主管必须及时分析发现可能发生的矛盾，并及时与可能存在矛盾的另一方约定时间进行沟通，以寻求矛盾的解决。作为上司主管必须有预见性。凡是预估可能造成误解和矛盾的问题必须自主安排，在误解和矛盾公开化之前进行沟通，以把误解和矛盾化解在萌芽加大之前。

（2）如果对方已经形成抗拒心理和激动情绪，必须借助与对方关系密切的第三方进行安抚，并在对方的抗拒心理和激动情绪有所缓解之后及时进行沟通。

（3）这类沟通的形式以面对面交流为宜，时间、地点都必须事先与对方商量约定，选择在对方乐意接受的地点和时间进行。

（4）沟通之前必须认真准备，尤其要仔细分析误解和矛盾产生的原因，预测对方可能的态度和反应。不仅要对对方的过激言语有充分的心理准备，而且要事先确定解决问题的思路和应对的措施与办法。

（5）上司主管必须有一个高姿态，无论是否在矛盾的形成中有自己的过错，也都必须以勇于自我批评的高姿态，主动承担造成矛盾的责任。一般而言，在上司与下属之间产生的矛盾，其主要责任本身就在上司。或者是沟通不够造成了误解，或者是利益冲突引起了下属的不满。无论何种原因，上司主管都有主动消除误解、化解矛盾的责任和义务。

（6）在这种内容的沟通过程中，上司主管必须首先通过主动承担责任来表示缓解矛盾、消除误解的诚意，尤其要避免以我为尊的态度，以及强词夺理、指责对方、推卸责任的行为。

（7）上司主管必须认真地分析确定矛盾产生的内在原因，尤其是要自我反省：矛盾的产生是不是由自己的不当行为引起的？是，则必须向对方致歉。不是也必须作出明确的解释，消除对方的误解和不满。

（8）如果矛盾是因为有人故意造谣或误传小道消息所致，上司主管不用追究这种调唆和谣言，而是要开诚布公地把真实情况告知对方，并用一定的具体事实来说明自己所告知情况的真实性，以消除对方的误解。

（9）上司主管必须充分尊重下属，并设身处地地站在对方的立场分析导致矛盾的误解可能给对方带来的不愉快和伤害并主动解释说明，以达到双方能在心理上沟通的目的。

（10）在这一沟通过程中，作为下属员工的一方也不能完全处于被动的地位。当上司主管主动就所发生的误解进行沟通时，必须给予积极的回应，并从上司主管的这种主动积极态度中受到鼓励，对上司主管给予信任。尤其是不能把上司主管对误解的解释当做一种辩护，以一种敌对的心理来对待上司主管的积极表示。

（11）下属员工要用美好的愿望设想上司主管，直接就矛盾主动找上司主管沟通，并直接以“我感觉到可能存在误解”这样的话来打破不应该有的沉默，从而达到缓和彼此之间可能已经存在的矛盾的目的。或者通过书面陈述自己的意见，并分析确定可能存在的误解，但必须诚恳，用语谦虚。

（12）把化解矛盾的沟通列为对管理人员进行绩效考核的一个内容。对于主动进行沟通的一方，要对其绩效成绩加分。保证企业组织的团结、统一和效率，这本身就是一种绩效贡献。

2. 水平间矛盾化解沟通

在同事之间、单位与单位、部门与部门之间，往往也不免会因为误解或者利益关系的协调不当而产生矛盾。但当这种矛盾已经发生时，如果不能及时有效地消除，往往导致在工作上彼此拆台、相互掣肘，使企业组织运行发生混乱而降低效率和效益。这一沟通的目的，也就在于及时发现矛盾、及时化解消除矛盾。

水平间矛盾化解沟通，比上下级之间矛盾化解的沟通往往更为困难。在水平间产生的矛盾，一般都不会有人积极寻求这种矛盾的解决，因而在这种矛盾产生后采取退缩的形式，互相不买账、不接触；或者是采取侵略式的方式，盛气凌人，以迫使对方就范。而这两种方式往往都只能在特定情况下选择，其弊端在于这两种方式都无助于矛盾的解决，相反还可能拖延积累矛盾、加剧矛盾。不过，在水平间矛盾沟通的三种方式——退缩式、侵略式、积极式中，并不存在绝对的好与坏。究竟选择何种方式，不能一概而论，关键在于与即时即刻的情境相吻合，使化解矛盾能为企业组织运行的效率和效益服务，而不是仅仅寻求一种一团和气的人际关系。

图2－13 沟通交流管理的五个基本要求

水平间矛盾化解沟通管理的具体要求主要有以下九个方面。

（1）沟通前的准备工作尤其要充分。必须对矛盾产生的原因、解决的途径、自己的态度、可能的让步，都要深思熟虑地理出思路。既要避免被对方牵着鼻子走而放弃原则，又要避免因为冲动或者得理不让人而使沟通陷入僵局。

（2）必须以诚待人，从友好、合作的愿望出发，以大局为重，出于公心。矛盾的双方都必须以积极的态度对待已经发生的矛盾，当有一方有化解矛盾的积极表示时，必须给予积极的回应，避免以退缩的方式来回避矛盾。

（3）双方都必须以宽容的态度对待对方，本着求大同、存小异的原则，不求全责备，以寻求矛盾的解决。但宽容并不等于放弃原则，而是强调对于对方的不当之处要留有改正的机会，不要把对方逼到难下台阶的地步。有弹性地运用企业组织运行的游戏规则，往往可更有效地保护共同利益和自己的合法权益。

（4）必须充分尊重对方，并坚信通过沟通一定能找到双赢的解决办法。在沟通中多用“我个人认为是这样”、“或许这样更好”来表达自己的意见，以在明确自己态度的同时，给对方提出解决问题的建议，把选择权留给对方。

（5）通过提出带有商讨性的建议来寻求对方的回应，避免把自己的意见强加于对方，而用“我是这样认为的，你对这件事有何看法”之类的用语来明确表达自己意见的同时，又主动寻求他人的意见和意愿。

（6）表达必须简明扼要，只要不会让对方难堪，或者给对方造成伤害，都要直言不讳地明确阐述自己的意见，以表现自己的开朗、直率和真诚，使对方明白自己的态度和立场。例如用因果关联词，“对不起，这事我认为只能……，因为……”将自己的意见与原因阐述区分开来，以让对方明确自己说话的思路。

（7）必须把沟通的重点放在解决问题上，从寻求解决问题的途径着手并紧扣矛盾本身，避免在对方的态度上进行纠缠，尤其要避免对对方的态度进行指责。当矛盾已经发生时，谁也难免意气用事，在态度上表现出敌对和怨恨。

（8）在沟通中有不理解、不明确的问题，必须直截了当地提出，让对方给予进一步的说明，甚至可以明确地要求对方提供相关佐证来说明尚未让自己信服的意见。

（9）对于水平间矛盾化解沟通的主动方更要给予鼓励。对于主动寻求矛盾的解决、进行沟通的一方要对其绩效成绩加分。保证企业组织的团结、统一和效率，本身不只是上司主管的事，每一个成员都有责任。

十、情感融合沟通管理的标准要求

推动人的行为的动因除了意志之外，情感是一个重要因素。为了让每一个岗位员工充满激情地履行其职责、做好工作，也就必须通过情感融合沟通，融合彼此之间的情感，使每一个岗位员工都能从情感中激起做好工作的热情。情感融合沟通的重点在于真实准确地表达对对方的尊重、信任和关怀的真情，并通过这种沟通增进相互之间的尊重、信任和关怀。情感融合沟通传送的不是功利性的信息，而是表达对对方的尊重、信任和关怀的情感，其内容也异常丰富，既没有专门的主题，也没有特定的范围或形式。任何一个能向对方表示尊重、信任和关怀的话题、信息、表情，都可以成为这种沟通的一个构成部分。尽管情感融合沟通归根到底是具有功利性的，但在情感融合沟通时，却不能有丝毫的功利主义的表示。任何功利主义的表示都会使这种情感融合沟通失去作用，甚至让对方感到反感和难以容忍。

情感融合沟通也可以分为上下级之间的情感融合沟通和水平同事间的情感融合沟通两大类。

1. 上下级之间的情感融合沟通

要把一个组织建成一个高绩效的团队，仅仅有上司主管的权威及这种权威的被认同是不够的，更重要的是依赖于这个组织的上下级之间实现充分的情感融合，形成一种相互尊重、相互信任、相互关怀、相互依存的关系。

情感融合的基础是利益和价值观念的一致性。但仅仅有利益和价值观念的一致性，并不能自然而然地融合彼此之间的情感。情感融合是建立在相互尊重、相互信任、相互关怀、相互依存、相互包含的心灵融通上的。这种情感融合表现的是一种心灵上的相互依存，但其前提是在利益和价值观念上不存在矛盾与冲突。在任何两个人之间，或者由多人构成的组织之间，只有永恒的利益，没有永恒的情感。

上下级之间情感实现了融合，双方也就都会把对方意志意愿的实现纳入自己行为选择思考的范围之内，同时也把自己意志目标的达成建立在对方的支持的基础上。并且，这种意志目标一旦相对稳固下来，也就不会轻易地随着外部环境的变化而变化。

要实现彼此之间的情感融合，关键的途径是强化和增加彼此之间的情感融合沟通。这种沟通的目的，直接是为高绩效的团队建设服务的。其沟通对象包括直接下属员工和隔级下属员工。除此之外，任何一个下属员工都应该是这种沟通的对象，但可以不做制度上的限制，上司主管可根据客观实际的需要和自己的精力来实施这种沟通。

上下级之间情感融合沟通管理的具体要求主要有以下六个方面。

（1）在沟通的形式上，必须活泼多样。尤其必须通过超越上下级之间工作关系的非正式的工作联系之外的活动组织，包括联欢会、体育比赛、茶话会、舞会、郊游、餐会等，平等自由地接触、交流，以表达相互之间的尊重、信任和关怀。

（2）必须用“心”来表达对对方的尊重、信任和关怀。这种沟通主要不是靠语言表达来实现的，而是直接用自己的行为来表示对对方的尊重、信任和关怀。沟通的重点必须放在让对方感觉到自己重要、有价值上，从而使对方获得“能”和“善”的价值需求的满足。

（3）在这种沟通中，表达自己对对方的尊重、信任和关怀，必须客观准确，不能夸大其词。更重要的是必须避免有任何形式的不尊重、不信任、不关怀对方的言语行为的发生。

（4）必须尽可能多地组织这种沟通。这一沟通的效果，取决于这种沟通的频率。对于这类沟通，必须有定时的、形式多样的制度化安排，并通过这种制度化的安排保证上下级之间高频率的接触，以使双方能有充分的机会相互表达对对方的尊重、信任和关怀。

（5）相互之间的沟通必须遵守等距离原则，避免造成亲疏的差别。因为任何亲疏的差别都会导致人与人之间新的矛盾的产生，甚至导致派系小团体的产生，直接分裂企业组织。

（6）在这种沟通中，上司主管必须积极主动、平易近人，尤其要避免以长者、智者、能者自居。同时，下属员工必须给予积极响应，不得故作清高、故意与上司主管保持距离。

2. 水平同事间的情感融合沟通

水平间情感融合沟通是指同事之间以及同级单位、部门负责人之间的情感融合沟通。这种沟通是高绩效团队建设的重要内容之一。没有同事之间相互关系的情感融通，即使在上下级之间情感融通的基础上建成了高绩效的团队组织，也往往会因为这个团队领导人的变更而使这种高绩效的团队组织退化。只有在水平间的情感融合充分实现的情况下，高绩效的团队组织才能稳定和持久。

这种情感融合也高度依赖于相互之间高频率的多种形式的沟通。没有充分的沟通，也就不可能有这种情感的融合。这种沟通的范围包括组织内的每一个成员，其形式与上下级之间的情感融合沟通相同。

水平间情感融合沟通管理的具体要求主要有以下八个方面。

（1）必须尽可能多地创造机会，让同事相互之间在工作之余进行广泛接触，实现频繁交流。工作之余的广泛接触、频繁交流是同事水平之间情感融合沟通的前提。是工作之余，就不会有利害关系掺杂，其接触和交流才会轻松自如。

（2）每一个成员都必须积极投入为实现这种沟通而举办的交流活动中

来，并坦诚地就自己所关注的问题和所感兴趣的内容主动寻求与他人交流，把自己的喜、怒、哀、乐向对方倾诉，与对方共同分享、分担。

（3）交际、交流活动组织只能由相应活动的积极分子承担，以最大限度地减少这种活动中的等级控制行为发生。上司主管必须以普通的一员参与进来，避免以领导者的身份加入。否则可能把等级意识带进来，妨碍沟通交流的深度。

（4）相互之间必须由衷地尊重对方、信任对方、关怀对方，真诚地肯定对方的价值，站在对方的立场上思考对方的行为，以增加对对方各种行为表现的理解。

（5）相互之间不能有任何否定对方价值和作用的言语行为。即使是开玩笑，也不能有贬低对方、侮辱对方的用语和行为。

（6）信任是情感融通的基础，因此必须充分信任对方，尊重对方的意见，对对方不愿告知的事情或者隐情不得刨根问底而穷追不舍。

（7）必须尊重对方的兴趣和偏好，即使是从自己的观点出发，认定对方的兴趣和偏好是不良嗜好，也只能站在关心对方的立场上与对方进行交流，而不能对对方横加指责。

（8）把“相互尊重，相互关怀，团结同事，宽以待人”列为岗位员工行为准则中必须有的一个内容。对于记仇衅事行为，必须扣减绩效得分，通过制度促使岗位员工之间主动地寻求沟通、消除矛盾来融合人际关系。

第七章

跟踪考核管理的标准要求

跟踪考核是整个激励闭路循环的关键环节，企业组织运行质量的高低直接与跟踪考核的质量高低相关。没有高水平的跟踪考核，就一定不会有高效率和高效益的企业组织运行，也不可能形成有竞争力的组织执行力。跟踪考核这一环节的工作包括相对独立而又紧密联系的履职跟踪和绩效考核两部分，二者因服务的目的不同，导致所关注的主体也往往不同。

一、跟踪考核管理的内涵

跟踪考核是整个激励闭路循环的关键环节，企业组织运行质量的高低，直接与跟踪考核的质量高低相关。尽管高水平、高质量的跟踪考核不等于高效率和高效益的企业组织运行，但没有高水平的跟踪考核，就一定不会有高效率和高效益的企业组织运行，也不可能形成有竞争力的组织执行力。

跟踪考核这一环节的工作包括以下两个相对独立而又紧密联系的部分。

1. 履职跟踪

这就是通过对所授予权力的使用情况和岗位员工职责履行情况进行跟踪，以保证下属员工的工作都处于受控状态，把下属员工履职过程中可能发生的问题解决在萌芽状态，以避免让细小问题积累蔓延扩大，最大限度地减少下属员工因履职不当而给企业组织运行带来的干扰和损失。

2. 绩效考核

这就是在下属员工履行一段时间的职责之后，通过对其工作业绩进行总结、评价，以确定其努力程度和贡献的大小，并通过业绩水平来分析把握其工作能力的高低和工作态度的好坏。其目的有以下三点。

（1）为企业组织的选人、用人、留人提供科学的依据。这也就是在一个工作时间段结束之后，通过对岗位员工的工作成果和效果——业绩的考核，以确定其能力大小和工作态度的好坏。尽管考核只能主要从业绩——结果的角度进行评价，即考核的内容只能是业绩，但从这种结果中可以比较准确地把握岗位员工的能力和态度。业绩本身就是能力这一前提，通过态度这一过程而产生的结果，高水平的业绩本身就代表一种高水平的能力和积极的态度。

（2）为企业组织对岗位员工个人实施多样化激励确定依据。这种激励包括工资奖金的发放，以及培训开发对象的选择、岗位调整和晋级的确定，以及其他一些特别奖励的授予。没有客观公正的绩效考核作为基础，激励就难以起到它应该起到的作用。

（3）考核本身也具有激励作用。任何一个人的活动，除了寻求最直接的经济物质利益之外，还会把其社会价值的实现，即“能”的需求的满足作为他人生的价值和意义去寻求。对绩效进行考核，如果能保证其公正和准确，就可使岗位员工通过对他所作的贡献进行横向比较评价，在企业内部获得“能”的需求的满足。

跟踪考核的两项工作——履职跟踪与绩效考核，在现实企业管理实践中，往往被人为地分割了。因为二者各自所服务的目的不同，所以关注的主体也往往不同。上司主管更多地重视对岗位员工的履职跟踪。因为履职跟踪属于过程控制的内容，下属员工履职效果的好坏一般都要由他的上司主管承担一定的责任，甚至是全部的责任。而对于绩效考核工作，上司主管也关注，但关注的程度往往要低得多。它所服务的三个目的，并不是都在他的责任范围之内。所以，上司的上司，或者企业老板，更加关注绩效考核工作。由此可见，绩效考核所服务的三个目的与它们的职责关系甚为密切。

另外，履职跟踪与绩效考核二者之间的联系是显而易见的。主要有以下几个方面。

（1）活动的方式相同，都是通过考察、分析，对岗位员工的履职情况进行评价。

（2）涉及的对象相同，都是特定的岗位员工个人。

（3）评价的内容也相同，都是对岗位员工的工作努力和贡献情况的评价。

（4）评价的标准也相同，都是事先约定的岗位履职标准。

（5）绩效考核依赖于履职跟踪对岗位员工履职实际的把握，对岗位员工平时的履职实际没有全面、准确的把握，绩效考核的质量也就难以保证。

（6）如果履职跟踪有规律地定期进行，并形成可横向比较的量化评价结果，这样的履职跟踪也就直接是绩效考核。反过来说，也就是当绩效考核的频率相当高时，绩效考核与履职跟踪也就统一起来了。

不过，绩效考核又与履职跟踪存在一定的区别。归纳起来主要有以下四个方面。

（1）评价的方式不同。履职跟踪主要是定性评价，是通过观察分析，确定所授予的资源支配、使用权是否全面运用在职责履行上，其职责履行情况是否在企业组织运行效率和效益要求的控制范围之内；而绩效考核一般都要求定量评价，以便为横向比较提供依据。

（2）评价的频率不同。履职跟踪要求即时进行，也不一定要定期进行，强调的是随时随地地把握其履职效果，保证任何一个岗位员工的工作都不失控；绩效考核则是按照事先确定的时间定期进行，并要求保证每次绩效考核的时间段长度相等。

（3）评价的结果运用范围不同。履职跟踪主要是运用于工作的协调配合；绩效考核的结果则是运用于人事管理的用人和发薪，以及企业组织激励机制的建设和完善。

（4）其管理所涉及的内容也有很大的差别。履职跟踪管理强调上司主管要尽可能多地深入下属员工的工作现场，直接通过对下属员工的履职实际进行观察、分析，至少要通过听取岗位员工本人的工作汇报，或者通过下属员工的同事反映的情况，完整全面地收集下属员工对所授予资源的使用情况，以及工作效果和进展与对他的要求的对比情况等准确的信息，以便于及时提供指导，保证其工作处于受控状态。而绩效考核管理的内容则要复杂得多。

因为它们二者存在这样一些差别，所以有必要分别进行分析讨论。但因为绩效考核的要求相对更高，保证其质量的难度也更大，其操作程序相对也更复杂，所以它是要分析讨论的重点。就其内容分析，至少必须包括以下五项。

（1）绩效考核标准分析设定管理。这是保证高质量绩效考核的前提，没有科学完整的考核依据，绝对不可能有公正、客观的绩效考核。

（2）绩效考核活动承担主体管理。任何一项工作，只有由恰当的人承担，才可能保证其质量。

（3）绩效考核周期选择设定管理。绩效考核本身的价值在于提升管理的效率和效益。所以，绩效考核的周期过长或过短都不恰当，必须慎重选择设定。

（4）绩效考核方法选择管理。绩效考核方法是保证其质量的关键。做任何事都一样，要保证其效率和效果都必须找到恰当的方法。

（5）绩效考核工具选择制作管理。做事的效率高低是与做事的工具联系在一起的，没有恰当的工具也就不会有令人满意的效率。

二、履职跟踪管理的标准要求

履职跟踪主要是由同事间的互监和直接上司主管的评估完成的。就其方式而言，更多的是上司主管的现场检查指导和下属员工的工作汇报，加上下属员工的同事互监提供的信息综合把握实施的。同时，它也可以通过一种完整的高频率的考核体系的建立和实施来实现，即通过增加考核的频率，直接掌握下属员工每一个较小时段上的工作情况，进而把握下属员工的工作进程。

图 2－14 权力在沟通中只会起副作用

履职跟踪管理，有四个问题必须分析评价后作出解答。

（1）授予下属员工的资源支配、使用权力，是否完全运用在履行职责，做好工作上？这是对岗位员工的工作态度进行跟踪分析评价。

（2）下属员工履行职责的方式、方法是否得当？这是对下属员工的能力素质进行跟踪分析评价。

（3）下属员工所履行的职责是否能达到企业组织运行对他提出的要求？即岗位员工是否达到了岗位履职标准要求？这是对下属员工的履职效果进行跟踪分析评价。

（4）所授予的权力对于做好工作能否起到保障作用？这是对下属员工完满地履行职责，做好工作的外部条件进行跟踪分析评价。

对于上述四个问题，有了准确的答案并对所出现的否定性情况作出了及时的反应，也就从总体上保证了下属员工工作的在控。

履职跟踪管理的具体要求，也就是控制过程化中所分析讨论的内容，其关键在于准确及时地把握上述四个问题，以便于及时采取措施纠偏，以使其工作严格地控制在企业组织运行效率和效益要求的范围之内。

三、绩效考核管理的基本要求

绩效考核管理的基本要求，可主要概括为十个字，即公正、公平、客观、准确、全面。这十个字也就是对岗位员工的履职效果进行评价的总体要求，同时也是对其履职过程进行跟踪的总体要求。即对岗位员工的履职跟踪，也必须达到这十个字的标准要求。只要达到了这“十字标准”的要求，才能保证履职跟踪和绩效考核的质量。但这“十字标准”要求，主要是绩效考核的标准要求。对于履职跟踪，并不强求一定要满足它所设定的具体要求。

这“十字标准”要求，只是一个总体要求，但要保证绩效考核达到“十字标准”要求，在绩效考核的具体实施过程中，还必须有一系列的具体要求，为这“十字标准”要求的达成提供支持。否则，这“十字标准”也就只能是一句空话。

1. 公正

所谓公正，也就是指在对岗位员工的绩效考核过程中，不掺杂任何考核人的主观偏见，能严格地依照职责标准对其绩效进行评价，不把任何职责标准之外的价值偏好强加于他，影响对他的业绩评分。例如，无论下属有什么个人偏好，只要不会对他的岗位职责的履行带来影响，也就不应该因为他们的某种偏好而给予不恰当的低评价。

公正性的具体要求主要有以下两点。

（1）绩效考核标准必须严格对应职责标准事先做出界定，并且要求有明确的文字描绘限定，不能随意提高或降低标准。

（2）不能把与职责履行不相关的个人偏好，加入对岗位员工的绩效考核的内容之中，只能就其为企业发展所作的贡献评价其绩效。

2. 公平

所谓公平，也就是强调评价的标准要统一，不能多重标准或双重标准，对一部分人降低标准要求，而对另外一部分人又提高标准要求，从而使对下属员工的绩效评价因人不同而扭曲。公平是一个横向比较概念，绩效考核标准是严还是宽、是高还是低，本身并不重要，而是要求严、宽，高、低必须一视同仁。只有这样，才能使绩效考核结果具有横向可比性，也才能通过这种比较而形成下属员工自己认同，他人也认同的“人无我有”结构，给岗位员工带来“能”的需求的满足。否则，不能让同事和下属从内心认同和接受的考核结果，不会使岗位员工获得“能”的需求的满足，而且还会降低考核应该有的作用和意义。

公平性的具体要求主要有以下两点。

（1）能量化的绩效考核标准，都必须量化，并用量化的标准来衡量履职效果，以减少评价上的主观偏见影响。

（2）同一岗位，必须用同一标准进行考核，不得有任何形式的歧视和偏袒。

3. 客观

所谓客观，也就是强调对于下属员工的绩效考核，只能用事实说话，不能掺加任何考核人的主观臆断和推测。凭臆断和推测把一些并不存在的缺陷和问题强加到下属员工的履职事实中，这就是不客观。有不了解、不明白的事，只能通过深入的调查研究，准确地把握、了解事实之后再作评价。

客观性的具体要求有以下五点。

（1）必须以岗位员工个人为主承担绩效总结和评价工作，但必须提供事实见证材料佐证。

（2）无论上司审核，还是同事、下属监督评议，凡是否定岗位员工个人自我总结和评价的意见，都必须有核定的事实提供支持。

（3）没有佐证材料的肯定性评价，作为绩效考核审核和监督实施人的上司与同事都有权删除。

(4) 绩效考核的方法不能简单地选用分等打分的量表评价法，以避免考核人把主观偏见带入绩效考核之中。

(5) 没有事实说明其绩效标准等级的宁可不作评价，也不能强行评价。

4. 准确

所谓准确，就是强调对岗位员工的绩效量化考核要严格与岗位员工的履职实际相对应，既不能脱离绩效考核标准，也不能脱离履职事实而随意评分。尤其是不能因为对岗位员工的绩效考核标准或履职事实的不了解，而随意给岗位员工给一个中间等级的评分。考核人必须认真对待每一个岗位员工的业绩评价，不得有任何形式的不负责任的行为存在。

其具体要求主要有以下三个方面。

(1) 对岗位员工进行绩效考核之前，每一个考核人都必须全面熟悉岗位员工的绩效考核标准和履职事实。在这两个内容没有充分熟悉之前，不得随意议论。

(2) 对于岗位员工不能接受的评价，必须给予申诉的机会，并有权要求考核人做出解释、说明。不能提供让岗位员工接受的解释、说明的评价，只能以岗位员工自己的评价为准。

(3) 量化的评价标准和不同职责的权重的确定，必须运用科学的分析方法来完成，以避免把主观偏见的影响从绩效量化考核过程中赶走，又在评价标准的制定过程中放进来。

5. 全面

所谓全面，也就是必须对岗位员工履职的全过程和全部职责做出全面的评价。不能因为岗位员工一时之事而以偏概全，以避免因一日之过而忽略九日之功，或因一事之荣而掩盖九事之差。否则，不仅不能从行为选择上对岗位员工产生诱导作用，使之诚心向上，积极努力作贡献，相反还会诱使岗位员工作投机取巧、弄虚作假的行为选择。

其具体要求主要有以下四个方面。

(1) 如果岗位员工承担的职责比较多，则必须对应分成多个绩效考核要素进行评价，以避免在职责内容上的以偏概全。

(2) 如果绩效考核周期比较长，例如超过半年以上，则必须分成多个时间段进行评价，以避免在时间上的以偏概全。

(3) 对于发生重大失误的岗位员工，必须分析找出其所作的贡献，保证不遗漏，以鼓励他下一步做好工作，并提升其改善业绩的信心。

（4）对于有重大贡献而受到重大奖励的岗位员工，必须分析找出其工作中尚存在的不足，保证不遗漏，以防自高自大、自以为是的自满情绪发生。

四、绩效考核标准分析设定管理的标准要求

要保证绩效考核“十字标准”的达成，首要条件是事先确立有科学而可量化的绩效考核标准。岗位员工个人的行为选择，会直接受到其工作的绩效考核标准的诱导和影响。确立了一个科学而可量化的绩效考核标准，也就可以直接起到诱导岗位员工的意志意愿的作用。这种绩效考核标准，也只有当它直接是岗位员工工作的目标要求，并成为对他的工作绩效进行公正、客观评价的基础和前提时，才能起到这一作用。

绩效考核的质量是高还是低，直接依赖于设立的考核要素和考核要素的计量指标。设定一个考核要素，就是确定一个绩效考核的维度。设定一个要素计量指标，也就是确定一个绩效考核对比的标准依据。

绩效考核是对岗位员工的工作业绩进行评价，但任何一个岗位的工作都不会单一得仅仅是一项责任。绩效是相对于岗位职责履行情况而做出的评价，因而所选择的评价要素、评价标准不同，就可能得出差别很大的评价，甚至是相反的评价。因此，要保证绩效考核标准的确立对绩效考核的公正、公平、客观、准确、全面“十字标准”的达成有直接的保障作用，有两个方面的工作必须完成：一个是通过对各个岗位的职责进行分析，确定考核要素，让考核人和岗位员工都明了其绩效要从哪些方面进行考核。另一个是确定考核要素的评价计量指标，让考核人和岗位员工都明了其各项职责的评价标准的内容与计量方法。

绩效考核标准分析设定管理的具体要求主要有以下八个方面。

（1）企业组织的每一个岗位员工，都必须有事先明确界定的绩效考核要素和要素评价计量指标，以使考核的实施有具体、明确的评价维度和比较计量的指标依据。

（2）考核要素的设置必须全面，使之能完全覆盖岗位员工所承担的职责，既不能有漏项，也不能掺杂岗位职责中所不存在的责任内容，以使考核内容与岗位职责内容完全一致起来。

（3）每一个考核要素都必须有能代表其相应职责履行水平的要素评价计量指标，以使考核的每项内容都有量化的评价依据。即使是事务性工作

责任没有量化的要求，也必须通过一定的技术处理，使之转化为能量化的评价依据。

（4）考核要素的权重确定，必须建立在科学方法运用的基础上。至少要通过对职责项目排序处理，来确定考核要素的权重，以使考核要素的权重能准确地体现岗位员工不同职责项之间的主次关系。尤其要避免随意由考核人凭主观臆断确定考核要素权重的情况发生。

（5）绩效考核标准的制定不能闭门造车，必须实行三结合，即由岗位员工、上司主管、人事专员三方共同议定，以保证绩效考核标准本身的全面性和准确性。只要不是新设立的岗位，绩效考核标准可首先由岗位员工本人拟出草案，上司主管或人事专员再根据企业组织运行对这一岗位的职责要求进行补充修改，最后在讨论达成共识的基础上确定。

（6）绩效考核标准必须保持相对稳定，不能随意变化。即使需要进行调整，也必须由讨论确定标准的三方共同完成，任何个人都不得随意降低或提升绩效考核标准要求。

（7）绩效考核标准的确定必须以企业组织运行对岗位的职责要求为依据。不能因人而异，尤其不能因为与上司主管的关系亲疏不同而确定不同的标准要求。

（8）绩效考核标准在每年考核结束之后，必须根据相关实际和横向比较情况，统一进行审核，对明显存在偏差的考核要素内容和定量指标及时做出调整。

五、绩效考核活动承担主体管理的标准要求

考核工作由谁来承担，也会直接影响到考核的质量。因为任何一个人都不可能没有自己的利益、情感、偏好。而这三个因素的存在，又不可避免地会直接影响一个人对另外一个人评价的公正性和客观性。所以如果考核活动主体确定不当，必然导致绩效考核质量的降低。这就要求对绩效考核活动的承担主体进行恰当的组合，通过绩效考核活动主体之间的相互制衡，消除考核活动主体个人的利益、情感、偏好三个因素在考核中的影响作用。

可以选做一定岗位员工的绩效考核活动主体的人，概括起来有六个方面：上司主管、人力资源部、客户、岗位员工本人、岗位员工的同事、岗位员工的下属。就这六种主体进行分析，任何一个方面的人单独作为考核

活动的承担主体，都不能保证绩效考核“十字标准”的达成。无论哪个方面的人作为考核活动主体，首先都是作为具体、真实的人存在的，不可能完全摆脱利益、情感、偏好三者对他的意志行为的影响。

图 2－15　企业管理不能仅仅靠指令

所以，这就需要对相应可能成为考核活动主体的对象进行组合。但组合模式不一样，会直接影响到绩效考核的质量和成本投入。让与岗位员工绩效的形成相关的人参与得越充分，就越能保证绩效考核的质量。但花费在这个员工绩效考核上的成本也会越大。在这里，必须实现一种平衡，即保证使绩效考核质量的提升带来的管理效益，能够充分补偿为获得这种绩效考核质量所增加的费用。企业存在的前提是获得经济效益，任何活动都必须从投入和效益两个方面综合平衡考虑。

保证绩效考核的质量，能达到“十字标准”要求的最佳组合如下。

（1）以岗位员工自己为主体承担绩效考核活动，即由他本人对自己的工作业绩进行的总结、评价，其他人考核评价主要是监督审核。

（2）由上司主管对照岗位职责标准要求和履职实际，对岗位员工个人的自我总结、评价进行审核，初步确定考核结果。

（3）把初评结果公开公示出来，让同事和下属进行监督，并匿名提出反馈意见。

（4）由人力资源部对其同事和下属的匿名反馈意见进行核实，并在此基础上对初评结果进行订正，最后核定岗位员工的绩效考核得分。

也只有这种组合，还可简化为三步，即让岗位员工个人总结评价后直接公开征集同事匿名反馈意见，然后由上司主管核实核定成绩。

只有如此才能提升绩效考核质量，使之达到“十字标准”的要求。其原因很显然：

（1）绩效考核工作主要由岗位员工本人承担了，绩效考核的费用就不会太大。

（2）通过考核过程的公开化实现考核主体的相互制衡，从而可有效地扼制人所共有的利益、情感、偏好三者的影响作用，使谁想弄虚作假都难以轻易得手。

（3）可充分保证评价的全面性要求，任何一方工作的偏差和遗漏，都可由其他人员提出补充校正完善。

绩效考核活动承担主体管理的具体要求可主要概括为以下七点。

（1）绩效考核的主要工作必须由岗位员工本人承担，由他本人对自己的岗位职责履行情况，对照绩效考核标准进行总结、评价。这既是保证绩效考核质量的要求，也是保证绩效考核工作效益的要求。

（2）岗位员工的上司主管在下属员工的绩效考核中要承担的工作只能是审核，即参照岗位员工本人的总结、评价和所提供的佐证材料进行核对、比较，以确定岗位员工本人自我总结、评价的真实性。这一方面可避免单由上司主管凭自己的主观臆断评价造成的不公，另一方面又可在很大程度上减轻上司主管在下属员工绩效考核工作上的精力投入。

（3）人力资源部在员工绩效考核中的工作，主要是提供技术支持和组织协调，包括方法的选择、考核工具的印制和发放、信息资料的汇总统计、考核工作的协调、考核工作中出现的疑问的核查等，因而必须避免人力资源部越俎代庖，把员工绩效考核工作都包揽起来。

（4）岗位员工的同事和下属在绩效考核中的工作，只能起匿名监督作用，但必须避免通过民主投票来代替绩效考核，绩效考核的“十字标准”是不可能通过民主投票达成的。

（5）在岗位员工对考评结果提出异议的情况下，岗位员工的隔级上司必须介入下属的下属员工的绩效考核工作中来，并直接通过组织复核以保证其公正、公平。

（6）必须给予岗位员工所服务的内、外部客户，对岗位员工的工作所形成的产品或服务进行评价的机会，并将这种评价作为对岗位员工的绩效进行评价的重要依据。

（7）必须给予岗位员工本人对于考评结果提出异议的权力，以便通过岗位员工自己的努力来保证其绩效考核的公正性。

六、绩效考核周期选择设定管理的标准要求

绩效考核工作的质量高低，与绩效考核周期的长短选择也存在直接的关系。绩效考核工作的进行不可避免地会发生一些费用，为了谋求绩效考核工作本身的效益，使之最大化，绩效考核周期的长短必须进行优化规划。

绩效考核周期的长短，与考核投入大小的关系是显而易见的。绩效考核周期越短，考核频率越高，就单位时间分析，例如一年，在考核上所投入的人、财、物总量必然越多。而考核频率提高之后，考核的整体质量也可能会提升，从而使通过绩效考核获得的管理效益也得到提升。但如果提升考核频率之后，所带来的考核费用的增加，无法从考核质量的提升带来的管理效益中得到补偿，提升绩效考核频率也就是得不偿失的事。

选择绩效考核周期的具体要求主要有以下四个方面。

（1）对岗位员工的履职情况必须定期进行考核，并且考核的频率要尽可能地高。通过及时有效的考核评估，为企业组织运行提供控制的依据，以使企业的每项工作和每一个人的工作都处于受控状态，以避免在岗位员工的工作出现大的偏差之后再纠偏。

（2）绩效考核的频率，必须在成本—收益平衡点分析的基础上确定，不能凭主观偏好随意确定，以保证绩效考核工作所必需的效益。

（3）绩效考核周期要保持相对平衡和稳定，避免绩效考核周期或长、或短的过大波动。否则，至少难以保证绩效考核的全面性标准要求的达成。

（4）绩效考核周期的确定，不能一刀切，必须根据不同岗位的性质特点，以及考核的投入选择确定，尤其是要避免对在较长时间才能体现出工作效果的岗位进行频繁的绩效考核，但对工作进程进行跟踪是必不可少的。

七、绩效考核方法选择管理的标准要求

绩效考核质量的高低也直接取决于所选择的绩效考核方法。只有科学的绩效考核方法，才能得到员工履行职责情况的客观、准确、全面的评价结果。但考核质量的高低与绩效考核方法本身的复杂或简单程度，没有直接的对应关系。绝不是绩效考核方法越复杂，就越能保证考核的质量。相反，绩效考核的质量只取决于所选择的绩效考核方法与企业组织的实际和岗位员工职责的实际相适应的程度。但绩效考核方法的复杂和简单程度，却会给这一工作带来不同的投入。绩效考核方法越复杂，考核投入的人、财、物必然越多，在考核上的费用必然越高。

要保证考核质量，必须寻求恰当的绩效考核方法，尤其是要使这种方法能够有效地避免考核活动的承担主体的利益、情感和偏好在考核过程中的不良影响作用。无论所选用的方法是简单还是复杂，都必须以此为选择的标准。如果绩效考核方法不能扼制考核活动主体的利益、情感和偏好的影响作用，导致不公正的主观评价发生，即使这种绩效考核方法的投入再低也是得不偿失的。因为它本身不能带来任何由绩效考核实现的管理效益。听任考核活动主体的利益、情感和偏好任意作用，不仅不能通过提升考核质量来提升管理效益，补偿考核投入费用，而且还会因为以不公正的考核为依据的选人、用人、留人而造成拉帮结派和武大郎开店的后果，致使企业发展因为人力资源瓶颈而陷入困境。

绩效考核方法的选择必须满足以下八个方面的具体要求。

（1）绩效考核方法的选择，必须有其科学性、效益性的分析论证，以避免其选择上的随意性。

（2）绩效考核方法的选择确定，除了管理人员参与讨论之外，必须充分尊重广大岗位员工的意见，并在此基础上进行创新。不能随意照搬他人的绩效考核方法，应保证所选择的绩效考核方法能最大限度地与自己企业的实际和岗位职责的实际相适应。

（3）绩效考核方法必须保证能实现真实的量化。避免选用只有装饰价值的数量计算模型，应保证员工绩效考核的量化计算结果，能充分体现岗位员工的履职实际和贡献。

（4）绩效考核方法中，必须有绩效考核依据的提供和审核，以便于通过绩效考核依据的提供和审核来保证绩效考核的客观性。

（5）要尽可能避免采用建立在主观评价基础上的量表评价法，以消除考核人的利益、情感和偏好带来的不公平、不公正、不客观的评价。

（6）绩效考核方法必须适应岗位职责的特点要求，在一个企业中不能一刀切，选择一种方法来考核所有岗位的工作是很难保证考核的高质量的。

（7）绩效考核方法的选择必须充分考虑企业自己的实际，必须力求简单、操作方便，以保证考核工作本身的效益。

（8）绩效考核方法在选定后，必须进行全面的培训，以保证考核者和被考核者都明了考核的每一个程序活动的意义、作用及具体操作的办法。

图 2－16　不能跟踪考核的事，就不能通过他人去做

八、绩效考核工具选择制作管理的标准要求

所谓绩效考核工具，也就是根据一定的绩效考核方法，制作的服务于考核相关活动的表单。

选择什么样的绩效考核方法，也就会有什么样的绩效考核工具。绩效考核工具是否科学、完整，对考核质量的影响也很直接。绩效考核工具过于复杂，也会增加考核的投入，使考核投入得不偿失。绩效考核工具过于简单，需要的考核信息收集不起来，该交流的考核意见不能充分交流，这也会降低考核质量。

绩效考核工具也并非只有印制表单一种形式，在企业内部局域网上发布相应的考核表单，并直接在网上收集信息、交流考核意见，不仅会大幅度地降低考核费用，而且还会增加考核的透明度，提升考核的质量。

绩效考核工具选择制作管理的具体要求主要有以下五点。

（1）绩效考核工具必须与所选择的绩效考核方法要求相一致，以使之能充分反映考核的意图和考核操作上的特点。

（2）表单内容要简洁明了。对于岗位员工履职情况的准确评价没有实质性作用的内容，必须避免加到考核表单中造成不必要的考核信息泛滥。

（3）表单工具要尽可能简化，在设计上要避免多而杂的问题发生。能集中在一张表单上的内容就必须设计成一张表单，以减少相应投入，提升绩效考核工作本身的效率。

（4）有内部局域网的企业，必须尽可能把考核表单工具放到网上进行交流，以减少考核过程中的费用。

（5）绩效考核工具必须尽可能统一，以方便于绩效考核的操作指导和汇总整理。

第八章

酬赏兑现管理的标准要求

酬赏就是对岗位员工个人的金钱、权力和地位的给予与剥夺。给予金钱、权力和地位，是对特定岗位员工完满履行其职责的奖赏；剥夺金钱、权力和地位，则是对特定岗位员工没有很好履行职责的惩罚。而酬赏兑现管理在企业内部必须对应于三种管理活动的内容：企业薪酬管理、岗位角色选拔任用管理、决策制定过程参与管理。

一、酬赏兑现管理的内涵

作为激励环路终点环节的酬赏兑现，也就是激励兑现。在激励环路中，沟通环节已经对下属员工在做好工作之后，所能够获得的价值需求满足，以及工作出现偏差要承担的责任和承担责任的方式，都做了事先的约定。但是，也只有在对方对这种承诺约定有充分的信心，坚信一定会兑现，才会使他在行为选择上做出调整。只有他对这种承诺约定有充分的信心，才会调整改变自己的行为选择，最终接受并认真履行企业组织赋予他的岗位职责。但他如果曾经有过没有兑现的承诺约定的经历，他就不免会感到心里不踏实。无论承诺如何好，也都会如此。只有到了酬赏兑现阶段，使沟通交流所作的承诺不折不扣地得到了落实，对方的热情和积极性才能激发出来，并由此使企业组织与岗位员工之间建立起稳定的联系。

是否最终都不折不扣地兑现事先的承诺，会直接体现一个企业组织的诚信和企业文化的内涵。岗位员工的积极性和创造性，是否能够充分发挥，完全取决于企业组织激励机制的健全程度。而企业组织的这种诚信的有无和高低，直接是企业组织激励机制的有无和大小的决定因素。企业激励环路的其他四个环节，能否发挥作用，最终都要通过酬赏兑现这一环节落实。在这一环节上的任何折扣、缩水，都包含有对岗位员工的欺骗。任何一个岗位员工都是一个具有自我意识，其活动只是谋求自我肯定的主体性存在，任何一个企业都不可能把这种欺骗永久维持下去，任何一个岗位员工也都不会容忍企业组织或上司主管对他的欺骗。

酬赏的内容，也不只是一个工资奖金的发放问题，而是对应于人的"有"、"能"、"善"三类价值需求满足及其条件的所有相关内容。但是，在企业管理实施中，这三者并不能严格区分开。三者之间是紧密联系的，也不可能严格分开。人们加入一个企业组织，所寻求的也不外乎金钱、权力、地位三个方面。这三个方面与人的"有"、"能"、"善"的价值需求的满足，存在一种大体对应的关系，但并不是直接的对应关系。

金钱对应于"有"的需求的满足。"有"的需求的满足主要是物质利益上的满足，当然包括肌肤之利的满足，它们必须由金钱来支持。

权力对应于"能"的需求的满足。有了与他人相比更大的权力，也就意味着拥有更多的资源，有更多的外部环境提供支持，使之能做成别人无法做成的事。当然，最根本的还是岗位员工个人管住了自己的意志欲望，意志努力方向稳定，没有漂浮不定的摇摆，从而使其潜能得到了充分的发掘和发挥。

地位对应于"善"的价值需求的满足。地位与权力存在着紧密的联系，有权力，也一定有地位，但有地位不一定有权力。地位是个人在社会他人心中的分量，更多的是取决于他能为社会他人带来的利益满足。拥有权力的人，如果与社会公众为敌，社会公众欲啖其肉、碎其骨，他的这种权力也就丝毫不能代表其实际地位。有了更高的地位，也就意味着有更广泛的人尊重他，把他的价值判断选择为自己行为选择的参照系。这不仅是他个人的意志行为可由他自己主宰，自己为自己立法，而且他的价值观念和意志意愿还会变成社会他人的行为标准，直接起到为他人的行为立法的作用。

因此，酬赏也就是对于岗位员工个人的金钱、权力和地位的给予和剥夺。给予金钱、权力和地位，是对特定岗位员工完满履行其职责的奖赏；剥夺金钱、权力和地位，则是对特定岗位员工没有很好履行职责的惩罚。而金钱、权力和地位的给予和剥夺，在企业内部又大体对应于三种管理活动：企业薪酬管理、岗位角色选拔任用管理、决策制定过程参与管理。酬赏兑现管理也就必须对应包含这三个方面的内容，绝不能仅仅把它理解为一种工资、奖金的发放兑现。

二、企业薪酬管理的标准要求

企业薪酬管理，也就是对经济福利激励的管理。它主要是针对人的“有”的需求的满足这一价值设定的激励。任何一个人必须首先维持其生命存在，对人的生命存在及其这种存在条件的给予或者剥夺，也就构成了经济福利激励的正向激励和负向激励。其内容包括工资、奖金、津贴、福利、保险，以及表现为一种未来经济福利的期权享有等。

但是，经济福利，又不仅仅只是对应于岗位员工“有”的需求的满足。岗位员工“有”的需求的满足，必须由经济福利来实现。而超越“有”的需求满足的经济福利激励，实际上又包含对“能”和“善”的价值需求提供的满足。吃不完、穿不完、用不完的经济福利，会直接转化为“能”和“善”的价值需求的满足。赚的钱多，这本身体现的就是“能”。把钱花到吃、穿、用之外的什么地方，就有一种“善”的价值需求的满足，甚至在吃、穿、用上如何花也都包含有“善”的价值需求的满足。吃得起他人吃不起的东西，穿得起他人穿不起的东西，这本身就是一种“能”的需求的满足。选择什么东西吃，穿何种品牌，这其中又包含有一种“善”的价值需求的满足。

为了分析方便，在这里，把企业薪酬管理作为一个整体来讨论，同时也没有必要分析它给岗位员工个人带来的欲望满足的具体内涵。

1. 企业薪酬管理的总体要求

所谓企业薪酬管理的总体要求，也就是最基本的要求。它是企业薪酬管理的总体原则和思路。其内容主要有以下十个方面。

（1）企业投入在劳动上的费用——岗位员工薪酬——的任何一个价值物，都必须一方面体现岗位员工已经为企业发展价值目标的达成所作的贡献，另一方面又能够鼓励他们继续努力作贡献。

（2）经济福利激励必须尽可能在形式上多样化，以便对应于岗位员工为企业发展作贡献的形式和过程，避免笼统地发工资奖金。其形式可以包括基础工资、奖励工资、附加工资、个人福利、社会保险、公共福利等，并要求现金发放、实物发放、期权发放等多种方式配合，把重要的、数额大的奖励工资尽可能以期权的形式发给岗位员工。

（3）必须有统一的经济福利激励政策，以避免经济福利激励在实施过程中发生目标上的摇摆，降低对岗位员工按照企业发展价值目标达成选择意志行为的诱导作用。

（4）对经济福利激励的多种方式，必须优化组合，以保证能以最小的劳动投入获得岗位员工广泛的努力和贡献。

（5）经济福利激励必须具体化，即必须直接对应到岗位员工个人，避免把它变成单位、部门的公共消费，或者转化为单位、部门主管的个人权利。

（6）薪酬的结构必须与岗位工作特征相对应，以保证所投入的劳动费用，能充分起到激励作用。

（7）正向激励的奖励必须与负向激励的惩罚结合起来，并以正向激励为主。即主要通过对岗位员工的贡献增量增加经济福利的激励力度，以强化经济福利的激励作用。同时，对于贡献小于履职标准最低要求的，必须以扣发相应部分薪资的形式，给予负激励。

（8）薪酬的任何一个构成部分的核定和发放，都必须有事先的约定。只有根据事先约定兑现相应的经济福利激励，才能使之产生充分大的激励作用。

（9）薪酬的任何一个构成部分的核定和发放办法，都必须通过讨论沟通获得岗位员工大多数人的认同，以保证公开、透明。薪酬核定和发放办法一旦被大多数岗位员工认同，就必须以制度的形式作为共同的约定固定下来，不能朝令夕改。

（10）企业作为社会的细胞，承担有社会责任，即薪酬管理必须遵守政府有关最低工资标准的限定。

图 2－17　傻瓜才会中这样的圈套

2. 基础工资管理的具体要求

这里的基础工资，是指岗位员工进入企业组织，在特定的岗位上担当角色，企业以现金的形式发给的正常履行职责的劳动报酬。它是构成岗位员工经济福利的一个比较稳定的部分。其管理的具体要求主要有以下五个方面。

（1）必须保持相对的稳定，但也必须与岗位员工的工作实绩挂钩。即以达到一定的业绩标准为前提，达不到一定业绩标准，不能发给全额基础工资，必须等比例地扣减，以避免把基础工资变成大锅饭。

（2）其具体形式，必须严格根据岗位职责的特点选择确定，避免套用单一的基础工资形式，以保证基础工资必需的激励作用。

（3）其核定和发放必须定时，不能无故拖延，否则会造成激励作用的下降。它是岗位员工把自己的努力和贡献带给企业组织之后应得的报酬，任何形式的拖延，都会让岗位员工感到被剥削、被欺骗而产生不满。

（4）岗位员工有特殊需要，可以在一定比例之内预支基础工资。但必须事先确定预支担保管理制度，以增加岗位员工预支基础工资的责任心，避免随意的预支行为。

（5）其核定的方法、标准、程序和发放的时间、形式，都必须事先与岗位员工共同约定。一方面要保证其公开透明性，让每一个岗位员工自己心中有数；另一方面要保持其稳定性，以使这种共同约定成为企业组织激励机制的一个重要构成内容。

3. 奖励工资管理的具体要求

所谓奖励工资，也就是奖金，它是对岗位员工超履职标准的努力和贡献所给予的经济福利补偿。也就是说，没有超履职标准的努力和贡献，就不能享有任何形式和数量的奖励工资。其具体要求主要有以下五个方面。

（1）必须以严格、科学的绩效考核为基础，没有超履职标准的绩效表现，就不能享有奖励工资。

（2）其核定必须事先确定能让岗位员工明白，并且大多数都认同的计算方法，通过其计算方法上的透明性和公开性来提升其激励作用。

（3）其计算必须充分考虑岗位职责的价值和贡献差别，不能随意确定几个等级来计算，以避免降低其激励效果。

（4）其核定和发放必须对应于绩效考核周期进行，并在绩效考核结束之后限定的时间内完成，以便通过激励的及时性来提升它的激励作用。

（5）奖励工资不能预支，即使岗位员工可稳定地获得的奖励工资，也不能预支。奖励工资并不是一个确定的量，它除了决定于岗位员工个人的努力和贡献之外，企业组织运行效益好坏也是必须考虑的一个重要因素。

4. 附加工资管理的具体要求

所谓附加工资，又称津贴，它是对特定岗位相比一般岗位必须特别给予的一种补偿。这里所补偿的，并不是岗位员工的个人努力或贡献，而是岗位职责特点本身对岗位员工提出的不同要求，包括付出更多的精力和投入，甚至是健康上的损失。其具体要求主要有以下四个方面。

（1）其发放不能采取大锅饭的形式，其计算必须与岗位员工的考勤和绩效挂钩。一方面必须考虑岗位员工在没有业绩贡献的情况下也必须付出的事实，即通过考勤确定的在岗员工相应付出；另一方面又要从企业发展的角度考虑，没有贡献的付出对企业发展是没有意义的，就没有必要为这种付出提供补偿。

（2）其项目和额度的确定必须有能让大多数岗位员工认同的理由和依据。否则，就可能导致企业组织的薪酬激励作用的降低。

（3）其发放可以随基础工资的核发一并进行，但必须单独列出，让岗位员工明了其内容和意义，以免被当做基础工资的一部分。

（4）必须遵守国家的相应管理法规。国家有明文规定的附加工资，没有特殊理由的不能随意取消，但其发放必须根据考勤和考核两个方面的依据来核定。

5. 福利保险管理的具体要求

所谓福利保险，是以非现金的形式发给岗位员工的一种经济酬偿。其作用在于体现企业组织作为一个团队大家庭应该有的温暖，其目的是提升岗位员工的向心力。但企业首先是作为一个市场活动主体存在的，面临着激烈的市场竞争压力。因此，它只能作为岗位员工薪酬的一个补充部分存在，在整个薪酬总额中所占的比重必须适度。其具体要求主要有以下四个方面。

（1）必须与岗位员工的业绩贡献进行有限的挂钩。大锅饭式的福利保险，只会养懒人，降低薪酬的激励作用，进而降低企业的市场竞争能力。

（2）必须严格控制，能少发不发的，就要尽可能少发和不发。毕竟企业不是家庭，没有必要全面保证每一个岗位员工的生、老、病、死。

（3）必须实行分类差别享有，不能平均享有。其差别必须反映不同岗位员工对企业发展贡献的差别。既不能把它变成一种与贡献没有直接关系的等级特权，更不能使它脱离绩效贡献而仅仅依据个人的困难和需要派发，企业毕竟不是慈善福利机构。

（4）其核定和发放，必须有事先确定的公开透明依据，不能有太多的随意性。尤其要避免把它变成一个岗位员工固定不变的收入项，否则，就会使它失去应有的激励作用。

6. 期权管理的具体要求

所谓期权，是根据岗位员工的贡献，授予的一定企业资产所有权份额，并且只能在所限制的条件满足之后才能转换为现实福利，其作用如下。

（1）实现岗位员工贡献报酬的多样化。它直接可以起到减轻岗位员工劳动报酬现金支付的压力的作用，把所作贡献较大、现金支付较多的劳动报酬的发放，在时间上后移，以使企业能有足够大的自我积累能力，实现发展。

（2）密切企业组织与岗位员工个人的依存关系。它把岗位员工的努力和贡献与企业的长期发展联系起来了，可以直接起到锁住岗位员工的心，增加岗位员工的积极性，减少岗位员工流动给企业发展造成的不必要损失的作用。

期权管理的具体要求主要有以下五个方面的内容。

（1）其实施必须有获得绝大多数岗位员工认同的制度做依据。不能不顾岗位员工的意愿，把岗位员工应得的劳动报酬强行转换成不能即刻兑现的期权。

（2）必须保证在岗位员工有充分多的现金工资收入的情况下实施。期权是一种未来经济收益，并且不确定。过多地以它来取代岗位员工的现时经济收益，必然会导致岗位员工不满，降低其激励作用。

（3）实现的层面要尽可能广泛，不能把它变成一种特权。并且，它实施得越广泛，越会对企业发展起到稳定的作用。

（4）其操作方法必须简单明了，其操作过程必须公开透明，并且都必须有事先确定的完善的配套管理制度，以增加岗位员工的认同和信心。

（5）在操作过程中，要避免任何形式的欺骗行为。否则，只会弄巧成拙，给企业发展带来震荡。

三、岗位角色选拔任用管理的标准要求

酬赏兑现不仅仅是经济福利兑现的问题，提升其职务，赋予更多的责任和权力，使之能在“能”的需求满足上获得更多的机会，这是一种极为有效的激励。甚至在社会福利制度比较健全的社会中，它还具有更大的激励作用。健全的社会福利制度，使为生计而驱动行为选择的作用越来越弱化。相反，生计危机的消除却会大大提升人们寻求“能”的需求的满足的

强度，让人们把更多的努力放在这种“能”的需求的满足上。因而使它相对于人的意志行为而言，具有更大的驱动作用。

对于一个已经加入企业组织的人，选拔任用他，提升其职务，赋予更多的责任和权力，也就直接使他获得更多的资源支持，使之能做出更多的他人不能做出的事业成就。这也就是“能”的需求的满足。让他在更高的位置上担任角色，他所能支配控制的资源就会增加，他也就会办成更多的他人不能办成的事，使他的社会价值得到更加充分的体现。但这种选拔任用并不只是在管理岗位阶梯上的上升，把“官”当得更大，而是让他承担相对于企业发展有更紧密关系的关键性工作。

并且，薪酬经济福利带给人的激励还是有限的，仅仅存在于“有”上的欲望，在当代社会，是比较容易满足的。当“有”的需求获得满足之后，如果没有能让人获得更多肌肤之利满足的新产品面市，他意志驱动力的源泉也就会枯竭。相反，“能”的需求的满足是相比较而存在的，这种欲望具有无限的性质。谁都不可能实现绝对的满足。因为总会有更广泛、更强大的比较对象被发现。天外有天，山外有山，而谁都会高度重视这种价值需求的满足，谁都希望自己在所活动的社会范围内出人头地。因此，把对角色的选拔任用，用以激励岗位员工，是管理和协调岗位员工的意志意愿的重要途径。企业组织首先是岗位员工活动的社会环境。所以，在生计危机解除之后，只有它才能不断激发出岗位员工努力工作、多作贡献的意志意愿。

要使对角色的选拔任用产生充分大的激励作用，最关键的一点，就是把这种选拔任用与岗位员工已有的工作业绩挂起钩来，使岗位员工能随着履职效果和水平的提升，在承担的责任和享有的权利、地位上，都有所提升。尽管履职态度对履职效果有直接的影响，但不能把它用做对岗位员工进行选拔任用的依据，以对岗位员工的履职态度进行激励。履职效果是履职能力和履职态度共同作用的结果。如果把履职态度单列出来，不仅没有意义，相反还会鼓励岗位员工无条件地愚忠，滋长奴性。相对于任何一个企业组织中，奴性的上升都不是组织凝聚力的提升，而是组织的一种退化和腐朽。由充满愚忠和奴性的人群构成的社会组织，只能是弥漫等级腐臭、缺乏创造性和活力的低效组织。同时，没有能力的态度，仅仅是一种空洞的主观愿望，对于企业发展毫无意义。而好的履职效果本身就包含着一定的积极态度，任何好的效果都不会从天上掉下来，必须由岗位员工积极努力后才能获得。

对角色的选拔任用管理的具体要求主要有以下四个方面。

（1）在选人、用人上，要尽可能避免“空降兵”，以使更多的高层岗位留给企业内部的岗位员工，使之有足够大的职业发展空间。

（2）角色的选拔和任用，必须严格建立在对其绩效贡献考核的基础上，并且必须有事先的业绩标准约定，以使每一个人都明白要做出什么样的业绩贡献才能获得晋升和职业发展机会。

（3）对岗位员工的提拔任用，可以小步快跑，但必须避免“坐直升飞机”。只有在一定岗位上的履职达到了特定绩效水平之后才能晋升。这一方面有助于降低用人风险，另一方面又可使每一个人都有平等获得晋升的机会，强化企业组织的激励机制。

（4）岗位角色选拔的过程必须公开化，不得暗箱操作。这也是要求尽可能通过公开竞争——赛马，而不是让岗位员工被动地接受挑选——相马来实现岗位员工个人的职业发展，以堵住拉帮结派和裙带关系等会腐化企业组织的不正之风。

四、决策制定过程参与管理的标准要求

图 2－18　喜欢的才是好的

人除了受“有”和“能”的需求诱导外，“善”的价值需求的满足，是影响人的行为选择的第三大因素。这种“善”的价值需求，也就是人们不会简单地接受他人的善恶标准，而渴求能自己为自己的行为“立法”，同时也为他人和社会组织的行为“立法”。这里的“法”也就是善恶价值标准，或者叫做价值判断。它是人的价值观念的具体体现。

在现实中，只有掌握有社会权力的人，才能实现这种欲望的满足。但是，在企业内部，若对岗位员工给予充分的尊重和信任，让他们参与到企业经营和管理的决策过程中来，这也会直接给他们的这种价值需求带来一定的满足。作为中下层岗位员工，参与到要由他们实施的决策制定过程中来，这就是让他们获得自己为自己立法的机会，使他们自己的价值观念和意志意愿能在企业组织的运行过程中得到一定的体现。让一定岗位员工参与企业发展重大规则和重大战略的制定过程，并表达他们的意志意愿，这就不仅是他们自己为自己立法，而且包含有为企业组织运行及其他成员立法的内容。企业组织制定的规章制度，不仅仅是制定过程参与者要遵守，企业组织所有成员都必须遵守。企业组织制定的发展规划和战略措施的贯彻落实，也不仅仅是决策制定过程参与者的工作和责任，而是整个企业组织的共同工作和责任。相反，如果把下属员工仅仅当做装有一双手的机器，让下属员工只是单纯地接受指令，贯彻指令，他们“善”的价值需求满足的机会也就被剥夺了。这即使不会增加其不满，或引起其仇恨，但至少不能激发其责任心和积极性。

但是，在一个成规模的企业中，企业组织的大小经营决策都让每一个岗位员工参与进来，并充分吸纳其观点和意见，又不太可能。因为这不免会导致企业组织运行效率的大幅度降低。这也就决定了企业决策制定过程的参与者只能是部分人的权力，只有部分人能获得这种“善”的价值需求的满足。而在现实的企业组织中，这种权力被高层管理人员所垄断，是他们所享有的一种特权。虽然不是所有岗位员工都看重这种地位，但大多数岗位员工都很看重这种地位，因而使这种参与对大多数岗位员工都具有相当大的吸引力。这就决定了通过与绩效考核挂钩的办法来决定决策制定过程参与资格，让为企业发展作出重大贡献的人，参与到企业相应决策的制定过程中来，会对岗位员工产生相当大的激励作用。并且，能够为企业发展付出更多的努力，作出更多贡献的人，他们的行为选择本身也会直接影响到企业组织的运行效率和效果。因而，让他们参与到企业组织的相应决策制定过程中来，从效益的角度分析，也是非常必要的。

因此，以努力和贡献的大小为依据，确定除企业中高层管理人员之外的企业决策制定参与资格，也就可以在企业组织激励机制建设中，起到不花钱、不投入，而把更多人的意志行为诱导到为达成企业发展价值目标的努力上来。

决策制定过程参与管理的具体要求可主要概括为以下六个方面。

（1）必须把关心企业发展，并努力为企业发展作贡献的人，吸纳到企业决策的制定过程中来，并直接以绩效考核的成绩作为“关心企业发展，努力为企业发展作贡献”的依据。

（2）必须避免让对企业发展不关心，对企业组织融入程度低的人的意见主导企业决策的制定，无论他们的知识怎么广博。对企业组织融入程度低，对企业发展不关心的人，不会严格地从企业发展的角度思考和提出决策意见，其所拥有的决策能力，只会为他个人的私利服务。

（3）在决策制定讨论中，对于高绩效、高贡献人员，必须给以充分的尊重，充分听取他们的意见。他们不明白的地方，必须给予耐心的解释说明，以获得他们对必须选择的决策的认同和支持。

（4）必须有明确的制度安排，使对企业发展贡献显著的非管理岗位员工参与企业决策制定过程，形成一种激励机制。

（5）决策制定过程的参与，可分为企业组织运行和其内部单位、部门多个层次来实施。一方面让绩效贡献拔尖的岗位员工参与到企业组织运行的高层决策的制定过程中来；另一方面又尽可能扩展激励的面，让绩效贡献显著者能根据实际参与到不同层次的单位、部门的决策制定过程中来。

（6）必须宣扬这种参与的价值，使之真正成为让人高度关注和动心的一条激励岗位员工积极努力把工作做好的途径。

第九章

岗位员工情感管理的标准要求

要让岗位员工完满地履行职责，把工作做好，仅仅有能做好工作的能力素质和意志意愿是不够的。能力素质只是一个前提，意志意愿也只是确定了他的意志行为方向。他最终能否把这种意志行为坚持下来，还要受到他情感的影响。岗位员工的情感管理需要通过三个途径：尊重人管理的标准要求、信任人管理的标准要求和关怀人管理的标准要求。

一、岗位员工情感管理的内涵

人是理性的存在物，但往往又摆脱不了情感的驱使。因而，情感有时对人的意志行为产生决定性的影响作用。例如，当一个人依恋某个人，从心底真诚地爱他时，他就会时时关注这个人的安危，关注他的好恶，关注他的喜怒哀乐，直接以他的安危、好恶、喜怒哀乐为自己的安危、好恶、喜怒哀乐，并不惜作出牺牲也要让他所爱的人去危就安，兴好除恶。这就是爱的情感作用的结果。当一个人厌恶某一个人，甚至憎恨他时，他也就不会，甚至拒绝按照这个人所希望的方向、方式、标准行事，哪怕这样的行事方向、方式、标准对他自己也有利。这就是恨的情感作用的结果。

尽管从理论上讲，可以让人用理智来控制感情，但感情却会在相当程度上左右理智，让理智服务于感情。而完全能用理智控制感情的人，可能只有世界上并不存在的圣人才能做到。

人的情感包括两个方面的内容。一是对事物的情感。这种情感表现为对特定的事物，有一种情有独钟的偏好，使他的意志目标固着在这特定的事物上，甚至对外部环境所发生的任何变化都察觉不到，表现为对所偏好的事物之外的所有事物都感觉迟钝。二是对人的情感。对特定的人及其行为特别关注，甚至直接把对方的意志目标当做自己的意志目标，把对方的思想观念当做自己的行为准则等，把自己的存在变成一种为所爱的人的存在而存在。

在对事物的情感上，事物处于一种完全被动的状态，是特定的环境和经历让人对这特定事物产生了情感。特定事物在这里只能被动地接受，它无法主动地激起人对它的情感。但人对于事物的情感的形成，也并不是完全不可把握的，至少可以通过一定的时尚或者公众人物的诱导，使人产生特别的兴趣之后逐渐对特定事物形成情感。

在对人的情感上，二者之间的关系却不同。构成情感联系的双方，任何一方都可以处于主动地位。通过主动构筑一种让对方依存的关系，或者利害关系，可直接形成一种特定的情感。人之所以只会对特定的人产生爱的情感，这往往是因为他的价值需求的满足，与这特定的人存在一种依存关系。小孩对母亲最亲，小伙子对情人最亲，老人对子女最亲，原因就在此。也就是说，让对方对自己形成一种价值需求满足的依存关系，也就会让对方与自己结成情感上的融合和爱的关系，进而达到让对方调整自己的意志行为，把自己对他所期望的行为和目标也当做他的意志目标追求。依存关系是直接与爱的情感相对应的，利害关系是直接与恨的情感相对应的。

要让岗位员工完满地履行职责，把工作做好，仅仅有能做好工作的能力素质和意志意愿是不够的。能力素质只是一个前提，意志意愿也只是确定了他的意志行为方向。他最终能否把这种意志行为坚持下来，还要受到他情感的影响。

对于企业组织而言，对岗位员工的情感管理包括两个方面的内容：

（1）让他直接对所要做的事本身产生兴趣，感到做好这件事本身就是他自己意志意愿的一种满足。

（2）让他对自己工作于其中的组织和团队成员产生情感，使之非常乐意把他们希望他做好的事做好。

前者是对事物的爱的情感，后者是对人的爱的情感。企业实施情感管理的内容主要是后者，不过爱屋及乌，从后者也可能过渡到前者。而让岗位员工对自己的职责和工作形成情感，即对职责工作对象物产生兴趣和爱好，却属于员工发展管理的内容。

很显然，情感的两种形式，爱和恨，都会直接左右情感主体的行为选择。但在企业组织中实施的情感管理，却只能选择爱这一种形式，即通过营造一种爱的组织氛围，让岗位员工对企业组织及其团队成员产生爱，并把自己融入这个企业组织的团队之中，使他因为爱而不再仅仅谋求价值需求的满足，而且勇于对这个企业组织的团队整体利益承担责任，把这种爱倾注到他所承担的工作上去，并对他所承担的工作产生兴趣和偏好，进而发展出为了团队整体利益、为了出色地做好工作的忘我牺牲精神。

能让企业组织的岗位员工形成对企业组织和团队成员的爱的情感的途径，主要有三条：一是尊重人，二是信任人，三是关怀人。企业实施情感管理，也就是从这三个方面采取措施，制定标准，提出要求，全面落实。

二、情感管理实施途径之一：尊重人管理的标准要求

1. 尊重人的情感管理作用分析

任何一个人都不会仅仅为了生存而生存，都会以自己特有的方式来寻求和实现自己生命的价值。如果一个人不再感觉到自己生命的价值，他的生存动力的源泉也就枯竭了，所能感觉到的也就只有痛苦。尽管“生命诚可贵”，但人的这种生命的价值，如果不能从这种生命中得到体现，它也就“贵”不起来，生命的主体——人也就不再会珍惜这种生命。虽然有“好死不如赖活”一说，但丧失生命价值的赖活，可能比死还让人难受。世界上为什么不断有人寻求自杀？不完全是因为病痛的折磨，更多的是他们感到生命价值的丧失，不再有活下去的意义和理由。

图 2－19　情感管理：让人不能不形成爱的情感

生命的价值，或者叫人生的价值，又不能完全由生存者本人自我赋予。他自己认为自己活得有价值，但若得不到社会和他人的认同，他自己认定的价值，也就没有被确证，就仍然是没有价值。一个人的价值，如果完全不能得到他周围的人，至少一个人的确证，他就不免会因此而痛苦不安，感到压抑，感到悲哀，感到孤独，感到无趣，感到疲惫。尽管人们也常常说人是为自己活着的，但任何一个人的行为选择也无法完全超越他存在于其中的社会组织成员对他的评价和看法，而绝对地我行我素。猪是不会在意周围的猪和世界的，它寻求的仅仅是它动物本能的满足。

正是人的这种社会特性，决定了人生价值的特性。人生价值的这种特性又决定了所有人都会高度重视社会和他人对他的评价和看法。

一个人的生命价值，体现在他人对他的尊重上，而尊重也就直接表现为他人对他某种行为表现出的欣赏和称道。尊重人，也就是给予他人以欣赏和称道，并且是不带任何功利目的地把这种欣赏和称道给予他人。但社会组织中的每一个人，又总是那么吝啬，从不轻易地给予别人以欣赏和称道。任何一个人，是否会欣赏和称道别人，又主要是从他们各自的立场和角度进行选择的。他们对对方表示尊重，给予对方一定的欣赏和称道，都带有明显的功利主义。如果不能从对方获得一定价值需求的满足，他们就不会慷慨地给予对方任何形式的尊重，包括欣赏和称道等表示尊重的所有行为。甚至对方为之带来了一定的价值需求的满足，他们也仍然无动于衷，因为他们可能认定这是对方的义务，也不给予对方应该有的欣赏和称道。正是这种欣赏和称道所代表的尊重，甚为稀少，甚是难得，因而使任何一个人都会非常珍惜这来之不易的他人的欣赏和称道——尊重。这也就使被欣赏和称道的行为表现受到鼓励，使人不断重复被欣赏和称道的行为。

在企业内部，上司主管与下属员工之间，以及岗位员工相互之间，通过发现、发掘对方的价值，给予欣赏和称道，表达尊重，以使对方的尊严得到维护，使对方的价值得到认同，使对方的个性得到尊重，使对方的地位得到承认。这也就会获得对方的爱，使对方对企业组织产生爱的情感，使对方对工作于其中的团队集体和成员产生爱的情感。但是，为获得对方的爱而表达的尊重——欣赏和称道对方，一定要主动发掘对方的行为表现中值得欣赏和称道的东西，哪怕是微不足道的好的行为表现，甚至仅仅展露了一种好的苗头的行为表现，予以欣赏和称道，才能达到目的。绝不能等到对方已经给企业创造了辉煌的价值，在企业组织之外已获得广泛认同和称道，再给予欣赏和称道。到他已获得广泛的欣赏和称道时，企业组织再附和着给予欣赏和称道，他就不会对这个企业组织产生爱的情感。当然，他人已为企业组织创造了惊人的业绩，就更要给予欣赏和称道，给予尊重。否则，就会引起对方的不满和抱怨。因为这是一种不知好歹的背义行为。如果企业组织的中高层管理人员，都是如此，这不仅让人难以产生留恋依存之情，使企业组织缺少凝聚力，而且会使人无法容忍，并且产生憎恨。

在企业内部，上司主管对下属员工，以及岗位员工相互之间，给予欣赏和称道，给予尊重，会对被欣赏、被称道、被尊重的对方产生两个方面的影响作用。

（1）让他从这个企业组织中充分感受到自己的人生价值。如果他不可能从其他地方——另外的社会组织——获得更多的人生价值，他就会对这个企业组织产生一种依存关系，进而逐步形成对这个企业组织及其团队成员的爱的情感，忧老板、同事、下属员工之所忧，乐老板、同事、下属员工之所乐，想老板、同事、下属员工之所想，为老板、同事、下属员工之所欲为。

（2）他会得到鼓励，强化被企业组织团队成员——上司、同事和下属员工所欣赏和称道的行为表现，直接把他的意志行为方向，调整到这种被欣赏和称道所肯定的行为表现上来，不断重复，不断完善被欣赏和称道的行为表现。久而久之，他对这种被欣赏和称道的行为表现也产生了爱的情感，逐步使他的兴趣偏好固定到这种被欣赏和称道的行为表现上来。

尊重人的这两种作用，使他对于这个企业组织及其受到这个企业组织团队成员所欣赏和称道的行为表现的爱，也就逐渐发展和积累起来了。只要这个企业组织和团队成员，对于他及其这种行为表现的尊重——欣赏和称道没有改变，他对这个企业组织和团队成员及其所尊重、肯定的行为表现的偏爱，也就不会改变。通过尊重人——欣赏和称道他人的行为表现，也就在一定程度上达到了情感管理所要达到的目的。

2. 尊重人的情感管理的两个内容

要保证情感管理的目的和效果，获得岗位员工的爱的情感，这种尊重——给予欣赏和称道，就绝不能太功利化，必须超越对企业、对个人的利益作用来实施。也就是说，除了对有助于企业和个人利益的行为表现给予欣赏和称道之外，对其不具功利作用的生命行为，也要给予欣赏和称道。由尊重特定的人的特定行为表现，泛化为尊重人的生命行为本身。这也就是把这种尊重——欣赏和称道，预先贷放出去，使他人反过来产生了爱的情感之后，再从被爱中获得企业和自己个人的利益——对方完满地履行职责，出色地做好工作。

这就要求尊重人的情感管理，必须从两个方面去实施：

（1）对人的普遍价值给予认同。

对人的普遍价值给予认同，也就是对人作为一种高级的生命形式予以欣赏和称道。认同他的个性和尊严，承认他展现个性和尊严的权力和地位，给予他自主和平等。这种价值认同，就是对人生命价值的认同。这种尊重应该给予每一个人，这种尊重中所包含的是认定人的普遍价值。尽管这种尊重不能起到直接诱导人的行为选择的作用，但它却是让人产生爱的情感的基础，从而也是构成诱导人的行为选择，实施特别尊重的基础。人的任何意志行为，都必须以生命的存在为前提。否定人的普遍价值，单单认同他人有益于自己利益实现的行为特殊价值，也就把人变成了工具。这种尊重几乎是与趋炎附势的行为等同的。这种尊重不是爱的表达，也不能充分激起和获得他人爱的情感。

（2）对人的特殊价值给予认同。

对人的特殊价值的认同，是指对人的特别行为和行为结果，以及特殊的表现，给予欣赏和称道。这就是对于一个人在有不同于他人的某一方面的行为表现或行为结果、独有特征时，给予特别的价值认同。从而一方面使被尊重者重复被欣赏和称道的行为，争取更大、更好的行为结果和表现，以获得更多的欣赏和称道。另一方面，又通过这种尊重，使企业倡导的某些行为和表现，与特定的价值对应起来，从而影响他人、鼓励他人也效仿这种行为表现，起到诱导更多的人把行为选择的方向转移到企业所倡导的行为和表现上来的作用。

通过认同人的特殊价值而表现的尊重，与作为奖赏的尊重存在一定的联系，但二者之间是有区别的。作为奖赏的尊重，是一种交换，是他人提供了你所需要的东西，在无以为报时，选择了尊重。而这种尊重既不能表达爱，也不能持久地诱导他人的意志行为。这也就不是严格意义上的尊重。奖赏必须借助物质的东西来体现，尊重并不一定要用什么特定的物质来体现，而是体现在对他人的一种态度上，甚至在这里起作用的也主要是这种态度。

3. 尊重人的普遍价值

在企业内部实施情感管理，首先要尊重人的普遍价值，并且必须由老板和上司主管首先付诸行动。其可选择的行动内容，主要包括以下 16 个方面：

（1）礼遇每一个岗位员工，平常相遇，点头、握手、拍肩、微笑致意。

（2）与下属员工之间，相互以昵称相称，以表示亲近和平等。

（3）凡是自己职责范围内的大小决策，都主动邀请下属员工参与讨论，给予他们表达自己的意愿、发表自己的见解的机会。

（4）利用所有可能的机会，与下属员工就生活、工作、社会、政治、哲学、文学、音乐、家庭、体育等方面进行沟通，交换意见，以增进相互之间的了解和理解。

（5）不仅要记住直接下属员工的姓名，而且要记住下属的下属员工的姓名。姓名对于任何一个人而言，都是最具穿透力的音符。

（6）上班迎候下属员工。岗位员工来上班工作，是为企业作贡献，迎候就是对其价值的一种认同。

（7）年终工作总结，真诚地向下属员工表示谢意，以肯定下属员工工作的意义和价值。

（8）深入工作现场，从欣赏的角度，观看工人的现场操作。

（9）为下属员工举行生日晚会，并致祝贺词，赠送有纪念意义的生日礼品，使下属员工感到自己在企业老板和上司主管心目中的地位。

（10）消除与下属员工的空间隔离，与下属员工共处一室办公，让岗位员工感到老板、上司与自己的平等和亲近。

图2－20　尊重人能让人真正卖命

（11）取消等级式的主管餐厅、专用停车场和卫生间。等级本身包含一种歧视和对对方的贬低。

（12）定期举办各种舞会、沙龙、茶话会，与下属员工同乐。同乐本身包含一种价值认同。

（13）为新来岗位员工举办欢迎会，为退休离岗岗位员工举办欢送会，使之感到自己在这个社会群体中的地位和价值。

（14）不定期地走访岗位员工家庭，并赠送纪念品，以提升岗位员工在企业小社会之外的大社会中的地位。

（15）看望生病岗位员工，并送慰问品，使之感到自己在企业这个社会群体中的重要性。

（16）亲自或委托人参与岗位员工家庭的喜庆或丧葬活动。这是一种表示尊重的礼仪。

4. 尊重人的特殊价值

尊重人的特殊价值，即对不同的人给予不同的尊重。这首先必须确定，对什么样的行为表现给予欣赏和称道。这需要有相应的企业文化进行界定，但其实施必须首先由企业老板和上司主管付诸行动。可选择的行动内容，主要包括以下16个方面：

（1）高度重视对下属员工工作的考核。知人是对他人最大的尊重。

（2）对有才能的人委以责任和权力。知人不用人就是歧视人。

（3）对有学问的人，遇事登门求教。这可在使对方得到一定满足的同时，也使自己的修养和形象得到提升。

（4）节假日登门看望有特别贡献的岗位员工，让他们感到在老板和上司心中有他们的地位。

（5）邀请有特别表现和特别贡献的岗位员工家属和亲友，来企业参加联欢活动，以让有特别表现和特别贡献的岗位员工在家庭小社会中获得其地位。这同时也是补偿岗位员工因专于工作而欠下他们家人的情谊。

（6）向有特别表现和特别贡献的岗位员工生活居住于其中的社区送祝贺信或喜报，以直接提升他们在生活于其中的大社会中的地位和影响。

（7）举行专题报告会，让有特别表现和特别贡献的岗位员工登台介绍自己的经验和体会。这有助于提升他们在同事中的地位和影响。他人穿上了锦衣就要给予他们在太阳下行走的机会。

（8）给工作业绩杰出的岗位员工披红挂彩，以提升他们在企业组织中的地位。直接给他人穿上锦衣，增加其光彩。

（9）联络大众媒体，甚至购买一定版面，让大众媒体公开宣传有特别表现和特别贡献的岗位员工的事迹。这是为有特别表现和特别贡献的岗位员工做广告，更是为企业组织的文化做广告。

（10）把有特别表现的岗位员工的事迹编成故事、诗歌，甚至戏剧作品进行传颂。这既是提升有特别表现的岗位员工的地位和影响，也是塑造与他们的行为表现相联系的企业文化。

（11）每年定期出版《企业志》，在《企业志》中开辟专章记录有特别表现和特别贡献的岗位员工的名单和事迹。青史留名，实现自我的永恒，是任何人都向往的。

（12）邀请有特别表现和特别贡献的岗位员工作为贵宾，参加企业的重大典礼活动。尊重必须体现到一定的礼仪上来。

（13）让有特别表现和特别贡献的岗位员工，参与企业组织重大决策制定的讨论。尊重必须体现到对人的意愿和意见的重视上。

（14）对有特别贡献的岗位员工，授以荣誉职位头衔。名在任何时候都是人之所求。想让人不图名、不图利，只能是自己愚弄自己。

（15）把有特别表现的岗位员工的照片，在公告栏张榜刊登出来，甚至为之画像、塑像。在公共场合能看到自己的正面褒奖肖像，任何人都会为之激动。

（16）用为企业作出重大贡献的岗位员工姓名，给企业建筑物或地方公共建筑物命名。这是让人永恒不朽的一条途径。

5. 通过尊重人实施情感管理的具体要求

通过尊重人实施情感管理的具体要求，可主要概括为以下六个方面：

（1）必须把尊重人列为管理人员的一项基本素养，并纳入晋升任用的考核范围。对下属员工，以及同事，有不尊重言语和行为的，不能晋升任用。

（2）对不尊重人的言语和行为，必须制定相应制度规范，给予严肃查处，并像记考勤一样扣减绩效得分。

（3）对于应该给予特别尊重的行为表现及其尊重方式，必须有统一的管理制度保障实施，以避免实施上的随意性而导致混乱和被歧视的事发生。

（4）对于可以全面贯彻的尊重人措施，必须以岗位员工行为守则的形式予以规范，使尊重人的情感管理措施直接变成企业组织上下全面遵守的行为准则。

（5）必须设立专门机构，定期进行检查，发现上司主管不尊重下属员工，要及时查处；同时接受被侮辱和贬低的岗位员工的申诉，以在企业内部查禁不尊重人的行为。

（6）设立举报箱，收集不尊重人的行为和事件，以监督和揭发上司主管侮辱和贬低下属员工的事件。

6. 通过尊重人实施情感管理必须注意的问题

尽管尊重人是实现情感融合的首要途径，但并不是只要给予尊重，就能达到组织情感融合的目的。所以，通过尊重人实施情感管理，必须注意以下五个问题：

（1）所尊重的行为表现和行为结果，必须是岗位员工自己能够自主决定的东西。对一些造化所致的东西，任何形式和程度的称道和欣赏，都不可能起到诱导岗位员工的行为选择的作用。

（2）特别尊重必须有的放矢，使其所尊重的行为表现和行为结果，与企业发展价值目标的达成直接关联起来。

（3）所给予的特别尊重必须适度，要让这种特别尊重与岗位员工的行为表现和行为结果对应，即与对企业发展价值目标达成的贡献大小挂起钩来。

（4）对企业所倡导的某种行为表现和行为结果，即使只是一种萌芽，也要给予充分的欣赏和称道，以使这种行为逐渐变成一种风气。

（5）企业领导人和高层管理人员要带头实施，进行示范。也只有他们带头实施，进行示范，才有可能广泛造就一种相互尊重的文化风气。

三、情感管理实施途径之二：信任人管理的标准要求

1. 信任人的情感管理作用分析

信任人，也就是视对方为值得依赖和能与之分享喜、怒、哀、乐的朋友和知己。对于一个人是否信任，这包含了对这个人的未来行为的一种预测。当预测对方会以一种友好的态度对待自己，并把自己的喜、怒、哀、乐拿出来与之共享时，这就是一种信任。但这种预测在很大程度上都只是一种主观臆断，本身并不表示对方有或者没有某种友好行为。更重要的是，这种臆断对于对方的行为选择有直接而巨大的影响作用。

只要没有直接的利害冲突，你预测并认定对方的态度和行为会友好，就会在很大程度上诱导对方的态度和行为，对方就真的会有友好的态度和行为。你预测并认定对方的态度和行为不友好，对方就会认为没有必要友好，反正你认为我不友好，也就真的不友好。对对方作出不友好的臆断，也就是把对方归入了“敌方”阵营。对方即使没有友好的表现，也不等于有敌对的表示。把对方归入敌方，必然使对方产生紧张和不安，并感到不满和气愤。因而对方也就开始防范，甚至主动出击，真的选择敌对的态度

和行为。同时，对对方作出不友好的臆断，会直接给对方的情感带来一种伤害，使对方意气用事，选择敌对行为。相反，若对对方作出友好的臆断，也就是把对方归入了“我方”阵营，视之为朋友，这必然使对方产生安全感，从而感到轻松和愉快，因而真的选择友好的态度和行为。人作为一种理性的动物，深知未来有太多的不确定性，为自己的安危考虑，只要没有直接利害冲突，不会毫无理由地选择与人为敌的态度和行为。任何与人为敌的行为，都会使自己产生不安和紧张。健康长寿的人，一般都是与人为善的人。这就使这种推测和臆断对他人的态度和行为具有直接的设计、设定作用，直接使对方的意志行为按照所设定的模式进行选择。任何一个人都有其自我意识和自我意志，对于他人对自己行为态度的推测和臆断，不可能完全无动于衷，必然会以自己特有的方式作出反应。

当所设定的内容是对方的能力时，信任表现的则是对一个人的未来行为的一种肯定，也就是对他可能的自我社会价值的一种认同。而任何一个人都希望实现其自我社会价值，因而也就会珍惜他人对自己的这份自我社会价值的认同。所以，当一个人对另一个人的未来某种行为能力进行设定认同之后，就会促使这个人付出更多的努力，以使给予信任的人不失望；同时又通过这种努力获得更多的信任，获得更多的自我社会价值实现。相反，在行为能力上的不信任人，则是对对方未来自我社会价值的一种否定。这会使这个人感到委屈、不满。尽管有一部分人会选择加倍付出努力，向世人证明自己的这种特定能力，但大多数人会选择自暴自弃的行为。既然你对我在这一点上不信任，我也不求从你那儿获得这种自我社会价值的认同了，也就没有必要付出努力向你证明我的这种能力和自我社会价值。这实际上也就把对方的意志行为引导到不信任所臆断的结果上去了。

由此可见，无论信任的内容是行为态度，还是行为能力，都是对他人的一种设计、设定。这种设计、设定会直接影响一个人的行为选择。所以，对于企业组织的每一个岗位员工，通过信任对他的未来价值予以肯定，诱导他向信任所设定的方向付出更多的努力，就可以使之把工作完成得更出色，把职责履行得更圆满。更重要的是，给予信任，就是与之结成了朋友和知己，就是向对方贷出了爱，从而就会获得爱的回报。这样，相互之间的情感交融关系也就建立起来了。对于朋友和知己，以及朋友和知己的事，怎么会不高度关注，热情对待呢？

在现实中，很多人都强调人心叵测，难以让人信任。这就使信任人有了难以逾越的障碍。其实人心是完全可测的。只有在利益关系和价值观念上存在对立时，才会让人感到人心叵测。但这仍然是人心可测，只不过存在对立关系，信任对方不能达到信任的目的而已。

所谓利益关系上的对立，也就是与对方在利益上处于截然对立的两极，根本不存在调和的余地。在这种与虎谋皮的情况下，无论信任与否，对方都不会把他的行为选择调整到你所期望的方向上来。但人与人之间的关系，并非总是处于你多我就只能少、你荣我就只能辱、你得我就只能失、你生我就只能死这样完全无法调和的对立状态，而更多的是处于一种互利共赢的状态，可以俱多、俱荣、俱得、俱生。这就决定了任何一个人都不会拒绝相互之间可能的合作。即使你的荣、得、生，不能给他人带来同样的利益，但只要不会导致他人的辱、失、死，他人仍然可以成为信任的对象。因为信任本身就是给予他人荣和得。

所谓价值观念上的对立，也就是彼此在判断是非、善恶的标准上正好相反。在这种情况下，虽然彼此之间并不存在利益关系上的冲突，仅仅是差异，但因为价值观念上的对立，二者利益之间存在的差异也就必然会被夸大，用差异掩盖二者之间存在的一致性。在价值观念上处于对立关系，会很自然地把对方视为敌人，并用“凡是敌人反对的，我们就要拥护；凡是敌人拥护的，我们就要反对”的模式思考问题，把利益关系也推上两个极端，因而不仅忽视，而且直接否定利益关系上可能存在的一致性。其实，没有利益支持的价值观念，只不过是自己给自己套上的一条无形的绳索，把自己限制在并不存在的一个囚笼之中。这也是思维高度发达的人反而变得愚蠢的一个原因。

没有人会无缘无故地选择与人为敌的行为态度。与人为善，是与己为善；与人为敌，也是与己为敌。树敌一人，就是把自己置于一人的攻击之下；与众人为敌，就是把自己置于众敌包围的死境之中。从这个意义上分析，信任与否的关键，也就仅仅在于二者之间的利益关系是否存在对立性质。即使这二者不是完全统一的，但只要二者之间存在一定的一致性，就有了通过信任诱导对方的意志行为的基础。因为被信任，给予他未来的某种自我社会价值的认同，本身就会成为他利益的一个内容。只要没有根本利益上的冲突，谁都不会选择与人为敌。即使特别好斗的人也不例外。与人为敌不仅仅是对对方的一种损害，也是对自己的一种损害。两虎相斗，如果互不相让，其结果也就只能是一死一伤。而退让，调整一下自己的意志行为，却可避免死伤的后果。后退一步路自宽，就是这个道理。况且，信任并不是一种退让，而是直接给予对方爱，并可从对方获得爱的回报的一种行为选择。这也就是把一种可能的损害，变成了一种支持和帮助。朋友和知己之间，相互支持，相互帮助，有难同当，有利共享，是自然而然的事。

图 2－21　赞美人，必须实事求是、发自内心

2. 信任人的表达途径

通过信任人实施情感管理，以在企业内部形成相互信任、互为知己的融洽人际关系，使每一个岗位员工与企业组织，以及其工作于其中的团队集体和团队成员，结下深厚的情谊，最关键的是企业老板和上司主管，要身体力行，主动表达信任。以下 12 条途径都可以尝试。

（1）避免对下属员工进行不善的臆断。没有十足的根据，不要以低下的动机度量下属员工的意志行为。以低下的动机度量人，就是对对方的最大不信任。

（2）对于下属员工已存在的过错和不良行为，不要上纲上线，从其动机上找原因。避免把没有不良动机的过错和不良行为，归结为道德品行问题。并非所有过错和不良行为都与行为主体的不良动机相关。

（3）共享企业财务、成本、市场、技术、战略等商业秘密，真正把下属员工视为朋友和知己。

（4）随时将自己有关企业发展的思路和意见向下属员工进行介绍，并征求下属员工的意见和看法。

（5）邀请下属员工参与自己所主持的决策和规章制度的制定讨论，把下属员工引为知己。

（6）完善岗位员工合理化建议制度。认真分析岗位员工的每一个合理化建议，并把具有可行性的建议付诸实施，无法实施的也要向建议人作出解释说明。

（7）授权让下属独立承担责任，避免掣肘干预行为。掣肘干预，不仅会让对方感到不信任，而且还会降低对方的责任心。

（8）多作近距离的交谈沟通，像朋友一样讨论问题。保持距离，就是一种不信任。

（9）开门办公，让下属员工随时都可与自己进行交流沟通。提防他人，是直接把他人划归敌方。这不仅是对他人的不信任，而且是对他人的一种侮辱和挑衅。

（10）邀请下属员工到家里做客，并把家人和朋友介绍给下属员工。这是主动把下属员工引为知己的行为表现。

（11）按能授权，严格根据能力选拔任用人，不在他人的态度、道德品行上做否定性的设定。态度和道德品行的好坏，是管理的结果。下属员工态度和道德品行不好，是因为管理实施不当。

（12）在各个单位、部门，实行主管轮执制度，让下属员工有机会承担单位、部门整体性的工作责任，提供增进相互了解的机会。这些都是可直接把对方变为知己的积极行为。

3. 信任人的情感管理实施要求

通过信任人实施情感管理的具体要求，主要有以下六个方面：

（1）把可以在企业全面贯彻的信任人措施，以制度规则的形式予以固化，使信任人的情感管理措施直接变成企业组织全面遵守的行为准则。

（2）定期至少一年进行一次不记名的问卷调查分析，对企业内部各个单位、部门，通过信任人实施情感管理的效果进行统计计算，并将结果作为各个单位、部门主管的绩效考核结果的一个构成部分。

（3）对于增进相互之间理解的沟通交流，必须有制度化的安排。没有相互之间的充分理解，也就不可能有真正的相互信任。

（4）把信任人作为一种能力素质进行培训，并明确把这种能力素质作为管理岗位角色选拔的一个条件要求。

（5）对于明显不信任人的行为，必须有明确的制度限制，以避免不信任人的行为蔓延，恶化企业内部的人际关系。

（6）定期对不信任人的行为进行检查、分析，并通过组织措施，包括通报批评、降职，来消除不信任人的行为表现。

4. 通过信任人实施情感管理必须注意的问题

与尊重人一样，远不是只要给予信任，就能达成组织情感融合的目的。所以，通过信任人实施情感管理，必须注意以下三个问题：

（1）要尽可能多地创造机会进行沟通交流，以加深各级各类岗位员工相互之间的理解，使之相互认同对方价值需求满足的必要性，理解对方意志行为的合理性。任何否定他人价值需求满足的必要性和意志行为的合理性的行为，都会把企业内部相互之间的平等合作关系变成一种压迫与被压迫、剥削与被剥削的对立关系，从而摧毁相互信任的基础。

（2）对于企业发展的成果，要进行恰当的利益安排，以保证各级岗位员工的利益能够随着企业发展而发展，使企业整体利益与岗位员工个人利益形成更高的一致性，由此增强企业内部相互信任的基础，达到消除下属员工与上司主管，乃至与企业组织在意志目标上的矛盾和对立。

（3）要适当组织一些社会心理学方面的专题讨论和培训，以增强管理者与被管理者对意志行为、心理发展变化规律和模式的把握和了解，从而提升管理人员运用信任人的方式实施情感管理的能力。

四、情感管理实施途径之三：关怀人管理的标准要求

1. 关怀人的情感管理作用分析

关怀人，也就是对对方的价值需求满足给予关注和帮助，并为对方根本利益和长远利益的实现提供支持，以使对方与其根本利益和长远利益相关的价值需求能得到充分的满足。它是企业组织获得岗位员工广泛的爱，实施情感管理的关键性措施。相对于尊重人和信任人，关怀人更具体、更现实。它给对方带来的满足是看得见、摸得着的。因而，它在情感管理实施过程中的作用也更明显，甚至其他两种途径的效果还必须建立在对它全面贯彻实施的基础上。没有关怀人做基础，尊重人和信任人，就可能被下属员工误解为欺骗耍弄他们的伎俩。尊重人和信任人的实施，不能体现在现实的物质利益满足上，也用不着企业投入什么费用。如果没有关怀人的全面实施，让下属员工产生误解，也就在所难免。并且关怀人是直接让下属员工的生命价值和自我社会价值现实地体现出来。关怀对方也就是对对方的生命价值和自我社会价值的认同和赞美。

关怀人有真假之分。真正的关怀人，是一种真诚的爱的情感表达。它强调关注对方的根本利益和长远利益的实现，强调从对方的根本利益和长远利益出发，并从对方的根本利益和长远利益的角度，思考问题，提供支持和帮助。虚假的关怀人却相反，仅仅为了讨好对方，为对方一时一刻的肌肤之利的满足提供方便，创造条件，而置对方的根本利益和长远利益于不顾。这种关怀，只是让对方沉溺于现有的满足之中，让对方只有现在，

没有未来。这种关怀可以说是对对方的一种溺杀。

实施情感管理关怀人必须是真正的关怀人。也只有关注下属员工的根本利益和长远利益，并为其实现提供支持和帮助，才能获得下属员工对企业组织及其团队成员的爱，从而使之直接把企业组织及其团队成员的事当做他自己的事来做，把企业组织所赋予的职责履行好。

图2－22　信任人是获得他人忠诚的重要途径

2. 关怀人的方式和途径

关怀人的方式和途径丰富多样，以下是在企业内部真正实现对他人关怀的12个方式和途径。

（1）对企业发展进行严密的规划，并尽可能保证企业发展的稳定，为下属员工在企业内部实现其自我社会价值、获得事业成就创造条件，提供舞台，消除下属员工个人发展上的不确定性。

（2）为岗位员工的职业发展和事业成就发展提供指导和帮助，以保证下属员工在自己的客观实际允许的范围内，获得最大限度的职业发展和事业成就发展。

（3）监督并消除各级主管可能存在的种种偏私行为，使下属员工的工作得到公正评价，进而获得公平的薪资收入和平等的职位晋升机会，让每一个岗位员工都形成积极向上的心态，消除自卑、失望和自暴自弃的心理。

（4）对各级主管进行严格的监督，防止他们向下属员工提出工作责任之外的要求，以避免下属员工因此而产生压抑恐惧。

（5）改善优化企业内部的人际关系。避免因为紧张的人际关系，让岗位员工时时担心被人算计，从而产生压抑、忧虑、恐惧和不安情绪。

(6) 改善岗位员工工作条件和工作环境，避免因为工作条件和工作环境太差、太恶劣，给岗位员工带来的身体不适，甚至生命和健康上的危害。

(7) 为下属员工提供必需的社会保障，以消除天灾人祸的袭击可能给下属员工造成的后顾之忧。

(8) 关注下属员工的生活问题，消除下属员工日常生活中可能存在的不便，包括生活设施不健全，上下班不便、不安全，孩子入托、入学困难和不安全，保证下属员工能集中精力做好工作。

(9) 关注社区治安问题。如果社区治安状况不好，必须采取有效措施，避免下属员工为人身、财产的安全而担忧。

(10) 每天早上下属员工来上班，要观察其神色。通过观察下属员工的神色，及时发现下属员工遭遇的困难，并及时提供帮助，予以解决。

(11) 通过观察下属员工工作的精神状况，及时发现下属员工心中所隐藏的怨怼和不平，并及时通过沟通交流，找出原因，予以解决。

(12) 关注下属员工的家庭婚姻问题，并提供解决的办法和措施。家庭婚姻问题是最让人操心的，不仅会让人分心，做不好工作，而且还会让人心烦意乱，感到压抑，丧失生活的信心。

3. 关怀人的情感管理实施要求

通过关怀人实施情感管理的具体要求，主要有以下六个方面：

(1) 定期为岗位员工个人的职业发展和事业成就发展，提供规划设计咨询服务，以使岗位员工恰当地选择、确定自己的发展目标，并充分运用已有的资源和可发展、可积累的资源。

(2) 必须健全员工发展管理制度，并通过制度化的安排，为岗位员工的职业发展和事业成就发展提供支持和帮助。

(3) 在企业组织中，必须设立专门负责劳资关系和人际关系协调管理的机构，使下属员工有不痛快的事时有地方诉说。

(4) 必须定期向下属员工征求生活、工作上的意见，及时发现和了解影响下属员工的不安因素。同时，向下属员工征求消除这些不安因素的办法和建议，以求早日解决问题。

(5) 定期对管理人员管理实施的过程进行调查，查处造成下属员工不安的事件，以及不关心下属员工的事件。

(6) 通过不记名调查的方式进行调查、统计，对不关心下属员工的管理人员要扣减绩效得分。

图2－23　吴起常胜之谜就在此

4. 通过关怀人实施情感管理必须注意的问题

通过关怀人实施情感管理必须注意的问题有三个。

（1）以情感管理为目的的关怀人的实施，必须是兼爱而不能是偏爱，即对下属员工平等地给予关怀和爱护。否则，就会造成拉帮结派、分裂企业组织的后果。

（2）对于要关怀的内容必须进行分类、分级分析，以便于依次解决岗位员工在个人职业发展和事业成就发展上的被歧视导致的不安，在企业生活、工作中的不便或不安，以及在社会生活中的不安。

（3）对造成下属员工不安的因素，要分类排序，并分出轻重缓急，然后根据企业现有的实际情况，做出计划安排，分别确定责任人，保证在限定的期限内妥善解决，把关怀人落到实处。

第十章

岗位员工情绪管理的标准要求

情绪管理在企业管理实施过程中的运用，可以说是一个全新的课题，除了传统的激将法之外，很少有人在准确地把握人的情绪发生、发展、变化的规律的基础上，系统地运用情绪形成和变化的规律，对岗位员工的情绪进行管理。在企业管理实施过程中实施的情绪管理，并不是要控制他人的行为，而仅仅是通过对情绪的管理，发掘潜能及避免不必要的冲动。

一、岗位员工情绪管理的内涵

1. 情绪与情感的区别

情绪与情感紧密相关，特别强烈的情感活动，会直接表现为一种情绪。爱慕的情感可能给爱慕的双方直接带来喜悦，但仇恨的情感却只能给仇恨的双方带来愤怒的情绪。但情绪并不等同于情感，它是独立于情感之外的一种心理现象，是人对外部世界的变化作出的一种反应。其区别主要有三点。

（1）二者形成的作用关系不同。情绪是外部事物对人的心理刺激所引发的一种心理反应。人产生某种情绪，完全处于一种被动状态，是被动地接受外部事物的刺激。情感却相反，是人对外部事物所持的一种态度。尽管这种态度的形成与外部世界的变化存在一定的关系，但人在这里具有更多的主动性，不是被动地做出反应，而完全可能是一种主动的积极行为。爱和恨都不是被动地接受，只有对方有爱的积极回应，才会使爱深化，也只有对方回击恨，恨才会升级。

（2）二者与理智的关系不同。情感是在理性活动的基础上形成的，是人的理智选择确定的意志指向发生了黏附，把过去的理智固定化，使之难以随着外部事物的变化而自主地调整自己的意志行为。情绪与理性则是相互独立的，它是独立地对外部世界的变化进行反应，并且是一种不自主的心理反应，其中没有理性和意识的介入。如果说情感对于人的行为选择的影响，还只是让人的行为部分地失去理智的话，那么，情绪则会使人的行为完全失去理性的控制。人在处于一种剧烈的情绪爆发状态时，他甚至会忽略自我的存在，就像一罐燃烧的汽油，不把汽油烧尽，甚至连装汽油的罐子也摧毁，是不会自我熄灭的。它使人所拥有的理智在此时此刻变得软弱无力，不仅直接臣服于情绪所寻求的目的，而且不自主地从人的意志行为中逃离。

（3）二者对于人的行为选择的影响作用的持久程度不同。情绪对人的行为选择的影响作用，是相对短暂的。情绪所表现的心理波动本身相对比较短暂，发泄完了就恢复了平静，也就不再有影响作用。情感的形成和变化却要缓慢得多。形成得慢，变化也慢，在其改变之前会一直维持其对人的影响力。

情绪对人的行为具有强大的影响作用，所以，企业管理活动不能忽视它的存在，必须重视，并且必须自主地对它的形成和变化进行有效的管控。只有这样，才能保证岗位员工完满地履行职责，出色地做好工作。但情绪却是让人很难控制的一头怪兽。当它爆发出来之后，除了让它通过发泄逐渐平息外，没有外部的力量可以让它回到理智的笼子中去。

2. 情绪管理的内容

情绪管理的内容可主要概括为两个方面。

（1）情绪诱导管理。通过设计或构筑一定的情境，对岗位员工的情绪进行有目的、有控制的开发，诱导岗位员工形成或爆发某种情绪，使岗位员工受产生的情绪诱导，选择管理者所希望的行为，甚至奋不顾身，以达到发掘和发挥其潜能的目的，为出色地做好工作服务。

（2）情绪防范管理。通过有计划、有目的地组织一些活动，对岗位员工的情绪的发展和变化进行疏导，使其情绪有足够多的机会在情绪积累、爆发之前温和地释放出来，以避免剧烈爆发导致失控的后果发生，从而达到避免岗位员工受情绪波动造成对职责履行的妨害的目的。

情绪管理在企业管理实施过程中的运用，可以说是一个全新的课题，除了传统的激将法之外，很少有人在准确地把握人的情绪发生、发展、变化的规律的基础上，系统地运用情绪形成和变化的规律，对岗位员工的情绪进行管理。即使有，也都是零零碎碎的运用。例如，很多不良社会组织就自觉或不自觉地运用对他人情绪的控制来控制他人的行为。这种情绪管理所具有的潜在作用，却是显而易见的。不过在企业管理实施过程中实施的情绪管理，并不是要控制他人的行为，而仅仅是通过对情绪的管理，发掘潜能，以及避免不必要的冲动。

二、情绪诱导管理的标准要求

1. 情绪诱导管理的内涵

人的情绪的爆发，并不是无缘无故的，而是与外部世界的变化有关的，是特定事物、特定情境作用的一种结果。它是事物和情境的变化，引起的人的心理状态的一种波动。这种非理性的心理波动，直接使人的意志行为发生左右摇摆，甚至完全被它所控制。

对人的情绪进行诱导管理，极端的情况是通过设计和构筑一种特定的情境，使被管理者有所感触，激起他的心理强烈波动，使其意志行为指向在与管理者所希望的方向一致的情况下，发挥出平时受理性控制而谨慎行事所没有发挥出来的潜在力量。这种情绪诱导管理，主要是激发对方愤怒的情绪，让对方在愤怒的情绪的控制下，形成激烈的反应。但更多的情况，是根据人的情绪对其意志行为影响的性质，有计划、有目的地给对方造成一种特定情绪，让对方作出在理智的情况下可能不会作出，而管理者又希望其作出的一种行为选择。后者就不限于哪一种情绪，人的喜、怒、哀、乐、忧、惧六种情绪都可以通过管理诱导，使之在受控的情况下温和地形成和爆发。

现代科学研究已有一个定论：人的潜能，有一多半终生都只是以潜能的形式存在，并最后带进坟墓，白白浪费掉了。为什么会如此？这与人的理性有关。人的理性往往让人太局限于现实的得失，把未来不确定性中的不利作用估计得过高，过于局限于前人已有的定论，行事谨小慎微，不敢创新。这就是对岗位员工必须进行情绪诱导管理的原因之所在。通过有计划、有控制地让岗位员工形成和爆发一定的情绪，突破他固有的理性栅栏，使其行为选择更加坚决，把自己的潜能发掘出来，为他自己价值需求的满足服务，成就他自己想成就的事业。例如，对于一个好胜心特别强的人，在特定对象上，否定他的能力，贬低他的价值，就会激起他的愤怒，并用他从没有过的努力，把他的潜能发掘出来，以证明他的价值。与此同时，也就让他为企业发展作出了更大的贡献。

图2－24 情绪让人犯横，理难入脑

2. 情绪诱导管理的实施途径

针对特定的事物，通过设计和构筑特定的情境，激起岗位员工的一定情绪，以作用于他的行为选择，可选择的实施途径，主要有以下十个。

（1）给对方带来一定价值满足的喜悦之后，让对方对未来有更加乐观的预测判断，以使对方确立更高的工作目标，制订更具雄心的计划。

（2）故意在某一个特定的问题上贬低对方，使对方被激怒后用自己的行为来证明其能力和价值，从而使对方把潜能发掘出来，服务于岗位职责的履行，成就事业。

（3）给对方以一定“打击”，让对方从好高骛远、不切实际的空谈回到现实中来，使之为自己的工作和发展做出可行的计划和安排。

（4）故意造成一种危机，让对方为特定的事而忧惧，从而提高对所忧、所惧的问题的关注程度，以使之谨慎行事，免走弯路。

（5）故意造成一种对对方不敬的情境，使对方为证明自己的价值而调整自己的意志行为方向，提高意志努力的程度，甚至通过超常的、持续的意志努力，创造出奇迹来证明自己的价值。

（6）在对方需要帮助时，故意给予冷漠，使之为了自救而调整自己的意志行为，付出更大的努力。

（7）用行为结果打赌，让对方付出最大的努力。

（8）组织一定形式的比赛，把人置于难以认输的情境中，使之爆发出作最大努力的冲动。

（9）向对方挑战，让对方为维护自己的荣誉、避免被侮辱而尽最大的努力。

（10）让对方立下“军令状”，背水作战，把自己置于足够大的得与失的边际情境中，使之为了逃避失的恐惧而付出最大限度的努力。

3. 情绪诱导管理的具体要求

通过情绪诱导实现情绪管理的具体要求，主要有以下八个方面。

（1）情绪诱导管理，必须制定严密的实施计划和程序，以避免因为随意行事而造成不可控的局面。

（2）对于情绪诱导管理的适应范围，必须有明确的限定，以避免滥用，引起误解。

（3）在实施情绪诱导的过程中，必须保证使对方突破理性栅栏进行的行为选择不违背他个人的根本利益和长远利益。否则违背他在情绪平静之后的理性选择，就是对他的欺骗和愚弄。

（4）必须准确地把握所激起情绪的强烈程度，不能把被管理者置于一种行为完全无法控制的境地。否则，他做出过激反应，发生有违管理者初衷的危害社会利益、伤害他自己或其他人的行为，则要为之承担责任。

（5）为激起下属员工特定情绪的情境设计，必须目的明确，并且要分析特定情境所产生的激励后果，以保证与其初衷相适应。

（6）通过构筑特定的情境激起他人的特定情绪来诱导人，必须把握对方的心理性格特征。对于自我情绪调控能力差的人，要避免运用激将法实施情绪管理。否则，不仅可能导致行为失控，而且可能造成意想不到的不良后果。

（7）构筑影响他人情绪的情境，必须设计有让人解除误解的机会。否则，就可能会恶化企业内部的人际关系。

（8）必须定期组织一些情绪管理技能培训，让管理人员能准确地掌握和运用驾驭他人情绪的科学方法。

三、情绪防范管理的标准要求

1. 情绪防范管理的内涵

人的情绪如果剧烈爆发，往往是一件可怕的事。在这种情绪剧烈爆发的情况下，他的理性思维就会丧失，其行为完全被这种情绪所主导，甚至他自己在干什么，他都不知道。在这时，他的自我意识已经模糊，从而使任何建立在理性基础上的劝导，对平息他的情绪都很难产生作用。为了避免岗位员工产生不利于履行职责、做好工作的情绪，就必须事先进行防范管理。其内容有两点：

（1）避免不经意造成的会激起他人情绪爆发的情境。

（2）在他的情绪积累转化为剧烈的冲动之前，让他有机会把这种情绪发泄出来，恢复心理平静，回到理性的道路上来。

一个人即使没有特别的情境激起他剧烈的情绪，如果长期处于压抑状态，细小的喜、怒、哀、乐、忧、惧，也会在心里积聚起来，变成一种强烈的冲动。如果因为受到外部环境的限制，一个人的情绪没有机会爆发，就可能在内部淤积。当淤积到一定程度后，或者来一次总爆发，使之处于完全失控的状态；或者自我压抑产生严重的精神病，导致精神错乱。这二者都是企业管理必须避免的事。因此，情绪防范管理也就成了企业管理实施过程中完全不能忽视的一项工作。

图 2－25　情绪防范：通过沟通交流把情绪吐出来

这一工作的重点是情绪发泄管理。情绪发泄管理的主要途径是增加和升华企业内部人与人之间的沟通交流，使每一个岗位员工因为种种原因形成的种种情绪，在淤积之前都释放出来。这也就是为各个岗位员工提供广泛的沟通交流机会，使他们所产生的种种情绪，能通过温和而平静的倾诉得到释放。但这种沟通交流又不可能通过正规的会议、座谈来解决。正规的会议和座谈，往往会抑制人们的情绪，使之不敢也不愿发泄。这就需要通过组织娱乐活动或体育活动，鼓励和支持企业内部各种非正规组织的发展，为岗位员工的情绪发泄提供机会。

2. 情绪防范管理的具体要求

情绪防范管理的具体要求，概括起来主要有以下六个方面。

（1）必须对管理人员进行必要的心理学知识培训，让他们掌握情绪发展和变化的规律后，自觉运用于管理实践，以避免不当的行为引起下属员工的情绪波动和积聚爆发。

（2）鼓励建立多种多样的非正式组织，使大多数岗位员工都有机会参与到他自己喜欢的非正式组织之中，使之能把对一般同事不愿透露的情绪，通过这种形式的交流发泄出来。

（3）对非正式的沟通渠道，必须有鼓励的措施和制度安排，使每一个岗位员工都有机会通过这种非正式渠道的沟通倾诉自己心中的喜、怒、哀、乐、忧、惧。

（4）定期和不定期地举办各种娱乐性的比赛，让参与者通过这种比赛发泄自己的情绪。

（5）上司主管必须平等地介入非正式组织的各种沟通和交流活动之中，以使上下级之间在工作中积聚的矛盾给下属员工造成的情绪压力，得以在爆发之前释放。

（6）适当组织一些心理学专题报告会，让岗位员工通过学习心理学知识，掌握控制自己情绪的技巧，使之能自如地控制自己的情绪，把剧烈的情绪通过温和的方式释放出来。

第三篇

岗位员工管理规范化实施的方法

本篇探索创新了薪点工资简化实施的方法和一般常见工资体系及奖励工资的核定方法，尤其着重分析了保证激励效果的绩效考核“十字标准”，以及达成的方法，包括目标化管理法、用户评价法、质证举证法、问题清算法、问题查寻统计法等量化实施方法。岗位员工发展管理方法的分析探索也是本书的重要内容，分析探索了岗位员工简历管理法、岗位关联轮换管理法、人力规划对应法、时尚营造法、价值强化法、比赛竞技法、创业鼓励法、职业生涯设计法、金手铐控制法、目标强化法等十种方法。探索的理论思路、标准要求和实施方法与源自西方的 MBA 教程的人力资源管理不同，是在企业发展的系统框架中探索回答如何保证岗位员工有履行好职责的能力素质、意志意愿和热情耐心的问题，是为解答管理学的基础问题进行的具体分析和探索。

第一章

经济福利激励实施的基本方法

经济福利激励实施的问题，主要是薪资管理的问题。薪资管理的目的是以尽可能少的人工成本投入，获得尽可能大的企业经济效益。薪资管理也就是运用基础工资、奖励工资、附加工资和福利保险，以及期权激励作为经济手段，对岗位员工的行为选择进行诱导，以激励岗位员工努力工作、积极创新。科学地确立薪资管理政策，以适应企业发展的实际和需要。

一、经济福利激励的九个内容

经济福利激励实施的问题，主要是薪资管理的问题。薪资管理的目的是以尽可能少的人工成本投入，获得尽可能大的企业经济效益。薪资管理也就是运用基础工资、奖励工资、附加工资和福利保险，以及期权激励作为经济手段，对岗位员工的行为选择进行诱导，以激励岗位员工努力工作、积极创新，多为企业作贡献。就具体的内容分析，必须根据就业市场和同行薪资水平，不断改善薪资管理，以达到求才、留才、激才的目的。其具体工作概括起来包括九个方面的内容。

（1）确立薪资管理政策。确立薪资管理政策，也就是为企业的薪资管理确立目标和思路。所以，薪资管理政策必须体现企业文化价值观念、企业经营理念和方针、企业发展目标和战略，以服务于企业核心竞争力，保证企业持续快速发展。

（2）选择薪资总额的管理方法。薪资总额管理也就是恰当地确定劳资双方在经济利益分配上的比例，以协调彼此之间的关系。其目的在于通过保障企业和岗位员工两方面的利益，实现互利共赢，而获得两方面积极性的同时，最终保证企业持续、快速发展。

（3）选择确立薪资结构。薪资结构是岗位员工从企业所获得的不同性质的经济福利的比例构成。选择确立薪资结构，也就是根据企业的实际和劳动市场的变化，确定薪资之中的基础工资、奖励工资、附加工资、福利保险和期权激励五者的比例，以最大限度地反映岗位员工的劳动对企业发展价值目标达成的贡献。

（4）选择确定薪资体系。选择确定薪资体系，也就是选择确定岗位基础工资的核定方法、核定依据和核定过程。目的在于提升基础工资核定的科学性、公开性、透明度，使基础工资具有激励岗位员工多作努力和贡献的作用。

（5）选择确立奖励工资的核定方法、核定依据和核定过程。奖励工资是对岗位员工超出工作标准的贡献给予的激励，其核定方法、核定依据和核定过程的科学性、公开性、透明度，就是保证其具有充分的激励作用的前提。

（6）选择确立附加工资的核定方法、核定依据和核定过程。附加工资是特殊工作岗位的超常投入所给予的补偿，其核定方法、核定依据和核定过程是否科学、公开、透明，会直接影响到岗位员工是否愿意做出超常投入的选择。

（7）选择确立福利保险的核定方法、核定依据和核定过程。福利保险是对岗位员工的持续努力工作所创造的价值给予的认定并在经济福利上的体现，是融入企业组织并持续努力的岗位员工才能获得的一种薪资。如果其核定方法、核定依据和核定过程不具有充分的科学性、公开性、透明度，福利保险这种经济福利激励就起不到对岗位员工行为选择诱导的激励作用。

（8）选择确定薪资的支付方法和支付程序。其重点在于增加薪资支付的公开性和礼仪，使薪资支付工作也具有充分的激励作用。

（9）确定薪资调整的条件、方法和操作程序。其目的是增加薪资调整工作的科学性、公开性、透明度，使薪资调整也具有充分的激励作用。

二、薪资管理政策的确立方法

在现实企业管理中，很多企业并没有明确的薪资管理政策。在薪资的调整和发放上，波动摇摆很大，企业要通过薪资管理政策来明确鼓励什么和禁止什么，导向不统一、不一致、不连贯，或者没有充分反映企业组织的核心价值观念、经营宗旨、经营方针，以及战略贯彻的要求，向岗位员工发放工资、奖励工资等，仅仅是为了平息岗位员工的抱怨和不满。致使薪资管理没有起到为企业发展战略的实施和企业核心竞争力的打造的推动作用。为了发挥薪资管理的激励作用，使薪资管理直接服务于企业发展价值目标的达成，就必须科学地确立薪资管理政策，以适应企业发展的实际和需要。

1. 薪资管理政策选择的思路

如果在一个企业里没有明确而完整的薪资管理政策和薪资管理——经济福利这一手段就无法充分有效地起到激励岗位员工的工作热情和创新的作用，往往是企业花了钱，还换不来岗位员工的愉快心情和工作热情。例如，国有企业在全面改革之前，国家三年，甚至两年下达一个调资文件，10%或者3%或者……，致使企业不仅花了钱而且还换来一些岗位员工之间的矛盾和冲突，影响了岗位员工的情绪，降低了劳动生产率。

薪资管理政策要解决的问题归纳起来有两点：

第一，明确薪资总额确定的依据，即为企业发展之后的经济利益在企业和员工二者之间的分配确立指导思想；

第二，明确岗位员工薪资的给付核算依据，即分析论证确立薪资福利在岗位员工之间分配的指导思想。

企业选择确定薪资管理政策，不能随心所欲，必须充分考虑以下五个因素：

（1）企业的核心价值观念。薪资作为一个激励工具，必须使之能明确地起到提倡什么、反对什么、禁止什么的作用。

（2）企业发展的关键资源。企业是通过钱赚钱，还是用人赚钱？是通过岗位员工的体力付出来赚钱，还是通过岗位员工聪明智慧的发挥、创新来赚钱？这些都必然会直接反映到薪资管理政策中来，并通过薪资管理政策突出企业赖以发展的主导资源的作用。

（3）企业本身的实际和特点。企业规模大小不同、所处地区不同、所处行业不同、所处发展阶段不同，必须有不同的薪资管理政策与之对应。否则就难以保证所支付的薪资对于岗位员工劳动贡献的激励作用。

（4）劳动力市场供求关系。劳动力市场在不同时期，会使不同类型、不同层次的人才在供求关系上处于不同的状况，从而使企业在求才、留才、激才的政策思路上也需要随之进行调整。

（5）国家宏观政策和法规。不同的国家、不同的地区，在最低工资、基础工资、加班工资、附加工资、福利保险和薪资支付上都有内容不同的规定和要求。这些规定和要求在薪资管理政策中都必须考虑。如果企业违反了这些规定和要求，往往会带来劳动纠纷和相应的行政处罚。

2. 薪资管理政策的分类

薪资管理政策种种，概括起来，主要有三类：

（1）以服务于企业核心竞争力的打造为目标的薪资管理政策。即让薪资管理政策直接服务于企业核心竞争力的打造。这种薪资管理政策，强调薪资总水平、薪资在不同类岗位员工间的分配比例、薪资在不同层次岗位员工间的分配比例等都要反映企业核心竞争力的内容变化。在不同的企业，其核心竞争力与不同类型、不同层次的岗位员工之间的关系，在性质上存在很大差距，因而使薪资总水平的决定和内部分配方式都会差异悬殊。

（2）以建立和确保人才竞争优势为目的的薪资管理政策。这种薪资管理政策，强调要用相比同行、同地相对较高的薪资总水平，来吸引、储备更多优秀的人才。这也就是以高额总工资水平和向优秀人才倾斜为特征的薪资管理政策。

（3）以延续企业的存在为目标的支付能力限制型薪资管理政策。选择这种薪资管理政策，一般是这个企业所在的行业已经处于衰退阶段，而企业本身或者没有能力转行，或者有能力转行但还希望能从这个行业赚回最后一点经济效益，或者企业经营已不景气，薪资支付能力已受限。这时的薪资管理政策，直接以创利能力为限制向岗位员工支付尽可能低的工资，以便最大限度地节约劳动投入。

三、薪资总额的确定方法

薪资总额是企业用于聘用所有岗位员工所投入的人工费用总和，既包括以现金形式支付的薪资，也包括以非现金形式支付给岗位员工的各类奖励，岗位员工所获得的奖励股份、分红计划投入、期权投入，以及以实物形式的福利投入和保险提供等。退休退职人员的各项支出和劳动保护的各项支出及稿费、讲课费等专门工作报酬，出差伙食补贴、误餐补贴等内容也应包含在薪资总额中。

薪资总额的确定必须贯彻企业的薪资管理政策。薪资管理政策不同，企业的薪资总额的确定方法也不同。三类薪资管理政策对应着三种不同的确定办法。

图3－1 要想马儿少吃草，就别想马儿跑得快

1. 服务于企业核心竞争力打造的薪资总额确定方法

在服务于企业核心竞争力打造的薪资管理政策下，薪资总额的确定必须考虑三个方面的因素：

（1）同行的人均薪资总额。过分高于同行平均水平，则会浪费劳动投入，使企业花费没有必要花费的高额劳动投入；过分低于同行平均水平，则会使企业优秀人才流失，导致企业发展受挫。

（2）企业在同行中的地位。企业具有自己的核心竞争力，其赢利就必然高于同行平均水平。这种赢利能力有岗位员工所作贡献，企业对之应有所回报。

（3）企业核心竞争力的内容与岗位员工整体的关系。当企业的核心竞争力仅仅与企业某些核心岗位员工的创造性努力和贡献相关时，这种核心竞争力所带来的企业赢利，就不能过多地转化为企业的劳动总投入。如果企业的这种核心竞争力主要体现在岗位员工整体素质较高或勤奋努力上，这就必须在薪资总水平上有比较充分的反映。

服务于企业核心竞争力打造的薪资总额核定计算公式为

$$T = [A \times (1 + rK + sP)] \times N$$
$$= NA \times (1 + rK + sP)$$

式中 T——薪资总额；

A——行业平均工资；

r——岗位员工核心竞争力贡献的支薪权重（其取值只能小于1，但一般最大不能大于1/2，否则企业发展的物质基础就不能同步增强，企业核心竞争力也就不能全面提升；最低也不能小于

1/4，否则其激励作用会太弱）；

K——岗位员工核心竞争力的全员生产力水平高出行业平均全员生产力的比例（其值可直接选用本企业投资回报率与行业平均投资回报率的差，即投资贡献的差距，也就是岗位员工的努力和管理的贡献差距）；

s——支付能力限制权重，即企业赢利中能作为薪资支付的比例（其取值只能小于1，但最大不能大于2/5，否则企业发展的物质基础就不能同步增强；最低也不能小于1/5，否则其激励作用会太弱）；

P——本企业赢利能力高出社会平均水平的比例（其值可取本企业投资回报率减去社会投资平均回报率的差）；

N——岗位员工总数。

2. 服务于人才竞争优势的薪资总额确定方法

服务于人才竞争优势的薪资管理政策下的薪资总额确定，主要是考虑同行竞争对手，以及同行领先企业的工资水平。企业要保证人才竞争优势，就必须确保具有高于同行企业平均水平和竞争对手的平均水平，与行业领先企业的工资水平接近或者超过。

其计算公式为

$$T = W \times (1 + F + L) \times N$$

式中 T——薪资总额；

W——行业内的平均工资水平；

F——本企业与仅次于本企业的直接竞争对手的全员生产力之差的比例；

L——行业领先企业的平均工资与本企业平均工资之差的比例；

N——为岗位员工总数。

其中，F（本企业与仅次于本企业的直接竞争对手的全员生产力之差的比例）的计算方法：本企业全员生产力（人均销售收入，或者人均企业新增价值——总产值减去折旧及材料能源投入）减去直接竞争对手的全员生产力，然后除以本企业全员生产力。L（行业领先企业的平均工资与本企业平均工资之差的比例）的计算方法：行业领先企业平均工资减去自己企业平均工资，然后除以行业领先企业平均工资数。

3. 服务于支薪能力限制的薪资总额确定方法

服务于支薪能力限制的衰退行业企业赢利能力挖潜的薪资管理政策下的薪资总额的确定，要考虑的因素也有两点：一是岗位员工所能接收的最低工资限额；二是国家的最低工资限额标准。

其计算公式为

$$T = \max(Q, \mathrm{LIM}) \times N$$

式中 T——薪资总额；

Q——岗位员工所能接受的最低工资限额；

LIM——国家的最低工资限额标准；

N——岗位员工总数。

四、薪资结构的选择方法

在任何一个特定的企业，薪资结构的设计和确立都不能笼统地套用一种统一模式，必须根据各个职类的劳动过程特征，对应设计相应的薪资结构。因为只有对应各个职类的劳动过程特征的薪资结构，才能充分反映不同职类的劳动贡献的差距。否则，必然造成一部分职类岗位员工的特定要求和特别贡献被轻视或埋没。有差别不能体现，也就是大锅饭，必然会影响其积极性和能动性的发挥，进而使企业花了钱还买不来效益，使劳动投入效益降低，甚至无效，并因此制约了企业的市场竞争力。

企业的岗位员工，因为其能力要求和工作过程的特点的不同，可以分为六大职类：经营管理类、专业技术类、销售业务类、办公文员类、现场操作类和辅助服务类。每一个职类都必须对应其能力条件要求和工作过程特点，设计其薪资结构。

第一职类：经营管理类薪资结构的选择确立方法

这一职类又可以分为四小类，即高层直线主管、中层直线主管、职能主管、现场主管。

（1）高层直线主管的心理能力要求高，所承担的责任也最大，但对知识的要求只是一般，也没有特殊的技能要求。不过身体必须健康，工作环境变化比较大。这是高层直线主管岗位的能力条件要求和岗位工作的基本特征。在工作过程上，因为不可能整天坐在办公室上班，其工作地点相对不固定，所以，对他们的工作过程是不可能进行全面控制的。因为在办公室之外的什么地方去完成与他职责相关的工作是很不确定的。

对他们的薪资结构可以选择相对较低的基础工资，以岗位等级工资的形式核定，其比例以不高于薪资总额的25%为宜；奖励工资可采取目标锁定法核定，其比例可以超过薪资总额的65%；附加工资和福利保险两者可保持相对的稳定，但两者的比例总和以不超过薪资总额的10%为宜。

在年薪制工资中，月发工资的比例最高就不能高于全年薪资总额的30%为宜，即25%÷（65%+25%）=27.78%。否则与年度业绩目标挂钩的年终结算工资就会降低激励作用。

（2）相比高层直线主管，中层直线主管的心理能力的要求降低了，承担的责任也降低了，在工作过程上，其工作地点的流动性也降低了。其他特点要求与高层直线主管大体相同。

所以，他们的基础工资可选择薪点工资形式，其比例以不高于薪资总额的45%为宜；奖励工资的核定仍可采取目标锁定法核定，其比例可以控制在薪资总额的30%左右；附加工资和福利保险两者要保持相对的稳定，两者的比例总和以不超过薪资总额的25%为宜。

（3）对职能主管的心理能力要求比中层直线主管低，因为他们所面对的工作主要是常规性的职责，不确定性因素比较小。他们的责任要求也比中层直线主管较低，因为他们所承担的责任都是专业性的。但其知识要求却比中层直线主管高，他们必须是这个专业的行家里手。对他们的技能要求也比较高，对于他们而言，单有一套美妙的理论是不够的，必须能自己动手实践。对这类岗位，在体能和环境上都没有过多的限制，因为上班主要是坐在办公室，工作环境肯定比较好，因而对身体能力的要求也不高。他们的工作过程是可以控制的，因为他们的工作场所相对比较固定，主要是在办公室。

对他们的薪资结构，可以考虑用岗位薪点工资来核定其基础工资，其比例相对可以高一些，占薪资总额的60%以上都可以。其奖励工资可相对低一些，其比例可控制在15%以内，并可通过综合绩效考核来确定，因为职能主管承担的职责相对比较多。其附加工资和福利保险不能太高，其比例总额可控制在薪资总额的25%左右。

（4）现场主管的工作主要是在一线负责现场作业的管理和协调，工作目标比较单一。所以，对他们的心理要求和责任要求都相对较低。相比前三类，对知识要求也不高，但对技能要求比较高，他们必须能够做现场操作人员的师傅，以便能随时提供指导。其体能要求比较高，因为现场管理对劳动强度的要求比较高，其工作环境也可能不太好，因为生产现场的环境总赶不上办公室，甚至还可能有噪音和空气的污染存在。他们的工作过程是可控的，工作场地就是现场，不能随便离开。

现场主管的薪资结构和职能主管的薪资结构可以大体相当。其基础工资可通过岗位薪点工资来核定，其比例可占薪资总额的50%左右；奖励工资可相对高一些，占薪资总额的25%左右，其核定方法可选择目标锁定法或问题清算法、问题查寻统计法；附加工资和福利保险两项加总可占薪资总额的25%，其中附加工资的比例可以高一些。

第二职类：专业技术类薪资结构的选择确立方法

这类岗位的心理要求和责任要求相对较低，因为其工作内容比较单一，面对的现实也比较稳定。但对知识要求高，他必须是这个行业的专家。在技能要求上也比较高，必须能够动手操作和实验。对体能要求不高，但必须能够按照其专业技术特点进行实验。环境状况尽管不如在办公室，但也是比较好的。其工作过程不容易控制，因为他们的工作主要是一种脑力的投入，并且其工作方式、工作内容变化性都很大，不能仅仅依据他们是否在工作现场来判断是否在工作。他们即使坐在工作现场也可以完全不工作。

他们的薪资结构在基础工资这个部分，其核定方式可采用岗位等级制，其比例可相对较小一些，以控制在30%左右为宜；奖励工资的比重可以高一些，以控制在40%左右为宜，也可根据其专业贡献的大小来获取奖励工资，其核定办法可考虑贡献提成法。附加工资和福利保险可以相对稳定，使之免除后顾之忧，这两项的比例加总以控制在30%左右为宜。

第三职类：销售业务类薪资结构的选择确立方法

这类岗位的心理要求比较高，不仅要求具有随机应变的能力，而且要求能经得住失败的考验。其责任要求相对较低，但对知识要求却不能太低，他们必须懂得与所销售的产品相关的所有知识。技能要求是能将所销售的产品进行简单的拆装。其体能要求比较高，必须经受得住长期的旅途劳顿。工作环境是多变的，远没有坐在办公室上班舒服。其工作过程是不可控的，因为其工作地点转移大，并且工作业绩与意志努力的程度关系紧密。

他们的薪资结构可考虑以奖励工资为主，其比例可控制在60%左右，其核定方法可选择佣金提成法；其基础工资比例可以较小，在25%左右即可，其核定办法可采用最低生活费用限制的平均基础工资。为了保持其相对的人员稳定，给予一定的附加工资和福利保险是必要的，两者加总，其比例以控制在薪资总额的15%左右为宜。

第四职类：办公文员类薪资结构的选择确立方法

办公文员的工作是协助各部门主管承担相应职责，其心理要求和责任要求都不高，有什么变故和不测事件，都有相应主管面对和负责。但他们必须具备相应的理论知识，以便为相应主管提供一些参考性建议。对他们的技能要求一般比较少，体能要求也不高，工作环境比较好，其工作过程也容易控制，除了常规性的职责外，就是他的主管交付的一个个独立的事件。

他们的薪资结构可以考虑选择较高比例的基础工资，其比重可占薪资总额的70%左右，其核定办法可选择岗位薪点计算法。奖励工资比重可相对较小，占10%左右即可，其核定方法可选择问题清算法，或者综合绩效考核法。附加工资可以没有，福利保险的比例可控制在20%左右。因为这类岗位员工在劳动市场上的供求状况大多处于供大于求，这种人员一般都比较好招聘。

第五职类：现场操作类薪资结构的选择确立方法

这类岗位员工都是从事具体的业务工作，并且工作内容相对单一。所以，在心理要求、责任要求、知识要求三个方面都不高。但对技能要求比较高，必须对自己所承担的业务工作能够熟练地操作。对体能要求最高，一般都有相当的劳动强度。工作环境也比较差，他们只能整天待在操作现场，现场任何形式的噪音污染和空气污染都无法逃避。他们的工作过程是完全可以控制的，不仅工作场地稳定，而且工作业绩与他们的身体行为也密切相关。

他们的薪资结构可考虑选择中等比例的基础工资，即让基础工资所占比例与奖励工资所占比例相当，都可控制在40%左右。基础工资可通过岗位薪点法来确定，奖励工资可通过目标锁定法来确定。另外，再适当地给予附加工资和福利保险，但其比例加总不能太高，以20%为宜。

图3－2 水中的月亮，对猴子也没有激励作用

第六职类：辅助服务类薪资结构的选择确立方法

这类岗位是为其他相应岗位工作提供辅助服务，没有特别的心理要求，责任要求、知识要求、技能要求三者都很低。体能要求一般，工作环境也是一般状态。其工作过程是可以控制的，是否在履行其工作职责，通过简单观察，是否在工作场地执行他的工作职责一目了然。

其薪资结构可参照办公文员类设计。因为这两类岗位工作的差别只存在于知识、体能和工作环境上，而这种差别又可直接通过岗位薪点工资所核定的岗位基础工资来体现。

以上对企业的六大职类所作的分析，仅仅是提供了一个分析的思路和框架。不同企业各个职类的特征也许与上述所列特征存在差别，这就要求联系本企业的实际进行详细分析。在这里的分析是粗线条的，不同行业、不同规模的企业，可能要求做出不同的细分，包括同一职类的层次细分，如专业技术和销售业务两个职类，在大型企业中其层次差别就很大。高层专业技术人员和业务人员其工作条件要求与低层专业技术人员和业务人员相比也可能存在较大的差距。要明确这些差距，就只能是一个企业、一个企业地分析完成。

五、薪资体系的选择方法

所谓薪资体系，是为岗位员工的基础工资确定方式方法的。基础工资是岗位员工所取得劳动报酬总额中最为重要的一个部分，不仅相对稳定，而且其比例也大，甚至在很多企业和社会组织中，其薪资仅仅只有基础工资这一项。所以，它是影响岗位员工履职积极性的一个重要因素，也是企业劳动投入中最大的一项薪资支出。

薪资体系很多，常见的有岗位薪点工资、岗位等级工资、平均基础工资、职务技能工资、年薪制工资、提成制工资、计件制工资、计时制工资。如何选择，有一个重要限制，这就是必须充分保证基础工资的激励作用。基础工资不是国家发放的居民最低生活保障金，它是企业为稳定岗位员工队伍、调动其履职积极性而必须付出的代价，最终必须由岗位员工的劳动所创造的价值来补偿。

选择薪资体系，也就是选择确定核定岗位基础工资的具体确定方式方法。岗位基础工资在企业的薪资中，是起主导作用的一个构成部分，能否直接调动岗位员工的积极性和创造性，尽管还有奖励工资起支持作用，但基础工资还是一个关键。如果基础工资完全不能反映岗位员工对企业发展所作的贡献，而要把这种贡献的差别都留给奖励工资来落实，这在引进和稳定企业发展的稀缺人才上往往会带来一些困难。

奖励工资带有很多不确定的因素，它的获得与个人的能力和工作努力相关，但也受制于外部环境。这个外部环境包含以下两方面的内容。

（1）外部市场环境。岗位员工所作的努力和贡献能否完全转换为企业发展价值目标的达成，就中层以下的岗位员工而言，他们是不可能左右的，因为他们主要是完成上司交付的工作，不能自主确定做什么、不做什么，因而只有对其工作的效率负责，无法对其工作的效益负责。

（2）内部配合关系。岗位员工个人业绩的好坏，还要受到岗位员工所在单位和部门内部同事及外部单位部门相互配合协调的影响，这就直接制约着岗位员工个人努力的效果，从而影响到岗位员工个人所能获得的奖励工资的多少。企业是一个有机整体，岗位员工尤其是中下层岗位员工，其个人英雄主义行为很难取得明显的成功。所以，仅仅通过奖励工资来体现岗位员工的努力和贡献就难以稳住市场紧缺而企业发展又急需的人才。

从这个意义上讲，企业在薪资体系的选择和确立上，必须考虑到是否能充分有效地激励岗位员工的工作积极性和创造性。

选择确立企业的薪资体系，包含两方面的要求：

（1）选择确立一个适合于企业实际的基础工资的核定方法体系，即在基础工资这一经济福利基础上，就给岗位员工带来充分的激励，使岗位员工欲“懒”不能。

（2）建立相应的职类分析、职等分析方法和标准，并在确立岗位的职类、职等基础上，确定与岗位特征和贡献相适应的基础工资，让岗位员工的任何一份勤劳都有回报。

第二章

薪点工资实施的程序方法

薪点工资制是以劳动技能、劳动责任、劳动强度和劳动条件等多个基本要素的评价为基础，以岗位薪点、技能薪点为主要内容的一种岗位基础工资核定方法体系。其中，岗位薪点是根据员工所在岗位和所任职务的责任大小、劳动强度的高低和工作环境的好坏而确定的薪点。技能薪点则是根据不同岗位职务对知识、技能和体能的要求而确定的薪点。岗位薪点工资的核定是建立在科学有效的岗位工作评价基础上的，也就是说没有科学有效的岗位工作评价，也就不可能有岗位薪点工资，岗位薪点工资方案设计的关键就是岗位工作评价。完成了岗位工作评价，其薪点工资方案也就基本完成了。实施薪点工资的一般操作程序有十四个步骤。

一、确定岗位工作评价需求

岗位工作评价，在任何一个稍具规模的企业都是必要的。只要不是夫妻店，任何一个被聘进入这家企业工作的员工，都希望他在这个企业所承担角色的价值和意义有一个能横向比较的公正评价。这种评价所代表的是对他在本企业所做的和所能做的，以及所实现的价值的一种认定和认同。即使是一家人，由父母和众多孩子一同创办的家庭作坊，每个人也都希望自己在这个作坊中的作用和价值得到有可比性的评定。如果没有这种评价，岗位员工所得到的薪资报酬与自己的贡献和价值没有直接联系，任何人都可能认为自己所得到的报酬没有充分反映自己的努力和贡献。因而，各种形式的不满就不可避免地发生，人员流动率也不可避免地居高不下。因不满、争吵和离岗导致的停工也不可避免地会发生。

从这个意义上讲，如果发生对工作报酬的不满、争吵，以及由此带来的人员流动，这就是岗位工作评价需求的一种强烈信号。

二、确定岗位工作评价专门负责机构

企业要实施岗位工作评价，必须有专门机构来负责组织协调这一工作的实施。这倒不是说要为这一工作专门设立一个机构，而是说必须有专门机构或人员负责这一工作。

1. 确立岗位工作评价专门负责机构的三种选择

（1）直接由公司人力资源部负责。如果企业人力资源部的力量比较强大，除了完成必须承担的招聘选用工作、人才培训开发工作、绩效考核服务工作、薪资管理工作、劳资关系协调工作等之外，仍有精力和人员能承担这一工作，并且拥有具有岗位工作评价这方面专业技能的人员，岗位工作评价工作就可由该部门负责。

（2）由公司人力资源部与外请岗位工作评价专家组成专门委员会负责。如果企业人力资源部有精力和人员来承担这一工作，但没有熟练掌握岗位工作评价的理论方法和具体操作实务的人员，这就必须外请岗位工作评价内行、专家加入进来，与人力资源部的人员共同组成专门委员会来承担这一工作。

（3）公司委托人力资源管理咨询公司负责。如果人力资源部本身力量比较薄弱，甚至连企业正常的人力资源管理工作都不能完满地完成，这就必须委托专业化的人力资源管理咨询公司来承担这一工作。但企业内部除了必须派人给予紧密的配合，承担可分别承担的工作之外，人力资源部还必须挤出人力参与，并通过参与，学习并掌握岗位工作评价专业方面的技能方法，以便在委托人力资源管理咨询公司撤离后仍能承担关于岗位工作评价体系检查、维护的一些基础性工作。

在现实中，作出第二种选择的比较多。就目前国内的情况而言，绝大部分企业的人力资源部都只能勉强完成企业内人力资源管理的常规性工作，不具有懂行的岗位工作评价专业人才。但当企业领导人意识到这一工作的重要性之后，组织几个相应的人员不会存在很大的问题。通过这种方式，不仅可以节省在这一工作上的资金投入，而且可以在充分保证这一工作质量的前提下，为企业培养出熟悉这一工作的专门人才。

对于第三种选择，不仅资金投入大，而且还存在一个外聘专家对企业组织岗位熟悉的问题。没有企业内部人员的参与，岗位工作评价工作完全由委托人力资源管理咨询公司来完成本身就是不可能的，至少花费的时间要多得多。

2. 岗位工作评价委员会的构成

成立岗位工作评价委员会必须充分考虑这个委员会的代表性问题，也就是说要保证这一工作的质量和效果，必须都有相应的代表参与到这一委员会之中来。

（1）高层管理人员代表。这一方面是因为企业高层管理人员对企业内部岗位的设置和各自的职能有比较全面而准确的把握，没有他们的参与得花大量时间展开调研。另一方面，企业高层管理人员是构成岗位员工的一个核心部分。根据帕累托法则——80/20 法则，他们在企业发展价值目标的达成中起着至关重要的作用，没有他们的代表，也就难以对他们的工作作出充分准确的评价。同时岗位工作评价这一工作完成之后所构建体系的贯彻与实施必须有企业高层管理人员的支持。如果这一工作得不到他们的认同和支持，这一工作也就难免有始无终。

（2）普通岗位员工代表。在任何一个企业，普通岗位员工都是岗位员工整体中的大多数。在一个企业，如果一项涉及面很广的工作得不到普通岗位员工大多数的支持，这项工作的贯彻与实施也就不可避免地会受阻。加之薪点工资体系的建立，往往又容易被普通岗位员工误解为是企业为了降低他们的工资而搞的阴谋。因而，直接吸纳他们的代表参与进来，获得他们的支持，消除误解就成为不可缺少的一条途径。

（3）熟悉岗位工作评价理论和操作实务技巧的专家。岗位工作评价工作是一项专业性很强的工作，如果没有人能熟练地运用理论和方法，这项工作根本就无法展开，更不用说高质量地完成。

三、岗位工作评价知识技能培训

岗位工作评价工作专业性很强，为了保证这一工作的质量和效果，必须使企业领导和具体承担这一工作的人员都明确这一工作的理论和基本操作程序。具体操作人员还必须熟练地掌握和运用岗位工作评价的理论、方法和操作实务技巧。在这里，有必要把岗位工作评价工作的领导人员和具体承担操作人员区别开来，分为两个层次组织培训。

（1）对负责岗位工作评价组织领导的委员会成员的培训。通常需要用一天时间来讲解岗位工作评价的目的意义，指导阅读工作岗位说明书，让他们明确岗位工作评价的要点和实施步骤。

（2）对具体承担岗位工作评价操作业务的工作分析人员的培训。培训时间相对委员会成员要长一点，以三天为宜，既要保证他们学会弄懂岗位工作评价的理论知识，又要使他们全面掌握工作分析评价的具体操作实务技巧。

两个培训可以集中进行，对负责岗位工作评价组织领导的委员会成员的培训，具体承担操作业务的工作分析人员都可以参加，这样可以节省培训费用和培训时间。

四、谋取在岗员工的配合和支持

薪点工资体系的建设是涉及企业全体员工切身利益的大事，因而必然会影响到岗位员工的工作积极性和主动性，进而对企业发展价值目标的达成产生直接而深远的影响。这一工作如果没有在岗员工的广泛配合和支持，也就很难取得预期的效果。

例如，岗位员工会担心对其工作进行系统评价后重新核定薪资，削减他们的工资收入。这可以让企业领导者出面明确地向全体员工表态，明确告知在岗员工，健全岗位工作评价方案，建立薪点工资体系是为了消除薪资确定上的随意性，以推进薪资管理科学化，其目的不是要降低岗位员工的整体工资水平。但完成这一工作之后，又必然会有一些岗位工资发生升降变化。原来对其工作价值体现不充分的岗位，在实施薪点工资之后，其工资会提升；原来对其工资超过其工作价值的岗位，其工资会降低。如果降低工资的岗位任职员工对降低工资有意见，可考虑申请改换任职岗位，到薪点相对较高的岗位任职。以此消除在岗员工的不合作的对立情绪。通过岗位工作评价建立薪点工资体系，是保证严格地贯彻按劳分配的原则。极少数人因为其岗位工作薪点较低而降低岗位工资，这也是合情合理的。为了企业的整体利益和企业大多数岗位员工的利益，这少部分人必须让出原来多拿但不应该拿的高出实际工资部分。

五、收集评价要素信息

实施岗位工作评价强调的一个重点是准确地把握各个岗位所需要的知

识技能、心理素质，所承担的工作责任，所要付出的劳动强度和所存在的劳动条件的不同和差别，在准确把握这些要素的基础上对所有岗位的相对价值做出客观、公正的评价。因此，分成多个评价要素对各个岗位工作的要求信息进行收集，就成了保证这一工作取得应有成效的前提。收集这类信息资料要求具有广泛性。

1. 企业内部的相关信息资料

企业内部的相关信息资料包括各个岗位的劳动技能、劳动强度、劳动条件、劳动方式等具体要求，以使各个岗位工作的劳动贡献和价值能在岗位工作评价中得到准确而全面的体现。

2. 同行已有的岗位工作评价要素信息

为了使这种岗位工作评价及其建立在这种评价基础之上的薪点工资具有企业内部和企业外部两方面的可比性，就必须充分全面地把握同行的相关信息，以使企业的薪点工资方案在吸引人才、留住人才上产生积极作用。

六、进行岗位工作评价过程沟通

图3－3 抽象的空话，只会让人感到欺骗

岗位工作评价工作是紧密关系到岗位员工利益的一项工作，工作一旦展开，就会引起岗位员工的高度关注。为了保证这项工作的顺利进行，以及岗位员工工作热情的稳定，必须强化岗位工作评价工作的过程沟通，使各个层次的各个职类的岗位员工能及时地了解到岗位工作评价工作的操作过程，提升他们对这一工作的理解和支持。这就要求与特殊岗位员工及时沟通，包括企业领导者、高层管理人员、岗位员工代表等，向他们提供尽可能详细的岗位工作评价进程、问题等各方面的信息。外请专家要定期与各部门负责人举办一些计划周密的座谈交流会，让他们明白岗位工作评价方案所要达到的目的，理解岗位工作评价的意义和作用，并请他们审核其下属工作岗位说明书的准确性。

通过过程沟通要达到的目的：让全体员工认同这一工作程序的合理性、合法性和工作结果的客观公正性。做好了这一步工作，也就为这一工作结果的全面贯彻实施打下了基础。

七、选择确定岗位工作评价要素

在任何一个成规模的企业中，岗位工作都是多种多样的，每一个岗位又都有自己特定的要求和特点。进行岗位工作评价就是对这些不同岗位的不同要求和特点进行比较评价，以确定其价值。

对不同的岗位进行比较评价，首先必须找出它们之间可比的因素。如果不能找出可比的因素，确立共有的评价要素，也就无法比较评价。评价要素就是为不同的岗位工作提供一个可比的比较维度，有了比较维度也就为似乎不可比的东西确定了一个比较的基础。一个评价要素就是一个比较维度。

对评价要素的选择，应根据需要确定。不能太多，太多则会使岗位工作评价的工作量变得太庞大，从而使岗位工作评价的成本投入和时间投入超过企业所愿承受的限度。但也不能太少，太少则难以确定不同岗位工作的价值贡献差距，使岗位工作评价失去意义。因为各个岗位工作的条件要求，都存在一定的差异，只有当这些差异大都能得到说明，不同岗位工作的价值贡献才能得到相对公正的评价。一般情况下，评价要素确立为五至八个为宜。

八、界定评价要素

只有当每个评价要素的内容具体明确，才能保证工作价值判断的公正、客观。如果评价要素界定得不具体、不明确，在对不同岗位的工作价值进行评价时，就必然会加大评价人的主观随意性，使评价人的主观偏好掺杂进来。除此之外，如果岗位工作评价要素界定得不具体、不明确，往往还会出现要素交叉问题。当一个方案中使用的评价要素较多时，不同评价要素如果没有明确具体的界定，同一评价内容就不免交替地出现在多个评价要素之中，使同一内容的价值重复计算，导致岗位工作评价的公正性丧失。

对评价要素进行定义，用词只能是肯定性地正面描述，而不能是否定性的排除性描述。也就是说只能用“它是什么”来描述，而不能用“它不是什么”来定义。并且用词要尽可能通俗、准确，任何容易发生歧义的用词都必须避免。

九、确定评价要素权重

相对不同的岗位工作，对同一评价要素，其评价可能完全不同。例如技能、责任两个评价要素，在专业技术职类中，技能比体能更重要；但在管理职类中，责任比技能更重要。但我们确定评价要素的权重却不能一个岗位一个标准。否则，就无法对不同岗位进行比较。因此，确定评价要素的权重必须紧紧扣住这一要素相对于企业发展价值目标达成的重要性，使各个岗位工作价值的确定都最终体现在企业发展价值目标的达成上。确定要素的权重一般采用的方法是排序法，即按照评价要素相对于企业发展价值目标达成的重要程度，以及它的稀缺程度进行排序。然后，由岗位工作评价小组或工作分析人员讨论确定，并用百分比来确定每一评价要素的权重系数。

十、划分评价要素的水平等级

一个评价要素就是岗位工作评价的一个比较维度。只有明确划分出评价要素的水平等级，才能明确特定评价要素相对于不同岗位工作的对应等级。这个对应等级实际上也就说明了这一特定岗位工作在这特定的评价维度上的要求水平。因此，只有明确划分出不同要素的水平等级，才能对应不同岗位工作的要求进行准确判定。水平等级的划分必须有明确的限定要求和层次差别，水平等级的数量一般也以五至八个为宜。各评价要素之间水平等级数量不要求相同，重要的是这些水平等级能依据重要程度的不同，合理地将所有岗位从最高到最低，分别确定其应有的价值。

划分了评价要素的不同水平等级之后，很多人都要求对这不同水平等级进行定义，使特定岗位工作在对相应评价要素的要求上，能准确地界定。并强调定义各个评价要素的水平等级，必须有具体的描述和说明，对每一个评价要素的每一个水平等级都有一个量化的标准来界定。但这往往却是很困难的，甚至是根本不可能的。实施岗位工作评价的，在此都是勉为其难的。并且也不是非有不可的，就像操练排队一样，由矮到高排列并不要求定义两两之间一定要相差多少，是一样高则随机入列，这都没有违背由矮到高排列的规则。

所以，对每个评价要素的水平等级进行定义这一工作，笔者选择了舍弃，完全不作这一工作，而是通过要素排序比较归位法（下一章将要专门举例介绍说明）来确定不同岗位工作的不同评价要素的等级。

十一、进行要素水平等级配分

薪点工资要求各个岗位的工作对应于不同要素的价值都以薪点的形式来计算岗位工作的总价值。因此，只有明确对各个评价要素的各个水平等级进行配分，使所有岗位工作的不同评价要素都有一个对应的配分数，即薪点，才能计算出不同岗位工作的总薪点数。

进行要素水平等级配分，实际分数的多少并不重要，其最高分是 100 或 10000 都是一样的。为了避免小数点的计算麻烦，并拉开不同要素水平等级的差距，提升评价的准确性，在实际操作中一般都选用大额数进行配分。

确定各个评价要素等级水平的分值，可采用的形式有两种：一种是算术级差配分法，另一种是几何级差配分法。算术级差的优点在于比较简单，易于岗位员工理解。几何级差则可使不同水平等级间的差距随水平等级的变化而加速变化，以形成较大的分值差距，因此有利于提高评价的准确性。算术级差又可分为等差级差和等比级差。等差级差无法拉开不同等级之间的差距。等比级差既易于理解，又可相对较快地拉开不同等级间的差距。因此，笔者推荐运用等比级差进行评价要素等级水平的配分。

十二、确定薪点工资方案

前面的工作都做完了，汇总起来也就可以拟出薪点工资方案了。有了每个岗位的薪点工资数，也就确定了每个岗位的基础工资。

为了保证这一工作的切实有效性，一般要求在方案拟订出来之后，选择一些岗位进行试算。试算要求具有广泛性，以便对所设定的评价要素、权重赋值、水平划分、水平等级配分等在薪点工资方案全面实施之前，对其准确性进行检验。

评价方案通过了试算检验后，还必须提交给企业决策机构讨论批准。评价方案通过试算并经决策机构批准后，才算最后确定，但通常还要将它制作成岗位工作评价手册。

在岗位工作评价手册中要求全面准确地说明岗位工作评价的程序、方法，特别是评价要素的定义，及其权重、水平等级划分和配分，以及进行岗位工作评价的注意事项和日程安排。岗位工作评价手册也就是对所确定的岗位工作评价方案汇总所作的一个详细的文字说明和方案实施说明，它是全面薪点工资方案的依据。

十三、制定岗位工作评价后续维护方案

岗位工作评价方案不能一成不变，由于设计岗位工作评价方案时的环境会不断发生变化，内部岗位也会调整变化，从而使得岗位工作评价方案的准确性会随着时间的推移而降低。因此，要保证岗位工作评价方案的持续有效性，就必须经常关注评价方案的运转情况，并根据外部环境和岗位工作的变化及时做出调整。

一般情况下，进行技术改造、机构调整、大面积的新岗位产生，都会导致既有岗位工作评价方案的适应性降低，从而不得不修改岗位工作评价方案。另外，即使企业没有上述相应的变化，往往因为组织运行中的“等级漂移变动”问题，也要求适时维护修改岗位工作评价方案。

组织运行中的“等级漂移变动”问题，是很难避免的。在企业组织的运行过程中，总有一些层次上的管理人员，出于某种原因而提升下属岗位工作的相应薪点总值，从而导致按薪点计算的岗位等级发生由下向上的漂

移变动。例如，一些部门主管在自己职权范围内，无权批准增加工资，但为了留下骨干岗位员工或自己的亲信，往往会通过增加虚构的工作任务，夸大的履职条件要求，来提升下属岗位工作的等级。这样，随着时间的延伸和同类事件的积累，岗位等级必然会发生总体上的漂移。

要保证岗位工作评价方案的后续维护工作落到实处，就必须确立对岗位工作评价方案不断改进完善负责的专门部门，并由它对岗位工作评价方案进行定期检查和维护。

十四、定期检查维护岗位工作评价方案

这也就是对岗位工作评价方案进行后续维护，以保证岗位工作评价方案的适用性和有效性。

1. 对岗位工作评价方案的运行情况进行检查

要检查的内容主要包括五个方面：

（1）检查是否有岗位工作不再满足既定条件要求。发生岗位工作不再满足既定条件要求问题有两种情况：一种是这一岗位工作的条件要求提升了，使实际的薪点数相应增加；另一种是条件要求降低了，即因为技术的改进或相应知识的普及，使这一工作中的相应知识技能的要求本身，及其稀缺性发生了变化，从而使薪点数减少了。

（2）检查岗位等级升降的数量，即定期统计分析不同岗位等级的比例是否发生了变化。如果高等级岗位工作的比重增加了，就可能是技术进步和技术普及之间发生了不协调问题。例如，计算机操作工作在20世纪90年代中叶之前，可以算是一门专门技术，但到了今天，这种技术已经普及，使它不再是一种专门技术，而成了每个专业人员都必须具备的一种技能。岗位工作对这一技能的要求，若再作为特殊的技能要求计算薪点，就必然造成等级上移问题。

（3）检查岗位等级漂移的倾向，即分析岗位等级是否发生漂移问题。是否已造成不良影响，致使原有方案的适应性降低。

（4）对“红圈工作”进行分析。所谓红圈工作就是岗位工作要求降低而工作人员仍享受原岗位工作的工资待遇。这类情况的发生，往往会导致贡献与报酬的失调，并引起不公平而导致不满。

（5）检查所选择的评价要素及其权重、配分是否还适应已变化了的企业内部实际和社会环境实际。这主要是检查是否发生了因社会进步带来的

科学技术普及而降低了一些知识技能的相对稀缺性，以及生活工作条件的普遍改善而使原来属于正常工作条件变成了相对艰苦工作条件的问题。如果发生，就必须在薪点中予以体现。

2. 对岗位工作评价方案进行修改调整

这是针对发生变化的情况，对岗位工作评价方案作出对应的修改、调整，以保证岗位工作评价方案继续适用于变化了的实际。其内容主要有两个方面：

（1）评价要素选择调整。一方面对普遍能够达到的条件要求不再作为专门要求计算薪点；另一方面对不再普遍具有的技能要求纳入评价要素，并计算薪点。

（2）要素等级划分、要素点值配分调整。随着企业内外部实际的变化，岗位工作评价方案中的相应设定必须相应调整。

但这种修改调整不应过于频繁，只有当企业面临的实际变化已明显导致原有岗位工作评价方案的有效性下降时，才有必要进行调整。换句话说，必须保持岗位工作评价方案的相对稳定性。

第三章

薪点工资实施的要素排序比较归位法

通过岗位工作评价来设计建立薪点工资方案，在现实操作中，有两种趋势：一种是把它弄得过于复杂，使企业望而却步，不敢来做这一很有价值的工作；另一种是把它弄得过于简化，使工作价值无法准确评价，使建立在这种评价基础上的薪点工资无法体现其科学性。笔者根据多年的实践，感到实施岗位工作评价，设计薪点工资方案，运用要素排序比较归位法，操作简单，投入成本小，并且实用广泛，效果明显。

图3－4 企业三大薪资管理政策的选择

所谓要素排序比较归位法，也就是对所要评价的岗位工作，分成多个评价要素，分别进行排序评价比较。每次仅仅依据一个评价要素，对所有岗位进行排序评价，然后根据要素水平等级数进行归位，确定各个岗位的各个评价要素的水平等级，然后根据各个评价要素的各个水平等级的配分数，计算确定每个岗位工作的工作价值——薪点数。下面就其操作要点举例加以分析介绍。

一、收集岗位工作信息

运用要素排序比较归位法进行薪点工资实施，要求仔细、全面地收集分析各个岗位工作信息。其内容主要包括三个方面：

（1）工作特征信息，即工作环境状况、履职过程特点等信息。

（2）职责要求信息，即做什么、做到什么程度和如何做的信息。

（3）履职条件信息，即全面完整地履行职责需要的条件信息，包括心理能力、知识结构、技能要求、体能要求等。

二、选择设定评价要素

笔者运用要素排序比较归位法进行薪点工资设计，通常选用的评价要素包括以下六个方面。

1. 心理要求

对岗位履职人员的心理能力要求，如反应能力、判断能力、记忆能力、推理能力、语言表达能力、学习能力、人际关系处理能力和想象力等提出的要求。这种心理能力在很大程度上是一种天赋能力，尽管可以通过教育学习提升这些能力，但更主要的是受天赋的影响。因此，这种能力的稀缺度，一般相对较高。

2. 知识要求

它是对履职人员可以通过教育获得的关于事物客观规律的知识体系提出的要求。一般而言，随着教育普及程度的增加，所需知识的稀缺度会下降。这一要求又可分为两个方面。

（1）基础知识。例如，语言文学、数学几何、物理化学、历史地理等基础知识，或对世界大事的了解。它反映的是人所掌握的知识的广度。这些知识可直接为心理能力的运用提供基础和材料。

（2）专业知识。例如，工程机械、水产养殖、医药卫生、经济管理、财务会计、金融税收、媒体广告等。它是与相应的具体工作知识相对应，具备这些知识才能从事相应的工作。它的有无是与所受的专门教育相关的，它是胜任相应专业工作的一个条件。

3. 技能要求

技能是通过实践操作而形成的具体实践操作能力。它的获得与知识多少没有必然的联系，就像会游泳的人可能完全不知道游泳理论，但知道游泳理论的人又不一定会游泳一样。它不是具体的知识或信息，而是自身的身体协调能力和感知感官能力、动手操作能力。例如，一个高级汽车修理工，仅仅凭着汽车运行中的声音就可明确判断汽车的故障；一个高级面粉师闭着眼睛，凭着两个手指头就可以判断面粉的等级。这种技能的获得必须通过专门的职业训练和长期的实践操作进行经验积累。专门技能在现实中的稀缺度差距很大，有的比较高，因为它的获得没有捷径可走，必须通过长期的实践摸索。所以，在深圳一个高级技工的工资可以超过一个硕士研究生，道理就在于此。

4. 体能要求

这是对人的身体能力的要求。它包括两个方面。

（1）身体素质要求。例如，坐、立、走、跑、跳、爬、拉、举、扛、抬等能力，以及各种能力的大小和所能持续时间的长短。

（2）身体状况要求。例如，年龄、身高、体重、性别、视力、健康程度等。

前一个要求与体质和锻炼相关，同时，又与生活条件的改善相关。后一部分内容是造化所至，例如，年龄、性别；有的与社会经济的整体发展相关，如身高、健康程度。

这一条件的稀缺程度往往会随着以下两个方面的变化而变化：一方面是社会经济的发展，使社会整体的生活条件得到了改善，从而使全体社会成员的身体素质和健康状况，包括身高都不断在提升，使人的老龄化限制也在缩减，进而使这一要求的稀缺性大大降低。另一方面，随着科学技术的不断进步，生产条件的改进，劳动对体能要求大大降低，从而使这一要素在企业发展中的作用和意义已逐渐降低。

5. 工作环境

它是履职人员所处的工作条件的好坏差别。为了消除因为工作环境的差异而带来的履职人员员在体能和健康上的差距，就必须对工作环境相对较差的工作，通过增加薪点数给予补偿。工作环境包括三个方面的内容。

（1）环境影响。例如，气温、通风、照明、噪音、高空作业、空间拥挤、同事状况、工作对象状况、上班距离远近等。它们会直接给履职人员带来身体和心理两个方面不同的影响。

（2）来自工作本身对身体的可能伤害。例如，进行有辐射的工作等，它会直接给履职人员的身体健康造成影响，或者缩短人的寿命。

（3）工作时间。例如，夜班或长时间的连续工作等，它会给履职人员的生活或者家庭带来一些不利的影响。

6. 职责特征

它是特定岗位所承担的责任大小。一般而言，所承担的责任越大，不仅会增加履职人员的心理压力，而且还会给履职人员带来风险损失。即当履职人员因为某种原因而造成某一事故之后，必须用他的经济收益或者权力、地位来承担责任，予以补偿。这相对于履职人员就是一种风险损失。

分析职责特征有一个关键点要特别注意，这就是所承担责任的大小与承担责任能力大小的关系。这二者是一个完全不同的概念，承担的责任大，但所能承担责任的能力小，这种责任的大小也就失去了意义。因为履职人员没有能力承担这种责任，这种责任的存在也就不会给履职人员带来风险损失。所以，分析职责特征要以承担责任能力大小为依据来分析。

职责特征又可分为自身行为直接责任和自身行为间接责任两大类。自身行为直接责任，是指责任后果与自己的行为直接关联，即责任后果是自己的行为直接造成的。自身行为间接责任，是指自己的行为本身不与责任的后果发生直接联系，而是因为自己的行为间接影响他人，进而使他人的行为造成的责任后果。这也就是管理监督的责任。

一般情况下，监督管理又分为两种情况：

（1）监督下属的复杂程度。因为下属员工工作性质的差别，使这种监督管理工作在性质上会有所不同。例如，对能直观的体力劳动者的监督管理相对不可见的脑力劳动的监督管理就要简单得多。

（2）监督下属的数量。即监督的下属的数量越多，监督管理的困难也就越大，责任也就越大。这种监督既包括计划、指导、协调、控制和考核评估等方面的工作，同时还包括被监督管理的程度。被监督多就意味着所承担的职责小，因为监督者对被监督者的行为要承担责任，被监督者的责任也就转移给监督者了。

分析责任特征，既要考虑自身行为直接责任，又要考虑自身行为间接责任。就间接责任的四种责任等级定义与分析，参见表3－1。

表3－1 间接责任等级定义表

责任等级	责任等级定义	监督情况	被监督情况
1	最高程度	监督多：有众多下属	被监督少：没有上司主管
2	中等程度	监督多：有众多下属	被监督多：有上司主管
3	低等程度	无监督：没有下属	被监督少：没有上司主管
4	最低程度	无监督：没有下属	被监督多：有上司主管

三、确定评价要素的等级水平数

这也就是对每个评价要素进行等级分析，把一个评价要素分成多个等级，以适应不同岗位工作的实际。针对上面六个评价要素，对前四个评价要素可以作较多的水平等级划分，因为它们相对于不同的岗位工作要求差距很大。只有其水平等级划分得较多，才能体现不同岗位工作要求上的差距。后两个评价要素本身可变化的幅度比较小，尤其是工作环境要素，甚至只能分为两个评价水平，即野外作业和室内作业。当然我们也可以综合起来分析，把他们分得更细。

为了计算上的一致性，我们把六个评价要素都确立为八个水平等级，依次为8、7、6、5、4、3、2、1。8为最高等级。

四、确定每个评价要素的权重

每个评价要素的权重的确定必须考虑两个方面的内容：一是评价要素相对于企业发展价值目标达成所起作用的大小；二是这种要素在现实中的稀缺程度或者获取的成本费用大小。

（1）心理能力。它是一种天赋能力，它不仅相对于企业发展价值目标的达成极为重要，而且稀缺程度很高。所以，它的评价权重相对最高。

（2）职责要求。这一要素与心理能力要求有近似的特征。它虽然不是天赋能力，但承担责任的能力要受到多个方面的条件限制。例如，以财产来承担相应财务责任，财产拥有量的大小就成了一种限制；以其地位和权力来承担相应的责任，已有的地位和权力的大小也就成了其限制。此外，个人的信誉和价值也可以成为承担责任的能力要素，但只有当整个社会文化都看重个人的信誉和价值的时候，它才能够成为承担责任的能力要素。因为只有在这个时候，每个人才会看重自己的信誉和价值。如果这个社会本身就是一种唯利是图、寡廉鲜耻、彼此尔虞我诈的关系，信誉和价值不被人看重，视之如丢敝帚，它就起不到承担责任的作用。所以，在一般情况下，它的权重要小于心理能力的权重。

（3）知识要求。相对于企业发展价值目标的达成也很重要，但随着教育的普及，其稀缺程度已变得越来越降低，所以其权重小于职责要求的权重。

（4）技能要求。相对于前者的稀缺程度较高，但因为现代企业发展价值目标的达成更多地依赖于科学技术的进步和有价值的信息的捕捉与运用，靠长期实践所积累的特殊技能的作用越来越小，就像最熟练的铣工所加工的机械零件也赶不上数控车床所加工出来的机械零件的质量。

（5）体能要求。这一评价要素相对于企业发展价值目标的达成所起的作用更是无关紧要，其稀缺程度也很低，所以其权重相对很小。

（6）工作环境。这一要素与体能要求相似。

这六个评价要素的权重可大体按表 3－2 赋权重，但不是放之四海而皆准的，必须对应企业发展和岗位工作的实际。

表 3－2 评价要素权重表

评价要素	心理要求	职责要求	知识要求	技能要求	体能要求	工作环境
权重	0. 35	0. 30	0. 20	0. 07	0. 04	0. 04

五、对每个评价要素的每个水平等级配分

这里取配分总额为 10000 分。首先将每个评价要素的权重值乘以 10000，然后再依次按 1/2 的等比级数对每个水平等级进行配分，以计算确定每个评价要素的各个水平等级的配分数，参见表 3－3。

表 3－3 按权重对评价要素水平等级进行配分

等级	权重配分总分	心理能力配分	职责要求配分	知识要求配分	技能要求配分	体能要求配分	工作环境配分
1	10000	3500	3000	2000	700	400	400
2	5000	1750	1500	1000	350	200	200
3	2500	875	750	500	175	100	100
4	1251	438	375	250	88	50	50

续表

等级	权重配分总分	心理能力配分	职责要求配分	知识要求配分	技能要求配分	体能要求配分	工作环境配分
5	626	219	188	125	44	25	25
6	315	110	94	63	22	13	13
7	159	55	47	32	11	7	7
8	82	28	24	16	6	4	4

六、根据不同评价要素分别对所有岗位工作进行交替排序

在一个企业中，有多少个岗位员工就有多少个岗位。但若岗位工作的内容、形式完全相同，仅仅工作的时间、地点和承担的人员不同，我们就可把它们归纳为一种，把它称为同一岗位。

假设某公司共有 160 种岗位（注意：不是 160 个岗位），首先就心理要求对 160 种岗位进行交替比较排序，然后依次对其余评价要素进行排序。其排序表参见表 3 -4。在这里，分别用 A、B、C、D……等代替岗位的名称。

表 3 -4　交替比较排序表

最高的			最低的	
正向序号	岗位名称		倒向序号	岗位名称
1	A		160	Z
2	B		159	Y
3	C		158	X
4	D		157	W
5	E		156	V
6	F		155	U
7	G		154	T
8	H		153	S
9	I		152	R
10	J		151	Q
……			……	

七、归位确定每个岗位的每个评价要素的水平等级

对所排定的 6 个评价要素序列，按照要素等级水平数进行分组，将每一个岗位的 6 个评价要素值，划归到特定的评价要素水平等级中。

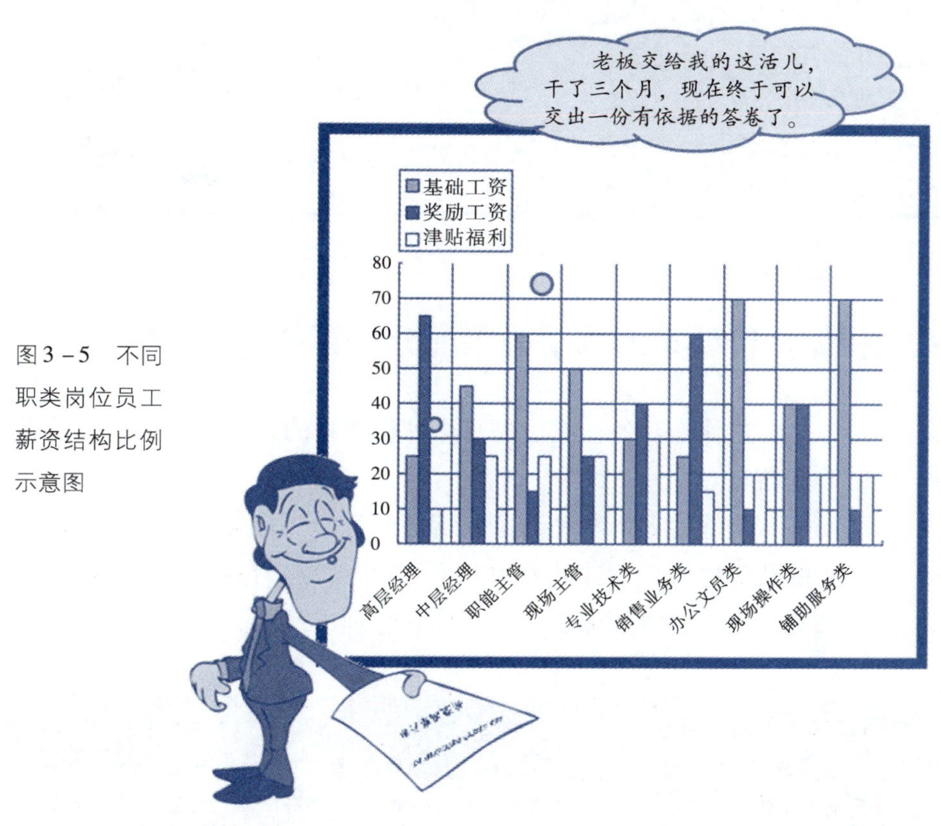

图 3－5 不同职类岗位员工薪资结构比例示意图

方法是总序列数除以水平等级数。上例中 160 种岗位，从上到下，每 20 个序列数归入一个水平等级。A、B、C、D、E、F、G、H、I、J、K、L、M、N、O、P、Q、R、S、T 等为第 8 水平值，Z、Y、X、W、V、U、T、S、R、Q、P、O、N、M、L、K、、J、I、H、G 等为第 1 水平值。如果不同评价要素的水平等级数不相等，其计算方法仍是如此，即用所排的总序列数除以对应评价要素的水平等级数即可。每一组连续的序列数归入一个等级。

我们现抽取八种岗位，分别为人力资源部长、开发工程师、档案管理员、班车司机、建筑木工、起重机操作员、铣工、清洁工。假设这八种岗位的六个评价要素的水平等级归位排列参见表 3－5。

表3－5 按六个评价要素对八种岗位进行水平等级归位排列表

评价要素 岗位名称	心理 能力	职责 要求	知识 要求	技能 要求	体能 要求	工作 环境
人力资源部部长	7	8	7	3	1	1
开发工程师	8	6	8	4	3	3
档案管理员	2	2	2	2	2	2
班车司机	6	7	6	7	5	4
建筑木工	3	3	4	6	8	6
起重机操作员	5	5	3	5	7	8
铣工	4	4	5	8	6	5
清洁工	1	1	1	1	4	7

八、根据评价要素的水平等级配分计算各个岗位的薪点

这就是对各种岗位的每个评价要素的评定水平等级，按照配分数计算其薪点。

我们对上例八种岗位的薪点计算后，其点值参见表3－6。表中第2列的数额也就是所选的八种岗位的薪点数。在这里，开发工程师的薪点最高，人力资源部部长次之，档案管理员最低。

表3－6 各岗位的薪点计算表

评价要素 岗位名称	薪点	心理 能力	职责 要求	知识 要求	技能 要求	体能 要求	工作 环境
评价要素权重配分	10000	3500	3000	2000	700	400	400
人力资源部部长	5780	1750	3000	1000	22	4	4
开发工程师	6320	3500	750	2000	44	13	13
档案管理员	159	55	47	32	11	7	7
班车司机	3300	875	1500	500	350	50	25
建筑木工	1004	110	94	125	175	400	100
起重机操纵员	1564	438	375	63	88	200	400
铣工	1507	219	188	250	700	100	50
清洁工	299	28	24	16	6	25	200

九、确定企业岗位工作最高和最低工资限额，计算工资率

前例我们只是选择了八种岗位，现在对所选岗位确立最高和最低限额。每个薪点对应的工资率的计算公式为

$$W' = (H-L) \div (K-G)$$

式中 W'——薪点工资率；

H——限定最高工资；

L——限定最低工资；

K——最高薪点；

G——最低薪点。

假设对表 3－6 所评价的八种岗位工作，对薪点工资率进行计算：最高工资是开发工程师，限额为 5000 元，最低的为档案管理员，工资限额为 400 元。其工资率为

$$\begin{aligned} W' &= (H-L) \div (K-G) \\ &= (5000-400) \div (6320-159) \\ &= 4600 \div 6161 \\ &= 0.7466 \end{aligned}$$

十、计算各种岗位的薪点工资数

计算各种岗位的薪点工资数的公式为

$$W_i = (F_i - G) \times W' + L$$

式中 W_i——第 i 种岗位员工的基础工资；

F_i——第 i 种岗位员工的薪点；

W'——薪点工资率；

G——最低薪点；

L——限定最低工资。

八种岗位的薪点工资的计算及结果参见表 3－7。

表3－7 各岗位的薪点工资计算表

评价要素 岗位名称	薪点	薪点工资数
评价要素权重配分	10000	7747
人力资源部部长	5780	4597
开发工程师	6320	5000
档案管理员	159	400
班车司机	3300	2745
建筑木工	1004	1031
起重机操纵员	1564	1449
铣工	1507	1406
清洁工	299	505

第四章

其他常见工资体系的确定方法

此处所说的常见工资体系是指企业广泛采用而不包括薪点工资在内的工资体系。薪点工资是建立在岗位工作价值评价基础上的一种工资体系，从理论上讲，应该说是最科学、最公平的一种工资体系。但在现实实践中却不尽然，一是岗位工作价值评价并不能保证绝对公平，二是岗位工作价值评价操作复杂，费工费时，而企业组织不可能一成不变，所以如果不能对于企业组织的发展变化，一次又一次进行岗位工作价值评价，这一工资体系的科学性、公平性也不可能存在了。也正是因为这两个局限，选择薪点工资的企业越来越少。所以，此处没有把它包含在常见工资体系之中，而常见工资体系仅仅包括岗位等级工资、平均基础工资、职务技能工资、年薪制工资、提成制工资、计件制工资、计时制工资等。这些工资体系在现实中都用得很普遍，并且计算都很简单，对它们的核定程序和办法在这里不做详细分析，仅仅对它们的实施要点略做介绍。

一、岗位等级工资实施操作程序

岗位等级工资是按照岗位价值贡献大小的等级来核定工资的一种工资计算方法体系。其特点是简单易行，所以在我国，相当一部分企业都是选用的这种工资体系。

第一步：界定工作岗位

这一步工作，要求对每个工作岗位进行命名，并编码编号处理，为进一步归类分析提供方便。同时对每个岗位还要明确界定其工作内容、条件要求和价值贡献的方式。

第二步：划分职类

岗位等级工资体系的设计，第一步工作就是通过对企业内部的岗位工作进行比较，界定工作岗位，确定岗位的个数。

企业内部不同岗位工作之间往往在条件要求、工作特点上尽管不完全相同，但往往总存在一些可以对应比较的相同要素。我们把这些可以对应比较的相同要素多的岗位工作归为一类，称为职类。

这一步工作要求对每个岗位的工作内容、条件要求、工作特点进行比较分析，在找出其具有可比性的相同要素的基础上，把企业的所有岗位都归入不同的职类。每一个相同的职类，也就是其特点具有可比性的一组岗位。

一般而言，企业的所有岗位都可归入六大职类，即经营管理类、专业技术类、销售业务类、办公文员类、现场操作类和辅助服务类。

第三步：确定职级

在同一职类中，不同的岗位相对于企业发展价值目标达成的作用大小可能不同。根据这种不同，就可对同一职类中的不同岗位进行再分类，即把价值贡献大小相近的分为一类，我们把它称为职级。在各个不同的职类中，对职级的划分要求其价值贡献大小的差距大体相等，即不同职类的职级级差相等，至少相近。

这一步工作是通过对同一职类的不同岗位相对于企业发展价值目标达成的贡献大小进行比较，以把其贡献大小相同或相近的岗位归为一组。其目的是为不同岗位的工资核定首先在同一职类中确定一个相对位置。

根据一般企业的实际情况，一个 5000 人左右的企业，其职类和职级分析可参见表 3－8。在这里我们把经营管理类分为 9 个职级，专业技术类分为 5 个职级，销售业务类分为 8 个职级，办公文员类分为 5 个职级，现场操作类分为 8 个职级，辅助服务类分为 4 个职级。

表 3－8　职类职级分析表

职类	职级								
经营管理类	9	8	7	6	5	4	3	2	1
专业技术类					5	4	3	2	1
销售业务类		8	7	6	5	4	3	2	1
办公文员类					5	4	3	2	1
现场操作类		8	7	6	5	4	3	2	1
辅助服务类						4	3	2	1

第四步：合并职级，建立统一的薪级阶梯

首先选择一个价值贡献最大的岗位所在的职类作为主干，然后通过对价值贡献进行比较，找出其余各个职类中的最高职级岗位价值贡献与主干职类中价值贡献相对应岗位的职级，并将所有职类的职级合并为一个统一的薪级系列。如果有一个职类的最高职级的岗位价值贡献，还没有主干职类最低职级的岗位的价值贡献大，则可把它与其他职类的较低职级岗位进行比较，以找出其价值贡献相近的职级，然后对应合并。完成了这个合并工作，也就建立了统一的薪级阶梯。

一个5000人左右的生产型企业，其薪级阶梯分析可参见表3－9。在这里我们把经营管理类作为主干职类，专业技术类的最高职级对应于经营管理类的第7个职级，销售业务类的最高职级对应于经营管理类的第6个职级，办公文员类的最高职级对应于经营管理类的第2个职级，现场操作类的最高职级对应于经营管理类的第5个职级，辅助服务类的最高职级无法对应于经营管理类的最低一个职级，但可对应于现场操作类的最低职级。那么，由此可见整个薪级阶梯分为15级。

表3－9 薪级阶梯分析表

薪级 / 职类	15	14	13	12	11	10	9	8	7	6	5	4	3	2	1
经营管理类	9	8	7	6	5	4	3	2	1						
专业技术类			5	4	3	2	1								
销售业务类				8	7	6	5	4	3	2	1				
办公文员类								5	4	3	2	1			
现场操作类					8	7	6	5	4	3	2	1			
辅助服务类												4	3	2	1

第五步：确定每个薪级的级档工资

如果职级的划分已经比较细，相对于企业发展价值目标达成的贡献和作用的大小能够通过薪级拉开工资差距，每一个薪级只设一个档的工资即可，即有多少个薪级就只有多少个级档的工资。如果为了留下工资调整空间，使在岗位不变——职级不变的情况下，仍有调升工资的余地，则可在每个薪级内分为多个级档。并且不同薪级的级档工资可以交叉重叠，即下一个薪级的较高级档的工资可以等于或高于高一薪级岗位的较低级档的工

资。低一薪级岗位的岗位员工晋升到上一职级岗位后，其工资可以增加，也可不增加。当他在低一职级岗位上晋升到了较高级档的工资时，他的工资可能已高于上一职级的最低一个级档的工资。

每个薪级中的级档工资个数不宜超过5个。

这一步工作首先要确定最高工资和最低工资限额，然后根据这两个限额来确定不同薪级工资之间的差比。最后根据差比计算每个薪级的每个级档的工资。不同薪级工资之间的差比可选择为一个固定的数额，这就是等差薪级工资。等差薪级工资的差距没有变化，无法反映不同职级价值贡献的差距，一般很少选用。不同薪级工资的差比可选择为一个固定的比例，这就是等比薪级工资。等比薪级工资可以与职级价值贡献差保持稳定的对应关系。所以，一般都选择等比薪级工资来计算确定各个薪级的工资。

差比的确定可由以下公式计算得到

$$g = 1 - (L/M)^{1/n}$$

式中 g——两个薪级工资之间的差比数；

L——企业最低工资限额；

M——企业最高工资限额；

n——企业薪级数。

例如，某企业设定最高工资为18000元，最低工资在792元，薪级为15个。则有

$$\begin{aligned} g &= 1 - (L/M)^{1/n} \\ &= 1 - (792 \div 18000)^{1/15} \\ &\approx 0.2 \end{aligned}$$

每个薪级工资的计算公式为

$$Ws = M \times (1-g) \times s$$

式中 Ws——第 S 薪级的工资；

M——最高工资；

g——两个薪级工资之间的差比数；

s——岗位的薪级数。

根据上述两个计算公式，可以计算得到各个薪级的工资。如果每个薪级设5个级档工资，以第3档为该薪级中的中档工资数，每档相差5%，每个薪级的每个级档的工资参见表3－10。

表 3－10　15 个薪级的级档工资

薪级	每个薪级的级档工资				
	5	4	3	2	1
15	19845	18900	18000	17100	16245
14	15876	15120	14400	13680	12996
13	12701	12096	11520	10944	10397
12	10161	9677	9216	8755	8317
11	8129	7742	7373	7004	6654
10	6503	6193	5898	5603	5323
9	5203	4955	4719	4483	4259
8	4162	3964	3775	3586	3407
7	3330	3171	3020	2869	2726
6	2664	2537	2416	2295	2180
5	2131	2030	1933	1836	1745
4	1704	1623	1546	1469	1395
3	1364	1299	1237	1175	1116
2	1091	1040	990	941	893
1	873	832	792	752	715

二、平均基础工资

所谓平均基础工资就是在基础工资这一薪资构成要素上不做区别，都统一发给高于基本生活所需的基础工资，用它保障岗位员工的最基本生活需要，岗位员工贡献的差别主要由奖励工资来体现。

这种工资核定办法是岗位员工的贡献非常容易核算的企业和单位普遍采用的一种薪资体系。它本身纯粹是一种平均主义的大锅饭，只要在岗就可以领到这一份工资。

这种工资体系的优点是可保证岗位员工的基本生活所需，减少其流动性，而把岗位员工的努力和贡献差别都转交由幅度比较大的奖励工资来体现。

平均基础工资的高低一般由当地的消费水平所决定，要求等于或者稍高于当地平均基本生活支出。很多国家和地区都有关于最低工资收入的立法，平均基础工资至少要高于当地最低工资收入的立法标准。

三、职务技能工资

职务技能工资又称为职技工资。它是综合岗位职务的特征和任职人本人的技能特征综合之后确定的工资。在现实的运用中，对职务特征的考虑一般是通过职务等级工资来实现的，对技能特征的考虑一般是根据任职人的学历状况核定工资来实现的。

这种工资体系在前一要素上可以体现一定的按劳分配，如果岗位职务是经过科学的工作分析评价的，它可基本上体现按劳分配的原则。后者则属于一种新形式的大锅饭，因为学历不等于能力，更不等于贡献。把学历的高低作为一个发薪依据，当这个岗位员工在新聘进入这个企业时，这也许还是一种可行的办法。当他加入这个企业一段时间之后，仍坚持把学历作为一个主要的发薪依据，就必然会助长人们的惰性，降低工资的激励作用。

有一家相当知名的企业，为了引进高层次人才，承诺博士和博士后每月工资分别为8000元和10000元，到企业后无论多久都按这个承诺执行。博士和博士后倒是去了不少，但并没有明显为这家企业带来多大的效益变化。海尔集团也有引进高层次人才的措施办法，但承诺在第一年博士和博士后的月薪分别为5000元和6000元，但在一年后只能根据其所作贡献的大小来核定工资，不再保证这个工资的最低限额。贡献大，工资高；贡献小，工资少；没有贡献就没有工资。一个博士或博士后加入企业工作一年后还不能有所作为，这种高层次的人才海尔不需要，要走也不挽留。其结果是海尔远比前一家公司运行效率高得多。在前一家公司，这种不变的承诺助长了人们的惰性，使这种工资形式起不到激励作用。

四、年薪制工资

年薪制工资现在已经成了一种时髦。这种工资体系的优点是让履职人员的工资直接与他的工作业绩目标挂钩，只有当他的业绩达成了预定的业绩目标后，才能兑现年薪工资，否则就只能得到月薪工资，最多降等按业绩目标达成比例支付年终兑现的薪资。

月薪工资是年薪中很小的一部分，如果这一部分所占比例较大时，这种年薪制工资形式的激励作用就会明显降低。当履职人员感到年度工作业绩目标已无法实现时，他就会放弃所有的努力，安于所给的月薪工资。除此之外还有一个问题，这就是工作业绩目标的量化问题，对于直接承担有经营业绩目标的经营管理人员、销售人员和科研开发人员，这种业绩比较容易量化，实施与经营业绩目标挂钩的年薪制考核计算比较容易。

但有些企业对职能管理岗位的履职人员也实行年薪制，但他们的工作业绩无法与经营目标挂起钩来，其计算随意性就比较大了，对其工作积极性的激励作用也就有限了。

图3－6　怨寡，更会怨不公平

五、提成制工资

提成制工资又称为佣金制工资，纯粹是按照履职人员所创造的经济效益的高低，按一定的比例计发工资。这种工资形式的激励作用可以说是最好的，但它的局限性也很明显。

（1）不适用无法直接核算出经济效益高低的岗位，也就是说，除了直接对经营、生产、销售、研发结果负责任的岗位适用外，其他岗位工作都不适用。

（2）这种工资形式不利于稳定人才。履职人员感到没有基本生活保障，自己所承担的风险太大，除非对自己创造出相当大的经济效益有充分的把握性，否则，他们都会时刻想着寻找一个收入相对稳定的工作。最典型的是保险代理人和直销业务人员，其流动率高达90%以上，原因就在于此。

六、计件制工资

它与提成制工资有近似的特征，区别仅仅在于计件工资的岗位履职人员仅仅对生产产品的数量和质量负责，不对其市场效果负责。也就是说，履职人员不对这类产品的生产经营的经济效益负责，仅仅按照所完成的产品数量和质量，按件领取工资。

这种工资形式对提升履职人员的劳动积极性，进而提升劳动效率是有激励作用的。其局限性与提成制工资完全一样。

七、计时制工资

它实际上是针对临时岗位工作而采取的一种工资核定方式。企业在短期内有用工的需要，就临时招聘一些人员按每小时计发工资。企业急需完成的工作完成之后不再需要这种临时用工时，企业和履职人员之间的雇佣关系就自动解除。

这种工资形式的优点是可以最大限度地降低劳动成本，可使企业完全根据订单的变化情况来调整企业用工数量，使企业不花钱养闲人。其局限性是不利于稳定业务骨干。

第五章

奖励工资的核定方法

严格意义上的奖励工资，应该是对岗位员工的超工作标准贡献所支付的报酬，其意义在于鼓励岗位员工积极而创造性地工作，创造出高于岗位职责标准要求的工作业绩。在现实中，奖励工资实际上构成了工资中的一个组成部分，它不仅仅是对岗位员工超职责标准贡献所支付的报酬，而且直接是构成岗位员工获取工作标准内的报酬的一个途径。只有在与薪点工资、职务等级工资、年薪工资、计件工资、计时工资等这几种工资体系相配合的奖励工资才是超工作标准贡献的报酬。在与平均基础工资相配合的奖励工资，它是直接构成岗位标准工资的一个重要组成部分。在这里，仅仅讨论奖励工资的核定方法，没有必要严格区别这两种奖励工资的差别。

一、奖励工资产生激励作用的三个条件

奖励工资如何核定，它对岗位员工工作的激励作用影响很大。很多企业往往花了大本钱给岗位员工发奖励工资，钱是支付出去了，但岗位员工的积极性和创造性并没得到任何提升。甚至相反，还往往因为奖励工资发放的公平性受到质疑而挫伤了相当一部分岗位员工的工作热情和积极性，使整个企业的劳动效率下降。这就使如何科学、公平地核定奖励工资成为企业组织激励机制建设的一个重要内容。或者说，如果没有寻找到一个能够让绝大部分岗位员工都认同并接收的奖励工资核定办法，发奖励工资比不发更糟糕，它会造成岗位员工的不满情绪，甚至带来岗位员工彼此之间的对立和矛盾，从而使企业的劳动生产率下降。

要让奖励工资的发放能充分起到对岗位员工的积极性和创造性的激励作用，必须满足三个条件：

（1）奖励工资的核定方法必须科学、公平。并且这种科学和公平，还必须得到岗位员工的普遍认同。

（2）奖励工资的核定办法必须事先确定并公开。也就是说，作为一种与岗位员工达成的事先约定公示出来，让每位岗位员工都明白，“我如何才能赢得奖励工资，如何才能获得尽可能多的奖励工资”。即把奖励工资的获得选择权力交给岗位员工本人。

（3）奖励工资的兑现必须严格按照事先约定的方式、方法实施，无论是在兑现的时间上，还是在数量上，都不能打丝毫的折扣。否则，会带给岗位员工一种受欺骗的感觉，这种奖励工资即使发了，也不能起到充分的激励作用。

这三个条件不满足，发放奖励工资比不发可能危害还要大。最典型的是有一家对外加工的服装企业，公司事先制定的奖励工资方案明确规定业务人员可以从他所完成的超业绩订单额中提取3%的佣金。结果有一个业务员完成了整个公司近一半的订单业绩。按照事先约定的奖励工资发放办法，仅仅超目标奖励工资就可以拿到87万多元，加上正常工资和业绩目标内的奖励工资，他的总收入要超过95万元。年终一计算，公司总经理可不乐意了。总经理感到这个业务员所付出的努力远远没有他大，他没日没夜地为公司的发展操劳，从没有假期和星期天，但工资加总，收入还不到5万元，还不够这个业务员的一个零头。公司总经理就对原有的奖励工资计算发放方案提出了否定意见，折半给这个业务员发放奖励工资。这使业务人员的积极性严重受到挫伤，对公司失去了信心，都不再出去积极寻找订单，结果使这家公司业务断档，连续两个多月没有拿到一个订单，使这个公司不得不停产，最后陷入经营困境。

从这个意义上讲，第三个条件比前两个条件更为重要。奖励工资的主要意义就在于能激发岗位员工的积极性和创造性。如果起不到这一作用，仅仅是作为提升岗位员工工资收入的一种方式，这种奖励工资对企业组织激励机制建设就不会起到任何作用。

奖励工资核定的方法很多，在这里我们重点介绍五种：目标锁定法、综合绩效法、佣金提成法、专项核定法、单项竞赛法。

二、目标锁定法

所谓目标锁定法就是通过预设一个分级业绩目标，达成了哪一级目标，就对应给予相应数额的奖励工资。业绩目标和对应的奖励工资数额一般都是通过一对一的谈判确定的。也就是说，业绩目标的设定和奖励工资的对应数额没有统一的计算办法。在业绩目标和对应奖励工资的确定上，必须重点考虑以下两个方面的因素。

图3－7 散了财也不一定能聚人

（1）发展的历史。即前一年及前几年的业绩水平如何，并通过分析，找出一个发展趋势，这个趋势也就是一种特定的发展速度比率。根据这个比率可大体确定当年在上年水平上的增长比率。一般情况下，可把业绩目标确定为三级，即保底目标、保障目标和争取目标。保底目标，即略高于上年发展水平的目标值。履职人员如果只达到保底目标，就没有奖励工资，或者很少奖励工资。保障目标，即略高于平均增长率的目标值。履职人员达成了保障目标，才能获得相当于奖励工资平均水平的奖励工资。争取目标，即大大高于平均增长率的目标。履职人员只有达成了争取目标，才能获得较高的奖励工资。

（2）外部环境的突变因素，即改变发展趋势的原因和力量。也就是说，设定业绩目标除了考虑历史发展的趋势之外，还要考虑相比过去将会发生的外部环境的变化，尤其是一些有重要影响的事件，它会在很大程度上改变业绩发展的趋势。

对于这一问题，很难找到一个规范的数量依据予以解决。一般情况下，都是履职人员和他的上司在进行一对一的谈判时确定业绩目标，他自己根据所掌握的信息提出问题，在获得上司的认同之后，对业绩目标水平进行相应的调整。或者作一个附加说明，当他所预期可能发生的事件发生之后，业绩目标水平应该做一些什么样的调整。当然，外部环境突变影响有负面的，也有正面的。所以，上司在与下属就业绩目标进行一对一的谈判时，也可以把外部环境变化的正面影响作用提出来，作为提升业绩目标水平的根据。当下属不能接受外部环境的预期变化影响而提升业绩目标时，也可以作为业绩目标确定的附加条款，即上司所预期的外部环境变化实际发生时，下属的业绩目标水平应相应地自动调高到多少数额。

例如，某集团下属甲、乙两个公司的总经理的业绩目标值完全相同，参见表 3－11。

表 3－11　三级业绩目标

权重指标数 / 目标项	销售收入（万元）	利润额（万元）	质量投诉（人次）	合计
不同业绩目标的权重	0.3	0.4	0.3	1.0
保底目标	4000	480	120	
对应奖励工资（元）	4000			
目标达成情况				
目标达成率（%）				
实得奖励工资（元）				
保障目标	6000	700	80	
对应奖励工资（元）	50000			
目标达成情况				
目标达成率（%）				
实得奖励工资（元）				
争取目标	10000	1200	50	
对应奖励工资（元）	120000			
目标达成情况				
目标达成率（%）				
实得奖励工资（元）				

甲公司总经理只达成保底业绩目标，其锁定奖励工资的计算参见表3－12。

表3－12 甲公司总经理目标锁定奖励工资的计算

权重指标数 / 目标项	销售收入（万元）	利润额（万元）	质量投诉（人次）	合计
不同业绩目标的权重	0.3	0.4	0.3	1.0
保底目标	4000	480	120	
对应奖励工资（元）	4000			
目标达成情况	4880	518.4	85	
目标达成率（%）	1.22	1.08	1.41	
实得奖励工资（元）	1464	1728	1692	4884

乙公司总经理达到了争取业绩目标，其锁定奖励工资的计算参见表3－13。

表3－13 乙公司总经理目标锁定奖励工资的计算

权重指标数 / 目标项	销售收入（万元）	利润额（万元）	质量投诉（人次）	合计
不同业绩目标的权重	0.3	0.4	0.3	1.0
争取目标	10000	1200	50	
对应奖励工资（元）	120000			
目标达成情况	10200	1260	55	
目标达成率（%）	1.02	1.05	0.91	
实得奖励工资（万元）	3.672	5.04	0	8.712

说明：

（1）这两个总经理的业绩目标内容包含三项：销售收入、利润额和质量投诉。

（2）这里的销售收入和利润额的“目标达成率”的计算方法：实际业绩÷目标值。

（3）质量投诉的目标达成率的计算方法：目标数÷实际投诉人次。

（4）当目标达成率的值小于1时，其值在奖励工资的计算中视为0。也就是说，没有达到保底目标就不能拿奖励工资。

三、综合绩效法

1. 实施要点

综合绩效法是根据多重要素的绩效考核得分来核定奖励工资的一种方法。它强调的是对岗位员工所承担的全部职责都要加权考核，求得综合业绩考核得分后，分档发给奖励工资。其要点有两个。

（1）对履职人员所承担的多项职责通过加权综合考核，并计算综合绩效得分。在企业的绝大部分岗位中，履职人员的职责都不是单一的，除了经营业绩职责外，都在不同程度上承担有组织运行职责，这种组织运行职责相对于不同的岗位又都有不同的内容和要求。一般而言，直接从事生产、销售、经营、技术开发的岗位的经营业绩所占比重较大。同时，他们又根据职务级别的高低而承担有一些组织运行职责。相对于管理职类而言，职务级别越高，承担的经营责任越大，承担的组织运行职责越小；职务级别越低，承担的经营责任越小，所承担的组织运行责任越大。

（2）划定奖励工资发给底线。也就是说，达不到最低业绩得分限额，就不能享有奖励工资，如绩效考核满分为 100 分，绩效考核得分低于 80 分就没有奖励工资。因为低于最低绩效考核得分限额，就意味着仅仅是算完成了岗位的最基本的职责要求，没有超工作标准的贡献，也就不应该有超工作标准贡献的奖励工资补偿。

2. 奖励工资的计算

对于绩效考核得分高于限额底线的岗位员工的奖励工资的计算有两种方法。

（1）比例核算法。即将绩效考核得分的高出率乘以月（或年）度基础工资，发给月度（或年度）奖励工资。其计算公式为

$$E_i = [(P_i - L)/L] \times W_i$$

式中 E_i——第 i 个岗位员工的奖励工资；

P_i——第 i 个岗位员工的月度（或年度）绩效考核得分；

L——企业奖励工资起点绩效分数；

W_i——第 i 个岗位员工的月度（或年度）基础工资。

在这里，月度（或年度）工资总额是直接作为计算奖励工资的系数。如果基础工资已经较好地反映了各个岗位的工作价值和贡献，用它作为奖

励工资的计算系数，就会更公平。因为超工作目标贡献是相对于已有岗位工作标准而言的。岗位工作价值和贡献的大小直接由岗位的基础工资给予了体现，履职人员的超工作标准贡献要获得的补偿也就只能按照他的基础工资总额来计算。不过，在这里有一个重要的限制，如果基础工资没有充分反映不同岗位的工作价值和贡献，如存在红圈工资的情况下，使这种基础工资已不能准确地反映其岗位工作的价值和贡献，它就不能成为核定奖励工资的系数。

一般而论，只有通过岗位工作评价设计的薪点工资、职务等级工资、计件制工资、提成制工资，才能成为计算奖励工资发放的系数。如果其基础工资是选用的其他核定方法，就不能直接作为奖励工资的核定计算系数。

例如，某集团人力资源部部长杨先生的年终奖励工资，其综合绩效考核得分参见表 3 - 14。

表 3 - 14 人力资源部部长杨先生的综合绩效考核得分

职责	招聘选拔	培训开发	绩考服务	薪资管理	劳资关系	临时工作	其他加扣	合计
权重	0.2	0.15	0.2	0.2	0.15	0.1		1.00
得分	17	12	20	16	13	10	5	93

杨先生全年基础工资总额为 28600 元，奖励工资发给底线为 80 分，他的绩效考核得分高出率为

$$(93-80)/80=0.1625$$

杨先生的年终奖励工资为：

$$28600\times 0.1625=4648\text{（元）}$$

（2）级等核定法。奖励工资的级等核定法，是先确定不同岗位的全额奖励工资数额，然后再对绩效考核得分分等，明确界定达到什么得分才能获得其对应岗位的多少比例的奖励工资。一般是每 5 分作为一个系数计算等级。例如，81 ~ 85 分拿 50% 的奖励工资；86 ~ 90 分拿 80% 的奖励工资；91 ~ 95 分拿 100% 的奖励工资；95 分以上拿 150% 的奖励工资。

其规范的做法是将岗位职务划分为若干等级，每个等级全额奖励工资为多少，再用这个奖励工资系数乘以奖励工资分享比例。

例如，某集团公司办公室副主任王先生的年终奖励工资的计算。根据集团奖励工资发放岗位归位表（参见表 3 - 15），他的奖励工资岗位归档在四级上，全额奖励工资是 10000 元。办公室王先生年终绩效考核得分为

87分，他应拿80%的奖励工资，因为他的绩效考核得分在86～90分之间，所以他应拿的奖励工资为

$$10000 \times 80\% = 8000\text{（元）}$$

表3－15 奖励工资发放岗位归位表

等级	年度奖励工资（单位：元）	岗位
一级	20000	董事长、总经理、党委书记
二级	15000	副总经理、党委副书记、工会主席、总工程师、总会计师、总经济师、高级经济师、高级工程师、高级会计师、高级翻译
三级	12000	董事长助理、总经理助理、集团办公室主任、各部门经理、二级公司总经理、厂长
四级	10000	办公室副主任、部门副经理、二级公司副经理、副厂长
五级	8000	项目经理、业务主管、工程师、经济师、会计师、高级业务员、车间主任
六级	6000	会计、领班、报关员、单证员、秘书、助理工程师
七级	4000	初级业务员、技术工人、技术员、出纳、办事员
八级	3000	打字员、内勤、接线员、普通工人

四、其他三种奖励工资核定法

1. 佣金提成法

佣金提成法就是按照所完成的产值，或者销售收入、利润额，根据事先商定的比例提取奖励工资。在这里产值和销售收入、利润额是奖励工资的计算基础。

佣金提取方法有两种：

（1）固定比例法。即无论其达成的产值和销售收入、利润数额多少，都按一个不变的比例提取奖励工资。

（2）变动比例法。即随着奖励工资提取的计算基数的大小变化而变化。一般都是选用递进变动比例法，即把奖励工资计算基数分成多档，达到高一档计算基数之后，提取比例自动增加多少个百分点。

例如，某公司销售业务员肖先生全年赢得销售订单额567万元。按年初的佣金提成奖励办法，200万元保底拿全额基础工资。超过200万元，在300万元之内，销售佣金比例为2%；超过300万元，在400万元以内，销售佣金比例为3%；超过400万元，在500万元之内销售佣金比例为

4%；超过500万元都按5%计算。肖先生的年终奖励工资总额为

（567－500）×5%＋（500－400）×4%＋（400－300）×3%＋（300－200）×2%＝12.35（万元）

2. 专项核定法

专项核定法不与常规的工作绩效挂钩，仅仅是对岗位员工在企业希望岗位员工所作的专项努力上设立奖励。例如，合理化建议奖、成本节约奖、读书奖、发明创新奖、文明行为奖、全勤奖、团结友爱奖、见义勇为奖等。其核定要点有三个方面。

（1）奖励标的不与常规的工作绩效挂钩。

（2）奖励工资的多少完全取决于企业领导人的价值观念和企业文化的核心价值观念，并且其数额完全是事先随意议定的。

（3）强调其发放根据事先的制度规则作为依据，至少要以过去的惯例作为依据。

3. 单项竞赛法

单项竞赛法是根据企业价值观念，有计划地组织一些广泛参与的比赛，并给优胜者以奖励。其奖励金额在比赛筹备时确定，并且不要求持续不变，甚至可以不公开。

第六章

其他薪资构成部分的核定方法

设定附加工资的目的在于实现不同工作和不同生活条件下的报酬合理化。它是对付出特定工作的岗位员工的一种补偿。有些企业在政府所规定的范围之内，还增加了自己特有的附加工资种类：如生活补贴、工作补贴、保健性补贴、技术性津贴、年功性津贴、地区性津贴，还有通信费用补贴、交通费用补贴等。其发放方式一般根据岗位等级核定。

一、附加工资的核定方法

设定附加工资的目的在于实现不同工作和不同生活条件下的报酬合理化。它是对特定工作，相比一般工作所要做出的特别付出的一种补偿。它强调只能是对从事特殊工作和其生活条件给岗位员工带来的额外付出所做出的一种补偿，以使这些需要做出额外付出的工作能够为人们所接受。

附加工资的种类很多，在中国境内的企业，这种附加工资要受到中国政府相应法律法规的限制，有些企业在政府所规定的范围之内还增加了自己特有的附加工资种类。

1. 生活补贴

它包括冬季取暖补贴、夏季降温补贴、交通补贴、住房补贴、水电补贴等。在计划经济条件下，常发的一些补贴包括副食补贴、粮油补贴、煤价补贴等，现在已没有必要再发放了。其补贴标准国家原来都有相应的规定，但这些规定现在大多已失去了意义，企业可根据自己的情况自行决定。

2. 工作补贴

它是补偿岗位员工额外劳动消耗的岗位津贴。这类补贴主要有高空作业津贴、井下作业津贴、高温作业津贴、低温作业津贴、班组长津贴、夜班津贴、中班津贴、特种作业津贴等。这类补贴种类繁多，一般国家都有明文规定，很多是国家强制实行的津贴。企业在执行时，一般需要参照国家的相关法律法规实施。但这种津贴在企业已经实行岗位薪点工资的情况下，企业一般不再发放，因为这类特殊的额外劳动消耗已经在他的薪点工资中得到了体现。

3. 保健性补贴

它主要是针对在工作中身体健康容易受到损害的岗位工作设定的。主要有卫生防疫津贴、医疗保健津贴等。这类津贴所包含的补偿内容，在实施薪点工资的企业中，也不再继续发放，因为它们也都包含在岗位的特殊薪点中了。但有些企业除了通过薪点工资体现外，还另外按上班时间发放一定津贴，其金额完全由企业自主决定。

4. 技术性津贴

它主要是针对有特殊技术和技能的岗位员工设立的津贴，是对岗位员工这种特殊技术和技能的稀缺性所支付的等价物。主要包括科研津贴、工人技师津贴、老技师津贴等。这类津贴在实施薪点工资的企业，也都不存在了。但在岗位等级工资中，尽管已经包含有相应的内容，但有些企业为了突出这种技术、技能的稀缺性，在等级工资之外又给予了一定的补偿。

5. 年功性津贴

这也就是工龄工资。即为了保持岗位员工队伍的稳定，鼓励岗位员工忠诚于企业的一种措施。在国有企业一般分为两种：一是工龄工资，即岗位员工参加国有企业或相应单位工作的年限；二是企业工龄，即在本企业工作的年限。一般企业都只是计算后一类，其计算的方法有两种：

（1）平均工龄工资法，即在本企业每增加一年工龄给予多少钱的工龄津贴。

（2）与所承担的岗位等级相对应的工龄工资，随着岗位等级的提升，工龄工资也随之提升。其总额的计算依照其所承担的不同等级职务的年限累计计算。其计算公式为

$$A=\sum P_iS_i$$

式中 A——工龄工资总数；

P_i——承担第 i 等职务的时间，一般以周年为单位计算；

S_i——对应第 i 等职务工龄工资额。

6. 地区性津贴

在不同的国家和不同的地区，生活条件不一样，生活水平高低不一

样，物价水平也不一样。针对这些不同的特点而发放的津贴就是地区性津贴。这类津贴反映的是外部生活条件的差别。这类津贴国家原来有相应的规定，但这种规定一般无法完全体现这种差别。所以，除了国有企业以外，一般企业都根据自己的实际来设定其具体数额。

另外，还有通信费用补贴、交通费用补贴等，这也是众多企业发放的附加工资。其发放方式一般是根据岗位等级核定。

二、福利保险的核定方法

福利保险是以非现金的形式发放的经济酬偿。其形式主要是各类保险（养老保险、失业保险和医疗保险）、免费培训、公费旅游、带薪学习、带薪休假、俱乐部会员资格，以及低价或免费住房、用车、用餐和定期/不定期的低价或免费生活物资供给。对于这一形式的经济福利的核定，主要强调对它的享用，要充分考虑岗位职务类别和级别的限制。

对于不同级别、不同类别的岗位员工，在享有福利保险上的比例，在薪资结构这一问题的讨论中已做过说明，现仅就不同内容的福利分配核算方法，作一简单说明。

1. 岗位员工保险的分配核定方法

保险的计算在国内企业中有相对固定的计算方式，养老保险、医疗保险和失业保险三大保险在国有企业是一种普遍要求，强制性要求企业为岗位员工购买。其负担方式是职工和企业各自按一定比例承担。除此之外的其他类型的保险则主要是个人承担，外资企业也主要是这一思路。

在这里，我们强调，保险按自助餐式享用，给享有者更多的自主选择权，实行总额控制，即企业要为岗位员工在保险上所投入的费用总额进行控制计算，由享有人支付所需余额。其计算公式为

$$I_i = W_i \div (B \times W \times P)$$

式中 I_i——企业对第 i 个岗位员工投入保险的总支出；

W_i——第 i 个岗位员工的基础工资总额；

B——第 i 个岗位员工所在职类的基础工资权重；

W——第 i 个岗位员工所在职类的福利权重；

P——第 i 个岗位员工所在职类的保险在福利中所占权重。

2. 岗位员工发展型福利的分配核定方法

免费培训、公费旅游、带薪学习、带薪休假、俱乐部会员资格等，都

属于自我发展型福利，是岗位员工提升能力、逸养身心的一种满足。它的享有主要是根据员工岗位的级别高低和类型确定的。在外资企业这类福利中哪些项目只有哪些级别的人能享用，都有明确的标准，也有把它作为奖励给业绩突出的岗位员工的。在控制上，企业一般采用本类福利费用总额比例控制法。在总额控制的基础上，由人力资源部统筹安排，并事先界定标准。

图3－8 薪资方案取得预期效果的关键

3. 岗位员工生活福利的分配核定方法

低价或免费住房、用车、用餐，和定期/不定期的低价或免费生活物资供给。这部分福利在企业福利中的权重日趋减少，免费的更少了。除了免费午餐的享用外，提供这部分福利的企业是越来越少。

对于单身职工免费提供公寓式住房，对于企业必需的人才和岗位工作流动性较大的岗位员工是完全必要的。如果是家住，由企业免费提供住房，也就主要是为了吸引人才。

用车，现在一般都是采取根据岗位职务的高低提供用车补贴，或者提供购车补贴及信贷担保的办法。

免费或低价供给的物资，还在实施的也主要是由企业提供购买便利，即由企业负责采购回来，以成本价转卖给职工，免费的成分已不多。

第七章 薪资支付管理方法

要保证薪资支付对企业组织激励机制建设起到充分的作用，薪资支付的规范问题也是不可忽视的一个问题。薪资支付规范包括薪资支付原则和薪资支付程序规范两个方面的内容。

一、薪资支付的六个原则

所谓薪资支付的原则，是保证薪资支付充分起到激励作用，必须遵循的一些基本要求，概括起来有六个方面。

1. 薪资支付及时性原则

月薪必须每月支付一次，并且时间要相对固定。如有特殊情况，必须事先向岗位员工解释清楚。岗位员工的薪资不是企业的施舍，是企业对岗位员工的负债。因为岗位员工已把劳动贷给了企业，企业能否按时兑现，是企业的信誉问题。

月度奖励工资和附加工资一般都要求随基础工资一并发放。季度奖励工资和年度奖励工资也相应地要求在绩效考核完成之后的某一段时间内进行支付。年薪的结算和年度奖励工资的支付，最晚不要超过春节假期开始之前，即必须在放假之前将年薪结算款和年度奖励工资发放到岗位员工手中。

薪资支付没有时间规范，往往给岗位员工造成应得薪资数额不确定的印象，似乎企业在欺骗岗位员工，或者让岗位员工感到企业的发展遇到了重大困难，从而影响他们的工作情绪和忠诚度。

2. 薪资支付的现金原则

支付给岗位员工的基础工资、奖励工资、附加工资，只能采用现金的形式发放，不能选用企业股金或者企业产品的形式。在现实中，有些企业为高层次人员承诺高薪资，但又觉得过多地支付现金会影响企业的经营效益。承诺薪资的时候并没有明确界定以何种形式支付薪资，到年底，要拿出大额现金兑现时，感到过多的现金流出，会让企业的流动资金吃紧。因而，单边改变主意，把奖励工资改为奖励股份，从而使受奖人有一种受欺骗的感觉，致使其工作积极性和创造性受挫下降。有的企业直接用企业产品折价抵扣岗位员工工资，使岗位员工拿到了这些产品，或者是自己消费，或者是打折转让。一方面为岗位员工带来了再销售的麻烦，增加了岗位员工的额外付出；另一方面，又因为打折转让而降低了岗位员工的工资收入，从而使岗位员工对企业失去了信赖和信心。

3. 薪资支付的足额原则

这就是承诺的薪资必须按时间约定，足额支付，不得有任何截流。在现实中，有些企业只按一定比例发放员工薪资，留一部分承诺在未来的某一天兑现。如果企业经营发生困难，这是不得已而为之的办法。如果企业有能力全额支付，选择截流办法，往往会给岗位员工留下企业面临经营危机的印象，使岗位员工产生另谋高就的想法。

4. 薪资扣除的约定原则

在企业管理中，对岗位员工的某些行为，要进行惩戒性罚款是必不可少的，如旷工、迟到和缺勤要扣除一定数额的基础工资、奖励工资和附加工资。但这种扣除都必须事先有明确的约定，并让每位岗位员工都熟知这种事先的约定，不得有任何暗箱操作，或者事后任意追加。

每位岗位员工的扣薪项目的统计和计算必须公开，使岗位员工自己心里有数。个人所得税的代扣代缴，也必须事先与岗位员工约定。国家有相关法规，企业在执行这些法规的时候必须做耐心的解释工作，不能先斩后奏，让岗位员工提出疑问之后再作解释。这样会让岗位员工感到是企业在用国家的法律法规整人。

5. 福利享有的绩效挂钩原则

社会保险和住房基金等福利的享有，要求必须事先在支付比例、支付方式上做出规范约定，并与绩效考核挂钩，明确绩效考核得分与岗位员工福利保险享有数量和享有比例。

福利保险也不能搞成大锅饭，不能对岗位员工起激励作用的任何形式的薪资支付，都是一种地地道道的浪费，是拿投资人的钱白送人买怨言。这在企业管理中是必须避免的。

6. 薪资预支的担保原则

在一般情况下，企业都不会允许随意地预支工资，但是这又不能一刀切。每位岗位员工面临的问题多种多样，如果对薪资预支做出过死的规定，就会让岗位员工感到企业缺乏人情味，难以把企业作为自己的依托，进而降低对企业的归属感。因此，企业有必要事先做出薪资预支的条件规定和数量规定。

一般在以下情况下，经本人或者其家属的申请，可预支已出勤时间的基础工资和附加工资，以及已经核定的奖励工资。这些情况包括结婚、生育、丧葬、受伤、疾病、意外灾害等。当这些情况发生时，如果岗位员工感到已出勤和已核定的薪资数额不足以应付所发生事件的支出时，也可以酌情进一步预支。为了减少企业的风险，可以附加担保条款，让其他岗位员工以其薪资收入为他担保。

二、薪资支付程序规范

它是对薪资从核定到发放如何操作，做出的程序规范，目的是既要保证薪资发放的准确和安全，又要保证岗位员工领薪的方便。例如，现在越来越多的企业将岗位员工薪资的全部或部分划入岗位员工的银行工资账户，这往往导致岗位员工领薪和岗位员工工资核算的过程脱节，这就有必要另外确立一个岗位员工了解自己所得薪资的计算、核定过程的途径，以减少误解。

薪资支付程序的规范要服从薪资支付原则，尤其要避免因为薪资核定、签批而拖延薪资的发放时间带来岗位员工的不满。曾经有一个企业集团，他们的薪资计算核定后必须由下属公司总经理审核签批后报集团财务部核发。就因为这个公司的总经理因境外业务而出国打点，一去就是一个月，致使这个五六百人的公司岗位员工的工资都无法及时发放，结果造成重大的人心不安，近一半岗位员工提出辞职申请。这些问题在薪资支付程序中，既要事先想到，又要有明确的应对办法。千万不能让岗位员工感到企业在变化手法，拖延工资。

第八章

薪资方案调整操作方法

薪资方案调整是涉及岗位员工切身利益的大事，必须对薪资方案的调整和操作程序明确做出规范。让岗位员工理解薪资方案调整的意义、作用、方法和措施，不能仅仅有企业高层管理人员的统一认识，就强行实施。

一、薪资方案调整的需求鉴别

薪资方案调整也是企业人力资源管理中的一件大事，它所影响的面很大，如果处理不当，就会挫伤众多岗位员工的劳动积极性。因此必须慎重、稳妥地进行，既不能过于频繁或草率，也不能滞后于企业发展的实际变化。这就产生了一个薪资方案调整的条件选择的问题。

一般而言，如果发生以下情况，这就意味着原有的薪资方案已不具有充分的激励作用，必须进行薪资方案的调整。

（1）有众多的岗位员工对现有的薪资方案不满，薪资抱怨增加，在私下，甚至公开场合，议论薪资不公平的问题。

（2）直接因为薪资问题而引起人员流动，尤其是高层管理人员、高级技术人员、高级营销人员的流动，使企业感到原有的薪资方案不再能够提供足够的激励作用。

（3）为了留住或吸引企业紧缺人才，企业不得不在原来的薪资方案上增加很多特例来弥补原有薪资方案的限制。

（4）外部人力资源市场的供求发生了明显的改变，使一些原来紧俏的专业人才明显变得供过于求，使企业原有的薪资方案对这类人才的倾斜变得不再有意义。相反，原来相对过剩的专业人才变得紧俏起来，使企业在薪资报酬上，不得不对这类人才有所倾斜。

(5) 企业在产业结构上进行了重大调整，或者多元化经营，进入了与原有行业差距很大的行业，致使原有的薪资方案无法适应新进入行业的薪资结构和薪资差距。

(6) 企业有意识地进行自主的企业文化建设、企业团队建设、企业学习型组织建设，这必然引起企业核心价值观念的调整。而作为企业组织激励机制的重要组成部分的薪资方案，也必须根据这种调整进行调整，以使薪资方案能够更有效地体现企业新确定的核心价值观念。

(7) 企业发展战略已经作出了重大调整，使企业发展所依存的核心竞争力发生了转移，从而使保障企业核心竞争力打造重要措施的经济福利激励——薪资方案，必须随之进行调整，以保证对企业核心竞争力打造所需的专门人力资源在经济福利上有所倾斜。

二、薪资方案调整的三个内容

薪资方案调整的内容主要有三个方面。

(1) 薪资结构调整。由基本工资、奖励工资、附加工资和福利保险四者之间的特定比例，向另外一种比例进行调整，使之能够更准确地体现岗位员工劳动贡献与劳动报酬之间的关系，以增强薪资作为经济福利激励手段的作用。

(2) 薪资各个构成部分的核定核算方法调整。设计选择一个更为科学合理的核定核算方法代替原有的核定核算方法。

(3) 岗位员工薪资水平差距的调整。拉大或者缩小岗位员工之间的薪资水平差距，使这种差距更能够反映岗位员工劳动贡献的差距。

三、薪资方案调整的三种方法

薪资调整方案的方法选择，尽管对企业的激励机制的建设影响不太直接，但往往可能因为方法不得当而导致薪资调整工作的流产和失败。薪资方案调整的方法一般有三种：整体翻新法、归因补缀法、同行模仿法。

1. 整体翻新法

它是完全放弃企业原有的薪资方案，在科学分析和论证基础上，设计建立一套能够更全面地反映岗位员工劳动付出和劳动贡献变化实际的科学方案。这个方案所依赖的基本理念也许有了重大的调整，使薪资方案从所体现的价值观念、薪资管理政策，到薪资结构比例、薪资项目核定计算方法、岗位员工薪资差距都有了重大的变化。通过这种方法对薪资方案调整，会给人带来一种管理上耳目一新的感觉，使人们备受激励和鼓舞，从而调动岗位员工的劳动积极性。

这种方法又有很大的风险，如果大多数岗位员工不认同这种整体改变了的薪资方案，在实施时往往会受到来自岗位员工方面的阻力，抵制方案的实施，使方案的最终落实发生困难。或者是岗位员工对这个方案不理解和误解，使这个全新方案应该有的激励作用无法发挥出来。

企业在选择这种方法对薪资方案进行调整时，必须抓住一个重要环节——不断深入而广泛地与企业各个层次上的岗位员工进行沟通，让绝大部分岗位员工理解新方案，接受并认同新方案。绝不能草率强制实施，否则就会因为引起岗位员工情绪的波动而导致企业劳动生产率和经济效益的下降。

2. 归因补缀法

图3－9 奖励工资发放警示碑

它与整体翻新法不同，它强调的是通过调查研究，弄清岗位员工对原有薪资方案所不满的原因和内容，并在分析找出这种不满的、深层的、真实的原因的基础上，有针对性地进行补缀。仅仅调整已被众多岗位员工所否定的内容，调整成绝大部分岗位员工能够接受并认同的内容。每次调整仅仅改变原有方案的一部分内容，使原有的方案可以保持相应的连续性。

这种方法的最大好处是不需要做很多宣传沟通工作，就能够被岗位员工接受、认同，从而也不会带来岗位员工情绪的波动。

其局限性是薪资方案变革演进的速度慢，不适应企业文化建设、战略调整等变革的需要，并且调整过程处于被动境地，不免会有频繁的调整发生。

3. 同行模仿法

它是通过向同行其他企业学习，借鉴沿用同行其他企业已经实践证实为行之有效的办法措施，进而提升调整薪资方案的激励作用力度。

这种方法的优点是更容易被岗位员工所接受，因为有先例，即使有岗位员工反对也找不出充分的理由。同时，其风险也较小，是别人实践证明有效的办法措施，实施后不会造成意想不到的不良后果。但这种方法也有严重的局限性。它不是企业自己的管理创新，从而就只能使自己一直落后于同行其他企业，使自己企业难以成为市场的领跑者。同时，同行其他企业的薪资方案，一般都是作为商业秘密保有的，不会向外透露，即使透露，也只是一鳞片爪，因而很难得到它的完整方案。因而由此增加这种模仿的风险，甚至是掉入陷阱。

四、薪资方案调整的程序

薪资方案调整程序的规范，重点强调的是企业各层岗位员工对薪资方案调整决策的参与。也就是说，企业对薪资方案进行调整，必须广泛地把各层岗位员工吸纳到问题的调研讨论、方案的设计和论证过程中来。这不仅有助于保证新方案的可操作性和对企业实际的适用性，而且有助于岗位员工对新方案的理解、接受和认同。

在以往的薪资方案调整中，国有企业一般都比较注重这个环节，避免因缺乏岗位员工参与而导致岗位员工的不接受、不认同。现在，越来越多的民营企业也开始注重这一环节，因为有越来越多的企业高层管理者，意识到企业的管理方案和措施的选择与岗位员工的关系，其实施贯彻的成败直接与岗位员工的参与和认同与否紧密关联。忽视了这一点，主观上的美好愿望也往往难以避免地被人误解和抵制。

薪资方案调整的程序必须包括以下几项工作：

（1）薪资方案调整需求分析；

（2）原有薪资方案的问题分析；

（3）讨论确定薪资方案调整的原则；

（4）拟定薪资方案调整草案；

（5）分层讨论修改薪资方案调整草案；

（6）订正颁布新的薪资方案。

第九章

绩效考核激励实施的思路梳理

绩效考核作为核定工资、发放奖金的依据。只要解决了这一问题，对质量要求也就要低很多。如果要把它作为企业组织激励机制建设的重要构成部分，对解决这一问题的思路也就需要作重大调整，回答"为什么要考核？由谁考核？考核什么？什么时候考核？如何考核？"这五大常规问题也就会有很大的不同，这也是建设企业组织激励机制必须回答的五个问题。

一、绩效考核的五大常规问题

绩效考核是企业管理中的一个关键性环节。如果把这个问题的解决，仅仅作为核定工资、发放奖金的依据，对解决这一问题的质量要求也就要低很多。如果要把它作为企业组织激励机制建设的重要构成部分，对解决这一问题的思路也就需要作重大调整，对绩效考核的五大常规问题的回答也就会有很大的不同。

所谓绩效考核的五大常规问题，也就是建设企业组织激励机制，实施绩效考核激励必须回答的五个问题，即为什么要考核？由谁考核？考核什么？什么时候考核？如何考核？

1. 为什么要考核

这一问题，从不同的角度分析，会有不同的答案。

单从老板的角度来看，绩效考核是为了满足知人、用人的需要，最直接的原因是核定工资、发放奖金的需要。没有绩效考核，就不了解下属员工能做什么、做了什么、是怎么做的、做到了什么程度、是以什么态度来做的、做得效果如何，也就无法知人。不知人，就无法用人，管理者要达到知人善用的境界。就核定工资、发放奖金而言，如果没有绩效考核作为依据，下属员工工资、奖金的多少，随意砍定，不仅下属员工会不服气，做上司主管的也不会理直气壮。

绩效考核对上司老板的需要，任何一个做管理工作的人都可以真实地感觉到。但另外一个原因，可以说是更重要的原因，却被忽视掉了。这就是下属员工也希望他人对自己能做什么、做了什么、做到了什么程度、做得效果如何，有一个公正、公平、客观、准确、全面的考核评价。尤其是能通过这种考核评价使他与他人比较时，体现出“人无我有”的特质，使之获得自我社会价值实现这一高层次需求的满足。只有那些整天无所事事、无所作为，一味只想赚企业、吃企业、占企业便宜的食利者，才会不喜欢绩效考核，也害怕公正、公平、客观、准确、全面的绩效考核。

2. 由谁考核

这一问题的可能答案，有五个选项：

①上司主管；

②人力资源部；

③履职者本人；

④同事；

⑤客户。

这五种人都可以作为考核的实施执行人，但都有其局限性。

（1）上司主管对他的下属员工的工作要求和标准，以及完成情况，相对最了解，因为大部分时间，他和他们工作在一起，生活在一起，下属员工的工作本身又是由他安排的。从这个意义上讲，似乎上司主管就是他下属员工工作绩效的最恰当考核者。

但是，上司主管作为一个现实的活生生的人，又总有自己的原因，使他在对他下属的工作绩效进行评价时，偏离必须有的公正、客观原则。这种个人原因有三点，即

①个人利益。五大郎开店，五大郎就不会给高于他的伙计作出公正、客观的评价。因为他会担心他自己的地位被动摇和取代。

②私人情感。人所普遍拥有的情感，把人分成亲和疏两类。对亲的一类总能找到理由给予高评价，对疏的一类又总能找到理由给予低评价。

③独有偏好。偏好反映的是价值判断、兴趣爱好是否一致的问题。有高尚情趣的人肯定不会对嗜痂成癖的人有公正、客观的评价，倒过来嗜痂成癖的人，也只会对同样有这种癖好的人才有高评价。

利益、情感、偏好，是与人相伴相随的，任何伟大的人也无法摆脱这

三点对其行为的作用和影响。正是这一原因决定了上司主管，难以对下属员工的工作绩效作出公正、客观的评价。

（2）人力资源部被选作绩效考核人也很普遍。他们对绩效考核的方法和技巧比较熟练，但他们的优势也仅仅在此。相比上司主管对下属员工的工作绩效的了解情况，以及工作本身的要求和标准的把握情况，人力资源部都不如上司主管。并且上司主管所存在的局限，人力资源部也都存在。因为人力资源部考核是由人力资源的人考核，他们也都是人。这就决定人力资源部也不是岗位员工绩效的最佳考核人。

（3）有人设想让履职者本人自己进行考核，他对自己的履职情况了解最充分。但是，因为绩效考核与自己切身利益存在直接关系，因而单由他自己考核，又不免浮夸说假话，虚报业绩。所以，单由履职人员自己考核也不是恰当的选择。

（4）现在众多的机关、事业单位和部分国有企业在绩效考核时，仍采取直接由同事不记名投票的办法来实施对岗位员工的绩效考核。谁得票多，谁就是先进工作者。可以说同事与被考核人相处的时间更多，也更了解被考核人的实际情况。但同事也都是人，上事主管的局限性每个同事也都存在。所以，几乎所有通过同事投票选出的所谓先进工作者都是平庸的好好人。

与人相处一团和气，人缘关系好，支持认同的人就多。这是情感的作用。选举一个没有责任心，也没有事业心，业绩平平的人作先进，这至少不会给自己带来榜样的压力。这是利益的作用。偏好的作用是各人有异。这不是谁高尚不高尚的问题，利益、情感、偏好三者的诱惑是任何一个有高尚情操的人也无法抵挡的。

（5）客户也许是最佳的选择。他们与被考核人没有直接的利益、情感和偏好瓜葛，能对被考核人作出相对公正、客观的评价。但他们对考核人，尤其是不直接打交道的被考核人不了解。同时，他们也没有义务要对仅仅存在业务关系的人进行考核。

所以，让客户单独成为岗位员工绩效的考核人也不是一种恰当的选择。

不过内部客户却另当别论。

如果把这五个方面的人都融入考核过程，这样也许能完全保证对被考核人的公正、客观评价。可惜，这却要让绩效考核工作投入太多的财力、物力、人力，从而使这种考核失去意义。考核是为了提升企业的经济效益，不能为了考核而考核。考核投入多，而带来的经济效益增长少，这是得不偿失的事。这也不是最佳的选择。所以 360 度考核，已提出来几十年，也没有普及开来，其原因也就在此。

图 3 – 10 利益、情感和偏好，会让人把人看歪

最佳的选择应该是这样的一种组合，即绩效考核的实施以履职人员自己为主体，由他自己全面总结评价他的工作，并报告他的工作业绩，上司主管仅仅对照实际进行审核，并公示出考核初步结果，让同事下属进行监督。

只有这样，才能抵消人的利益、情感和偏好在岗位员工绩效考核中的副作用。

3. 考核什么

对于考核什么的问题，有代表性的答案有三个：

（1）德、能、勤、绩四要素说。

现在各类机关、事业单位和大部分国有企业，在实施绩效考核时大都选择德、能、勤、绩四个要素。但对四者的定义却往往言行不一致，并且其中一些要素不仅难以量化考核，而且根本没有必要考核。

①所谓德，大都定义为一种政治标准，实际上是仅仅看下属员工对作为考核人的上司主管的忠诚度。忠诚就有德，不忠诚就无德。但这种标准也往往使考核人陷入困惑：昨天还似乎很忠诚的人，仅仅过了一天，也仅仅是因为自己在权力、地位上有些失落，就不再忠诚了。其实，世界上没有绝对的忠诚，绝对的忠诚只能是皇帝的新衣。只有当你能够为他带来一定利益和欲望的满足，并且他无法从其他地方谋取这种利益和欲望的更多满足时，他才会忠诚。这可以称做忠诚行为选择定理。只要你不能给他带来利益和欲望的满足，或者有人能给他带来更多、更大的利益和欲望的满

足时，他对你的忠诚就成了毫无意义的事。所以，把建立在忠诚基础上的德作为一个考核内容是一个没有价值的选择。

若将德严格定义为政治标准，更没有意义。这是企业内部岗位员工绩效考核，不是选拔政府领导人，政治理想、政治态度等与对企业业绩贡献没有多少直接的关联。

②能，也就是能力。它是做好工作、创造好的业绩的前提。但它作为一种潜在的东西，不转化为现实的行动，对做好工作又会毫无帮助。并且，对它的考核评价如何精确量化也是一个无法克服的大困难。能力，装在他人的体内和脑中，准确地把握除了通过所做成的事检验之外，就不再有其他任何有效办法。而做成的事却直接转化为业绩了。也就是说，从所做成的事进行考核，这已不再是考核能力，而是考核业绩了。建立在心理学研究成果基础上的心理测评，尽管不能说都是狗皮膏药，但其测评结果的价值实在让人难以恭维。因为受测评人不免会揣度猜测测评人希望得到的结果，答案选择也不免都建立在这种揣度猜测基础上，这就使这种答案选择根本无法说明被测评人的实际情况。

③勤，就是勤劳，也就是工作态度的一种表现，它是做好工作、创造优异业绩的一种过程表现。但如果没有能力作前提，它也会变得毫无意义。甚至如果没有德提供最基本的忠诚，建立信赖关系，勤或许仅仅是他讨好上司主管的一种伪装。上司主管在时，工作勤恳、积极；上司主管不在时，又换成另外一种面孔。这就使对勤的考核的价值变得微不足道了。不过，如果没有实行弹性工作制，对上班时间的考核还是必要的。

④绩，直接是绩效或业绩。它是下属员工相对于企业发展价值目标的达成做了什么、做成了什么的一种实际贡献。这才是绩效考核，真正需要明确界定的东西。企业聘用一个岗位员工，既不单纯为了给政府解忧，减少下岗工人，降低社会不安因素，更不是老板想经常看到他们做事的样子，而是最终让他为企业发展价值目标的达成贡献一点力量。所以，所做成的事——业绩才是企业老板之所求。

（2）能力、态度和业绩三要素说。

在西方发达国家的MBA教程中，大都是强调要综合能力、态度和业绩三个要素进行考核。实际上，这与德、能、勤、绩四者并没有多少差别。只不过，在这里把德和勤综合到一块，作为态度来进行考核。

对能力和态度的考核没有充分的必要性。能力和态度都会最终反映在业绩上，业绩是能力这个前提通过态度这个过程所产生的结果。在业绩中，已经全部包含了能力和态度这两个因素的作用，对二者单独立项进行考核计分，本身还是一种重复计算。同时也没有公正、公平、客观、准确、全面考核的可能性。对这两者很难进行准确量化。执意对这两者进行考核，实际上仅仅是为上司主管预留了一个向下属员工显示权威、展现价值、玩弄权术的空间。

不过在传统的企业管理中，仅仅通过权力威慑作用来推动企业组织的运行，让下属员工害怕为前提，从而维持上司主管对下属员工的权威，成了保证企业运行协调所不可缺少的途径。在这种企业组织中，把能力和态度作为考核必须的内容，是可以理解的。

（3）是单一业绩说。

这是一种坚持认为绩效考核只考核业绩结果的思路。笔者也持这一思路。绩效考核就是对下属员工所作的贡献进行考核，即对他做了什么、做成了什么，并结合过程进行考核。而过程与结果却又是相互转换的。结果依赖于过程，有什么样的过程就会有什么样的结果。但过程并不纯粹是以流动不拘的形式存在的，它实际上是较短时段内的一种结果的排列。短时段的结果相对于长时段的结果就成了过程。

正是从这个意义上讲，绩效考核仅仅抓住结果——业绩也就够了。如果想从过程上把握，提高考核的频率，把考核的周期缩短，把握住较小时段上的结果，也就达到了目的。

并且，对过程的考核在流动的状态上进行本身也是不可能的。例如，要考核一个人跑步的速度和可能的距离，我们就只能根据他每分钟所跑的距离，以及他的步幅和步频来测知，没有必要测知他的肌肉运动和用力情况。

4. 什么时候考核

这个问题实际上是考核频率如何确定的问题，即多长时段考核一次更恰当。这个问题并不是一个主观偏好问题，而是受考核所带来的管理效益制约的。考核本身是管理活动中的一个核心工作，其目的是谋求管理效益。而管理活动的实施又必须投入相应的人、财、物，这些投入就构成了考核的成本。如果通过考核这一管理工作实现的管理效益，不足以弥补考核带来的管理成本增加，这种考核相对于企业发展价值目标的达成就是毫无意义的事。所以，要回答这个问题，通常需要进行成本—效益分析。下面略作说明：

我们用纵轴表示考核成本和管理效益，用横轴表示考核频率，可得到如图 3－11 所示的考核成本曲线和管理效益曲线。考核成本曲线是一条上升的直线，它从原点出发，随着考核频率的增加，考核成本正比例的增加。管理效益曲线则是一条上凸曲线，它的起点并不是原点，因为即使没有考核也仍然会有一定的管理效益。但随着考核频率的增加，管理效益也会增加。但超过一定的频率后，考核带来的管理效益相反会下降，使考核带来的管理效益增加，不足以弥补考核成本的增加。所谓考核效益，也就是考核带来的管理效益的增加减去考核成本的差。在这两条曲线之间，距离最大的点也就是考核频率选择最恰当的点。在图3－11中，S点就是最优考频点。

图3－11 绩效考核频率优选曲线：成本—效益分析曲线

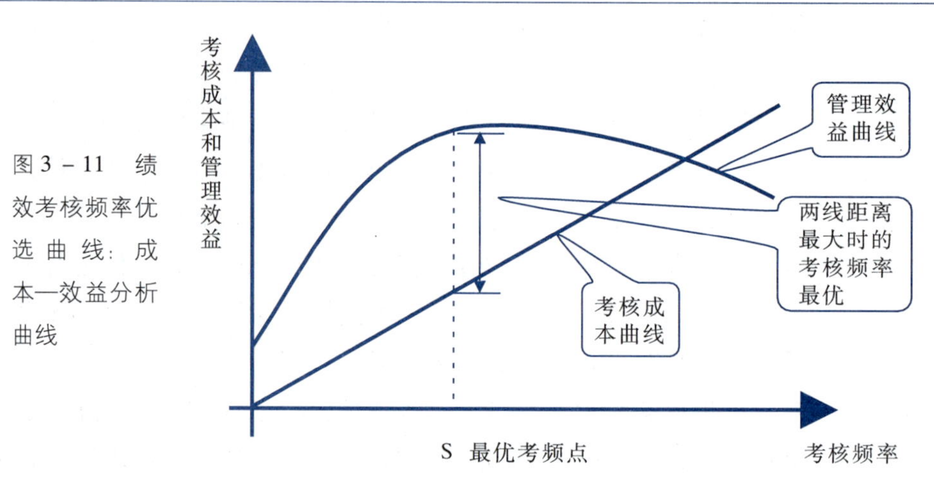

要选择确定绩效考核的频率，必须作这种分析。如果要提高考核频率，又要使管理效益也得到提升，这就需要想办法降低考核成本。在海尔OEC中的日清体系，实际上就是一种高频率的绩效考核，即每天考核一次。他们这样高频率的考核之所以是有效益的，是因为海尔的OEC是一种目标管理。当把每天的考核工作列为岗位员工的一项目标之后，企业就可以不必为这种考核另外支付人工成本了。而考核投入的最大成本却是人工成本。除此之外，绩效考核上发生的其他费用也就仅仅是表格纸张等考核工具，这种成本投入就微不足道了。并且如果企业建立了局域网，考核在网上进行，表格工具也可不花费。海尔的OEC管理能造出奇迹，但很多学海尔OEC的企业，却业绩不佳，其原因就在此。增加了考核频率，而考核成本无法降低，致使每天一次的考核无法带来正向的管理效益的增加。

5. 如何考核

这个问题也就是考核方法选择的问题。用什么方法来实施考核，是保证绩效考核质量最关键的一个环节。后面要专门讨论，这里暂且不议。

二、绩效考核具有激励作用的前提：达成“十字标准”

要使绩效考核不仅仅是服务于核定工资、发放奖金的需要，或者上司主管识人、用人的目的，而是要使之对下属员工的行为具有正面诱导激励作用，即让它成为企业组织激励机制的一个重要构成部分，绩效考核必须满足十个字的标准，即公正、公平、客观、准确、全面。也就是说，绩效考核能否达到这十个字的标准，是企业的绩效考核能否成为企业组织激励机制构成部分的前提。

绩效考核达到了公正、公平、客观、准确、全面这十个字的标准，下属员工也就会通过努力为企业发展价值目标的达成作贡献来体现自己在这个企业的相应价值。达到了这“十字标准”的绩效考核，也就使每个下属员工在这个企业小社会中，通过努力相对于企业发展价值目标的达成，创造了自己的相应“有无结构”。如果他的业绩得分较低，就说明他存在一种“人有我无”的结构，是他工作做得不如人，从而使他感觉到有一种不如人的自卑感。而这种自卑感只要还没有把他压垮，他就会加倍努力改变这种状况，使自己从这种自卑中解放出来。这就迫使他或者把工作做得与他人一样好，由一种“人有我无”的结构转化为“人有我有”的结构；或者是发挥自己的主观能动性，创造性的工作，使自己在其他某些方面做得比他人更好，创造自己特有的“人无我有”的结构，以弥补自己所无法改变的“人有我无”的结构。这也就直接使这种考核具有了激励人的作用。

在这里有一个问题，如果这个绩效考核得分较低的人，产生了过多的自卑感，致使这种自卑感已经把他压垮，使他丧失了信心和希望，这也会产生负面作用。因为这会使他放弃努力，或者听天由命、得过且过；或者另谋出路，另攀高枝。当出现这种情况的时候，绩效考核的激励作用就会下降，这就需要上司主管加强绩效考核的沟通管理，为下属员工指明努力的方向，肯定每个人的长处，增添他人的信心，激发他人的希望，降低他人的自卑感。从而维持绩效考核的正向激励作用。李·艾柯卡初到福特汽车公司，绩效考核得分为倒数第一名，这本来已使他开始丧失信心，他的主管通过沟通，对他进行鼓励，并告诉他只要不是连续成为倒数第一名，就不会被淘汰，也说明有发展潜力。最后李·艾柯卡在福特创造出非常辉煌的业绩，甚至功高震主。

一般而言，只要是公正、客观的考核，都不会因自己绩效得分过低的自卑而把自己压垮。公正、公平、客观、准确、全面的考核，只会让他重新对自己定位。相反，不公正、不公平、不客观、不准确、不全面的考核，则可能给他人带来让人自暴自弃和自卑。因为这种考核让其所得的绩效得分与自己的努力失去关联，得分多少是超越自己主观努力的外在作用所致，与自己的行为没有联系。人不能自己主宰自己时，才会自暴自弃，真正自卑。

当他的考核成绩较高时，这就意味着他在这个企业已经创造出自己特有的“人无我有”结构，干成了一些他人无法干成的事，完成了一些他人无法完成的工作，这就使他的自我社会价值得到了体现。这也直接为他的自我社会价值的实现——“能”的需求带来了满足。而任何一个人都会非常重视这种自我社会价值实现的满足和维持，他创造了好于他人的业绩，形成了他特有的“人无我有”结构，他会千方百计地维持这种“人无我有”的结构，并不断为这种“人无我有”结构增添新的内容。从而使他更加努力、更加勤奋，创造出一种快马扬鞭自奋蹄的激励效果。

这种状态也正是所有管理者希望达到的境界。

三、突破上司主管的主观偏见局限的途径

若在上司主管主导的员工绩效考核的框架中，仅仅考虑考核评价方法问题是没有用的。因为把岗位员工的绩效评价权力完全交付给他的上司主管，他的上司主管总有办法把他个人的利益、情感和偏好加进去，致使下属员工的绩效考核无法真正实现公正、客观。

如果我们改变一下思路，不是简单地对下属员工的绩效进行评价，而是确定一定绩效标准之后让履职人员——下属员工自己评价，上司仅仅根据下属员工履职的实际情况参照绩效标准进行考核，即考证审核。请注意，这里是考核，不是考评。虽然一字之差，但内涵完全不同。考评是把岗位员工绩效评价的权力直接交给考评人，而考核则仅仅只是交给了考核人一个考证审核的权力，使他既不能脱离考核的依据标准，也不能脱离岗位员工的绩效实际，使之只能对二者之间有无误差进行一些核查工作。尤其是把下属员工的绩效考核评价权力交给了下属员工本人，上司主管也就只能通过依据标准和绩效实际，相对于下属员工自己的评价进行审核，这就可以最大限度地消除上司主管的主观偏见作用。

但在这里仍有一个问题会发生，这就是上司主管与下属员工由于正向的利益关系，或者情感关系，或者偏好原因，会使上司主管认同他下属员工的不适当评价。不过在这里已把主观偏见的作用减少了一半，上司主管无法再压低他不喜欢的、有利益冲突的下属员工的绩效得分了。这另外一半的问题，可通过健全监督机制来解决。例如，要求将下属员工绩效的自我评价和上司主管的审核，明确地在工作场所对履职人员的所有同事、下属公开公示出来，并赋予每位岗位员工越级通报评价不实信息的权力，让上司的上司出面予以纠正，这就可以最大限度地保证绩效考核的公正、公平、客观、准确、全面这十个字的标准的实现了。只要有这样公示的程序，有无同事或下属反馈信息，都可大大降低不实的虚假评价。这一程序会对人的心理施加压力，让任何刻意作假的人感到心理不安。

第十章 目标化管理法

目标化管理法是笔者通过对目标管理进行系统研究之后，对目标管理的一种改进和发展。它是针对目标管理法的局限而发展完善的一套绩效考核方法。它强调的一个要点是，目标的确立不是由上而下通过层层讨价谈判分解来完成，而通过建立目标选择激励制度，由这种激励制度促使下属员工自主地选择确立充分高的目标。其适用性、操作性都相当好，在此重点予以介绍。

一、目标化管理法与一般目标管理法的区别

通过目标管理法进行绩效考核使上司主管的主观偏见作用点，由绩效考核的结果转移到了绩效考核的标准要求上。而在绩效考核的结果上，上司主管的主观偏见已经不再能随意发挥作用。下属员工的工作目标有了具体量化的标准，它达成了目标就是达成了目标，没有达成目标就是没有达成目标。除非在绩效事实上弄虚作假，否则，上司主管无法把自己的主观偏见加到这种绩效考核评价之中去。

倡导目标管理的人强调，好目标就是只有跳起来才能达成的目标，这个目标既是充分高的，又是通过跳起来可以达到的。好目标的选择、确立是目标管理最关键的一步，也是最困难的一步。往往目标管理的失败，也就失败在这一步。

目标化管理则强调要把上司主管的主观偏见作用从下属员工的绩效要求标准确定上也赶走，使上司主管的主观偏见在下属员工的工作绩效标准要求的确立上也无法产生影响和作用。其具体办法是通过一定的激励措施，让下属员工自己选择确定工作目标要求，并且使之只能选择充分高，

而又需要通过最大努力才能实现的目标。做到了这一点，也就解决了所谓好目标的确立问题。

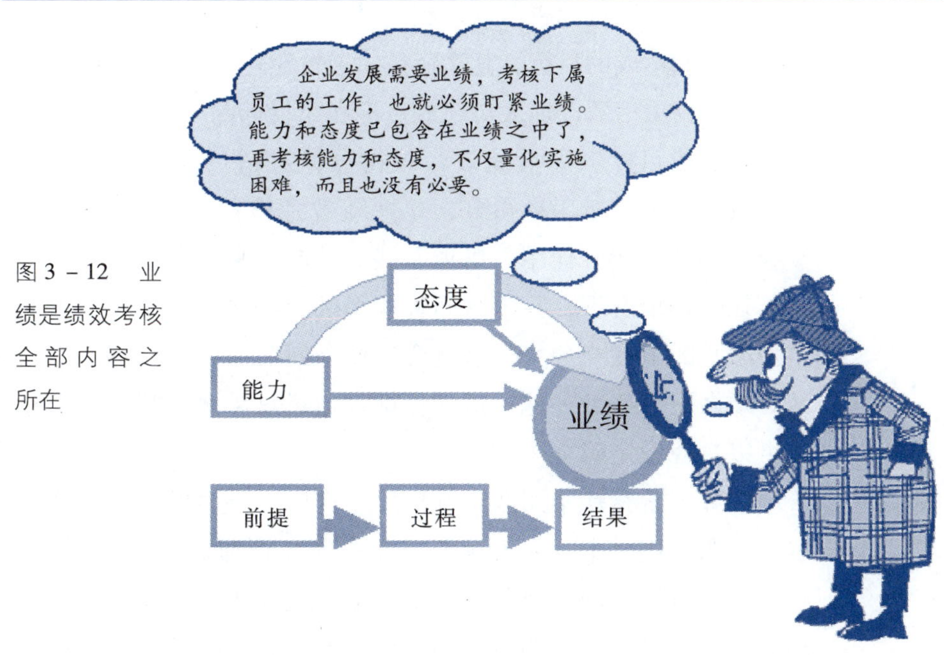

图3－12 业绩是绩效考核全部内容之所在

目标化管理法与目标管理法的差别也就在此。在目标化管理法中，下属员工的工作目标，不是由上司主管通过讨价还价谈判确定的，而主要是下属员工自己选择设定的。如果下属员工自己选择设定了不恰当的低目标，他个人要蒙受损失，失去很多他完全能够在这个企业获得的利益和满足。如下属员工自己设定的目标过低，实现的超目标较多，而超目标的对应奖励又比正常确定目标达成后所获得的对应利益和满足少，就会使他个人蒙受损失。

按照这一思路来实施目标管理，从目标的选择设定，到履职考核，活动的主体就可以主要由下属员工本人来承担，上司、同事都只是起一个审核监督的作用。上司主管在绩效考核中的主观偏见作用也就可以彻底消除了。

二、目标选择激励的思路和方法

在目标管理过程中，如何为下属员工的工作确立一个好目标，是一个世界性的难题。谁解决了这一难题，谁就可能通过目标管理获得非常卓越的企业管理效果。那如何才能确定一个既充分高而又能通过努力达成的好目标呢？

笔者通过研究和实践发现，通过目标选择激励让下属员工自己确立自己的工作目标，其目标就可以达到好目标的要求——充分高，但又是需要付出最大努力能达成的目标。其途径是，通过对达成目标和超目标的绩效得分设定不同的权重倍数，加大对达成目标和超目标两种业绩奖励的差距。

对达成目标者加大绩效考核得分，对超目标者不另外计绩效考核得分，或者少记绩效考核得分，并把绩效考核得分严格与岗位员工的工资、奖金、福利和晋升任用、培训发展等挂起钩来。

在这种情况下，只要这两种业绩的得分差距足够大，并且与之对应的多种激励的力度充分大，这就会迫使下属员工自己选择一个既能够达成而又必须做最大努力才能达成的目标。通过这种激励措施，所谓的好目标也就可以自我设定确立了。

例如，某钢铁集团两个炼钢厂生产同一型号的钢材，原成本（材料成本、能源耗用成本、人工成本）和费用（管理费等期间费用）为4200元/吨。实施目标管理，甲分厂厂长自我确立的目标为降低成本费用率10%，乙分厂厂长自我确立的目标为8%，最后都实现了10%的降低率。通过对目标和超目标赋予不同倍数的权重，如对达成目标给予10倍的权重，而对超目标只给予1倍的权重。二人工作实绩尽管一样，但其绩效考核得分却发生了很大的差距。若把成本降低率的每个百分点记为一个单位，则会出现

甲分厂厂长的绩效得分为

$$10 \times 10 = 100\text{分}$$

乙分厂厂长的绩效得分为

$$8 \times 10 + 2 \times 1 = 82\text{分}$$

尽管都是实现了10%的成本费用降低率效果，但因为自我选择的目标值不同，从而使其最后的绩效考核成绩得分形成高达18分的大差距。如果确立下年的工作目标，乙分厂的厂长除非是个傻瓜才会仍然选择一个远远低于努力能够达成的低工作目标。因为他作这种选择也就意味着他在工资、奖金等经济福利满足上要蒙受损失，在职务晋升和培训发展上也要失去很多机会，使他本应该得到的利益和欲望的满足，仅仅因为自己选择了一个低目标而失之交臂，这就会迫使他根据自己的实际，选择一个自己能够通过努力达成的高目标。

由此也就解决了好目标的设立问题。乙分厂的厂长会如此考虑，企业的每一个岗位员工也都会如此考虑。这样，每个人都选择确立一个充分高

而又必须通过最大努力才能达成的好目标。最后，又严格根据目标达成情况进行考核，上司主管在绩效考核中的作用也就仅仅是审核审核，他的主观偏见就再也无法在此产生影响、发挥作用了。

三、目标族系分析

一般而论，在企业内部，任何一个岗位员工，都可能不只是承担一项职责。为了让任何一位岗位员工的任何一项职责履行情况的考核都受到公正、客观的评价，目标化管理法强调把岗位员工的所有工作职责都设立成目标，然后通过分类整合来综合计算岗位员工的绩效得分。这也就是目标的族类分析。

1. 目标族系分析的操作步骤

第一步：清理分析岗位工作职责。这一步工作是让岗位员工自己根据自己所承担工作的实际来确定自己岗位所承担的职责。有《岗位工作说明书》或者《岗位工作标准》的，可直接根据它们来分析，完成分析后填写《岗位职责分析表》。

第二步：分析设立工作目标。这一步要求把自己岗位所承担的职责，都设立成能量化考核的工作目标。也就是说，只要是自己岗位所承担的职责，无论是不是经营职责，都要设立成可具体量化的工作目标，以便于考核周期末对照衡量考核。

第三步：对工作目标进行分类。企业内部所有岗位的工作职责都可设立成四类工作目标，即

（1）核心目标；

（2）指标目标；

（3）责任目标；

（4）项目目标。

2. 四类目标的内涵及特点

（1）所谓核心目标，也就是能综合代表岗位角色绩效水平或工作效率水平的目标。例如，销售收入、利润、成本费用，及其由它们转化而来的变化比例，销售收入增长率、投资回报增长率、利润增长率、成本费用降低率、项目进程达成率等。

（2）所谓指标目标，是有具体实物量纲的数量指标。它是由核心目标分解而来，能保证核心目标得以实现的目标。它们的达标直接是核心目标

的达标。例如，保证成本降低率实现的采购成本降低指标、能耗降低指标、材耗降低指标、生产加工成本降低指标、管理成本降低指标、人工成本降低指标等具体落实到活动投入要素上的指标，每单位产成品加工在上期的基础上，降低多少材料、节省多少度电、减少多少工时，甚至明确到辅助耗费上，一把扫帚用多长时间。这些成本的降低指标目标都是由成本费用率的降低率这一目标通过分析分解而得出的，它们达成与否不仅直接影响到作为核心目标的成本费用率的降低率目标的达成，也同时直接影响到企业投资回报率和利润率的增长率的实现。

（3）所谓责任目标，也就是由与经营目标没有直接对应关系的一些常规性的岗位工作职责设定的量化标准要求。所谓常规性的工作职责，是指企业的各级各类岗位员工所承担的组织运行职责。它们是一些常规性的工作，今天做了明天还要重复做，今年做了明年也还要重复做的工作。这种常规性工作职责，尽管与企业经营目标的达成没有直接对应关系，但若它们履行得不好，却又会直接制约企业经营目标的达成。它们是企业经营目标达成的保障性工作。这些工作虽是重复进行的，但每次都有最基本的要求，达不到这基本要求，企业经营目标也就不可能实现。所以，对它的标准要求也都必须具体化和量化。

这类工作相对于不同职类岗位员工，其重要性可能完全不同。一般而论，它相对于直线管理人员，其重要性相对要低一些。因为直线管理人员承担有经营职责，或叫财务职责。而相对于职能部门的岗位员工，其重要性却很高。职能部门的岗位员工所承担的工作大都是非经营性质的组织运行职责，如人员招聘、后勤服务、安全保卫等，它们是职能部门岗位员工工作的主要内容。

（4）所谓项目目标，也就是由一些非常规性的临时性工作任务，包括突击性、阶段性工作，上司临时交办的工作，确立的目标。其量化指标一般是所要完成的项目根据进程分阶段按时间要求确立。这种临时性、阶段性工作的一个特点，就是它不是像常规性工作那样重复进行的，而是做完之后就不再重复做了。除了大型的临时性工作之外，它们一般很难预先写进岗位员工的岗位职责之中，并做出具体的量化要求。而这类工作相对于不同层次的岗位员工所承担的比重可能不一样的。一般而言，职能部门的普通岗位员工承担的这类工作较多一些，因为他们的工作量具有更多的弹性。所以，临时性工作、突击性工作往往都由他们去完成。而直线主管人员和现场操作人员的工作更多的是根据企业的既定目标计划来进行的，所以，所承担的临时性工作相对就要少得多。

3. 目标族系分析实例

例如，全胜集团上年经营总收入为22亿元，人力资源管理职能总费用为440万元，其中包括人头费、办公费、房屋设备费、招聘广告费、培训专家费、外出学习费等。其人力资源管理职能费用率为

$$440 \div 220000 \times 100\% = 0.2\%$$

人力资源部丁经理确立了降低人力资源管理职能费用率10%的核心目标，即当年的人力资源管理职能总费用与集团经营总收入的比率为0.18%。集团当年的经营收入目标为30亿元，其人力资源管理职能总费用最高限额为

$$300000 \times 0.18\% = 540\ (万元)$$

即降低人力资源管理费用60万元。其具体指标目标和相应其他目标分析参见表3－16。

表3－16 人力资源部丁经理的目标体系

分类	要素（Ni）	目标要求
核心目标	职能费用率的降低率	在上年的基础上降低10%
指标目标	培训费	节省47.2万元（主要是外出学习培训），每月平均节省3.93万元
	人头费用	节省6万元（其中：比例减员4.8万元，加班费1.2万元），每月平均节省0.5万元
	办公费用	节省4.8万元（其中：电话费1万元，差旅费3.8万元），每月平均节省0.4万元
	设备费用	节省2.4万元（其中：办公用房2万元，电脑0.4万元），每月平均节省0.2万元
责任目标	人员选聘	保证各单位、部门用人需要，单位、部门提出用人计划后7天内送选所需人才（各单位、部门与用人单位配合制定的有人力资源战略规划和年度计划）
	培训开发	保证所选用人员与岗位要求匹配，技能和品行修养合格率100%
	绩考服务	保证每位岗位员工的工作得到公正、客观评价，绩考不公投诉率在0.5%以下
	薪资管理	保证以尽可能低的人工费用做出尽可能大的事业，人工费用率低于同行水平1%
	劳资关系融合	化解和减少劳资矛盾，使岗位员工流动率（非正常离退的流动与岗位员工总数相比）低于10%
项目目标	岗位工作评价	对全公司的每个岗位的相对价值作出客观、公正量化评价，用10个月的时间完成对全集团所有岗位的岗位工作评价，在工资体系上改岗位技能工资为薪点工资

四、岗位员工绩效绝对成绩计算方法

绩效考核必须计算出每位岗位员工的绩效得分。目标化管理法，对岗位员工绩效成绩的计算，分为两个方面：一方面是绩效绝对成绩的计算；另一方面是相对特征得分的计算。

运用目标化管理法实施岗位员工绩效考核，要求分月度和年度两个方面来计算岗位员工绩效的绝对成绩。

1. 岗位员工月度绩效绝对成绩的计算

岗位员工月度绩效绝对成绩的计算比较简单，不计算核心目标达标与否的成绩，仅仅计算非核心目标达标与否的成绩。核心目标的内容在指标目标中已有所体现，在相对较短的一个月中计算它没有多少意义。

对非核心目标，实行五档记分考核，分别为达标记为1；未达标但高于90%，记为0.8；未达标但高于80%，记为0.6；未达标但高于70%，记为0.4；未达标但低于70%，记为0。当然也可分为两档或三档记分。例如分两档记分：达标为一档，记为1；未达标为一档，记为0。

其计算公式为

$$A = \sum R_i Z_i \times 100$$

式中 A——岗位员工月度绝对成绩得分；

R_i——岗位员工第 i 项目标达成比例；

Z_i——岗位员工第 i 项目标的权重。

例如，全胜集团人力资源部丁经理4月份的目标达标情况及各项工作目标的权重参见表3－17。

表3－17 人力资源部丁经理的月度考核表

目标分数	目标要素	1	0.8	0.6	0.4	0	权重 Z_i	R_iZ_i
指标目标	培训费	1					0.2	0.2
	人头费用	1					0.05	0.05
	办公费用		1				0.03	0.024
	设备费用	1					0.02	0.02

续表

目标分数	目标要素	1	0.8	0.6	0.4	0	权重 Z_i	R_iZ_i
责任目标	人员选聘	1					0.15	0.15
	培训开发	1					0.10	0.1
	绩考服务			1			0.15	0.09
	薪资管理	1					0.10	0.1
	劳资关系融合		1				0.05	0.04
项目目标	岗位工作评价	1					0.15	0.15
合计		7	2	1			1	0.922

丁经理4月份的绩效绝对成绩为

$$A=\sum R_iZ_i\times100=0.924\times100=92.4$$

2. 岗位员工年度绩效绝对成绩的计算

岗位员工年度绩效绝对成绩的计算，则要综合月度的非核心目标的考核和年终的核心目标的考核。对核心目标只是在年终考核，实行三档记分，分别为不达标、达标、超标三个绩效水平，分别记为0、1、X。当然也可以分为多档记分。核心目标都是综合性的绩效指标，只有在相对较长的时间后计算才有意义，在短时间内计算，并不能说明什么问题。加之企业的业务在全年中，本身就不是均衡的。所以，对核心目标一年考核一次是比较恰当的。

图3-13 贡献比忠心重要

有人可能会说，核心目标的内容已包含在指标目标中，年终计算考核它，没有什么意义。事实却并非如此。任何一个岗位的工作，都有其重点，设置核心目标，并在年终考核，虽然其内涵实际上存在重复计算，这不仅不是多余的，而且还必须如此。因为这有助于诱导岗位员工突出自己岗位工作的重点，实现没有强制的岗位员工自我管理。

年终绩效绝对成绩计算，要根据企业的实际分为两种情况进行，其计算方法对应为两个模型：

（1）一般性质岗位员工目标考核绝对成绩计算模型；

（2）特殊性质岗位员工目标考核绝对成绩计算模型，即内部存在生产分工衔接的大型产品生产企业的岗位员工目标考核绝对成绩计算模型。

五、一般性质岗位员工目标考核绝对成绩计算模型及分析

1. 模型公式

一般性质岗位员工目标考核绝对成绩计算模型可表示为

$$W=(Y_jT_0+T_f+T_{bf})\sum\sum N_iZ_i$$

式中 W——岗位员工目标考核绝对成绩；

T_0——岗位员工个人自定核心目标（一般按投资回报率、利润率或成本费用率的变化率的绝对数乘以100计算；它可以反映岗位员工的主观动机和自我认定的能力对他工作绩效的影响）；

Y_j——岗位员工个人自定核心目标的实际实现情况取值（达标为1，未达标为0）；

T_f——岗位员工个人实际达成的核心目标值（计算指标同 T_0，它可以反映岗位员工个人的实际努力情况）；

T_{bf}——上司核心目标的实际实现值（我们让单位、部门主管的目标体系直接等同于单位、部门的目标体系，由它可以反映岗位员工个人团队关联动机和努力情况）；

N_i——非核心目标的第 i 种目标月度达标情况（一般分为五档记分：达标记为1；未达标但高于90%，记为0.8；未达标，但高于80%，记为0.6；未达标，高于70%，记为0.4；未达标且低于70%，记为0）；

Z_i——非核心目标评价权重（它是对不同非核心目标重要性的一种评定）。

2. 模型分析

这里所谓的一般性质企业，是指在企业内部所生产经营的产品没有严格的内部分工协作，不存在彼此配合协调的问题。任何一个岗位员工在确定了自己的目标之后，如果仍能超标，这种超标对企业发展价值目标的达成有同等的推动作用。所以，目标的超额是多多益善，最后实现的目标值越大越好，岗位员工也可以由此得到更高的绩效得分。

在这个模型中，实际上考虑了四个方面的因素。

（1）岗位员工自己的主观态度。

它表现在自己所设定的目标 T_0 上。这个目标值越大，并且最终也达成了，实际上也就为岗位员工的绩效得分增加了很大一个数值。因为这一目标值也包含在最终实际达成的目标值中，它在此实际上是一种重复计算，并且正是通过这种重复计算让岗位员工重视对它的选择。但是，如果这个目标过高，最终没有达成，这一栏也就变成了0。这就迫使每一个岗位员工为了自己的自身利益考虑，为获得一个充分高的绩效成绩，既要选择一个充分高的目标，又要绝对保证这个目标能实现，不要制定不切实际的空目标。

（2）这个目标值的最后实际达成情况 T_f。

它在这里起着一个鼓励岗位员工做出最大努力以争取最好绩效成绩的作用。即使自己所设定的目标 T_0 最后没有实现，前一项变成了0，但它仍可以通过最后所实现的目标 T_f 值的增加，而使绩效得分尽可能提升。如果自己所设定的目标达成了，它在这里也仍然有增加岗位员工绩效得分的作用。

（3）直接上司核心目标的最后实现情况 T_{bf}。

我们原已设定，直接上司的核心目标也就是这个岗位员工所在团队的核心目标。加入这一绩效得分计量因素，就可以起到对岗位员工的团队精神的鼓励作用。因为如果岗位员工所在的团队核心目标完成状况不佳，即使他个人的目标达成情况很好，当与其他单位、部门的岗位员工的绩效得分比较时，他仍不可能获得较好的绩效得分。只有自己所属团队的核心目标达成情况较好时，他才能够获得充分高的业绩得分。这就迫使单位、部门内的每位岗位员工既要为自身工作目标的达成做最大的努力，也要为团队整体目标的达成做充分的努力。包括对那些会直接影响团队整体核心目标达成的同事，在需要帮助时无条件地提供帮助。这也就是实现无边界组织的建设。在这一因素的作用下，不需要对任何人做“学雷锋讲贡献”的说教，每位岗位员工都会为了自己的利益而自主去帮助同事，支持同事完成工作目标，以实现最优的团队整体目标。

（4）岗位员工平时的绩效考核状况$\sum\sum N_i Z_i$。

它是岗位员工非核心目标的平时考核成绩的累加。它不仅包含了由核心目标分解来的指标目标的平时完成情况，也包含了岗位员工责任目标和项目目标的平时达成情况。尽管指标目标会通过核心目标最终的实现来体现，但它在这里可以为整个企业的组织协调提供一个量化的信息依据，从而提升企业的整体效率。这样，就迫使每位岗位员工自始至终都要不懈地努力，无法谋求任何投机取巧的选择得分。

3. 模型运用计算举例

假设全胜集团是一个一般性质的企业，人力资源部丁经理的年终绩效考核的绝对成绩计算，参见表3－18。

表3－18 丁经理年终绩效考核的绝对成绩计算表一

目标分数	目标要素	12个月的达标情况统计					绩效影响因子				
		1	0.8	0.6	0.4	0	T_0	T_f	T_{bf}	Z_i	$\sum N_i Z_i$
核心目标	职能费用率的降低率						10	10	8		
指标目标	培训费	8	2	1	1					0.2	2.12
	人头费用	7	4	1						0.05	0.54
	办公费用	9	2		1					0.03	0.33
	设备费用	11	1							0.02	0.236
责任目标	人员选聘	8	2	2						0.15	1.62
	培训开发	9	1		1					0.10	1.02
	绩考服务	9	2	1						0.15	1.68
	薪资管理	12								0.10	1.2
	劳资关系融合	10	1	1						0.05	0.57
项目目标	岗位工作评价	12								0.15	1.8
合计										1	11.116

$$
\begin{aligned}
W_J &= (Y_j T_0 + T_f + T_{bf}) \sum\sum N_i Z_i \\
&= (1 \times 10 + 10 + 8) \times 11.116 \\
&\approx 311
\end{aligned}
$$

六、特殊性质岗位员工目标考核绝对成绩计算模型

1. 模型公式

特殊性质岗位员工目标考核绝对成绩计算模型可表示为

$$
\begin{aligned}
W &= (s^2 Y_j T_0 + s^{-2} T_c) \sum\sum N_i Z_i + \sum Q_b T_{bf} \sum\sum N_i Z_i \\
&= [(s^2 Y_j T_0 + s^{-2} T_c) + \sum Q_b T_{bf}] \sum\sum N_i Z_i
\end{aligned}
$$

式中 W——岗位员工目标考核绝对成绩；

s——年终核心目标考核达标评价记分权重；

T_0——自定核心目标得分（一般按投资回报率、利润率或成本费用率的变化率的绝对数乘以 100 计算）；

Y_j——核心目标达成情况取值（达到目标为 1，未达到目标为 0）；

T_c——超目标贡献值（其计算指标同 T_0）；

N_i——非核心目标的第 i 种目标月度达标情况（其取值一般选择五档记分：达标记为 1；未达标但高于 90%，记为 0.8；未达标但高于 80%，记为 0.6；未达标但高于 70%，记为 0.4；未达标且低于 70%，记为 0）；

Z_i——非核心目标评价权重（它是对不同非核心目标的重要性的一种评定）；

Q_b——岗位员工对第 r 级上司核心目标达成值的贡献记分评价权重；

T_{bf}——第 b 级上司核心目标的实际达成值。

2. 模型分析

s 的赋值可在 2～5 之间。其取值加大，T_0 的绩效得分贡献会相对加大，T_c 的绩效得分贡献则会相对缩小。即加大目标达标记分与超目标记分的差距，使岗位员工更看重确立有难度而又必须尽最大努力才能达到的目标，而不是确立尽可能低的目标，以降低目标达成的难度，增加达标保险系数，以获取超目标的奖励。反之则相反。其值取 2，则可把达标与超标之间的得分差距拉开 16 倍（2^4）。其值取 5，则可把达标与超标之间的得

分差距拉开625（5^4）倍。二者之间的差距再进一步拉大也就失去了意义。

Q_b 的赋值应为递减的，依次可为4～1。b 为第 b 级上司，一般取值为直接上司和隔级上司两个状况值。岗位员工不能对远隔多级的上司的业绩好坏负责，也无法为远隔多级的上司的业绩好坏负责。$\sum Q_b$ 不能大于10。否则就会降低个人努力的得分作用，造成隐含的大锅饭。因为一个多项式，增加一项的权重的比例，则是相对降低其余项的比例。如果 $\sum Q_b$ 大于10，前后两项的值则会明显失去平衡。

这个模型的适用范围，已作了明确的限定，即存在内部生产分工衔接的大型产品的生产型企业。这一性质的企业相比一般性质的企业有一个重要特征，这就是在企业内部存在严密的分工关系，工厂与工厂之间，车间与车间之间必须保持高度的衔接和协调。因为他们是共同生产一个大型产品，任何一个车间或者工厂都只能完成这个产品的一个零部件的生产加工，最后都得由总装厂来完成其产品的组装工作。所以，如果相互之间不配合、衔接、协调，就必然会严重制约企业的经济效益。每个工厂或者车间，都只能恰好生产那么多产品——加工件或零部件，超计划生产不仅没有任何意义，相反，还会造成库存浪费，增加资金占用，降低企业资金使用效益。但如果生产不足，又会成为瓶颈，使整个企业的有效产出都限制于这个瓶颈短板上。所以，在这类性质的企业中，事先的协调、控制就显得非常重要。

因此，每个工厂或者车间，都必须根据自己的最大产出量制订计划，并在计划阶段进行协调。有过剩生产能力的工厂或车间必须压缩投入。生产能力不足的工厂或车间，或者是增加投入，提高生产能力，或者通过外协来弥补这一缺口。这些工作都必须在一个生产周期开始之前做好计划和安排。

所以，在这里，不能无条件地鼓励单位、部门和岗位员工超目标生产。这就使岗位员工自我设定目标准确性的意义大大提升。也就是说，每位岗位员工所自我设定的目标是企业事先进行计划协调的依据，如果他们达不成目标，或者超目标，都不仅不会给企业带来任何效益贡献，相反，还会给企业造成一定的经济损失。所以，岗位员工自我设定的目标必须是能够达成的，并且也不希望超目标。

在这个模型中，我们主要考虑的因素有四个。

（1）岗位员工自我设定的目标 T_0。

如果这个自我设定的目标不能达成，目标达成情况的取值系数就变成了0，岗位员工的业绩得分也就降低了相当大的一部分。如果他所设定的目标达成了，还会通过年终目标考核评价记分权重 s 给予倍乘。s 在这里的作用就起到了对岗位员工自我选择目标的激励作用，让每位岗位员工为了自身利益的考虑必须选择一个充分高的目标，但又一定是能够实现的目标。

（2）最后的超目标 T_c。

它在岗位员工绩效得分中所起的作用很小。它前面的系数 s 的 -2 次方使它的绩效得分贡献率，降到了微不足道的地步。不过，但从性质上仍然承认它的价值。但因为超目标在这类企业不会给企业带来什么经济效益，所以，必须降低它在绩效考核中的得分影响程度。当 T_0 没有达成时，它也就为 0。所以，当岗位员工自我设定目标没有达成时，这整个一大项的值都变成了 0。

（3）岗位员工所在团队的核心目标达成情况 T_{bf}。

在这里我们一般考虑两个层次上的团队业绩：

①岗位员工所任职的小团队的业绩。因为这个小团队业绩的好坏，直接与每位岗位员工存在重大相关关系，所以对它要给予多倍权重系数。

②岗位员工所任职的高一级的大团队的业绩，也就是小团队所在的大团队的核心目标的实际达成情况。它与每位岗位员工也存在关联关系，但关联的程度下降了很多。其核心目标达成的好坏，更多的要由这个大团队的主管和这个大团队之中的小团队的主管来承担责任。因为每位岗位员工都做了努力，如果彼此之间的工作关系没有衔接、协调好，整个大团队的业绩仍不会好。单独一位岗位员工对它所承担的责任，相对在小团队要承担的责任要小得多。但仍然要承担一定责任，至少每位岗位员工要承担彼此之间的工作关系衔接、协调的建议责任。如果彼此之间的工作发生衔接、协调不善的问题，每一位岗位员工都应该给予关注，并积极开动脑筋想办法，提供好的建议，即时解决这一问题，不能把自己摆在隔岸观火的地位。所以，给予的权重系数要比小团队业绩的权重系数少很多，但仍然要能对被考核人的绩效得分具有充分大的影响。

（4）岗位员工平时的业绩累加 $\sum\sum N_i Z_i$。

这一因素，即非核心目标的月度考核成绩累加，其内容与前一模型完全一样。

在这个模型中，岗位员工会因为自我设定的目标没有达成而导致绩效得分下降到达成之后的一半以下，往往也就是因为自我设定的目标不当。这会造成这样一种后果，即自我设定的目标未达到的岗位员工的实际业绩与自我目标设定恰当、通过努力刚好达成的岗位员工的实际业绩相当，但绩效得分却会差距很大，甚至可能差距一倍以上。这往往会使人感到不公平。

“为什么付出的努力一样，绩效结果也一样，却让绩效得分发生这么大的悬殊？”

这只是从表面情况做出的观察。做管理人员的都应该明白这个道理。在这类企业中，生产经营必须进行事先的计划协调，岗位员工自我设定的目标已经被如数地纳入了计划协调程序，并以此为基础，平衡了企业的生产经营计划。如果他们自己设定的目标最后没能达成，就必然给整个企业的生产经营活动带来混乱，造成损失。这种损失可能比岗位员工本人因未达成目标而损失的工资奖金要多难以估量的倍数。之所以如此，又主要是因为它的自我目标设定不当，因而就应该由他来承担一部分责任。减少他的绩效考核得分，降低他的工资奖金，也是合情合理的。否则，每个人都对自我设定的目标不负责任，那么自我设定的目标也就失去了意义。

讲成功学的人强调，每个人都要设定一个高目标，通过这个高目标来激励自己取得更大的成就。并认为目标的选择和结果往往又具有这样一种规律：选其上，得其中；选其中，得其下。因而在人生成功的路上，让每个人都设定出超越自己能力的高目标是有价值的。但在企业管理中，这却是不允许的。如果让他选其上，得其中，就他个人而言，或许是最优的选择，但往往却会给企业带来严重的不利影响，甚至造成巨大的经济损失。所以，成功学设定目标的思路绝对不能沿引到企业的目标管理和目标化管理中来。

3. 模型计算举例

假设全胜集团不是一般性质的企业，而是一个大型产品的生产企业，人力资源部丁经理的年终绩效考核的绝对成绩计算，参见表 3－19。

表 3－19 丁经理年终绩效考核的绝对成绩计算表二

目标分数	目标要素	12 个月的达标情况统计					绩效影响因子					
		1	0.8	0.6	0.4	0	T_o	$S^2Y_jT_0$（$s=2$）	T_c	Z_i	$\sum N_iZ_i$	$\sum Q_bT_{bf}$
核心目标	职能费用率的降低率						10					
指标目标	培训费	8	2	1	1					0.2	2.12	
	人头费用	7	4	1						0.05	0.54	
	办公费用	9	2		1					0.03	0.33	
	设备费用	11	1							0.02	0.236	

续表

目标分数	目标要素	12个月的达标情况统计					绩效影响因子					
		1	0.8	0.6	0.4	0	T_o	$S^2Y_jT_0$ $(s=2)$	T_c	Z_i	$\sum N_iZ_i$	$\sum Q_bT_{bf}$
责任目标	人员选聘	8	2	2						0.15	1.62	丁经理只有一级上司，为集团总经理，$\sum Q_b$ 为5，其上司核心目标达成值为6%，即6×5=30
	培训开发	9	1		1					0.10	1.02	
	绩考服务	9	2	1						0.15	1.68	
	薪资管理	12								0.10	1.2	
	劳资关系融合	10	1	1						0.05	0.57	
项目目标	岗位工作评价	12								0.15	1.8	
合计								40	0	1	11.116	30

人力资源部丁经理的年终绩效考核得分为

$$W_{丁}=[(s^2Y_jT_0+s^{-2}T_c)+\sum Q_bT_{bf}]\sum\sum N_iZ_i$$
$$=[(2^2\times1\times10+2^{-2}\times0)+30]\times11.116$$
$$\approx778$$

七、岗位员工绩效特征得分的计算

计算岗位员工绩效特征得分，也就是在企业内部解决不同类、不同层次岗位员工绩效好坏的横向比较问题。对企业第一经营领导人的绩效评价是一个社会横向比较定位问题，但对企业内部其他岗位个人的绩效评价，则是一个企业内部的横向比较定位问题。实现精确的横向比较，目标化管理法的解决办法有两种。

1. 通过选择变化比率作为核心目标的指标

要比较，必须舍弃其量纲差别，只有同质的量才有可比性。选择变化比率可达到这一目的。并且比较变化比率，还可逐步弱化其基数差别。持续不断的发展变化比率的比较，会把原来在前提条件上的基数差异弱化消除。一直对变化比率进行比较，其前提基数的差异会变得越来越微不足道，直至最后消失。工作基础有好坏的差别。工作基础差的单位、部门和岗位，挖潜余地大，在原有基础上实现较大的变化率是比较容易的。反之则相反，工作基础好的单位、部门和岗位，挖潜余地小，在原有基础上实现较大的变化率则比较困难。但这种差别仅仅在开始时有比较大的影响，当连续实施这种目标化绩效考核方法后，这种影响也就逐渐消失了。

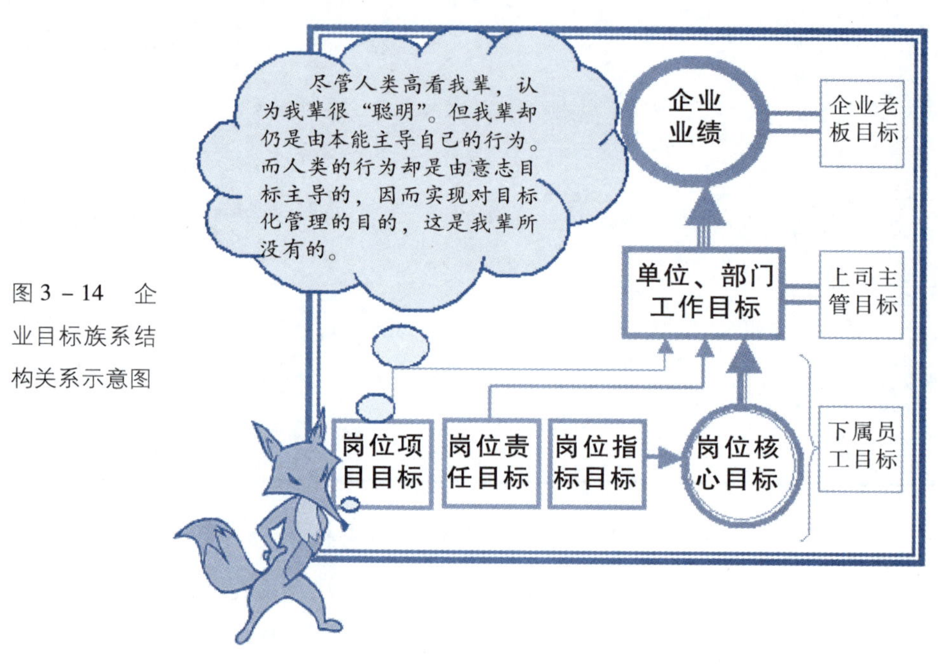

图 3－14 企业目标族系结构关系示意图

①以成本费用率降低率为核心目标值进行计算。

某销售公司实现销售收入 1000 万元，销售费用为 120 万元，包括销售人员的工资、奖金和福利开支，以及广告费、人员办公费、差旅费、公关交际费。其销售费用率为

$$120 \div 1000 \times 100\% = 12\%$$

实施目标化管理，销售公司经理制定了当年降低 10% 的销售费用率的目标。当年销售费用率为

$$12\% \times (1 - 10\%) = 10.8\%$$

假设销售收入不变，销售费用只有不超过 108 万元才能达标。若销售公司经理又制定了下一年降低 8% 的销售费用率的目标，下一年销售费用率为

$$10.8\% \times (1 - 8\%) = 9.936\%$$

假设销售收入不变，销售费用只有不超过 99.36 万元才能达标。

②以利润率的增长率为核心目标值进行计算。

某事业部实现税后利润率 1500 万元，全年平均占用资金 10000 万元，

其利润率为15%。实施目标化管理，事业部经理制定了当年提高10%的利润率的目标。当年利润率为

$$15\% \times (1+10\%) = 16.5\%$$

假设资金占用增加了5000万元，当年利润只有达到

$$(10000+5000) \times 16.5\% = 2475\ (\text{万元})$$

才能达标。若事业部又制定了下一年增长5%的利润率的目标，则下一年的利润率为

$$16.5\% \times (1+5\%) = 17.325\%$$

假设再新增加投资5000万元，则下一年利润只有达到

$$(15000+5000) \times 17.325\% = 3465\ (\text{万元})$$

才能达标。

③以投资回报率的增长率为核心目标值进行计算。

某公司实现税后利润率2000万元，自有净资产20000万元，其利润率为10%。实施目标化管理，公司总经理制定了当年提高10%的利润率的目标。当年投资回报率为

$$10\% \times (1+10\%) = 11\%$$

假设追加投资，增加净资产5000万元，当年净利润只有达到

$$(20000+5000) \times 11\% = 2750\ (\text{万元})$$

才能达标。若公司又制定了下一年增长5%的投资回报率的目标，下一年的投资回报率为

$$11\% \times (1+5\%) = 11.55\%$$

假设又新增加投资，新增净资产10000万元，下一年净利润只有达到

$$(25000+10000) \times 11.55\% = 4042.5\ (\text{万元})$$

才能达标。

以上三种情况的核心目标内容并不相同，一个是成本费用率的降低变化率，一个是利润率的增长率，还有一个是投资回报率的增长率，但它们有一点是相同的，即他们通过努力实现的变化程度是相同的。它们都没有量纲，是一种相对数。在这里可比较的是变化程度，即变化率。因而使完全不同的岗位的绩效有了可比性。

企业要实施管理，管理要创新，其目的也就是谋求企业管理效益的变化。核心目标的指标选择确定为变化比率，这就既可满足管理的目的要求，又可解决不同岗位目标指标体系不同，不能进行比较的问题。

2. 通过相关模型计算每位岗位员工的成绩特征得分来实现

可运用岗位员工目标考核相对成绩计算模型，计算每位岗位员工的成

绩特征得分。

在数学中，对一组数进行排序后，数字个数为奇数时，正中间的一个数是中数；或者数字个数为偶数，中间两个数的平均数即为中数。中数又名中位数，是集中量数的一种，它能描述一组数据的典型情况。中数是按顺序排列在一起的一组数据中居于中间位置的数，即在这组数据中，有一半的数据比它大，有一半的数据比它小。它可能是数据中的某一个，也可能根本不是原有的数。由中数所揭示的数据关系就中数原理。

依据中数原理，可以把在企业内达到平均绩效水平的成绩设定为50分，这就可得到岗位员工目标考核成绩特征得分的计算模型为

$$H_i = W_i / \left[\left(\sum W_i \right) / N \right] \times 50$$

式中 H_i——企业第 i 个岗位员工目标考核成绩相对特征得分，它也是特定岗位员工 i 的绩效成绩在企业内的名次排序比较值；

W_i——第 i 个岗位员工的目标考核绝对成绩得分；

N——岗位员工总数。

例如，全胜集团人力资源部丁经理的特征成绩为

①按一般性质企业假设计算，假若全胜集团岗位员工目标考核绝对成绩平均为210分，即 $\left(\sum W_i \right) / N = 210$。则丁经理的目标考核相对成绩为

$$311/210 \times 50 = 74 \text{ 分}$$

即丁经理的考核成绩居于全集团的26%的位置。

②按特殊性质企业假设计算，假若全胜集团岗位员工目标考核绝对成绩平均为500分，即 $\left(\sum W_i \right) / N = 500$。则丁经理的目标考核相对成绩为

$$778/500 \times 50 = 77.8 \text{ 分}$$

即丁经理的考核成绩居于全集团的23%的位置。

八、目标化管理法操作的七步程序

运用目标化管理法进行绩效考核，其操作程序可概括为七步。

1. 讨论确定目标化管理方案制度

这一步要求拟订目标化管理考核方案后，全员参与讨论，以获得广泛的认同，然后在广泛认同的基础上，以制度的形式颁布实施方案。其方案除了明确其操作要点、实施程序外，还要明确与最后考核挂钩，兑现成激励措施。兑现挂钩的激励措施不能仅仅限于经济福利的激励，要尽可能让激励措施手段多样化。在方案讨论认同过程中，要明确一个重点，如何对

目标选择进行激励。通过明确这一重点，让每一位岗位员工都明了方案中每一个参数和权重设置的意义和作用，尤其要使之明了自己所选择设定的目标的大小对绩效考核得分的影响。让每一位岗位员工个人在选择确立自己的工作目标时，都只选择充分高，但又能通过最大努力实现的目标。

另外，如果企业以往管理制度贯彻效果不佳，存在虎头蛇尾的情况，则还必须策划一些能取信于人的典型事件，提升制度方案的权威性，以打消岗位员工心中的疑虑，不让岗位员工有任何“这些制度会真正贯彻吗?”等方面的怀疑。

2. 组织岗位员工讨论，提升岗位员工对企业目标体系的认同程度

实施目标化管理，首先必须让岗位员工明确企业的经营目标。企业经营目标是岗位员工选择设定自己工作目标的根据，岗位员工不明白企业的经营目标，或者不认同企业的经营目标，认为企业所设定的经营目标都是唱高调的空话，也就不可能有真正的目标化管理。在这里，不仅强调要在岗位员工普遍参与下，共同讨论、审核、确定企业的中长期发展战略规划和企业年度目标计划，以及各自单位、部门的年度目标计划，而且要共同讨论确定企业的核心价值观念和经营宗旨，以使企业从发展的目标，到具体实现企业发展目标的措施计划，都能深入岗位员工的心，使之成为每一个岗位员工所自觉自愿寻求的方向。这一步工作要解决的问题是，让岗位员工明以下问题：

(1) 企业为什么要存在，为什么要发展？企业怎样才能存在，怎样才能发展？

(2) 社会需求发展趋势如何？即影响自己企业市场的消费结构、技术发展、产品生命、替代产品的趋势如何？

(3) 企业资源现状如何？总量、特点怎样？企业还能发展和积累一些什么样的、多大规模的资源？

(4) 企业资源与社会需求，二者的重合区在哪里？这种重合区将来会有什么变化？根据这种重合区进行分析，企业必须设定什么样的中长期战略目标才能保证企业的持续快速发展？

(5) 通过什么样的战略措施来保证企业战略目标的达成？

(6) 按照企业中长期发展战略规划，本年度企业和自己单位、部门必须达到什么样的目标？怎样达到这一目标？

(7) 为完成年度目标计划，各自单位、部门每一个时段——每一个季度或月度必须做些什么？做到什么程度？

很多人可能认为这些问题根本没有必要让一般岗位员工来操心。企业决策人把这些问题决策好之后，交由他们实施就行了。并且一般岗位员工的素质也无法为这些问题的解决提供什么好的思路。我们在此讨论的不是一般岗位员工能否提出有价值的决策建议性问题，而是如何提高他们对企业经营目标的认同程度，进而提高贯彻争取企业经营目标达成的自觉性，并主动地、创造性地开展自己工作的问题。人就是人，要使由之，必须使知之。通过知才能提高其主动性和创造性，并且这种知是实施目标化管理法进行绩效考核的前提。岗位员工不能准确全面地理解、认同企业经营目标，就无法设定自己岗位的目标体系。

3. 选择设定岗位角色个人的目标体系

这一步工作可分为七小步：

第一小步，在岗位员工已经准确理解、全面认同企业经营目标之后，让岗位员工个人思考自己的年度工作目标要素和目标要求。其所要解决的问题是让岗位员工明了：

（1）我能为企业中长期战略目标和年度计划目标的达成做什么？

（2）最高我能做到什么程度？

第二小步，由岗位员工个人根据自己岗位职责实际，分析设定核心目标，并分解确定保障核心目标达成的有量纲指标，选择三个到五个重要的指标，作为岗位角色个人目标体系中的指标目标。要解决的问题是让岗位员工明了：

（1）综合说明自己岗位绩效水平或工作效率水平的指标是什么？我自己该选择确立什么样的核心目标？

（2）保证我自己工作核心目标达成的关键工作有哪些？这些关键性工作做到什么程度才能保障工作核心目标的达成？

（3）达成各个重要指标目标的关键措施是什么？

第三小步，汇总统计各个岗位角色个人的核心目标值，并公布平均值、最低值，然后让各个岗位角色重新审定和调整所选择确立的各项目标。这一小步工作的目的：

（1）让岗位员工自己判定自己所设定的核心目标是否过低或过高。

（2）对核心目标确立过低者施加一定的心理压力，使之重新思考，调高其目标值。

（3）提醒核心目标确立过高者，审视其达成的措施力度，使之重新思考，以确认自己所设定的目标值的准确性和可行性。

第四小步，明确自己岗位工作的核心目标、指标目标、责任目标、项目目标的内容和要求，建立自己岗位的目标体系。要解决的问题是让岗位员工明了：

（1）自己岗位工作的核心目标是什么？

（2）自己岗位工作的指标目标是什么？

（3）自己岗位工作的责任目标是什么？

（4）自己岗位工作的项目目标是什么？

第五小步，岗位员工个人根据自己岗位所承担的工作职责的重要性、履行难度，初步确定核心目标之外各个目标的权重。要解决的问题是让岗位员工明了：

（1）什么目标的达成对企业发展影响最大、次之？

（2）什么目标的达成对自己绩效得分影响最大、次之？

（3）我应该如何分配自己的精力和时间？

第六小步，由岗位员工个人在时序上进行目标分解，确定年度、月度个人工作目标体系草案，拟订完成目标的措施计划。要解决的问题是让岗位员工明了：

（1）要完成年度工作目标，每月要做哪些工作？

（2）每项工作要做到什么程度——达成什么样的月度目标？

（3）采取什么样的措施来保证目标达成？

第七小步，由岗位员工个人实行自主控制，把月度目标计划分解为日工作目标。要解决的问题是让岗位员工明了：

（1）为保证月度目标的达成，我每个工作日必须完成什么样质量和数量的工作？

（2）能否找到新途径新办法来保证目标的达成？

4. 沟通、讨论、审定、确认、颁布岗位角色个人的工作目标体系

这一步工作可分为四小步：

第一小步，由各个岗位角色的上司审核下属各岗位角色的工作职责，以及由它分解确定的核心目标和非核心目标及权重设置。要解决的问题：

（1）下属的工作职责归纳全不全？

（2）各个目标达成的重要性和履行难度把握准不准？

（3）保证其目标达成的措施是否真正有效？

（4）个人工作目标体系确立恰当不恰当？

（5）是否存在上下之间、左右之间的岗位角色、个人目标体系不协调的问题？

第二小步，由各岗位角色的上司与所属岗位角色个人进行工作职责、目标要求、目标权重进行沟通。要解决的问题：

（1）通过沟通讨论，对岗位角色个人的工作目标体系达成共识。

（2）明确各项目标达成的措施，核准其资源条件要求，即对下属的工作履职权——事权进行确认和授予。

（3）确定各个岗位角色个人的工作目标体系。

第三小步，对各个岗位角色个人工作目标进行汇总后与企业经营目标进行对接，并采取措施消除二者的差距。要解决的问题：

（1）下属员工的汇总目标与企业单位、部门的年度目标计划有无差距？差距有多大？其原因何在？消除差距的措施？

（2）把岗位角色个人目标体系与企业或单位、部门的目标进行对接：企业单位的经营目标值减去下属目标总值，等于必须新增岗角色的目标；下属目标总值减企业单位经营目标值，等于调减岗位角色的目标。

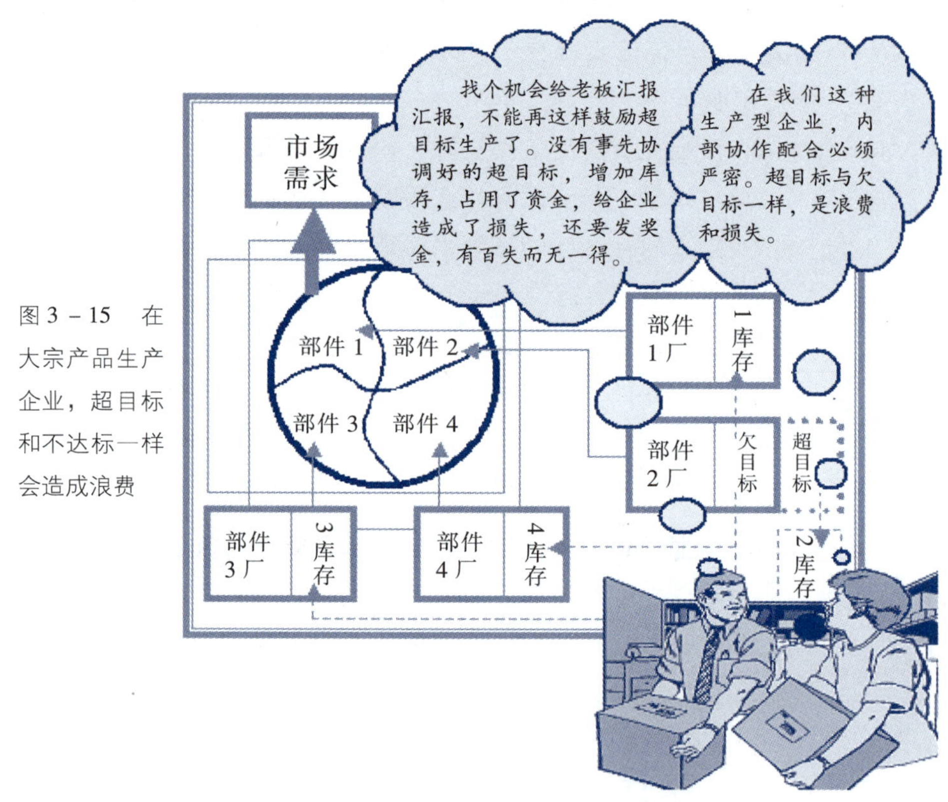

图 3－15　在大宗产品生产企业，超目标和不达标一样会造成浪费

第四小步，确定企业的目标总体系，并郑重颁布后实施。企业目标总体系是由各个岗位角色个人目标体系汇总的，其内容既包含有时序上的不同经营目标，也包含有各个层次上的单位、部门的经营目标和组织运行目标。要解决的问题是让岗位员工明了：

（1）目标化管理是企业发展史上的大事，必须认真对待。

（2）企业总目标体系中，包含着每个岗位角色个人的目标体系，任何岗位角色个人工作目标的不达标，都会给企业造成损失。

（3）任何一个没有达成工作目标的个人都要承担相应的责任。

5. 目标实施过程的管理跟踪

这一步工作可分为两小步：

第一小步，各个岗位角色个人分别制作自己的目标体系展板，并置于大家能看见的地方。在此再次明确一点，单位、部门负责人的个人目标体系也就是本单位、部门这个团队所共有的目标体系。要解决的问题：

（1）通过展板，实现自我激励。目标展板会随时随地提醒履职人员，自己每天、每月的工作目标是什么，全年的目标是什么，随时随地想到它，并不断优化工作方式方法，保证它的达成。

（2）强化同事、下属和上司的目标实施监督，增加外在激励。同事、下属和上司会自主不自主地提醒履职人员工作目标约束的存在，甚至一个眼神也会让履职人员警觉，约束自己的行为，以保证工作目标的达成。

第二小步，对目标实施过程进行跟踪。上司主管对下属员工目标的达成情况通过定期或不定期的沟通交流，检查、了解下属员工工作目标的达成过程，督促、指导下属员工为工作目标的达成努力。要解决的问题：

（1）各岗位角色个人达成工作目标的进展如何？

（2）下属员工按目标计划履行职责有无困难？

（3）下属员工要达成目标还需要提供什么帮助？

6. 对工作目标达成情况进行考核

这一步工作可分为三小步：

第一小步，由岗位角色个人收集工作目标达成情况的见证材料，进行目标达标总结自评，并填写《岗位员工绩效考核表》。要解决的问题：

（1）明确岗位角色个人的工作目标达成情况。

（2）由岗位角色个人进行潜力挖掘和创新压力分析，为新一轮目标体系的选择制订提供基础。

第二小步，由上司收集、审核所属岗位角色个人工作目标达标情况的见证材料，并据以对下属员工的个人总结自评进行审核计分。在这里强调的一点是，上司主管平时要对下属员工的履职情况定期做好记录，并收集相关见证材料，不能等到考核时才着手做这一工作。对下属员工负责任的主管，应该对下属员工的工作履职情况客观、准确、及时地进行记录。在此要解决的问题主要是核定下属员工个人自我考核评价是否准确如实的问题。

第三小步，上司主管进行绩效考核沟通准备，填写《绩效考核面谈沟通表》，并与所属岗位角色个人进行绩效考核沟通。在此要解决的问题：

（1）消除员工绩效考核后不当的心理压力，包括自大、自卑心理等。

（2）鼓励提升下属员工设立好目标，并为企业发展价值目标的达成主动创造性地开展工作。

（3）讨论、分析、确定下属员工实现绩效改善的途径和办法。

7. 目标考核激励兑现

由人力资源部把各个岗位角色个人的绩效成绩得分汇总统计，计算各岗位角色个人的绩效特征得分，明确其在企业的相对位置，并汇总上报总经理审核后实施，兑现奖惩方案。要分析解决的问题：

（1）企业激励机制是否能顺利发挥作用？

（2）企业激励机制的作用是否能不断强化？

第十一章 用户评价法

所谓用户评价法，也就是在企业内部把所有单位与单位之间、部门与部门之间、岗位与岗位之间的商务关系变成一种供货商与用户之间的商务关系，让每位岗位员工的工作所形成的产品和服务的用户，来评价所提供产品和服务的岗位员工工作绩效成绩。用户评价法在现实实践中，已有非常好的成功典型，可以说它是一种实用性很强的岗位员工绩效考核方法。

一、用自己的钱投票评价，不会有虚假的高评价

用户不会对供货商所提供的产品作虚假的高评价，并且这种评价不是用嘴进行的，而是用他所支付的人民币进行的，谁也不愿意多为供货商所提供的产品付钱，他所支付的钱也就只能是他所认为所值的钱。

如果说要有例外的话，只有在用户和供货商之间插进了一个中间采购人。采购人购来的产品不是自己使用，而是交给独立于自己之外的他人使用。那么，供货商也就可以通过给回扣的办法让采购人对他所提供的产品作出虚假的评价。但如果采购人是一个独立的中间商，并不能左右最终用户，那么在这里，采购人实际上又变成了最终用户的供货商。吃了回扣，采购人对供货商所提供的产品作出了虚假的高评价，并为这种评价支付了高额的钱，最终用户如果不认同这种虚假的高评价，不会向他也支付这种高价格，所蒙受的损失就是采购人这个中间商本人。他所吃的回扣就是蜻蜓吃尾巴——自吃自的行为。在这种情况下，就只有真正的傻子才会吃回扣，并对供货商的产品作出虚假的高评价。

在企业内部实际上存在着众多的并不完全是自吃自的采购人，从而使岗位员工的工作很难得到客观公正的评价。要保证每位岗位员工的工作都

得到客观公正的评价，把岗位员工相互之间的商务关系变成一种没有中间采购人的供应商与用户之间的关系，这是一条非常有效的途径。在现实的企业管理中，邯钢的企业内部模拟市场和山东四达的虚拟法人制度，都是这一思路的具体实践。

二、用户评价法的成功实践举例

企业内部模拟市场，是邯钢在20世纪90年代初的探索。它让邯钢集团内部单位与单位、部门与部门之间都变成一种商品交换关系，让每个单位、部门都独立地承担责任，使每个单位和部门都为了寻求自己的利益而客观、公正地评价上道工序所提供的产品和服务，从而使企业的经济效益和管理水平大幅度提升，使之成为我国冶金行业的一面旗帜，甚至后来成为全国所有企业学习的典范。

邯钢的内部模拟市场探索还仅仅只是在单位和单位、部门和部门之间建立了这种供货商与用户之间的关系，还没有把这种关系深入到岗位员工之间。而做这种探索，并实际通过建立虚拟法人制度，来提升企业管理水平和经济效益的是山东四达公司。

1992年，四达还是一个净资产近乎为零的200多人的小企业。1992年开始实施股份合作制改革，由岗位员工买断了国有资产，并另外集资提升了企业的发展后劲。他们在管理上的一个重大创新就是建立了虚拟法人制度，把每位岗位员工都变成了一个个的虚拟法人，并在企业的股份中承担相应的责任。

企业资金无论以什么形式流转到你手中，实现了增值就是你的收益，发生了贬值或亏损必须由你全额赔偿。每个人都是一个相对独立的法人，每个人也都能对他人的工作做出客观公正的评价，并且这种评价最终都得用人民币来体现。在这里，不存在严格意义上的上下级之间的关系，每一位岗位员工都是平等的虚拟法人。

最典型的是董事长去南方开会，顺便采购了两车原材料。回厂后由仓库保管员验收，仓库保管员发现因为油布没有盖好导致渗水，使一部分原材料浸水变质失去了效用。这个仓库保管员并没有看董事长的面子如数入库，而是把这一部分浸水变质的原材料切下来过磅后让董事长在财务科交完赔款后才入库。

不是这个仓库保管员不给董事长面子，而是他自己和董事长都是相对独立的虚拟法人。如果给了这个面子，浸水变质的原材料损失就该由他自己掏腰包赔偿。

正是这一虚拟法人制度使四达公司走上了持续快速的发展道路，由它所提供的产品不仅质量高，而且成本低。国家的几个大型绝缘材料厂所提供的产品 35 元钱一个，单位赔钱；而四达公司所提供的同类产品 25 块钱一个，单位还有钱赚。这使它在规模上也不断提升，尤其是创造了特别显著的经济效益。到 2000 年底，四达公司的银行账户净余额近亿元，人均创造经济效益可达五万元以上，这是一般传统产业的企业望尘莫及的。现在是国内最大的绝缘材料生产基地，国内市场占有率达到 60%，其中主导产品达到 80%，为全国电动机、电器、电子等行业的 2 万余家企业提供配套服务。

所以，如果能够把这种用户评价法作为一种绩效考核的方法贯彻执行，也就可以避免由上司主管进行绩效考核的所有局限性。

三、用户关系分析确定

所谓用户关系分析确定，也就是分析界定企业内部不同岗位员工之间的供给与需求的关系，并通过供给与需求的关系分析界定谁是自己工作所形成的产品和服务的用户。

用户界定的条件有三个：

（1）对我工作所形成的产品和服务存在需求；

（2）是能从我所提供的产品和服务中获得一定的满足，包括经济福利上的和精神上的；

（3）愿意为这种满足支付等价物——钱。

只有同时满足以上三个条件，他才能够成为这特定岗位员工的用户。如果不满足第一个条件，就说明他所做的工作是无用功；如果不满足第二个条件，他的工作就没有真实的意义；不满足第三个条件，也就意味着他的工作投入没有人愿意为之付出补偿，也就没有市场交换条件下的用户。

这一步工作要求履职人员在对自己现任岗位分析的基础上进行，首先要求填写《现任岗位职责分析表》，参见表 3 - 20。目的是为了让被考核人明了：

（1）现任岗位要求我做什么，做到什么程度？

（2）自己是怎样理解所承担的职责的？

表 3－20 现任岗位职责分析表

<table>
<tr><td colspan="2">岗位名称</td><td colspan="2"></td><td colspan="2">直接上司岗位名称</td><td colspan="2"></td><td colspan="2">直接下属岗位名称</td><td colspan="2"></td></tr>
<tr><td rowspan="11">按岗位职责内容，分条拟写，要求做到不交叉，漏项</td><td>编号</td><td colspan="6">内容</td><td colspan="4">评价标准</td></tr>
<tr><td>A</td><td colspan="6"></td><td colspan="4"></td></tr>
<tr><td>B</td><td colspan="6"></td><td colspan="4"></td></tr>
<tr><td>C</td><td colspan="6"></td><td colspan="4"></td></tr>
<tr><td>D</td><td colspan="6"></td><td colspan="4"></td></tr>
<tr><td>E</td><td colspan="6"></td><td colspan="4"></td></tr>
<tr><td>F</td><td colspan="6"></td><td colspan="4"></td></tr>
<tr><td>G</td><td colspan="6"></td><td colspan="4"></td></tr>
<tr><td>H</td><td colspan="6"></td><td colspan="4"></td></tr>
<tr><td>I</td><td colspan="6"></td><td colspan="4"></td></tr>
<tr><td>J</td><td colspan="6"></td><td colspan="4"></td></tr>
<tr><td colspan="2" rowspan="2">职责履行的先后次序</td><td>1</td><td>2</td><td>3</td><td>4</td><td>5</td><td>6</td><td>7</td><td>8</td><td>9</td><td>10</td></tr>
<tr><td></td><td></td><td></td><td></td><td></td><td></td><td></td><td></td><td></td><td></td></tr>
</table>

同时要求对照表 3－20 对自己工作所形成产品和服务的用户关系进行分析，并填写《用户关系分析表》，参见表 3－21。目的是为了让被考核人明了：

（1）我工作的价值在哪里？

（2）假如由用户来评价我的工作，标准会是什么？

（3）我所理解的工作标准要求与用户有什么不同？自己工作的真正标准应该是什么？

（4）我该如何分配我的精力和时间？

这尤其是要让岗位员工明确，由用户标准来评价各个岗位的工作，能够让用户满意，才算是达到了工作职责的要求；如果不能让用户满意，这也就是自己的职责没有履行好。并且，直接由用户来确立岗位员工所提供产品和服务的标准，这样可以避免由对工作所形成产品和服务的标准理解偏差而引起用户的不满和低评价。在企业内部可由此减少责任不清的相互扯皮事件。

表3－21 用户关系分析表

岗位名称		直接上司岗位名称		直接下属岗位名称			
	编号	产品和服务的内容和名称	用户岗位名称（外部用户填公众）	用户选用你的产品的原因	用户满意的标准	用户的评价	
						排序	为该产品和服务支付×元
你工作所形成的产品和服务有哪些？分条拟写	A						
	B						
	C						
	D						
	E						
	F						
	G						
	H						
	I						
	J						

职责履行的先后次序	A	B	C	D	E	F	G	H	I	J

四、职责权重确定

用户愿意支付的等价物，是履职人员工作所提供的产品或服务的最准确评价，由它来确定履职人员的工作职责权重，可让履职人员明了哪项职责更重要，并避免履职人员自己的主观臆断。这就有助于履职人员科学地分配自己的精力和时间，从而为履职人员进行科学的自我管理提供一个思路。同时，还可保证企业整体效益最大化，因为每位岗位员工都恰当地把他们的精力和时间用在了企业最需要用的地方。

确定不同工作职责的权重，除了考虑这项职责本身的重要性之外，还要考虑履行该项职责的难易程度，难度大的职责的履行必然耗用履职人员更多的时间和精力。在此要求履职人员填写《工作职责权重分析表》，参见表3－22，以客观计算各项职责权重。

表 3－22　岗位工作目标权重分析表

岗位名称			直接上司岗位名称		
直接下属岗位名称 （同一种岗位有多人的写明 1－×人）					
计算项目 计算内容	产品和服务名称	用户岗位名称（外部用户填公众）	用户评价权重（用户所支付等价物排序的倒序数/∑＊50%）	难易度评价权重（本人所作易难度排序数/∑＊50%）	目标权重系数 3＋4
您的工作所形成的产品和服务有哪些？分条拟写					

说明：

（1）在这个表中，"＊"表示所列出的每一个序数值。

（2）用户对特定工作职责所形成的产品和服务的评价的权重，等于用户愿意为这项产品所支付的等价物排序的倒序数，除以所有工作职责形成的产品和服务被用户评价的排序的倒序数的和，再乘以 50%。

（3）难易程度的计算方法与用户的评价权重的计算方法相同。

（4）3＋4，即用户评价权重＋难易度评价权重，也就是岗位员工该项工作职责的目标权重系数。

五、用户评价登记

这里强调履职人员工作形成的产品和服务，在交付给用户时，即时接受用户的评价，并让用户在《产品和服务交付用户评价记录单》上签字确认，参见表 3－23。这就使履职人员明了：

（1）什么时候的工作没有达到标准？差距在哪里？

（2）什么时候的工作达到了标准？

表 3－23　产品和服务交付用户评价记录单

产品提供人姓名				供职部门										
时序	产品或服务名称	产品或服务内容	编号	质量			数量			时间			用户签字	备注
				达标情况			达标情况			达标情况				
				1	0	－1	1	0	－1	1	0	－1		
1														
2														

续表

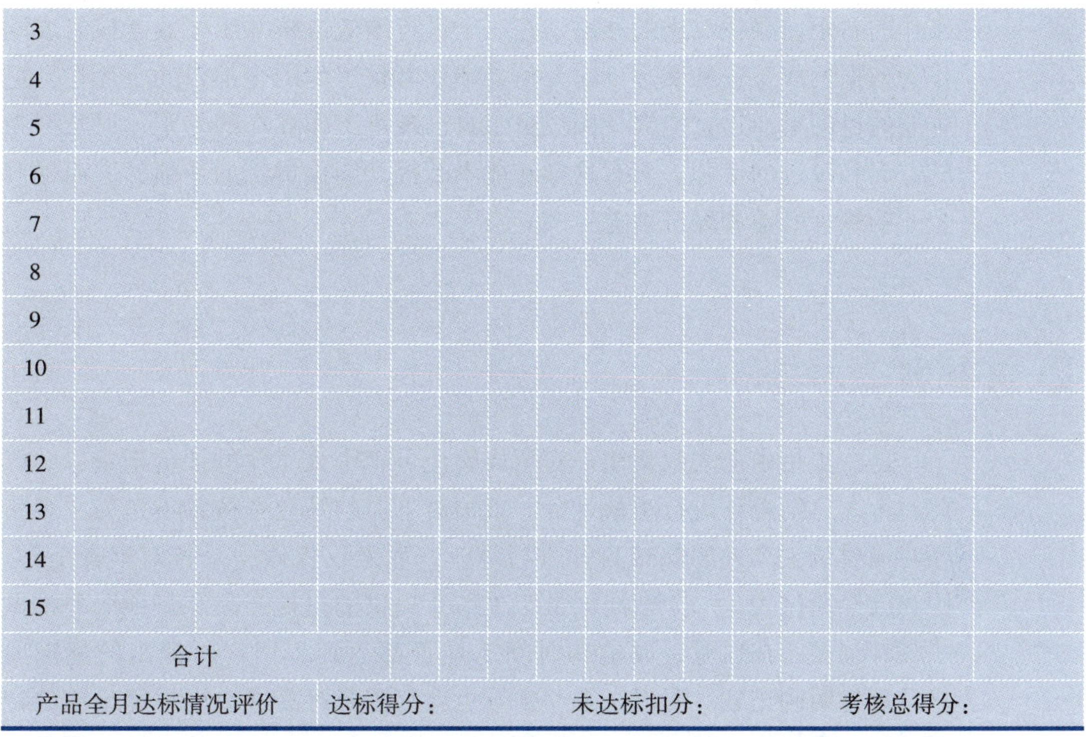

3												
4												
5												
6												
7												
8												
9												
10												
11												
12												
13												
14												
15												
合计												
产品全月达标情况评价			达标得分：				未达标扣分：				考核总得分：	

说明：

达标情况分为三种：达标，记为 1；未达标，但勉强可接受，记为 0；未达标且不能接受，记为 -1。

六、履职人员绩效自我总结评价

一个履职周期结束，由岗位员工个人总结自评。这种自我总结评价不是简单地计算绩效得分。计算绩效得分很简单，只要对表 3 - 23 所作记载，并分别乘以各项产品和服务的目标权重系数后加总，也就完成了。其计算公式为

$$A = \sum (M_{ijg} \times P_{ijg})$$

$$(i=1, 2, 3, \cdots n;\ j=1, 2, 3;\ g=1, 2, 3)$$

式中 A——岗位员工的绩效得分；

M_{ijg}——岗位员工工作的第 i 项产品和服务的第 j 项要求的第 g 种评价；

P_{ijg}——岗位员工工作的第 i 项产品和服务的第 j 项要求的第 g 种评价的目标权重系数。

其中，$j=1$ 为质量；$j=2$ 为数量；$j=3$ 为时间；$g=1$ 为达标；$g=2$ 为未达标但勉强可接受；$g=3$ 为未达标且不能接受。

但履职人员的自我总结评价，不仅要计算绩效得分，还必须分析自己工作的差距，寻找改进的办法。在一个进行绩效考核并用绩效考核的成绩作为依据发放工资和奖金，这并不是绩效考核工作的全部目的之所在，更主要的目的是通过它能够让岗位员工自己理解工作存在的差距，以及努力的方向和改进的措施。只有这样才能不断提升岗位员工的业绩，进而提升企业的管理效益和经济效益。

七、审核确定绩效得分

这一步是由上司收集用户对所属岗位员工个人工作的评价记录，并以此对个人总结自评进行审核计分。上司对下属的绩效考核并不是凭主观臆断对岗位员工个人的总结自评进行评价，而是仅仅做一个核对审查工作。因为已经通过表 3－23 把岗位员工工作所提供的每件产品和每项服务都做了统计记录，在质量、数量和时间上是否都达到了用户所提出的标准要求，都有明确记载。所以，上司主管也就只需要对着这个用户评价单的记载情况，审核岗位员工的总结自评，看一看岗位员工个人的总结自评是否真实。

第十二章

质证举证法

质证举证法，是在被考核人自我总结评价的基础上，由考核人和被考核人相互之间就其绩效的自我评价进行质证举证，以澄清事实，准确评价的一种绩效考核方法。它在欧美国家的企业高层管理人员的绩效考核中运用得比较广泛。例如，各大企业一年一度的高层经理人员的述职会，大多是一种运用质证举证法进行的绩效考核评议会。

一、质证举证法的三大优点

质证举证法之所以被欧美国家的企业广泛用于对高层管理人员进行绩效考核，是因为它具有三大优点。

（1）考核人对被考核人的业绩情况无法通过跟踪接触时，也可以准确地把握事实。就像法官判案一样，并不需要对嫌疑人进行跟踪接触，而直接通过与公诉人和被告的质证举证来澄清事实。

（2）它可以使绩效评价和绩效沟通二者同步进行。在质证举证的过程中不仅可以明了被考核人的业绩实际，而且可以通过质证举证让被考核人明了自己工作的差距和努力方向。这对改善和提高被考核人的绩效有直接的促进作用。

（3）它可以避免考核人的主观臆断和偏见。因为可以相互质证举证，所以，双方的疑问都可以在质证举证中得到解答和澄清。

质证举证法也有局限性，即它的实施和运用投入的人力、物力比较大，尤其是高层管理人员的精力。因而，它只适应于对中高层管理人员的绩效进行考核评价。

另外，它的运用还有一个条件，这就是要彻底打破等级观念。即考核人与被考核人能真正在平等的基础上对被考核人的履职情况进行讨论。否则，一方把自己的意见强加于另一方，就难以保证对被考核人的评价做到公正客观。

二、质证举证法操作的五个要点

（1）绩效评价以自我评价为主，并要求其评价要有充分的证据。

（2）考核评价工作不是由单一上司个人来承担完成，而是由包括上司在内的多方面的专家联合组成的考评小组完成。

（3）考评小组的成员可以是企业内部人员，也可以是外请的专家。

（4）考核内容主要针对非财务绩效。财务绩效一般都是采用审核法，即由独立的会计师事务所对其经营收入、利润审核确证。只有非财务绩效，包括战略实施、核心竞争力打造、企业文化建设等，才采取这一方法进行考核。

（5）通过与预先的目标对比，由被考核人自我作出评价，也可以是量化的评分。然后由考评小组进行质证，被考核人举证说明。当所举例证没有疑义后，再由考评小组进行打分，以均分作为其所评价要素的得分，最后汇总各个要素得分，求得绩效得分。

三、质证举证法实施的十一步程序

通过质证举证法实施绩效考核，其程序可概括为 11 个步骤。

（1）由被考核人进行履职总结，并收集绩效评价证据。这里强调被考核人必须详细总结自己的履职情况，并有根有据地对自己的绩效做出评价，即对自己的任何正面肯定评价都必须有能予以说明的支持证据。

（2）由其直接上司牵头组成考评小组。直接上司是理所当然的组长，并由他负责召集考评会议。考评小组的构成及活动，包括考评小组成员资格、成员人数、回避对象、考核评价会议形式、绩效计算方式、考评内容、考评时间、表格工具等，必须事先在考核制度中做出明确规定，直接上司仅仅是照章办事。

（3）考评小组成员阅读熟悉被考核人的工作履职目标要求。这也就是把握被考核对象的履职考核评价标准。

（4）被考核人述职。通过履职人员的自述，让考评小组了解其履职情况。这可以相对节省考核人的精力时间，使之不必自己亲自去收集考核评价的基本事实。

（5）考评小组质证。即由考核人通过质证，把考核人对被考核人的履职总结自评存在的疑问和异议提出来。

（6）被考核人举证答辩。即对考核人所提出的问题通过正面列举证据予以解答澄清。

（7）考评小组讨论评议。被考核人答辩结束后退离会场，以便考评小组背对背地对被考核人的履职实际进行讨论评议。讨论评议要求集中在两个问题上：一是履职人员的履职实际是否已经澄清？二是履职实际与履职标准要求的差距在何处？差距有多大？然后填写《质证举证考核表》，参见表3－24。

表3－24 质证举证考核表

被考核人姓名		任职部门		职务		
考核要素	质询问题	典型事例		等级	权重	评分说明
战略实施	1.					
	2.					
	3.					
核心竞争力建设	1.					
	2.					
	3.					
企业文化建设	1.					
	2.					
	3.					
其他	1.					
	2.					
	3.					
考核人评语	考核人签字：					

（8）独立评分。即由考评小组成员分别就被考核人的履职实际，对照履职标准要求分项评分。评分要求独立地进行，避免在评分上的相互干扰，影响公正评价。然后由考评小组长汇总评价，并填写《绩效考核评价汇总表》，参见表3－25。

表 3－25 绩效考核评价汇总表

被考核人姓名		任职部门		职务	
考核要素	质询问题	目标要求	评分说明	权重	得分
经营业绩	销售收入			0.25	
	利润额			0.3	
	成本费用率			0.1	
战略实施	1.			0.1	
	2.				
	3.				
核心竞争力建设	1.			0.1	
	2.				
	3.				
企业文化建设	1.			0.1	
	2.				
	3.				
其他				0.05	
合计				1	
考核人评语	考核人签字：				
被考核人意见	考核人签字：				

（9）被考核人质证。被考核人返回会场，在听取汇总评价说明之后，对评价有疑问的地方向考评小组进行质证。

（10）考评小组举证说明。如果因为事实的出入而导致的评价有误，考评小组有必要重新议定绩效得分。

（11）确定成绩。汇总计算被考核人的考评成绩，并报人力资源部归档。

第十三章

问题清算法

问题清算法是针对所承担的职责项目中存在的问题，定期高频率、及时地进行清算处理。通过对未及时解决、清算的问题和重复发生的问题记负分的办法，来量化绩效成绩的一种绩效考核方法。海尔 OEC 中的日清管理实际上就是运用问题清算法进行的日常考核。

一、问题清算法的五个优点

海尔运用问题清算法完善的 OEC 管理模式，之所以取得辉煌的业绩，是因为运用问题清算法进行绩效考核具有五大优点。

（1）有助于对量化考核有困难的职能岗位的工作进行量化考核。它把正面评价，转化为记负分，以便量化考核可以准确实施。

（2）有助于绩效考核的公正、公平、客观、准确、全面的“十字标准”的实现。它是针对问题，并且强调公开原则，偏袒和弄虚作假都相对困难，甚至很难得成。

（3）考核操作相对简单，考核投入成本低，使高频率考核成为可能。

（4）有助于不断改进工作。因为问题清算解决了，并不再重复发生，工作质量也就提高了，企业运行质量也就可以实现相应稳步的提升。

（5）没有考核对象的性质限制，任何岗位都可运用这一方法进行考核。

（6）这一考核办法的局限是必须明确界定履职人员的工作标准要求，能保证准确明显地界定什么是问题，什么不是问题。

二、问题清算法操作的十个要点

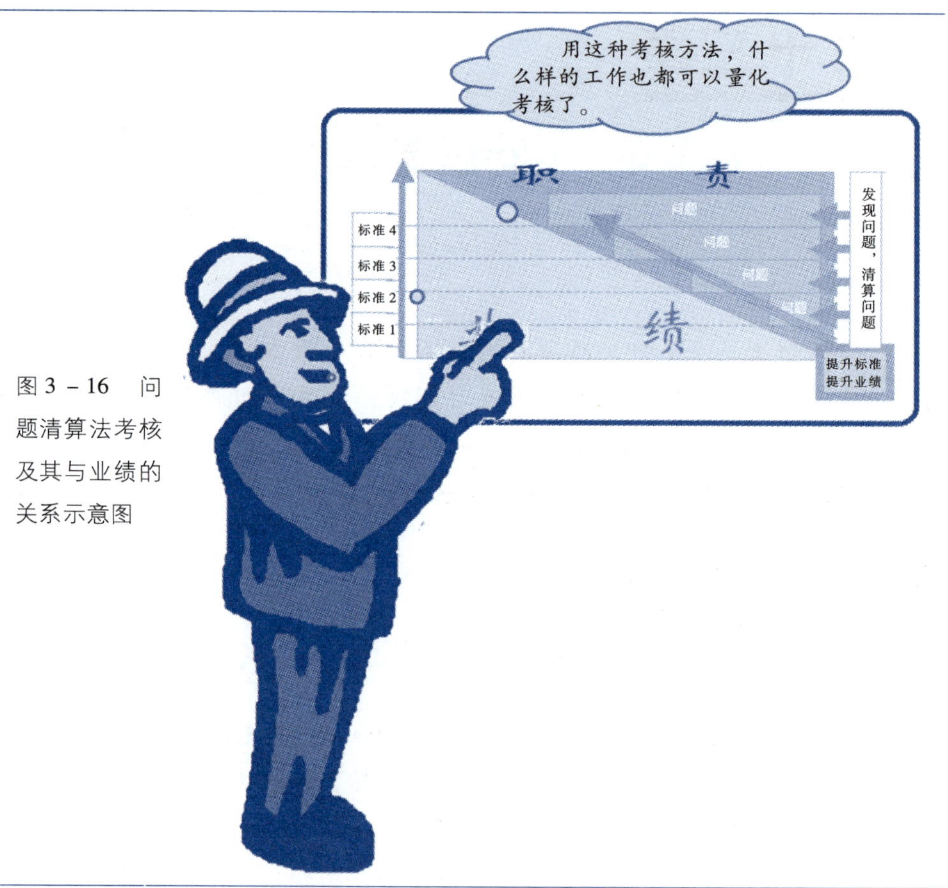

图3－16 问题清算法考核及其与业绩的关系示意图

运用问题清算法进行绩效考核，有十个要点必须把握住。

（1）有明确具体的岗位职责标准和目标。对照岗位职责标准和目标，能明确地判断出岗位员工所承担的职责项目中存在的问题。这是问题清算法实施的前提，不能明确判断问题，就不能发现问题、判断问题、清算问题、解决问题。

（2）岗位职责标准和目标要求公开化。上司、同事和下属都能对照其岗位职责标准和目标衡量检验其履职人员的职责中是否发生了问题，一目了然。这就是建立监督机制，保证使任何形式的问题都难以被人为掩盖的保证，也是考核公正、客观的保障。

（3）定期自查，自查结果公开化。履职人员是否隐瞒了问题，让上司、同事和下属多方面监督。尽管在现实中，有一些同事和下属不会直接对履职人员的自我总结评价提出否定性意见，但这一环节却可以使履职人员从心理上受到约束，不敢公开说假话。

(4) 定期自查清算，及时报告。明确限定问题自查清算周期，短则一天清查一次，长则一旬清查一次，并做清算台账。一般而言，清算周期不宜过长。否则，问题积累过多，一方面会增加解决清算的难度；另一方面，又会让问题持续和蔓延，给企业造成更大损失，甚至是危机。

(5) 问题清算内容全面固定。一般要求包括发生了什么问题、发生在哪里、发生在什么时候、为什么会发生、谁是责任人、同类问题有多少、造成多大损失、是如何处理的。这直接是海尔 OEC 日清体系中职能日清的内容。要求对任何一个职责范围内的问题都按照这八个方面进行清算，以保证对每次发生的问题有一个相对全面彻底的清算和解决，避免使问题累积成堆，造成千里之堤毁于蚁穴的后果。

(6) 及时审核，及时统计计分。一个问题清算周期结束后，必须限定在几个小时之内将《问题清算表》上报直接上司审核，直接上司在限定的时间内审核并汇总后，上报隔级上司复审。只有这样，让问题的发生和处理在每个人的大脑中都有清晰印象的时候，就予以确认。

(7) 计分方法和标准由事先建立的制度规则确定。当期问题未清算计多少负分，该发现的问题没有发现计多少负分，清算不及时计多少负分，问题清算不当计多少负分，为了规避责任将问题隐瞒不报计多少负分，上司对下属的清算表审核失误计多少负分。尤其要明确问题清算后又重复发生，即同类问题在第一次发生之后，履职人员已经给予了清算，并作出了处理，但因为处理方法不对，清算不彻底，导致问题重复发生，计多少负分。这些内容都必须通过考核制度明确规定。通过记负分考核，促使每个履职人员及时发现问题、及时解决问题，避免问题积累、拖延。

(8) 岗位职责标准和目标，要求定期修改调整。当连续多个清算周期没有发生问题时，说明职责标准和目标已经变得过低，必须调高。这也就是说，通过修改职责标准和目标来提升工作质量，进而提升企业整体业绩水平。

(9) 限定时段调整修改岗位职责标准和目标。例如，每个季度或者每半年进行一次，并且确定一个大体相同的调高幅度。达不到其幅度要求的，可采用质证举证法进行例外处理。这一方面可以保证工作职责履行质量越来越高，另一方面又通过同一幅度的调整避免鞭打快牛。同时，又对实实在在有特殊原因的岗位员工在工作质量要求的调升上给以缓冲的余地。

(10) 区分考核周期和清算周期。清算周期相对较短，一天或一周。

在较短的时间内，因为不必为工资、奖金的核算和发放，或人员晋升使用提供依据，因而不必具体计算绩效考核得分，所以对考核周期和清算周期做一区分是必要的。所谓清算周期实际上就是一个更短的考核周期，只不过无须每次都计算出绩效得分来。而考核周期必须计算出绩效考核得分。一个清算周期可以直接是一个考核周期，也可以让一个考核周期包含多个清算周期。一个考核周期一般是对应于一个发薪周期。

三、问题清算法绩效考核成绩计算模型

通过问题清算法进行绩效考核，岗位员工绩效得分可以运用公式计算得到

$$W=100-K$$
$$=100-\left[\sum Q_{ijg}C_i+\sum_{Sn}R_{ig}C_i+\sum M_kC_k\right]$$

式中 W——岗位员工绩效成绩；

K——要扣除的负分；

Q_{ijg}——第 g 清算周期的第 i 项职责中第 j 种清算问题的负分数；

S——清算后又重复发生的问题的扣分权重；

n——清算后问题又重复第 n 次发生；

R_{ig}——第 g 清算周期中第 i 项职责中的重复发生问题必须扣减的分数；

C_i——第 i 项职责权重；

M_k——第 k 项职责目标未达成的扣分；

C_k——第 k 项职责目标未达成的扣分权重。

其中，$i=1，2，3，\cdots$表示的是第 i 项职责；$j=1，2，3，4，5$ 对应表示的是第 j 种清算问题，依次为当期未清算问题、清算不及时问题、清算不当问题、隐瞒未清算问题、上司审核失误问题；$g=1，2，3，\cdots$表示的是第 g 个问题清算周期，以日为清算周期，g 表示是某月的某日；$k=1，2，3，\cdots$表示量化的责任目标。

四、问题清算法实施的十步程序

第一步：界定岗位工作职责，明确岗位职责标准和目标

这一步工作可以按照以下程序完成。

(1) 岗位员工根据自己对所承担工作的理解，拟写工作职责内容。

(2) 与直接上司讨论，补充确认自己的岗位工作职责。

(3) 岗位员工自己对所承担工作设定职责标准和目标。

(4) 与直接上司讨论，修改确认自己岗位的职责标准和目标。

(5) 按问题清算周期和考核周期对职责标准和目标进行分解。

第二步：根据岗位工作职责制作岗位职责展板

(1) 各公司第一责任人及生产、销售单位第一责任人填写《直线经理岗位职责分析表》，参见表 3 - 26。

表 3 - 26 直线经理岗位职责分析表

<table>
<tr><td colspan="3">第 考核周期
第 清算周期</td><td colspan="2">自 年 月 日至 年 月 日</td><td>履职人员姓名</td><td></td></tr>
<tr><td colspan="2">任职部门</td><td></td><td>岗位名称</td><td></td><td>直接上司</td><td></td></tr>
<tr><td>序</td><td>分类</td><td>名称</td><td>权重</td><td colspan="2">职责内容</td><td>目标要求</td></tr>
<tr><td>1</td><td rowspan="4">经营职责：一个考核周期（一年或一个月）考核一次</td><td>销售收入额</td><td>0.25</td><td colspan="2">清算期内完成销售收入，其中回款率</td><td>×××，不小于 80%</td></tr>
<tr><td>2</td><td>毛利利润</td><td>0.25</td><td colspan="2">销售收入 - （人工费 + 材料能耗费 + 折旧 + 管理费 + 事故损失）</td><td>×××</td></tr>
<tr><td>3</td><td>成本费用率</td><td>0.10</td><td colspan="2">（人员费 + 材料能耗费 + 折旧 + 管理费）÷销售收入</td><td>×%</td></tr>
<tr><td>4</td><td>人员流动率</td><td>0.10</td><td colspan="2">非正常流动人数÷单位总人数</td><td>×%</td></tr>
<tr><td>5</td><td rowspan="7">组织行为责任：每个清算周期都必须考核</td><td>安全目标</td><td>0.07</td><td colspan="2">100 元以上的安全事故
100 元以下的安全事故</td><td>0
×</td></tr>
<tr><td>6</td><td>质量目标</td><td>0.07</td><td colspan="2">1000 元以上的质量事故
1000 元以下的质量投诉</td><td>0
×</td></tr>
<tr><td>7</td><td>创新目标</td><td>0.05</td><td colspan="2">管理创新，技术创新</td><td>×××</td></tr>
<tr><td>8</td><td>考核管理目标</td><td>0.02</td><td colspan="2">考核投诉</td><td>×××</td></tr>
<tr><td>9</td><td>酬赏管理目标</td><td>0.02</td><td colspan="2">酬赏投诉</td><td>0</td></tr>
<tr><td>10</td><td>现场 5S 目标</td><td>0.05</td><td colspan="2">现场 5S 达标</td><td>100%</td></tr>
<tr><td>11</td><td>人员培养目标</td><td>0.01</td><td colspan="2">选择确定主管人员候选人，上报推荐表和跟踪表</td><td>×××</td></tr>
<tr><td>12</td><td>项目工作</td><td></td><td>0.01</td><td colspan="2"></td><td>×××</td></tr>
</table>

(2) 职能部门主管和各直线单位副职填写《职能部门主管岗位职责分析表》，参见表 3 - 27。各直线单位副职的岗位责任是根据直线经理授

权分管内容确定的，所以，他们的工作职责内容仍然是局部性的。直线单位第一负责人授权承担什么职责就只是承担什么职责，所以与职能部门主管没有多少区别。

表 3－27　职能部门主管岗位职责分析表

第　考核周期 第　清算周期			自　年　月　日至　年　月　日		履职人员姓名	
任职部门			岗位名称		直接上司	
序	分类	名称	权重	职责内容		目标要求
1	经营责任		0.2			×××
2		成本费用目标		人工费＋办公设施折旧＋管理办公费＋职能投入		×××
3	组织行为责任	职责 1	0.7			×××
4		职责 2				×××
5		职责 3				×××
6		职责 4				×××
7		职责 5				×××
8		考核管理目标		考核投诉		0
9		酬赏管理目标		酬赏投诉		0
10		现场 5S 目标		现场 5S 投诉		100%
11	项目工作		0.1			×××
12						×××

（3）没有下属的职能管理部门的管理人员填写《职能部门专员岗位职责分析表》，参见表 3－28。这类岗位员工他们承担的是管理职责，但却又没有具体的下属，他们职责的弹性相对比较大。

（4）现场操作人员填写《现场操作人员职责分析表》，参见表3－29。

第三步：制作职责标准和目标展板，并在工作场地公示出来

任何岗位的职责标准和目标都必须明确、具体，醒目地公开公示出来，以便让上下左右岗位员工都明了清楚其职责标准和目标的具体内容。

第四步：由履职人员自我进行问题清算

由履职人员对清算周期内发现的问题进行清算，及时发现问题、分析问题、解决问题、总结问题，并填写《问题清算台账》，参见表3－30。这个台账实际上是一个问题登记分析汇总表，由它记载所发生的问题及问题的清算解决措施办法。另外，发生了重大问题还必须填写《经营目标未达及损失过百元问题清算详表》，参见表3－31。

表3－31是对所发现问题及处理解决措施办法的具体明确记录。这个表必须当天填写上报。在考核周期末，岗位职责目标未达标，则也必须填写表3－31，并要求在考核周期结束时填写上报。其作用有：

（1）留下问题的完整记录，以便日后查核。

（2）帮助履职人员总结经验教训，提高工作能力，并将经验教训提供给他人借鉴。

表3－28 职能部门专员岗位职责分析表

<table>
<tr><td colspan="3">第　　考核周期
第　　清算周期</td><td colspan="2">自　年　月　日至　年　月　日</td><td>履职人员姓名</td><td></td></tr>
<tr><td colspan="2">任职部门</td><td></td><td>岗位名称</td><td></td><td>直接上司</td><td></td></tr>
<tr><td>序</td><td>分类</td><td>名称</td><td>权重</td><td colspan="2">职责内容</td><td>目标要求</td></tr>
<tr><td>1</td><td>经营</td><td>成本费用目标</td><td>0.1</td><td colspan="2">人工费＋办公设施折旧＋管理办公费＋职能投入</td><td>×××</td></tr>
<tr><td>2</td><td rowspan="5">组织行为责任</td><td>职责1</td><td rowspan="5">0.7</td><td colspan="2"></td><td>×××</td></tr>
<tr><td>3</td><td>职责2</td><td colspan="2"></td><td>×××</td></tr>
<tr><td>4</td><td>职责3</td><td colspan="2"></td><td>×××</td></tr>
<tr><td>5</td><td>职责4</td><td colspan="2"></td><td>×××</td></tr>
<tr><td>6</td><td>职责5</td><td colspan="2"></td><td>×××</td></tr>
<tr><td>7</td><td rowspan="3">项目工作</td><td>临时工作1</td><td rowspan="3">0.2</td><td colspan="2"></td><td>×××</td></tr>
<tr><td>8</td><td>临时工作2</td><td colspan="2"></td><td>×××</td></tr>
<tr><td>9</td><td>临时工作3</td><td colspan="2"></td><td>×××</td></tr>
</table>

表 3－29 现场操作工人职责分析表

第 考核周期 第 清算周期			自 年 月 日至 年 月 日		履职人员姓名	
任职部门			岗位名称		直接上司	
序	分类	名称	权重	职责内容		目标要求
1	生产指标	A 工件产量加工	0. 3			×××
		B 工件产量加工				×××
		C 工件产量加工				×××
2	质量指标	A 工件产量加工	0. 25			×××
3		B 工件产量加工				×××
4		C 工件产量加工				×××
6	成本指标	材耗	0. 25			×××
7		能耗				×××
8		其他耗费				×××
8	工艺纪律	流程操作	0. 05			×××
9	现场管理	5S 达标	0. 05			×××
10	劳动纪律	考勤要求	0. 05			×××
11	文明素养	行为要求	0. 05			×××

表 3－30 问题清理台账

第　考核周期 第　清算周期				自　年　月　日至　年　月　日						履职人员姓名		
任职部门及职务						直接上司				隔级上司		
职责序号	问题内容	发生地点	发生时间	发生原因	责任人	造成损失	发生范围	解决办法	重复次第	评表编号	直接上司审核	间接上司审核
工作现场公示之后的反馈意见（匿名填写）												

表 3－31 经营目标未达及损失过百元问题清算详表

履职人员姓名		任职部门及职务
序	清算项目	问题清算内容的详细说明
1	问题内容	
2	发生地点	
3	发生时间	
4	发生原因	
5	责任人	
6	造成损失	
7	发生范围	
8	解决办法 措施结果	
9	重复次第	（分次注明前面发生的时间和地点）
直接上司审核意见		审核人签字：
隔级上司审核意见		审核人签字：

第五步：审核表 3－30，即《问题清算台账》

直接上司对照自己所掌握的情况对下属自填的表 3－30 进行审核，并汇总后上报上司，即被考核人的隔级上司。

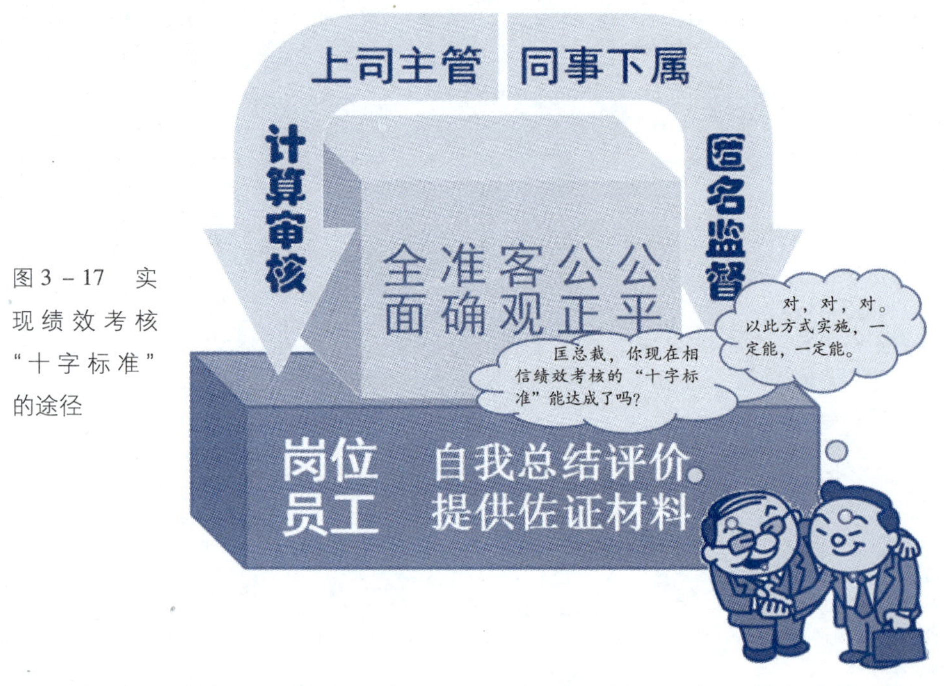

图 3－17 实现绩效考核“十字标准”的途径

第六步：公示表 3－30，即《问题清算台账》，收集反馈意见

隔级上司复审后，将《问题清算台账》返回到履职人员的工作场地公示 3～5 天，听取同事和下属的反馈意见。然后通过意见反馈箱收集反馈意见，并由人力资源专人负责收集意见，核对后归档。

第七步：复核反馈意见

履职人员隔级上司复核所反馈的意见，并将问题——履职人员的直接上司审核错误记入履职人员的直接上司的《问题清算台账》。

第八步：履职人员进行整个考核周期考核总结

一个考核周期结束，由履职人员进行考核总结，填写《绩效考核统计计算表》，参见表 3－32，并在工作场地亮出 3 天后，由直接上司收集意见，分析处理。

第九步：审核履职人员自我考核

直接上司审核下属的《绩效考核统计计算表》，并计算其绩效考核得分。

表 3－32 绩效考核统计计算表

（以某集团企业管理部宁经理为例）

第 第	考核周期 清算周期	自 年 月 日至 年 月 日			履职人员姓名	宁先生
任职部门	集团企业管理	岗位名称		经理	直接上司	总经理
职责编序	职责类别	职责名称	清算时间	权重	职责内容	标准和目标
JY01	经营职责	工作效率目标：节省职能费用	当月	0.05	厉行节约，严格少花钱多办事的原则，按照集团核定的费用计划，分项进行控制，降低职能履行成本	不超越费用控制计划
ZN11	组织运行职责	集团管理模式设计推进	当期	0.35	拟订设计集团管理模式推进计划，并在批准后督促贯彻实施	100%按时间步骤完成
ZN12		集团绩效考核服务	当期	0.15	草拟绩效考核制度方案，对各单位、部门提供技术指导，并规范、制作、发放绩效考核工具	保证客观、公正、公平，不满投诉低于0.5%
ZN13		管理制度规则推进	当期	0.15	组织所需管理制度的拟订，并初审制度文稿	形式规范，内容适用
ZN14		企业文化建设推进	当期	0.05	拟订企业文化建设方案，并在批准后监督贯彻实施	100%按时间步骤完成
ZN15		设计并初审集团报主题内容	当期	0.05	拟订每期集团报主题内容，并对文化主管提交的每期样稿进行初审	主题突出，文字错误率≤0.03%
ZN16		设计并初审集团广播稿	当期	0.05	拟订集团广播稿主题思想，并对文化主管提交的重点稿件进行审核	主题突出，错误率≤0.05%
GL21		内部规范化管理	当期	0.02	指导各个主管制订各自的工作标准，并审核、沟通、确认	下属职责标准100%的清晰可考
GL22		内部协调控制	当天	0.02	协调各个主管的工作，并检查督促各个主管的工作标准落实贯彻	下属没有延误、不合格的工作
GL23		内部岗位员工关系管理	当天	0.02	融洽本部门各个岗位员工相互之间的关系，化解矛盾，在本部门创造一个良好的人际环境	下属团结，没有吵架斗嘴、记仇报复事件
GL24		工作现场5S管理	当天	0.02	制定5S标准，并检查落实	“一有三无”：大小用品陈放有定位，整个办公室无灰尘、无污迹、无安全隐患
GL25		本部职能外协联络接待	当天	0.02	与相关部门和上司进行沟通、联络，为本部门创造一个良好的外部工作环境	外部单位无抱怨、直接上司无意见
LS30	临时职责	总经理临时交付的工作	当天	0.05	按照要求完成总经理临时交付的常规职责之外的工作	100%按时保质完成

第十步：履职人员确认考核结果

履职人员对考核结果进行确认，并在《绩效考核统计计算表》上签字，交人力资源部计算工资并归档，参见表3-33。

表3-33 绩效考核统计计算表

<table>
<tr><td colspan="16">第 考核周期： 年 月 日至 年 月 日</td></tr>
<tr><td colspan="2">姓名</td><td colspan="2"></td><td colspan="4">任职部门及职务</td><td colspan="8"></td></tr>
<tr><td colspan="2">职责</td><td colspan="14">清算问题内容</td></tr>
<tr><td rowspan="2">序</td><td rowspan="2">名称</td><td colspan="2">当期
未结算</td><td colspan="2">结算
不及时</td><td colspan="2">结算
不当</td><td colspan="2">隐瞒
未结算</td><td colspan="2">上司审核
失误</td><td colspan="2">重复
发生</td><td rowspan="2">未达标
扣分</td><td rowspan="2">合计</td></tr>
<tr><td>次</td><td>分</td><td>次</td><td>分</td><td>次</td><td>分</td><td>次</td><td>分</td><td>次</td><td>分</td><td>次</td><td>分</td></tr>
<tr><td>1</td><td></td><td></td><td></td><td></td><td></td><td></td><td></td><td></td><td></td><td></td><td></td><td></td><td></td><td></td><td></td></tr>
<tr><td>2</td><td></td><td></td><td></td><td></td><td></td><td></td><td></td><td></td><td></td><td></td><td></td><td></td><td></td><td></td><td></td></tr>
<tr><td>3</td><td></td><td></td><td></td><td></td><td></td><td></td><td></td><td></td><td></td><td></td><td></td><td></td><td></td><td></td><td></td></tr>
<tr><td>4</td><td></td><td></td><td></td><td></td><td></td><td></td><td></td><td></td><td></td><td></td><td></td><td></td><td></td><td></td><td></td></tr>
<tr><td>5</td><td></td><td></td><td></td><td></td><td></td><td></td><td></td><td></td><td></td><td></td><td></td><td></td><td></td><td></td><td></td></tr>
<tr><td>6</td><td></td><td></td><td></td><td></td><td></td><td></td><td></td><td></td><td></td><td></td><td></td><td></td><td></td><td></td><td></td></tr>
<tr><td>7</td><td></td><td></td><td></td><td></td><td></td><td></td><td></td><td></td><td></td><td></td><td></td><td></td><td></td><td></td><td></td></tr>
<tr><td>8</td><td></td><td></td><td></td><td></td><td></td><td></td><td></td><td></td><td></td><td></td><td></td><td></td><td></td><td></td><td></td></tr>
<tr><td>9</td><td></td><td></td><td></td><td></td><td></td><td></td><td></td><td></td><td></td><td></td><td></td><td></td><td></td><td></td><td></td></tr>
<tr><td>10</td><td></td><td></td><td></td><td></td><td></td><td></td><td></td><td></td><td></td><td></td><td></td><td></td><td></td><td></td><td></td></tr>
<tr><td>11</td><td></td><td></td><td></td><td></td><td></td><td></td><td></td><td></td><td></td><td></td><td></td><td></td><td></td><td></td><td></td></tr>
<tr><td>12</td><td></td><td></td><td></td><td></td><td></td><td></td><td></td><td></td><td></td><td></td><td></td><td></td><td></td><td></td><td></td></tr>
<tr><td colspan="2">合计</td><td></td><td></td><td></td><td></td><td></td><td></td><td></td><td></td><td></td><td></td><td></td><td></td><td></td><td></td></tr>
<tr><td colspan="4">直接上司审核意见</td><td colspan="12"></td></tr>
<tr><td colspan="4">绩效考核得分(100-K)：</td><td colspan="4"></td><td colspan="6">履职人员签字</td><td colspan="2"></td></tr>
<tr><td colspan="4">应得工资数</td><td colspan="10">（岗位工资： +岗位津贴 ）×最后得分： × %</td><td colspan="2"></td></tr>
</table>

第十四章

问题查寻统计法

问题查寻统计法与问题清算法不同，它不是被动地在问题发生之后再清算解决，而是主动寻找潜在问题，予以解决。它不像问题清算法仅仅把重点放在对所发生问题的解决上，而是放在寻找潜在问题上，意在把问题解决在造成后果之前。就像对大江大河的防洪一样，不是等待大堤崩溃后再补，也不是在大堤崩溃前已发生大的管漏，造成险情后再堵这管漏。而是寻找细小的渗水，并从细小的渗水动手采取措施，防患于未然。它强调在所承担职责的范围内，由岗位员工自主查寻问题和解决问题，最后通过定期对其所查寻和解决的问题进行统计计算，以量化其绩效考核。企业管理的过程就是发现问题、解决问题。问题查寻统计法强调让履职人员自己主动寻找问题，并通过把问题寻找出来解决掉，以提升各个岗位的职责履行质量，进而起到提高企业运行质量和效益的目的。

一、问题查寻统计法的四个优点

问题查寻统计法是一个操作性、适用性都比较好的绩效考核方法，其优点有四个方面。

（1）有助于提升岗位工作质量。它把考核的重点放在寻找问题上，所以任何一个岗位都可以根据自己的职责来寻找问题，并通过寻找问题和解决问题来提升岗位工作质量。如果企业运行中，每个岗位职责内所存在的潜在问题都通过这种自我查寻方法，在它酿成现实损失之前解决掉，这本身就直接是企业运行效率的提升，也是企业经济效益的提升。

（2）这种考核方法不存在岗位性质限制，对任何一个性质的岗位都适用，尤其适用于连续作业，不便于计算个人贡献的岗位。

（3）有助于对量化考核有困难的岗位进行量化考核。它是通过对所查寻到的问题及对这些问题的解决来量化记分，所以很容易实现绩效考核的量化。

（4）这一方法操作简单，并可充分保证考核成绩的客观公正性。在这里的考核不依赖于上司、同事或者下属的主观评价，而直接是根据履职者自己所查寻的问题和解决的问题来计算成绩。

二、实施操作的七个要点

这一考核方法与我们所倡导的绩效考核原则是高度一致的，强调考核工作主要由履职者本人自己承担，上司和其他人都只起一个审核监督的作用。问题查寻统计法，更能体现这一原则。问题查寻统计法有七个要点必须把握。

（1）首先要求确定自己的职责范围。任何一个岗位员工要寻找问题，必须主要限制在自己的职责范围之内。不能把眼睛盯住别人，仅仅看别人的问题。而是强调要找寻并解决自己岗位职责中的潜在问题。

（2）查寻问题的目的是为了解决问题，所以强调查寻出来的问题是现有资源能够提供解决支持的，并且主要是由履职人员自己的努力可以解决的问题。

（3）对所查寻到的问题，必须作损失估算分析。这种分析的目的在于说明这种问题的危害性。如果不解决这个问题，会给企业的发展带来什么不利影响。这种估算要求说明，如在一年内会给企业带来多大数额的损失。同时，这种估算分析要求恰当有据，也就是说，如果这一问题不解决，会以什么形式、途径、在哪个方面带来损失。这种损失最终得以现金的形式来核算，以便于比较其大小。

（4）对每位岗位员工在一定时期要查寻多少个问题，要强制性地定量。例如，每个工作日必须查寻出一个问题。有人可能讲，没有问题非要找出问题，这不是要人们无事生非吗？对于这一问题，海尔人的观念可供借鉴。海尔人强调，没有发现问题就是最大的问题。之所以不能发现问题，只是因为我们对自己职责要求的标准过低。无论自己的职责履行得多么好，只要一提高工作标准要求来分析自己职责范围内工作情况，就一定会发现问题。所以，不存在绝对没有问题的事。

（5）为了防止弄虚作假，我们强调这一考核方法要引入上司和同事、下属的监督作用。每当履职人员填写好问题报告单之后，首先要交由上司审核确认，此后还要求反馈到履职人员工作场地公示出来，让同事和下属都可给予评价和监督，并赋予同事和下属匿名反馈意见的权力。

（6）为了强调尽可能找出最大的、自己职责范围内的、自己能够解决的问题，在对应的考核成绩赋分权重上要求给予倾斜。以鼓励每位岗位员工最大限度地从所承担职责的角度来思考问题、发现问题。

（7）绩效考核成绩得分直接根据每位岗位员工所查寻的问题，及其解决的结果计算。

问题查寻统计法与问题清算法综合应用，其考核效果可达到更优。例如，通过问题清算法所得到的考核得分与问题查寻统计法所得到的成绩考核特征得分，各按一定比例计算，例如，5∶5 或者 6∶4 均可。如果企业运行中现实问题比较突出，则可加大问题清算法的得分权重，如果我们希望把问题解决在发生之前，则可加大问题查寻统计法的得分权重。之所以要把两种方法综合起来应用，是因为任何一个岗位都会同时存在现实问题和潜在问题两个方面。尽管潜在的问题解决得比较好，现实的问题会相对减少，但不可能绝对没有现实问题。不过，随着问题查寻统计法这一考核办法的实施，现实问题就会越来越少，这却是一个必然。

三、问题查寻统计法绩效考核成绩计算模型

运用问题查寻统计法进行岗位员工绩效考核，每位履职者的绩效得分可通过以下公式计算得到。

绝对成绩计算公式为

$$A = \sum \sum L_i S_i \sum T_j S_j \sum F_g S_g$$

式中 A——岗位员工绩效考核的绝对成绩得分；

L_i——问题损失估算的第 i 种损失数的个数（其确定可依岗位工资为标准来确定，低于月度基本工资者为小；大于月度基本工资，小于年度基本工资总额为中；大于年度基本工资总额为大）；

S_i——问题损失估算的第 i 种损失数的得分权重（得分权重的大小要求与问题的损失估算额大小相对应，其得分权重可对应问题估算损失的小、中和大，设定为 1∶2∶3）；

T_j——第 j 种问题解决人的个数（问题解决人为三种，下属、本人和上司，可依据主要承担者来确定，解决问题的工作主要由下属承担者为下属；由自己承担者为本人；由上司承担者为上司）；

S_j——第 j 种问题解决人得分权重。这种得分权重的大小的确定要把握一个原则，谁发现问题，就该由谁主要负责解决，所以，对问题解决人为本人者可赋以较大的得分权重；为下属者次之；为上司者最小，谁也不能都把问题找出来之后推给上司；下属、本人、上司的得分权重可对应设定为2：3：0.2）；

F_g——问题跟踪的第 g 种结论的个数（其确定可依据以下原则判定，如果解决问题的资源不具有现实可行性为无法解决；问题解决之后还有可能重复发生者为暂时解决；问题一劳永逸地解决了的为彻底解决；因为解决问题的资源超越了履职人员的权限，而上司又尚未做出决策者，为尚无结论）；

S_g——问题跟踪的第 g 种结论的得分权重（查寻问题的目的在于解决问题，所以这种权重要求对彻底解决问题予以倾斜，无法解决、暂时解决、彻底解决、尚无结论的得分权重可对应设定为0.1：2：5：2）。

其中，$i=1$，2，3，分别表示大，中，小；$j=1$，2，3，分别表示下属，本人，上司；$g=1$，2，3，4，分别表示无法解决，暂时解决，彻底解决和尚无结论。

相对特征成绩，也就是用100制表示的，在企业内部的绩效得分位置指标分。其计算公式为

$$C_p = A_p / \max A_p \%$$
$$(p=1, 2, 3, \cdots, n)$$

式中 C_p——第 p 位岗位员工的绩效特征得分；

A_p——第 p 位岗位员工的绩效考核绝对成绩得分；

$\max A_p$——整个岗位员工当月绩效考核成绩绝对数最大得分数。

四、实施操作的十步程序

图3－18 问题查寻统计法的考核实施机理

问题查寻统计法的实施，其操作程度可概括为十步：

（1）明确各位岗位员工的职责，并将职责归纳成5～8类。

（2）履行职责，对自己职责范围内的潜在问题进行查寻。

（3）填写《问题报告单》，参见表3－34，并做出相应的分析。

（4）由直接上司审核确认《问题报告单》。

（5）将问题报告单反馈到履职人员工作现场公示出来。

（6）由履职人员想办法寻求问题的解决。

（7）由上司确认问题解决结果。

（8）月底履职人员自我填写《问题查寻及解决结果统计考核表》，参见表3－35。

（9）直接上司根据全月的《问题报告单》，审核履职人员填写的《问题查寻及解决结果统计考核表》，并签署审核意见后返回到履职人员工作场所公示出来。

（10）由人力资源部收集、核实、汇总反馈意见，并在没有异议之后计算月度考核成绩。

表 3－34　问题报告单

问题报告人姓名		报告人岗位名称		报告人到岗时间		问题报告时间	
问题名称						直接上司确认意见	
职责对应项							
问题表现特征							
问题的危害分析（要求估算说明损失的形式和金额）							
解决问题的途径和措施建议							
解决问题所需资源的现实可行性说明							
解决问题的具体承担人建议							
本人在解决所报告问题上所能做的工作							
解决结果跟踪	结论时间：　年　月　日； 结论：无法解决□，暂时解决□，彻底解决，□尚无结论□						
同事、下属匿名意见							

表 3－35　问题查寻及解决结果统计考核表

××岗位××第××月度问题查寻及解决结果统计考核表													
序号	问题名称	职责归类	问题报告时间	问题预计损失			问题解决人			问题处理结论			
				大	中	小	下属	本人	上司	无法解决	暂时解决	彻底解决	尚无结论
1													
2													
3													
4													
5													
6													
7													
8													
9													
10													
11													
12													
13													
14													
15													
16													
17													
18													
19													
20													
21													
22													
23													
24													
25													
合计													
同事、下属匿名意见													

第十五章

岗位员工发展管理的十种方法

如何对岗位员工的发展管理，是由对岗位员工发展管理的内容所决定。岗位员工发展管理的内容多种多样，岗位员工发展管理的方式方法也就必须多种多样。岗位员工发展管理的方法，概括起来主要有十个方面：岗位员工简历管理法，岗位关联轮换管理法，人力规划对应法，时尚营造法，价值强化法，比赛竞技法，创业鼓励法，职业生涯设计法，金手铐控制法，目标强化法。

一、岗位员工简历管理法

所谓岗位员工简历管理法，就是通过对岗位员工一年一度在知识技能、事业经历的情况，通过简历更新，向岗位员工个人施加心理影响和压力，以实现其岗位员工在知识技能、事业经历上的发展。

岗位员工简历管理法的实施要点有以下七个方面的内容。

（1）根据自己的实际情况，在上一年末对下一年自己在知识积累、技能提升和工作业绩刷新上，做出详细的计划，并填写《岗位员工发展自我管理计划表》，参见表 3－36。

（2）年底对照年初关于知识积累、技能提升和工作业绩刷新计划，进行总结，并填写《岗位员工发展自我管理简历更新表》，参见表 3－37，并报上司签署意见后交人力资源部归档，作为企业用人的重要参考资料。

（3）在一年的 12 个月中，对应于每个月的绩效考核作自我发展总结回顾，不断提示自己在这三个方面的发展目标和发展实施进展情况，并填写《岗位员工发展自我管理过程总结表》，参见表 3－38，并向同事公开，以相互激励。

表 3－36 岗位员工发展自我管理计划表

<table>
<tr><td>姓名</td><td></td><td>性别</td><td></td><td>履职岗位</td><td></td><td>年龄</td><td></td></tr>
<tr><td colspan="2">到岗时间</td><td colspan="3"></td><td>上司姓名职务</td><td colspan="2"></td></tr>
<tr><td rowspan="5">上一年工作达成的最优目标记录</td><td colspan="2">1</td><td colspan="5"></td></tr>
<tr><td colspan="2">2</td><td colspan="5"></td></tr>
<tr><td colspan="2">3</td><td colspan="5"></td></tr>
<tr><td colspan="2">4</td><td colspan="5"></td></tr>
<tr><td colspan="2">5</td><td colspan="5"></td></tr>
<tr><td rowspan="10">本年计划刷新的工作目标记录</td><td rowspan="2">计划 1</td><td>内容</td><td colspan="5"></td></tr>
<tr><td>措施</td><td colspan="5"></td></tr>
<tr><td rowspan="2">计划 2</td><td>内容</td><td colspan="5"></td></tr>
<tr><td>措施</td><td colspan="5"></td></tr>
<tr><td rowspan="2">计划 3</td><td>内容</td><td colspan="5"></td></tr>
<tr><td>措施</td><td colspan="5"></td></tr>
<tr><td rowspan="2">计划 4</td><td>内容</td><td colspan="5"></td></tr>
<tr><td>措施</td><td colspan="5"></td></tr>
<tr><td rowspan="2">计划 5</td><td>内容</td><td colspan="5"></td></tr>
<tr><td>措施</td><td colspan="5"></td></tr>
<tr><td rowspan="3">技能更新</td><td colspan="2">上一年已有技能</td><td colspan="5"></td></tr>
<tr><td colspan="2">本年更新技术</td><td colspan="5"></td></tr>
<tr><td colspan="2">技术获得途径</td><td colspan="5"></td></tr>
<tr><td rowspan="3">知识更新</td><td colspan="2">上一年已有知识</td><td colspan="5"></td></tr>
<tr><td colspan="2">本年更新知识</td><td colspan="5"></td></tr>
<tr><td colspan="2">知识获得途径</td><td colspan="5"></td></tr>
</table>

表 3－37 岗位员工发展自我管理简历更新表

<table>
<tr><td>姓名</td><td></td><td>性别</td><td></td><td>履职岗位</td><td></td><td>年龄</td><td></td></tr>
<tr><td colspan="2">到岗时间</td><td colspan="2"></td><td>上司姓名职务</td><td colspan="3"></td></tr>
<tr><td rowspan="8">沉淀简历（最后学历及主要履职部门和职务）</td><td>时间</td><td>单位部门</td><td>职务</td><td>证明人</td><td colspan="3">证明人联系电话</td></tr>
<tr><td></td><td></td><td></td><td></td><td colspan="3"></td></tr>
<tr><td></td><td></td><td></td><td></td><td colspan="3"></td></tr>
<tr><td></td><td></td><td></td><td></td><td colspan="3"></td></tr>
<tr><td></td><td></td><td></td><td></td><td colspan="3"></td></tr>
<tr><td></td><td></td><td></td><td></td><td colspan="3"></td></tr>
<tr><td></td><td></td><td></td><td></td><td colspan="3"></td></tr>
<tr><td></td><td></td><td></td><td></td><td colspan="3"></td></tr>
<tr><td rowspan="5">上一年工作达成的最优目标记录</td><td>1</td><td colspan="6"></td></tr>
<tr><td>2</td><td colspan="6"></td></tr>
<tr><td>3</td><td colspan="6"></td></tr>
<tr><td>4</td><td colspan="6"></td></tr>
<tr><td>5</td><td colspan="6"></td></tr>
<tr><td rowspan="7">本年计划刷新的工作目标记录</td><td>1</td><td colspan="6"></td></tr>
<tr><td>2</td><td colspan="6"></td></tr>
<tr><td>3</td><td colspan="6"></td></tr>
<tr><td>4</td><td colspan="6"></td></tr>
<tr><td>5</td><td colspan="6"></td></tr>
<tr><td>刷新记录的成功经验</td><td colspan="6"></td></tr>
<tr><td>没有达成计划的原因分析</td><td colspan="6"></td></tr>
<tr><td rowspan="4">技能更新</td><td>上一年已有技能</td><td colspan="6"></td></tr>
<tr><td>本年更新技能</td><td colspan="6"></td></tr>
<tr><td>增加技能的成功经验</td><td colspan="6"></td></tr>
<tr><td>没有达成计划的原因分析</td><td colspan="6"></td></tr>
</table>

续表

知识更新	上一年已有知识	
	本年新增知识	
	增加知识的成功经验	
	没有达成计划的原因分析	
观念更新	上一年原有观念	
	本年更新观念	
	观念设限的教训总结分析	
	更新观念后自我发展的体会	

表 3－38 岗位员工发展自我管理过程总结表

《岗位员工发展自我管理第 年度到第 月发展过程总结表》						
姓名			性别		履职岗位	
工作记录刷新情况	已实现的刷新					
	已采取的措施					
	计划追加措施					
技能更新情况	已更新的技能					
	已采取的措施					
	计划追加措施					
知识更新情况	已增加的知识					
	已采取的措施					
	计划追加措施					
已更新的观念						
自我发展和自我超越速度的横向比较	快于自己发展的同事及其内容					
	自己发展慢于同事的原因分析总结					

（4）简历管理工作强调都由岗位员工自己自主进行，上司只是负责进行督导提示，让岗位员工有计划、有步骤地进行自我设计和自我发展。简历管理的目的是通过克服人所共有的惰性而实现岗位员工自我约束。

（5）岗位员工简历管理并不与任何形式的奖惩形式挂钩，但它却可提供自己和自己比较，以及自己和同事比较这两种让人的行为动机受到激励的力量。通过这两种比较，一方面让人不断发展自我、超越自我，把这种发展和超越具体化为自己能感觉到、他人能观察到的具体事实。另一方面，又通过横向比较使自己发现这种自我超越还存在的差距，由此而产生“人有我无”的自卑结构，以强化在发展上的行为动机。

（6）简历管理强调个人的计划设想和总结都要具体明确，以使自己能够通过对比发现差距。这种差距包括两个方面：一是自己与自己相比的自我超越的发展速度差距；二是自己与同事相比的自我超越速度差距。通过发现这种差距，并强化这种差距的现实性，来强化岗位员工的行为动机。

（7）岗位员工简历管理强调在总结时，要深入进行原因分析。对照所设定的发展目标计划，找出为什么没有实现达成的原因；分析自己发展的潜力和余地，以找出自己存在发展潜力和余地的地方。通过这种原因和潜力分析，迫使自己克服惰性，实现稳定发展。

图3－19　这种依存关系一刻也不能忘

岗位员工简历管理法，是一种投入小、操作简单的岗位员工发展管理方法。它的意义和作用主要有四个方面：

（1）它可以帮助岗位员工树立自己的发展目标，理清发展思路，起到对岗位员工的意志欲望方向的管理作用。

（2）它强调把岗位员工自我设定的发展计划公开化。这一方面可以起到强化岗位员工自我内在激励的作用，另一方面又可以强化外部监督的压力，从而起到对岗位员工发展的意志欲望强度管理的作用。

（3）它强调通过对岗位员工自我设定的发展目标进行跟踪管理，使企业能够准确地把握岗位员工在业绩记录、知识结构、技能水平和观念更新上的发展状况，使企业选人、用人有了准确的信息依据。

（4）它可以充分体现岗位员工自我发展的主动性，并且又可以通过上下左右同事的影响诱导作用，使这种主动性能控制在企业发展的需要范围内。

二、岗位关联轮换管理法

图 3－20　人的意志欲望会随时尚变化而改变

岗位关联轮换管理法，强调通过对所有的岗位进行详细的岗位工作分析之后，通过比较，把在岗位职责要求、心理能力要求、知识结构要求和技能要求上相近而又不相同的工作，作为一种关联工作，让岗位员工有意识地在这些岗位中进行轮岗。时间可长可短，短则半，长则三年。让岗位员工通过这种轮岗，用相关工作本身所存在的差距和不同要求，迫使岗位员工不断努力以适应新工作、新岗位，最终实现岗位员工个人的知识结构、技能水平等方面的发展，以增强岗位员工对企业岗位广泛的适应性。

岗位关联轮换管理法的实施要点，主要有八个方面。

（1）在轮岗之前必须有规范的工作岗位分析，使人们能够明确不同岗位之间的差距所在，并通过这种岗位要求的相近性和差距性分析，建立岗位之间的关联。这里的关联并不是简单地指这种岗位之间存在某种相互依存关系，或者工作交接程序上的前后关系，而是就工作内容和工作要求对比上的同一性或差别性的界定。也就是说，两个相关联的岗位之间，应该是存在高度同一性的，但其要求又存在一些具体的差别。正是这种差别使通过岗位关联轮换才有助于对岗位员工的发展起到一个推动和激励作用。

（2）强调整个企业统筹规划，统一组织，并在自愿的基础上实现统一要求。根据职责要求、心理能力要求、知识结构要求和技能要求，企业的所有岗位都可以建立起广泛的关联关系。使一个岗位到另外一个岗位之间只要通过有限个中间关联岗位，就可以建立起直接联系。从而也就为每位岗位员工在工作上的兴趣偏好的发展和实现，提供了广泛的可能。强调在自愿的基础上，使岗位员工可以根据自己的实际，对具有关联关系的不同岗位进行自主选择。在轮岗上的统一要求，并不需要做出毫无弹性的强性规定，但可以提供一个统一的指导性原则，包括轮岗时间，向下一个岗位进行转换的条件等做出相应的规定。为了避免对同一岗位的多人竞争，还可以确定遇到多人竞相选择时的确定次序。

（3）为了避免岗位员工不负责任地对自己所希望轮换岗位的选择，强调在每轮换到下一个同级岗位之前，必须在现有岗位上达到业绩限额最低要求标准。也就是说，当他在现有岗位上的业绩还没有达到最基本的要求，即他的相应四个方面的能力要求还没有提升到现在所轮换的新岗位的要求上来，这就有必要让他在下一轮岗位的选择上，只能降低到低一级的岗位上轮岗。因此而迫使他严格约束自己，不断发展自我的能力，而不是机会主义地选择岗位。

（4）把自主选择轮岗和统一协调进行的岗位晋升结合起来。当一个岗位员工在同一级岗位上连续轮岗三个之后，并且在所轮作的岗位上的绩效考核成绩都达到杰出的水平，如绩效成绩排序在全公司的前10%，就可以允许他在高一级岗位上进行轮岗选择。即让他自主选择，担任高一级的岗位职责。

（5）把这种向上发展轮岗的自主选择和统一调配晋升结合起来，即让企业的高层管理人员通过直接上司的选拔推荐来提升和补充高一层岗位上的人员，转化为与自荐晋升相结合的方式，使这种自主晋级和被动选拔晋级二者相互补充。并由本人填写《关联岗位轮换个人申请表》，参见表3－39。

表3－39　关联岗位轮换个人申请表

姓名		性别		年龄		直接上司岗位及任职人姓名	
现履职岗位		到岗时间				绩效考核成绩	
申请轮换岗位名称				已轮换关联岗位			
所申请岗位的心理能力要求							
自己现有心理能力情况及事实证明							
所申请岗位的知识结构要求							
自己现有知识结构情况及事实证明							
所申请岗位的责任经历要求							
自己现有责任经历情况及事实证明							
所申请岗位的技能要求							
自己现有技能情况及事实证明							
所申请岗位的体能要求							
自己现有体能情况及事实证明							
直接上司审核意见及建议							
隔级上司审核意见及建议							
人力资源部的确认意见							

（6）关联岗位轮换管理的一个基础是科学而严格的绩效考核。每位岗位员工在轮换一个新岗位之前必须在原岗位上创造出比较优异的成绩。否则，所轮岗位只能降低向下一级岗位轮换。

（7）在实施这种管理之前，必须建立起关联岗位联系的平面图，并将这个岗位平面联系图对岗位员工公开，让岗位员工在把握众多不同岗位之间的联系基础上，对自己的职业发展作出设计，并通过轮岗而自主实施其职业发展。

（8）明确划分岗位的等级序列。使岗位员工通过这种岗位等级序列，来设定自己的职业生涯，确立自己的事业目标。通过向上轮岗的条件限制，使任何一个岗位员工只有当他在较低级的岗位上连续三次轮岗绩效都达到杰出水平，才能有资格向上一个岗位进行轮岗，以使岗位员工脚踏实地在实现自我发展的同时，为企业发展提供高层次人才之所需。

岗位关联轮换管理，既是对岗位员工知识技能发展的管理，也是对岗位员工的意志欲望、兴趣偏好和个人事业发展的管理。它是一种岗位员工发展管理的综合方法。其作用有七个方面：

（1）可使岗位员工四个方面的发展管理都得到体现，但其最大的价值是在岗位员工的事业发展管理上。一个岗位员工每在一个新的岗位上轮换一次，并取得比较好的成绩，这就可以为他带来一定的成就感。因为这本身就是他事业的一种渐进发展。

（2）这种轮岗在事业发展上的管理作用是与人的意志欲望联系在一起的，因而会把意志欲望更多地吸引到对事业的追求上来，而不仅仅是盯住物质福利的好坏和回报的多少上。甚至可能由此降低企业的劳动投入。

（3）岗位员工每轮换一次岗位就会使他的兴趣爱好得到一个新的发展，使之发展他自己发现最想做和最能做的事。这又可以起到增加企业对岗位员工凝聚力的作用。

（4）在这个岗位的轮换过程中，他每更换一个岗位，也就意味着他的相应的知识技能得到一次提升。这就直接为企业的发展储备了人才。

（5）可为每位岗位员工在工作上的新鲜感提供充分的满足，以减少在同一岗位上的多年重复所导致的厌倦情绪，迫使岗位员工经常处于一种挑战况态，以在岗位要求的强制下克服惰性，实现发展。

（6）这种岗位关联轮换管理，可以不断拓展岗位员工的知识面，以增加他们进行创新，提升工作效率，改进工作方法的能力。

（7）加深不同岗位之间岗位员工的交流，实现相互理解，让每个人都能够更准确地理解对方的工作价值和工作内容，以增强相互之间的团结，和工作之间的相互协调和配合。

三、人力规划对应法

人力规划对应法，是对应于企业发展战略规划，做出人力资源发展规划，并公开，以诱导岗位员工职业发展的一种方法。这一方法强调根据企业发展的每一个阶段的人力资源需求预测，对每一个不同岗位做出计划，包括岗位的类别、级别及其数量。并按照现有的工作分析，大体确定未来每一岗位的相应要求，包括心理能力要求、职责要求、知识结构要求、技能水平要求等。并向岗位员工公开，让岗位员工根据自己的现有实际，设计出能跟上企业发展步伐的自我发展计划，包括岗位类别的转换和级别的提升。使当企业发展之后所提出的人力资源需求，能通过岗位员工的自我发展来提供满足。这里的对应，是指将岗位员工个人的发展与企业的发展二者直接对应起来，在岗位专业方向和职责的层次要求上实现二者相互协调平衡。

这种方法实际上是根据企业的发展，确立企业人力资源发展梯队，并由企业人力资源发展梯队结构，来建立岗位员工对应发展的梯队结构。其实施要点如下所述。

（1）根据企业发展的战略规划，分阶段制订出详细的人力资源需求计划。明确确定在企业发展的将来每一个时段上所需要的各级、各类岗位的数量和要求。这种人力资源需求规划，要求具体明确，不仅要明确说明各级、各类岗位的数量，而且要说明补充的途径，以及每个途径所补充的数量。在这里，尤其是要把从内部岗位员工发展的途径实现的补充，作为一个最重要的途径，为岗位员工提供成功的预期，增加岗位员工通过自我发展、自我超越实现岗位晋升和事业发展的信心，以使岗位员工可以根据自己的实际，把企业将来某一时段上的某一个岗位作为自己的发展目标。

（2）在自主自愿基础上，通过对岗位员工的自我发展的指导，实现岗位员工的发展与企业发展的吻合。也就是说，通过分析岗位员工现有的各种实际，以及将来企业岗位的要求和条件，及具备这种条件必须要做的努力和需要的时间，让岗位员工进行自主选择，明确职务发展的方向，和每一步所要做的具体努力。并由岗位员工个人填写《岗位员工个人职业发展分期规划表》，参见表3－40。

表3-40 岗位员工个人职业发展分期规划表

<table>
<tr><td>姓名</td><td></td><td>性别</td><td></td><td>年龄</td><td></td><td>直接上司岗位及任职人姓名</td><td></td></tr>
<tr><td>现履职岗位</td><td colspan="2"></td><td>到岗时间</td><td colspan="2"></td><td>绩效考核成绩</td><td></td></tr>
<tr><td colspan="2">下一发展岗位名称</td><td colspan="3"></td><td colspan="2">达到下一岗位要求的时间</td><td></td></tr>
<tr><td colspan="4">下一发展岗位相近两个岗位名称</td><td colspan="4"></td></tr>
<tr><td colspan="8">下一发展岗位的要求及个人达到要求的措施</td></tr>
<tr><td colspan="2">名称</td><td colspan="3">要求</td><td colspan="3">个人达到的措施</td></tr>
<tr><td colspan="2">心理能力要求</td><td colspan="3"></td><td colspan="3"></td></tr>
<tr><td colspan="2">知识结构要求</td><td colspan="3"></td><td colspan="3"></td></tr>
<tr><td colspan="2">责任经历要求</td><td colspan="3"></td><td colspan="3"></td></tr>
<tr><td colspan="2">技能要求</td><td colspan="3"></td><td colspan="3"></td></tr>
<tr><td colspan="2">上司审核
意见及建议</td><td colspan="6"></td></tr>
<tr><td colspan="2">人力资源部的
确认意见</td><td colspan="6"></td></tr>
</table>

（3）把岗位员工自我发展规划与企业人力资源梯队建设融为一体，把岗位员工的自我发展选择融入到企业人力资源发展梯队之中。让岗位员工根据自己的实际，与企业现实发展的进展，对应调整自己的发展目标和方式，以真正保证岗位员工对应发展的梯队结构，能够适应企业发展所需的人力资源发展梯队结构。

（4）企业人力资源发展梯队建设透明化。这不仅要求把企业发展之后的相应阶段上的人力资源需求结构，提前向岗位员工公开，而且强调这种对应的人力资源梯队建设的相应人选，要在岗位员工自主申请和自主竞争的基础上来确定。即不能由上司主管越俎代庖，进行内阁式的确定梯队队员名单，把岗位员工置于一个被动接受选拔的地位，而是让岗位员工根据自己的实际进行自主设计，自主选择，以充分调动岗位员工的主观能动性，让岗位员工在他自身发展中起主导作用。

（5）对岗位员工的发展进行跟踪管理，明确按照梯队的要求，让岗位员工定期总结，每个季度或者半年进行一次，并填写《岗位员工职业发展规划总结表》，参见表3－41，以确定自己向所选定的目标岗位要求发展的速度，以及尚存在的条件要求差距，使之明确要实现这种发展每个时段必须完成的自我发展要求。

（6）梯队候选人至少需要按照1：1.5的比例进行配置，让进入梯队的岗位员工产生一种自我加压的外部竞争机制，使之在梯队候选人彼此相互竞争中，最大限度地实现每个人的发展。同时，避免太子接班思想而产生的惰性，使之感到优胜劣汰的竞争压力。

表3－41　岗位员工职业发展规划总结表

<table>
<tr><td>姓名</td><td></td><td>性别</td><td></td><td>年龄</td><td></td><td>直接上司岗位及任职人姓名</td><td></td></tr>
<tr><td>现履职岗位</td><td colspan="2"></td><td>到岗时间</td><td colspan="2"></td><td>下一发展岗位名称</td><td></td></tr>
<tr><td colspan="8">职业发展实施情况总结</td></tr>
<tr><td colspan="2">名称</td><td colspan="2">已达到要求的内容</td><td colspan="2">尚未达到要求的内容</td><td colspan="2">强化改进措施</td></tr>
<tr><td colspan="2">心理能力要求</td><td colspan="2"></td><td colspan="2"></td><td colspan="2"></td></tr>
<tr><td colspan="2">知识结构要求</td><td colspan="2"></td><td colspan="2"></td><td colspan="2"></td></tr>
<tr><td colspan="2">责任经历要求</td><td colspan="2"></td><td colspan="2"></td><td colspan="2"></td></tr>
<tr><td colspan="2">技能要求</td><td colspan="2"></td><td colspan="2"></td><td colspan="2"></td></tr>
<tr><td colspan="2">上司审核
意见及建议</td><td colspan="6"></td></tr>
<tr><td colspan="2">人力资源部的
确认意见</td><td colspan="6"></td></tr>
</table>

四、时尚营造法

时尚营造法是针对岗位员工的兴趣偏好发展管理的一种方法。下面对其意义作用、可能性和实施要点略作分析。

在当代社会的现实工作中，把偏好与工作直接对应起来的权重很少，更多的人或者说绝大多数人，都是为了价值需求的满足而不得不做出的一种牺牲。因为他们从这种工作中得不到他想得到的乐趣，工作本身对他没有任何吸引力。他仅仅看准工作之后可以给他带来的经济收入的增加，以及权力、地位的改变。这种工作主要是获取满足的一种手段，而不是岗位员工所希望获得的满足本身。

图 3 – 21 兴趣偏好也因从众而改变

如果能将兴趣偏好与工作直接结合起来，工作就不再是获得满足的手段，而是直接带来乐趣，实现满足的本身。也只有到了这个时候，人们才不会对工作的付出斤斤计较。也只有到这个时候，人们才不会把工作当成一种格外的负担。这种状况听起来似乎是天方夜谭，在现实中似乎是一种根本不可能实现的空想。

事实是不是一定如此？

在回答这个问题之前，我们必须深入了解兴趣和偏好的本质特性。在一般人看来，所谓偏好总是与娱乐、游戏联系在一起。实际上这只是在社会经济发展相对落后阶段所表现出的一种特征。当饥寒威胁着每个人的生存时，摆脱饥寒的折磨，工作就成了一种谋生的途径。只有当有了闲暇的时间，才会发展出自己的兴趣和偏好。而人们在作为谋生途径的工作中，因为单调乏味，已让人生厌和疲惫，使人不可能把兴趣偏好与工作联系到一起。

从这里就可以看出一点，工作作为谋生的途径，是与社会经济发展的低水平联系在一起的。而当社会经济发展到一定程度之后，工作单纯作为谋生途径的作用会逐渐降低。也就是说，饥寒威胁对人的生存带来的压力相对减弱之后，人们就可能把工作和娱乐统一起来，从而使工作与兴趣偏好形成高度的统一。

当代社会经济的发展已经为我们实现兴趣偏好与工作的统一提供了一定的基础。尽管在相当程度上讲，工作还必须首先是谋生的手段。但兴趣偏好也不完全是与工作对立的，就以最原始的娱乐和艺术而言，就可以发现二者之间的联系。在原始古老的舞蹈中所表达的内容大都是与劳作活动联系在一起的，它是对劳作活动的一种艺术的表现。就艺术和娱乐的发展而言，到当代社会也没有完全隔断这种联系，现在的各种纸牌游戏也都包含有计算、机遇和团队合作的内容。而这三者却直接是构成工作内容的主要部分。由此而言，就可以通过时尚的营造，让人们直接把工作相关的内容变成自己的兴趣和偏好。

这二者的统一最先可能在运用智力活动的工作中实现。一些科研技术人，包括社会科学研究人员，因为对他们自己兴趣的偏好，就可以把他们的工作和兴趣直接统一起来。最典型的事例是《哥德巴赫猜想》中所讲的陈景润。在“文革”中，陈景润全身心投入数学研究，被视为走“白专道路”的典型押上批斗台。在台上，批斗者声嘶力竭地对着他不停吼叫，但他似乎充耳不闻。让他低头，他就低下头，但低下头后却在一个小纸片上推导他的数学公式。这就是兴趣偏好的力量。

在现实中这种情况，常常被视为具备对某一事业的献身精神，其实是他的兴趣和偏好紧紧转移到他所从事的工作上来了，是他把乐趣、工作、游戏三者融为一体后的表现。

人的兴趣偏好的形成，是受外部环境影响的，是外部环境所共有的时尚，让人产生某种兴趣或偏好，并让人把兴趣偏好相对稳定地固定在这种时尚上。因此，有意识地对时尚进行营造，也就可能起到对岗位员工的兴趣偏好管理的作用。在海尔，创新实验就成了一种永不衰减的时尚。进行创新实验的人受到广泛的尊敬和关注。创新实验无论是否会取得即时的经济效果，都会受到广泛的支持。对有所成功者更是大书特书，直接用创新者的姓名命名创新发明项目。很多非常有价值的技改创新，就通过这种活动得到了实现。

所谓时尚，就是在这个社会群体中被视为普遍关注、普遍称道、广泛效法的一种活动。而这种时尚又是企业完全可以通过自主管理进行组织营造的。只要企业高层领导人把他的关注点相对稳定地锁定在某类行为上，并对这类行为进行多方面肯定，这也就自然而然地会有广泛的人来效法这类行为。因而，这种时尚也就营造出来了。例如，在我们现实社会中，更多的青少年被塑造成各种各样的追星族，一个重要原因就是我们的媒体对所谓的各种星们给予了过多的关注，加之社会对这种种星通过广告给予的丰厚得难以成比例的报酬进行了肯定。正是这两者让众多的青少年沉浸于对星的追逐中。

时尚营造并不是一个多么复杂的过程，所以企业完全可以通过自主的活动，在企业范围内营造岗位员工的这种时尚，以为岗位员工的兴趣偏好发展进行定位。

时尚营造法的实施要点，主要有以下六个方面。

（1）选定企业发展中最紧要的活动，作为引导岗位员工兴趣偏好投向的目标点。这种选择不能过滥，也就是说，在一定时间内不能选择过多的关注点。并且所选择的这种活动，还必须能与企业发展的未来紧紧地联系起来，不仅是现实企业发展的必要关键活动，而且是企业将来发展之后也必须赖以存在的关键、必要的活动。

（2）企业高层领导者都同时给予关注，并通过舆论工具把这种关注的力度放大，进而引起企业全体员工的关注，让每个人都想所关注的活动，都说所关注的活动，都实施所关注的活动。

（3）对所关注的活动给予价值肯定，包括经济利益上的和非经济利益上的。让直接从事和承担这种活动的人感到无上的自豪、满足和光荣，使这种活动的价值得到企业全体员工的共同认同。

（4）从企业高层领导者做起，通过各层管理人员发挥榜样的作用，都积极投入到这种活动之中，形成一个从上到下，不仅关注重视，而且普遍效法这样一个局面。当这个局面持续延续一定时间之后，时尚也就形成了，也就会有众多的岗位员工把自己的兴趣偏好转向这种活动。

（5）时尚营造活动高度强调企业领导者和管理人员的言行一致。要求他们说的、做的和想的，高度一致起来。不要让人感觉到这是领导做样子，让岗位员工卖力气的欺骗行为。只要留下了这样一个坏印象，时尚就不可能营造成功，也就不可能起到对岗位员工兴趣偏好进行诱导管理的目的。

（6）在时尚营造中，要不失时机地发掘典型案例，并将这种典型案例作为时尚的代表进行传颂。在这种时尚的营造中，典型案例的作用比单纯说教的作用要大很多倍。在海尔，处处为消费者着想，处处关怀消费者就成为一种不败的时尚，其中一个重要原因就是海尔不断地抓住各种新涌现出来的典型案例进行传颂。

五、价值强化法

价值强化法是针对岗位员工的意志欲望发展管理的一种方法。

所谓价值强化法，也就是在这个企业中，通过对特定的行为和活动的价值进行高评价，或者低评价，来诱导人们对自己的行为进行选择。在企业这个社会中，如果从上到下都对某一行为给予高度的评价，并把这种高度的评价与人们所期望获得的直接利益、经济回报、权力扩张直接联系起来，让人们所企求的个人满足与这特定的活动紧密地联系起来。从而，让人们对这种活动的价值评价得到提升和强化，并最终把这种活动本身等同于他所寻求的价值。做到了这一点，也就实现了对人的意志欲望发展的管理。

当一个社会的发展进入小康水平之后，诱导人们行为的动机更多的是来自于自我社会价值的实现。但自我社会价值的具体内容并不是确定不变的，而是根据时代的发展而不断发展的。其直接决定因素是周围社会所认同的价值取向。在 20 世纪 90 年代中叶之前，“修脑袋里面的不如修脑袋外面的”收入高，这被视为一种脑体倒挂的体制问题。在这个时候，人们可能对“修脑袋里面的”给予同情，抱怨社会的不公平。但进入 21 世纪之后，有谁仍然因为自己是“修脑袋里面的”而不如“修脑袋外面的”收入而愤愤不平的话，那么，他不仅不可能再获得同情，相反还会被当做迂夫子给予嘲笑。在一个市场经济发展相对完善的社会，经济收入的高低，直接是评价一个人的价值大小的标准。这种价值观念的转换本身就会导致人的意志欲望调整。如果谁仍然丝毫不考虑社会的需求，而沉湎于自得其乐的超社会需求研究上，那就不能抱怨社会对你的不公。这是你自己违背社会通用的价值取向而做出选择的结果。

价值强化法也就是强调通过企业组织这个小社会所形成的大家共同认同的价值观念，为每位岗位员工所寻求的自我社会价值进行定位。岗位员工所要寻求的自我社会价值，并不是由自己评价的孤芳自赏，而是由社会他人给予评判的。社会他人一致认为有价值，并对你所做的这种活动给予肯定，在人格上对你给予尊敬，这就是你个人自我社会价值的实现。所以，通过建立共同的价值取向，就可以直接对岗位员工个人的意志欲望起到诱导管理作用。

其实施要点与时尚营造法基本相同，其差别仅仅在于价值强化法强调通过在企业内部形成共同的价值判断和价值选择来具体界定人们所追求的价值的内容。同时，价值强化法所建立的共同价值判断和价值选择，具有相对的稳定性，一旦形成就可以相对持久地对岗位员工的意志欲望构成持久稳固的影响。

六、比赛竞技法

所谓比赛竞技法，也就是有目的、有计划地选择一些专项活动，通过现场较量比较，以确定优胜者的一种方法。这种方法是通过人们在比赛较量中把相应的知识技能展现出来，在公平、公开、公正的基础上评定优劣。

比赛竞技法在现实的企业管理中更多的是被用于激励作用，而这种方法还有对岗位员工的意志欲望及兴趣偏好、知识技能的发展具有管理作用。

选择什么样的专题组织比赛，这本身就是想通过这种方式，让更广泛的人关注比赛活动的内容，重视比赛活动的内容，并将它变成一种广泛效法的活动。这也就可以起到对岗位员工的意志欲望，及兴趣爱好的诱导管理作用。通过这种比赛的组织，可以起到两个方面的作用。

（1）可以为岗位员工创造出展现其才华、实现其自我社会价值的一种机会，从而使比赛优胜者受到更多的关注和称道。这就可使岗位员工把比赛内容的熟悉和掌握作为实现自我社会价值的一种途径，进而把众多人的意志努力方向诱导到比赛的活动内容上来。就像近十年，足球普及之后，足球比赛转播不仅创造出广泛的球迷，同时也使更多的青少年选择足球为自己的事业，并以此来发展自我，实现自我的价值。

（2）比赛活动因为引人关注而引人重视，这本身又会让更多的人产生与之有关的兴趣偏好，即使不能把它作为自身的事业来追求，也会把它当做一种业余爱好来付诸实施。

比赛活动可以直接推动岗位员工的知识技能的发展，并让岗位员工在比赛的项目内容上积累更多的知识，提升技能。在现实的比赛中，所比赛的内容本身就是相关知识或技能。因而组织什么样的比赛，就会推动岗位员工对这一比赛所涉及的知识和技能付出更多的关注，投入更多的精力，学习、掌握与之有关的知识和技能，从而推动这相关知识和技能的普及。

选择某项内容组织比赛竞技，这本身就是一种极为有效的倡导，即对比赛项目内容的有力倡导。并且这种倡导方式远比干瘪的说教效果要好得多。它直接向岗位员工传递一种价值信息，这不是一般的号召，而且可以成为自己出人头地的途径。

比赛竞技法的实施要点，主要有五个方面。

（1）精心选择比赛项目内容。比赛项目的内容，必须是值得企业大书特书、广泛推广的活动。尤其是要结合企业发展所需来确定比赛项目，绝不能简单地把这种活动当做丰富岗位员工生活的一条途径，而是要明确确立其对企业发展中的人力资源供给的推动作用。如果像很多国有企业和事业单位的工会一样，为了证明自己在工作，为了组织比赛而组织比赛，既难以引起岗位员工重视，也得不到岗位员工的广泛支持。这就成了一种纯粹的劳民伤财、得不偿失的事情。

（2）严格遵守三公原则，即公开、公正、公平。比赛项目、比赛规则、比赛时间、比赛场地要公开。并在公开之后，要留有一定时间让岗位员工为参与比赛进行准备。比赛方式、参赛人的非主观努力的情况，包括年龄、身体状态要尽可能地消除，让人们仅仅在通过个人主观努力所达成的效果上进行比赛，保证这种比赛的公平性。现实的很多体育比赛活动就违背了这一公平的原则，让很多属于先天性因素的作用对比赛结果产生了很大的影响，如身高对排球、篮球胜负的影响。比赛的胜负判别标准一定要具体明确，并可量化，让比赛人和观赛人都能直接鉴别比赛的胜负。比赛胜负的评判通过公开、公平来保证公正，尤其是要避免暗箱操作。否则，让人感到输，输得不服气，胜，胜得不光彩，就失去了比赛的意义。

（3）企业最高领导者高度关注。在比赛的组织上，要充分显示企业最高领导者对它的关注。具体事项可交由一个职能部门负责，但重大决策企业高层领导者必须参与研究，并要全时段出席和主持比赛活动。

（4）要充分强化比赛的声势和影响。比赛场面要在允许的范围内尽可能组织得宏大壮观。一是提升人们关注的热情；二是让更多的人感觉到这种比赛优胜的价值。

（5）科学地设立奖项。在优胜奖的设置上，注意不能采取普遍奖励的办法，让人把它当做一种福利性活动。这一问题在现实的国有企业、国家机关单位和事业单位普遍存在。由工会组织的相关比赛，优胜者的奖励和参与奖没有拉开距离，让人感到它仅仅是工会发放福利、折腾老百姓的一种方法。如果这样，就失去了比赛的意义和作用。这种奖励要有一定的广度，使相当一部分参与者能获得奖励。但奖励差距要拉开。优胜奖的名额可以严格控制，在奖励的设置上，要分开个人奖和集体奖的差别。个人的优胜奖一定要最后落实到经济物质上，集体优胜奖可以以流动红旗、流动奖杯的形式来体现，让人更多的是获得这份荣誉，而不是物质福利收获。

七、创业鼓励法

创业鼓励法是直接对岗位员工的事业发展管理的一种方法。它强调通过对岗位员工个人独立创业提供有条件的支持，来鼓励岗位员工创业，并通过这种对岗位员工创业支持条件的选择，来引导岗位员工的创业发展和岗位员工的个人发展。并最终通过岗位员工创业发展和岗位员工个人发展来推动企业的发展。

图3－22 事业发展管理的思考

任何一个人都会对事业有所追求，都希望做成一定的事业来证实自己的价值。但是，在现实中，要成就一定的事业，往往需要很多外部条件，任何一个外部条件的欠缺又都会使人的这种追求和努力化为泡影。从而使人在对事业的追求上踌躇不前、望而却步。从而使人们对事业的追求，随着时光的流逝而渐渐淡化，致使更多的人一生都无所事事。

在现实中，人们既向往事业，又害怕事业的风险。所以，在行为的选择上，更多的人是让自己成为一个机构的附庸，使自己在生存与事业的选择上减少风险、提高保障系数。“伸”可以使自己在这个机构中谋得一席地位，通过这种地位来体现自己的事业和价值；“屈”则可以独善其身，通过与机构之间的一种交换来获得自己赖以生存的生活资料与和睦的人际关系。这种心理实际上是人的惰性的又一种表现形式，而这种惰性的作用却埋没了众多人创新开拓，独立成就事业的潜能。

因此，要让岗位员工产生出对事业的更高追求，尤其是要通过独立创业来开辟事业，就必须给予充分的鼓励。在我国社会中，通过独立创业实现其事业发展的人，相当一批都是在计划经济条件下，没有融入国家这个大机器的相应机构中去的人，或者是因为某种原因，又不得不离开相应机构的人，是外部环境迫使他们走上了创业之路。在我国的众多民营企业家中，这种人所占比重相当高。包括联想的柳传志，他实际上也是在科学院感到不得志，自己的才华无法全面展现出来，否则就不会有今天联想的柳传志。海尔的张瑞敏也是如此，如果当时他稳稳地坐在机关，并且向上爬的机遇还很多，也就不会有今天的海尔和叱咤世界家电市场的张瑞敏。当人们对现实多少有些满足的时候，就不会冒着风险来做出改变。在人的这种惰性作用下，人们宁可选择抓住稳稳到手的一个铜钱，也不会冒三分的风险去谋得一个金元宝。

为了消除人的惰性，必须强化对人创业的鼓励。在企业内的创业鼓励一般可采取为创业者提供相应创业资金，与创业者共同构建一个小公司，让创业者能够相对独立地实施他的创业设想，并对创业回报享有大部分收益权的办法。

其方法是某一个岗位员工有了一个很好的创意设想，并且在技术上又切实可行，同时创业的内容又与整个企业的发展存在一定关联，企业就可选择通过与创业人合资组建一个小公司的办法来鼓励他创业。这既可为创业人提供资金条件的支持，同时又稳定所创小公司与整个企业的联系，相应增加企业的市场竞争力。但在此不能把鼓励与责任混为一谈，必须由创业者最大限度地对其所创事业承担责任，也同时享有权力，以此来达到鼓励岗位员工创业的目的。

创业鼓励法的实施要点，概括起来有十个方面：

（1）由岗位员工自主地提出创业申请。要求详细说明自己的创业设想，尤其要明确阐明自己的创业与企业整体发展的关系，自己创业所需要的条件，即需要企业提供的支持。为了便于管理，要求填写《岗位员工创业支持申请书》，参见表3－42，需要提供详细说明的，必须另外附上专题报告。

表3－42 岗位员工创业支持申请书

编号：

<table>
<tr><td>姓名</td><td></td><td>性别</td><td></td><td>年龄</td><td></td><td>学历</td><td></td><td>专长</td><td></td></tr>
<tr><td colspan="2">任职单位</td><td></td><td>岗位名称</td><td colspan="2"></td><td>企业贡献年限</td><td colspan="3"></td></tr>
<tr><td colspan="10">创业项目说明</td></tr>
<tr><td colspan="2">说明题项</td><td colspan="6">说明内容</td><td colspan="2">审核意见</td></tr>
<tr><td colspan="2">项目名称及内容简介</td><td colspan="6"></td><td colspan="2"></td></tr>
<tr><td colspan="2">项目技术可行性分析简介（要求另附项目可行性报告书）</td><td colspan="6"></td><td colspan="2"></td></tr>
<tr><td colspan="2">项目市场运作计划简介（要求另附项目商业计划报告书）</td><td colspan="6"></td><td colspan="2"></td></tr>
<tr><td colspan="2">项目技术与企业集团核心技术的互补关系说明</td><td colspan="6"></td><td colspan="2"></td></tr>
<tr><td colspan="2">项目产品市场与企业集团产品市场的互补关系说明</td><td colspan="6"></td><td colspan="2"></td></tr>
<tr><td colspan="2">需要企业集团提供的支持方式和限额说明</td><td colspan="6"></td><td colspan="2"></td></tr>
<tr><td colspan="2">自我技术准备及创业自有资金说明</td><td colspan="6"></td><td colspan="2"></td></tr>
<tr><td colspan="2">创业投资计划预算简介（要求另附创业投资预算报告书）</td><td colspan="6"></td><td colspan="2"></td></tr>
<tr><td colspan="2">企业集团法人批准意见及签字</td><td colspan="6"></td><td colspan="2"></td></tr>
<tr><td rowspan="4">创业信息登记</td><td colspan="2">工商法人注册名称</td><td colspan="7"></td></tr>
<tr><td colspan="2">注册地址</td><td colspan="3"></td><td colspan="2">联系电话</td><td colspan="2"></td></tr>
<tr><td colspan="2">工商注册编号</td><td colspan="3"></td><td colspan="2">税务注册编号</td><td colspan="2"></td></tr>
<tr><td colspan="2">开户银行及账号</td><td colspan="7"></td></tr>
</table>

（2）由企业对岗位员工所提出的创业申请进行全面的评估和论证，以确定岗位员工创业申请的可行性。这种评估和论证不是仅仅针对创业项目的可行性，而是在评估确定其可行性的同时，重点评估这种创业对企业整体发展的作用和影响，即分析确定企业从这种创业中所能获得的益处。企业是一个独立的利益实体，不能为了少数岗位员工的利益而损失企业整体的利益。

（3）选择确定企业对岗位员工创业的支持鼓励办法。一般采取与岗位员工一同组建二合公司的形式来支持岗位员工的创业，由企业出资控股，提供所需资金和条件的支持，并且投资还可以通过固定资产和设备租用方式来提供，以避免企业承担过多的风险。让创业岗位员工自筹一部分资金，至少要解决所需的流动资金。创业岗位员工在这个二合公司中的投资比重一般要达到相当的比例，最少不能少于30%。多于流动资金的部分也可以采取后补的办法，即从创业收入中来填补应投入资金。

（4）赋予创业岗位员工更多的经营决策权。企业只是通过行使股东的权力来参与共同组建的二合公司的决策，对创业新办小公司不能干预过多，也不能包办代替，更不能通过让利的办法来支持。否则这就是在做“拆城隍庙修土地庙”的傻事。

（5）企业要明确确定这种创业鼓励的条件，让这种创业鼓励操作公开化，并尽可能做到公正、公平地对所有创业岗位员工提供支持。提供支持的限度应通过投资限额来确定，一般不要超过十万元钱。

（6）创业鼓励要有完整的制度规则。必须先有规范的管理制度之后再投入运作，不能先运作对企业造成损失后再进行规范。

（7）共同组建的创业小公司的业务必须与企业业务存在互补关系，也只能是互补关系。不能让这种小公司来分割企业的市场，抢夺企业的市场资源。

（8）对这种创业小公司要纳入到企业的集团之中运作，让它成为企业集团的一个有机构成部分。同时，又赋予它独立经营的权力，以鼓励其创业热情和责任心。

（9）为避免产权问题造成的不良影响，对创业小公司的产权必须明确界定。企业投入的部分必须明确并到位，尽管可以通过设备租用的办法来投资，但必须明确这种运作的具体方式和财务计算办法。

（10）通过这种方式可以把大一统的企业改造成有众多小企业、小公司联合构成的企业集团，这可增强企业的市场应变灵活性。也就是说，让创业小公司与企业构成卫星工厂和核心企业之间的企业集团模式。

八、职业生涯设计法

职业生涯设计法，是从西方引进的人力资源管理教科书中广泛介绍的一种岗位员工发展管理方法。这种方法强调通过对岗位员工的性格特征进行分析测定后，分年龄段来设计自己的职业发展计划。在这个过程中强调岗位员工的上司主管对下属员工所承担的这种职业生涯顾问指导作用。并通过专门的职业生涯设计培训，让岗位员工根据不同的年龄时段做出自我职业生涯发展计划。通过自我设计职业生涯规划来引导岗位员工的职业发展和事业发展，以达到对岗位员工的发展管理的目的。

图 3－23　人性人心常识

这种发展计划并不要求与企业的发展紧密地对应起来，而是强调根据自己的实际进行设计。这种方法在西方发达国家的企业人力资源管理中是普遍被采用的一种方法，并且有专门的机构为岗位员工的这种职业生涯设计提供指导。这种职业生涯设计有的直接是在企业组织提供的指导下完成的，有的是岗位员工自己通过支付费用向独立的人力资源管理咨询机构进行咨询，并在它的指导帮助下完成的。

在前一种情况下，企业对岗位员工的职业生涯设计的立足点，是让岗位员工的发展能够与企业的发展对应起来，不是强调岗位员工的职业生涯仅仅局限于所就职企业的范围内。岗位员工自己付费，由独立的人力资源管理咨询机构根据岗位员工的性格特征、知识结构和年龄阶段提供的综合性职业发展指导，完全不与现有的岗位员工就职企业的发展挂钩，因而不受岗位员工所就职企业发展的限制。它是把社会作为一个大的舞台，为之提供指导。

这种职业生涯设计，在欧美国家之所以取得比较好的效果，一个重要原因是欧美国家的文化中，强调个人英雄主义，使每个人都能相对独立地谋求发展，并不把岗位员工自我的发展建立在与企业相依存的关系上。企业广泛运用的人力资源战略，对这种职业生涯发展计划的实施，也是支持的。在欧美国家的企业中，通过猎头公司互挖墙脚是企业人力资源开发的一条重要途径，即通过“空降兵”式的引进人才来推动企业的发展。

但在东方世界儒家文化思想圈里，包括日本和东南亚诸国，个人英雄主义的价值观念并没有得到广泛的认同，通过“空降兵”来开发企业人力资源，推动企业的发展，也很少有成功的例子，至少在东方世界由此取得明显效果的企业较少。正是这种文化背景，决定了在东方国家的岗位员工职业生涯设计上，走独立于企业发展之外的自我独立发展的道路，往往会遇到较多的限制。并且，独立的人力资源评价机构也尚未形成应有的权威。所以，很少有独立的人力资源评价机构为岗位员工提供职业生涯咨询服务的。实施岗位员工职业生涯设计的这些企业一般都已具有相当规模，所以由企业为岗位员工提供职业生涯设计指导，仅仅局限于在企业内部的发展上，也并没有什么无法让人接受的弊端。

加之中国文化中特有的意识观念，强调“逢人且说三分话，未可全抛一片心”，使岗位员工在企业提供的职业生涯设计指导中，并没有完全透露出自己的职业发展真实想法。即使是只把所任职企业仅仅作为自己职业生涯中的一个中转站的人，也会冠冕堂皇地把自己的职业发展计划限制于所任职企业。加之中国人特有的“含蓄”，让他在这个职业生涯设计中所勾画出来的职业发展设想，与他的真实想法又可能完全不一。他本来想在管理岗位上一步一步向前发展，但担心被人讥笑为“想当官”，或者怕被上司从内心指责为“有野心要颠覆自己、取代自己”而给自己穿小鞋，所以在最后的职业发展设计中大都只是写上在专业上职业的发展。从而使这种违心的职业生涯设计失去了它应该有的作用和意义。

如前分析，并不是要否定这一方法的作用，而是想通过这一分析来说明保证这一方法在我们国家企业中能够发挥出对岗位员工发展管理的作用，所必须满足的条件，以使这一方法的实施能起到实际作用。这种条件包括以下三个方面。

（1）公平竞争，能者上、庸者下，已成为一个企业普遍接受的价值观念和人事选用规则。就像海尔一样强调通过赛马来选拔人才，而不是靠伯乐相马把员工置于一个被选的地位。

（2）这个企业不仅规模比较大，而且发展稳定，发展速度快，能够为众多岗位员工提供广泛的机会和舞台。这就是说下属员工不会因为自己的发展而给上司主管带来威胁，从而导致现有岗位任职人员产生过多的戒备心理，甚至压制岗位员工的发展。张瑞敏说“如果他是只猴子，就给他一棵树抱上”，这是以海尔现在的高速发展能够为所有想成就事业的人，提供充分的机会为前提的。这也正是海尔实施岗位员工职业生涯设计成功的一个根本原因所在。如果海尔的发展速度放慢，不再有那么多的树提供给猴子，猴子也就不免会产生另抱大树的倾向，使这种职业生涯设计仅仅成为一种形式。

（3）企业在人才的选拔上能够充分实现三公原则，不存在暗箱操作。否则这种职业生涯设计，也就不能给岗位员工的发展带来指导作用。相反岗位员工会通过各种非正当途径，拉关系走后门达到自己职业生涯发展的目的。

下面就由企业提供指导进行的岗位员工职业生涯设计方法的实施要点，略作说明。

（1）企业要实施岗位员工职业生涯设计指导，就必须在企业内部全面展开，并且让每个人能够突破社会文化的限制，表达出自己的真实想法。

（2）通过科学的心理测评，对岗位员工的个性特征进行归类。并且这种归类要保证让岗位员工从内心认同，从而能以此为据来指导岗位员工的职业生涯设计。在这里，尤其要让所有岗位员工都明确一点，任何个性特征并不存在优劣的差别，任何职业也都不存在贵贱的差别，真正让岗位员工根据自己的个性特征所对应的最优的职业选择，来设计职业生涯。

（3）企业既需要站在企业自身发展的立场上来实施岗位员工的发展管理，让岗位员工的这种发展管理直接服务于企业的发展。但同时也又有必要站在岗位员工个人的立场上，为岗位员工的利益考虑，能在这种职业设计指导上，突破企业的发展所带来的局限，使岗位员工在自己的职业生涯设计中能够准确地把握自我，并最大限度地发挥其潜能。

（4）在岗位员工的职业生涯设计过程中，要明确提出职业发展每进一步所需要的条件要求，对心理能力要求、知识结构要求、技能水平要求、职业经历要求等，都要作出明确的界定。并让岗位员工按照每一级要求来计划自己的发展，包括对获得这些条件的途径和所投入的精力作出安排。

（5）在企业内部对每一类岗位都要作出梯级发展的界定，让岗位员工可以通过多条途径实现自己的职业发展，避免在管理岗位的独木桥上进行恶性竞争。

（6）要重视每位岗位员工的年龄时段对其职业的发展限制，但又不能据此过死地限制岗位员工的职业生涯设计。如果过死地限制职业生涯发展的年龄时段，就会让众多岗位员工的潜能发展受到压抑。随着社会生活条件的改善和医药条件的发展，现代人进入60岁后，其身体健康状况仍属于的中年人。所以，不能以国家退休的年龄来限定岗位员工职业生涯发展。美国玫琳凯公司的创始人玫琳凯在退休三年之后，又走上创业的道路，真正发展出自己的事业。让玫琳凯公司成为一个全世界有影响的公司，却是在她进入职业生涯发展的最后阶段实现的。

九、金手铐控制法

所谓金手铐就是把岗位员工的部分劳动收入通过认股权的形式来发放，即一种不能立即兑现，而需要到所要求的时间期限之后，才能兑现的一种收入。并且让这种收入和个人的整体贡献挂起钩来。只有当个人的努力最终给企业的发展带来效益时，使股票的价格得到了提升，他才能获得相应的收益。

金手铐控制法强调直接把岗位员工的劳动贡献与企业所有已经实现的经济效益紧紧联系在一起，这是第一“铐”；第二“铐”是因为总有相当一部分认股权所体现的经济收益要到多年之后才能兑现，所以就把岗位员工和企业“铐”到了一起。因为如果岗位员工离开这个企业，他的这部分收入就不复存在了。

这种方法在西方国家被广泛用于稳定管理人员和科研人员与企业的联系，把企业所需的这类人才紧紧地“铐”在企业，使之难以做出离开企业的选择。微软公司之所以能创造奇迹，其在这种金手铐的应用上所做的工作，也是其中一个重要原因。比尔·盖茨非常重视优秀的岗位员工，认为优秀的岗位员工是无价的，企业的发展必须靠这些优秀的岗位员工。所以，通过一定的有效方式把优秀岗位员工与企业紧紧地捆绑在一起，是实现企业持续快速发展的一个关键性措施。微软公司对任何一个层次的岗位员工都不实行年薪制，而采用认股权办法来给予激励。

金手铐控制法的操作要点，我们可以直接参照微软的实施办法。其要点有如下八个方面。

（1）根据岗位员工对公司贡献的大小，来核定岗位员工的认股权限额。也就是说，除了为岗位员工发放等于或略高于平均生活水平的现金工资和津贴外，其奖励主要以认股权的形式来实现。这种奖励的大小只与岗位员工为企业所作贡献的大小挂钩。

（2）由公司掏钱做本金，帮助岗位员工按照绩效考核所授予的认股权限额，购买自己公司的股票。让岗位员工不必花钱就可以得到一定的股票，并确定一年以后才能兑现，且每年只能通过出售认股权中的一部分来兑现，在公司工作年满五年后才可以全部出售首批认股权。

（3）股权的数额根据岗位员工的技术级别和贡献的大小核定。从上到下每位岗位员工都有认股权奖励，少则数百，多则数百万股。岗位员工每工作一年，认股权重额都获得一定的增加，并且像股市上的投资者一样享有配股的权力。

（4）岗位员工的收益来自于所认股权的股市股票价格与按规定股权转手时的市场价格的差价。如果企业经济效益好，企业的股票价格上升就快，配股就多，这个差价也就大，从而使岗位员工所得到的实际收益也变大。

（5）当出手时的市场上的价格低于获得认股权时的价格，岗位员工可以不要认股权，从而让岗位员工不承担股票价格下跌所造成损失的风险。

（6）如果岗位员工并不急需现金用，并且又对公司非常有信心，岗位员工可以把股票攥在手里不转让，但不能超过七年时间。

（7）微软公司还规定每位岗位员工可以用现金工资 10% 的部分按市场价格的八五折购买公司股票，另外的 15% 由公司出资补偿。

（8）每位岗位员工每年都可以得到一部分认股权，但每年都有一定的老股权可以出手，但总有一定的认股权在岗位员工手中。使岗位员工无论什么时候离开公司都会有一定数量未兑现的经济收入会白白丢失，从而限定岗位员工作出离开公司的选择。①

这种金手铐控制法，对稳定优秀骨干岗位员工可以起到很好的效果，但在现实中一般都只是把它作为一种控制岗位员工流动的措施来应用。其实它还有对岗位员工的发展管理的重要作用。当岗位员工选择进入某一特

---

① 参见世界著名企业研究组．世界著名企业管理模式——人力资源．珠海：珠海出版社，2002 年 3 月第一版，第 12 ~ 13 页．

定的企业之后，他的意志欲望、兴趣和偏好都会逐渐转向与这个企业的相关活动上来。并且他还会按照这个企业发展的需要来设计自我，调整知识结构，提升技能水平，并把这个企业作为实现自己事业的舞台。

但是，任何一个人都会面临两个方面的现实对自己的选择带来影响：一是周围环境带来的新诱惑。它让他感到或许到一个新的单位，更能够实现自己的利益。这就是“这山望着那山高”，对新的诱惑的风险不能做出准确的评估就轻率行事，作出脱离公司的选择。二是人在任何一个地方都会遇到不顺心的事。这种不顺心往往会导致岗位员工出现情绪冲动，以一种“惹不起还躲不起”的心态进行草率选择，导致作出错误的决策。这样，就使人应该通过稳定来实现发展的机会错过了，导致岗位员工最终没有实现自己应有的发展。

在现实中，很多人一事无成，其中与以这种心态处理问题密切相关。因此，金手铐控制法提高了岗位员工重新选择的机会成本，使他不再会草率地做出另谋高职的决策。只有当他通过认真精确的评估，换一个新的单位能够实现自己更大的发展，并弥补脱离原企业造成的损失有余时，才作出最终选择。这也就有助于岗位员工避免草率选择，实现自己潜能的最大限度地发挥。

十、目标强化法

目标强化法是通过对人的意志欲望、兴趣偏好、知识技能和事业的发展在认真分析的基础上，分阶段、分步骤制定发展计划目标，并用这种计划发展目标来不断强化所作的选择，并强化其意志行为，以保证最初选择的目标能最终达成的一种方法。

任何一个人都存在一定的惰性。这种惰性往往使自己原有的意志选择不能够完全付诸实施，或者是因为这种意志选择的实现要克服相当的困难，或者是要自己付出持续不断的努力。而这种困难如果超越了正常承受能力，这个目标又没有足够的吸引力，就会让人松懈，最后放弃目标。或者是因为这种持续不断的努力，随着时间的推移而使人产生厌倦情绪，最终使自己放弃原来的意志选择。

所以，在现实中有“经常立志”的没有志向的人。这种人一时心血来潮，立下一个奋斗目标，甚至是很大的一个奋斗目标，但稍遇挫折就倦怠下来。过一些时间，又心血来潮，重新确立一个新目标。每每如此反复，最终一事无成。目标强化法则是通过建立一系列与终极目标相联系的过程目标，并且这些过程目标的检验都比较容易，即能够在较短的时期内达成。这样，就可不断通过细小的过程目标的达成，来提升实现最终目标的信心，并产生成就感，使自己的个人发展目标选择能够相对稳定，进而使岗位员工在发展过程中避免走走停停、进进退退，消耗自己有限的精力和生命，最终实现自我最大限度的发展。目标强化法的实施要点如下所述。

（1）通过对自己所拥有的资源进行全面核算分析，制定阶段性的发展目标，包括经济收入目标、权力地位发展目标、兴趣爱好目标及事业发展目标。所分的发展阶段不能过长，一般五年为宜，在多个阶段的发展目标的设计上，对近期目标要尽可能做得详尽一些，而对远期目标则可只作一个方向性的设定，并要求滚动性地制定。

（2）对近期目标的达成途径进行全面分析，并详细地计划达成目标途径的具体措施办法，将它细划为过程性的具体发展目标，明确每月、每周乃至于每天要做什么、做到什么程度。一方面使自己的奋斗和努力，能在较短的时间内得到检验；另一方面让自己从众多小目标的达成中获得成就感和满足感，从而激励自己，增添信心。

（3）把分阶段的发展目标公开化，从而从外部形成一种迫使自己不能随意中断努力的压力。因为当自己所设定的目标，向他人公开表示后，如果半途中断，就会从心理上感到一种不安，这就会使自己从这种压力中获得坚持不懈努力的决心和力量。

（4）对自己所设定的阶段性目标以及过程性目标，在保持相对稳定的情况下根据实际情况作出调整。一方面使这种目标更具现实性，同时也避免因为阶段性目标的不能达成，而使自己产生挫折感，以致最后整个放弃为达成目标的努力。

（5）这种方法的实施需要一个友好诚信的外部人际环境。只有具备这样一种人际环境，每个人的行为才会获得理解和支持，才不会因有来自他人的冷嘲热讽，而降低自己的信心和决心。

（6）自己所设定的目标不能隐藏起来，而必须用准确的语言对它进行描绘界定后公开公示出来，让自己每天都能够看见，让它不断地提醒自己要做的努力，要达成的目标，以克服人性中随时随地会冒出来的惰性，对这种努力的影响。当一个人忘记了自己的奋斗目标，哪怕是短时间的忘记，都会使自己放低标准、放松要求、放弃努力。越王勾践之所以要卧薪尝胆，就是人需要通过一定的方式来提醒自己的奋斗目标，激励自己的努力。

（7）对目标达成情况进行客观总结。无论是阶段性的目标，还是过程性的具体目标，如果没有达成，都必须客观认真地总结。五问“为什么”，每问一个“为什么”，就深化一次对自己的反省。并且也只有找到真实原因，并最终消除阻碍目标达成的因素，才能保证下一个时段的过程性具体目标的达成，进而保证最终目标的达成。

第十六章

岗位员工发展管理的实施程序

岗位员工发展管理的实施可分为岗位员工发展管理目标确定，选择实施方法、组织实施，完善岗位员工发展管理规则三个阶段完成。

一、岗位员工发展管理目标确定阶段的工作

1. 岗位员工发展管理目标的三个内容

这个阶段的工作就是明确实施岗位员工发展管理的目标，其内容包括三个方面。

（1）明确实施岗位员工发展管理的企业发展意义。

任何一家企业都不会是一个福利机构，也不是国民教育组织，它有自己的目标，需要努力去实现。岗位员工发展管理本身不可能成为企业本身的目标，它只是服务于企业经营目标的一个措施或者手段。企业的发展离不开人力资源的开发和积累，岗位员工发展管理是实现企业人力资源开发和积累的一条自力更生的道路。通过它可以与企业发展的战略要求对应起来，以为企业发展所需的人力资源从内部实现供给。因此，岗位员工发展管理也就是仅仅服务于为企业发展的人力资源需求提供供给。企业要实施岗位员工发展管理，如果不首先明确这一点，往往就会使自己所完成的工作与企业发展联系不起来，得不到理解，得不到支持，具体做工作的人也难以激发起热情和积极性。

（2）明确企业未来发展的人力资源需求。

这就是要明确企业在未来发展阶段所需要的人力资源种类和数量，尤其是开发成本大，开发速度慢的人力资源，究竟需求哪几类，数量多

少。要求分为高、中、低三个层次予以明确规划。并且每个层次、每个类别的人才的要求，要明确界定，包括心理能力要求、知识结构要求、技能水平要求，以及为降低人员选择风险的任职经历要求。明确了这些目标要求的内容，就便于有的放矢地来诱导岗位员工向所确立的标准要求发展。

（3）明确企业每位岗位员工发展的目标。

这也就是明确每位岗位员工要实现其发展的方向。任何一个岗位员工在获取经济福利报偿这一意志欲望的满足上都是一致的。但除这个内容之外，其他内容的意志欲望却会存在很大的差别。有的人希望更多的闲暇时间，能够有机会到国内外旅游，以丰富发展自己的知识，提升自己的素质；有的人则可能更愿意把更多的精力放在对事业的追求上，创造出别人没有的事业来，而创造什么样的事业，选择的空间就更大了；也许有的人会选择做一个职业经理人，负责一个成规模企业的经营作为他的事业；有的人则可能更喜欢科学研究，或者搞一些对社会生活产生巨大影响的发明创造，或者在某一领域上有所创新，有所建树，出版自己的专著；有的人则可能选择独立创办一个企业，并把它从小做到大；另外一些人有可能选择进入官场，在当中取得一个尽可能高的职位……

2. 协调岗位员工发展与企业发展的关系是岗位员工发展管理的关键

进行岗位员工发展管理，首先就必须明确岗位员工所寻求的发展目标。如果岗位员工所选择的发展目标方向与企业的发展没有联系，或者关联不大，而仅仅是把你的企业作为他人生道路上的一个客栈。那么，对这类岗位员工尽管可以通过一定的岗位员工发展管理办法使他重新选择他的目标，如果他最终的选择仍与企业发展不相关，那么你就应该对这类岗位员工进行评估，他把企业作为一个客栈时，能为你的企业带来多少贡献，将来还会带来多少贡献。如果发现这个贡献很微薄，那么就应该及早与他沟通，让他作出更理智的选择。一方面帮助他实现自己的理想，另一方面，也让企业可以空出岗位来选拔能长久融入企业的人。

这一阶段的工作是整个岗位员工发展管理工作的关键。如果这一阶段的工作不能做到充分扎实，那么这项工作的价值和意义就可能失去。所以，它是保证岗位员工发展管理工作有无成效的关键。

3. 不全面明确其目标，岗位员工发展管理的实施难免坠入赶时髦陷阱

现在很多企业在管理上有一种赶时髦的倾向，看见其他企业引进一个什么新的管理方法或者思路，就盲目跟风、模仿，就像我们国家自 20 世纪 90 年代以来，企业管理中刮的三股风一样。

首先是企业形象设计，实施CIS。很多企业并不完全明了这一活动的真正价值，就听信一些广告公司的胡侃，引进了这一项目，结果是钱没少花，但见效甚微。因为很多实施CIS的企业，没有真正懂行的专家提供咨询服务，最后把这一活动做得不伦不类，没有成效。从而使这种本来在企业发展中有相当价值的工作被彻底毁掉，让人不再相信。

进入20世纪90年代中叶之后，又掀起了一股拓展训练的热潮，请几个具有煽动性的人员，到企业构筑一个特定的情景，让岗位员工激情澎湃，甚至从上到下都会自责地号啕大哭，从而让人们的感情实现一定的融合。就像有一个组织过这类活动的企业总经理告诉我的一样，那实际上是把我们企业的这些人从上到下都当猴耍了一遍，结果是热情三天，效果难以持续一周。

渐渐地这种风刮过之后，到了20世纪90年代末，又兴起了一股学习型组织建设风。因为彼得·圣杰《第五项修炼》的翻译引进，众多企业的老板一下都成了彼得·圣杰的信徒，学习型组织建设的风刮起来了。说要搞学习型组织建设，有些企业管理人员人手一本《第五项修炼》，似乎企业只要人人都读《第五项修炼》，就会读成一个学习型组织。结果是效果远没有所期望的那么理想。这股风又渐渐开始减弱了。尤其是《第五项修炼》的作者彼得·圣杰的管理思想的形成，也受到中国古代管理思想的影响，而有些人却把这种出口转内销的东西奉为圣明。一个人在美国纽约花高价买了一件T恤衫，回家之后却发现这件T恤衫就是隔壁一家小厂生产的而大叫上当。但盲目引进新的管理思潮和方法上面，没有明确的产地，也不知道与自己民族文化的关系而会长久津津乐道，永远也不会大叫上当。

能以积极的态度对待新生事物的做法应该说有其值得称道的地方。但是，如果我们不明确这特定活动的目的或目标，也就会使我们所做的事本身变得毫无意义。

笔者听一位美国朋友讲过一次他非常有趣的经历。一天，他看见在闹市区里排了一个很长的队。他想，排队购买的东西总是紧俏而又廉价的东西。他也就不自觉地排上了队，半个小时过去了，有机会可购买商品了。他看见其他人一打一打地买，他也买了半打回家。最后发现，这个产品是阿拉伯人专用头巾。自己无法使用，又无法做其他装饰。他说这半打头巾就一直放在他家里，成为他自己从众愚蠢行为的纪念。并且他告诉我排长队的人绝大部分不是阿拉伯人。也就是说相当一部分人和他一样做了荒唐的蠢事。其实排队也可能是经销商搞的一次欺骗性营销活动，排队的人有相当一部分是经销商雇来的托儿。

如果我们岗位员工发展管理工作不把明确目标这一阶段的工作做扎实，那我们的行为也就可能和我这位美国朋友一样做一件荒唐的傻事了。

图3－24 谁能为我解缚？

二、选择实施方法，组织实施阶段的工作

这一阶段的工作就是要根据自己企业的实际，对所能应用的岗位员工发展管理方法进行论证选择。确定哪些方法在自己的企业比较实用，并选择付诸实施。

在方法选择上，哪一种方法最优，可首先付诸实施，这并不是由企业领导人的主观偏好决定的。每一种方法都具有自己特定的特征，相应的特征都会与企业的实际相联系。如果选择了不恰当的方法，对岗位员工发展管理工作所确定的目标也就难以最后达成。在所介绍的十种方法中，每一种方法除了它们各自对岗位员工的四类发展会产生不同作用之外，还会受到企业规模、企业行业、所需投入等方面的限制。所以，企业在选择方法时，必须根据这些限制和要求作出相应的最优选择。十种方法的不同作用和相应条件限制可参见表3－43。

表3－43 岗位员工发展管理方法选择分析表

作用和限制 / 方法	岗位员工发展内容				企业特征限制		
	意志欲望	兴趣偏好	知识技能	事业	规模	行业	投入
岗位员工简历管理法	○	○	○○○○	○○			
岗位关联轮换管理法	○○	○○	○○	○	○	○	
人力规划对应法	○	○	○○○	○	○○	○	○
时尚营造法	○	○○○○	○	○	○○○		○
价值强化法	○○○○		○	○	○○○○		
比赛竞技法	○	○	○○○○	○	○○		○○
创业鼓励法	○	○	○	○○○	○○○○	○	○○○○
职业生涯设计法	○○	○○	○○	○○	○○○○	○	○
金手铐控制法	○○	○○	○	○	○○	○	○○○
目标强化法	○○	○○	○○	○○	○	○	

说明：

（1）有“○”就意味着存在作用和限制，“○”越多就说明这种作用和限制越大，没有“○”就意味着没有相应的作用和限制。

（2）规模特征是指规模的大小，没有“○”就意味着没有规模的限制，如果有“○”并且“○”越多，就说明这种方法只有在规模较大的企业才能产生相应的效果。行业特征与规模特征的限制一样，但它是指传统行业与新兴高技术行业的差别。也就是说，有“○”就意味着只有在新兴高技术企业才会有充分的效果。投入的限制是指企业要投入的资金多少的限制，没有“○”意味着没有限制，“○”越多，说明需要投入的资金费用就越大。

1. 岗位员工发展管理实施方案的六个内容

根据以上分析表，企业就可以大体做出方法的选择。一旦方法选择确定，就要根据自己的实际，制订出详细的实施方案。实施方案内容必须包括以下六个方面：

（1）实施的目的目标；

（2）实施的步骤过程；

（3）组织负责单位和责任人；

（4）参与的对象；

（5）投入预算；

（6）实施效果的评估方法。

只有这些内容都有一个事先的具体设计规划，并一步一步地付诸实施，才能保证少走弯路。预则立，不预则废，是不可抗拒的规律。

一般而言，一种岗位员工发展管理方法初次应用时，还必须详细地向岗位员工说明意图和作用，以争取岗位员工的理解和支持，并让岗位员工能积极地、自主地参与进来。当这种方法连续实施一段时间后，人们已开始习惯于此，那么实施起来就相对容易了。

每一个方法的具体实施都必须有明确的责任人，负责跟踪检查，以免流于形式，并且要不断收集和反馈岗位员工对这一方法实施的意见和态度。这一工作本来是既服务于企业的发展目标，又服务于岗位员工个人发展的一项工作。

2. 岗位员工对实施岗位员工发展管理不合作、不支持的原因

岗位员工发展管理是为了岗位员工个人和企业两个方面的利益，一般都会得到岗位员工广泛的支持和响应。如果存在岗位员工个人不合作、不支持的问题，就必须立刻深入分析，明确出现这种情况的原因。

一般情况下，出现这种情况的原因有两个：

（1）岗位员工不理解。认为这是企业又在变换手段来折腾自己。若是出于这一原因，就必须加大沟通的力度，促使岗位员工全面深入理解。

（2）在实施的过程中，没有严格地按照方法的要求进行运作。例如，要求实行三公原则，却没有做到，因而往往让岗位员工对这一活动丧失信心。在这种情况下，组织负责单位和相关领导者应该深入反思方案的合理性和实施过程的严密性，并立即采取措施，纠正方案和实施中的失误。

3. 岗位员工发展管理不同方法的效果评估

在这一阶段的工作中，不同方法的实施效果评估也是一项必不可少的重要内容。对任何一种方法，当实施一个周期结束后，都必须进行统计核算分析，明确核定这种方法的效果。这种核算既要计算企业的总投入，也要计算通过这一方法的实施为企业节省的相关投入。一般而言，岗位员工发展管理对企业的人力资源开发会产生积极的作用，但其收益计算却往往难以明确量化。在这种情况下，一般选用招聘引进同类岗位员工所要花费的费用投入，作为对应收益计算。因为通过内部岗位员工发展管理开发出了企业所需的人力资源，也就节省了在招聘引进上的投入。除此之外，岗位员工发展管理的实施还有一个价值更大，但不便量化核算的收益，这就是对企业凝聚力的提升作用。

三、完善岗位员工发展管理规则阶段的工作

岗位员工发展管理对绝大多数企业来说，都是一项全新的工作，选用一定的方法予以实施，其中有很多是需要联系企业自己的实际，予以创新的。所以，在开始实施阶段，就不能要求把相应的活动都以制度的形式限制得太死，而应以实施试行方案的形式公布，并严格组织实施。但当对相应的方法实施一个周期之后，就有必要在认真总结核算的基础上，对实施方案进行规范，把它以企业相应制度的方式稳定下来，以便于这种管理方法的重复应用和稳定实施。

规则完整要求包括以下三个方面的内容。

（1）岗位员工发展管理实施的组织规范。即让这一工作具体落实到特定的单位部门和相应的岗位员工，使之有人对这一项工作自始至终承担组织责任。在企业内部任何一项管理方法的引进和相应管理活动的实施上，都不能仅仅期望通过一般号召就引起反应，并最终达到目标。必须有完善的组织规范，通过组织来保障它的实施。

（2）岗位员工发展管理实施的程序规范。即所选择的管理实施方法，必须建立完善的操作流程，并写出详细的程序说明，让组织者和管理者都明确每一步活动该做什么、做到什么程序、由谁跟踪检查。

（3）岗位员工发展管理实施的评估规范。即每一个管理方法完整实施一个周期之后，都必须通过既定的评估办法，对它的效果进行评估，以明确每项工作和每项活动的意义作用，并为领导决策提供依据。这种效果评估规范，强调要有明确具体的评估核算办法，并且要定性与定量相结合，使每项活动的效果具体明确。效果评估是实施评估的主要内容，但实施过程评估也需要建立完整的规范，即方案的实施是否严格，在实施过程中有无变形走调而导致实施效果下降的问题。并且需要把效果与过程对应起来进行分析，以便找到改进和提升效果的办法和思路，进而完善岗位员工发展管理这一工作。

参考文献

[1] 马克思．德意志意识形态．北京：人民出版社，1979.

[2] 舒化鲁．拥抱辉煌的六根魔杖——企业规范化管理实施方案．北京：中国人民大学出版社，2003.

[3] 舒化鲁．企业规范化管理标准体系．北京：中国人民大学出版社，2004.

[4] 舒化鲁．企业规范化管理实施的 18 个模板．北京：中华工商联合出版社，2008.

[5] 舒化鲁．决战十大竞争力．北京：机械工业出版社，2007.

[6] 曾仕强．中国式管理．北京：中国社会科学出版社，2005.

[7] 南怀瑾．易经杂说．上海：复旦大学出版社，1997.

[8] 黄寿祺，张善文．周易译注．上海：上海古籍出版社，2004.

[9] 殷昆．老子为道．兰州：甘肃文化出版社，2005.

[10] 赵蕤．反经．呼和浩特：内蒙古人民出版社，1997.

[11] 周瀚光，朱幼文，戴洪才．管子直解．上海：复旦大学出版社，2000.

[12] 张觉．荀子译注．上海：上海古籍出版社，1995.

[13] 黄炳新，[菲] 陈永栽．老子章句解读．上海：上海古籍出版社，2001.

[14] 张松如．老子说解．济南：齐鲁书社，1998.

[15] 王先谦．荀子集解．北京：中华书局，1988.

[16] 孙希旦．礼记集解．北京：中华书局，1989.

[17] 曾国藩．冰鉴的心法．北京：中国言实出版社，2005.

[18] 尼采．权力意志．北京：商务印书馆，1991.

[19] 约翰·科特．权力与影响．北京：华夏出版社，1997.

[20] 亚历山大·科耶夫．权威的概念．上海：译林出版社，2011.

[21] 费尔巴哈．基督教的本质．北京：商务印书馆，1984.

［22］费希特．人的使命．北京：商务印书馆，1982.

［23］康德．纯粹理性批判．北京：商务印书馆，1960.

［24］霍尔巴赫．健全的思想．北京：商务印书馆，1996.

［25］霍布斯．利维坦．北京：商务印书馆，1995.

［26］卢梭．论人类不平等的起源和基础．北京：商务印书馆，1994.

［27］卢梭．社会契约论．北京：商务印书馆，1991.

［28］A. 哈耶克．个人主义与经济秩序．北京：北京经济学院出版社，1989.

［29］D. 麦格雷戈．企业的人性面．台北：中华企业管理发展中心，1988.

［30］路易·迪蒙．论个体主义——对现代意识形态的人类学观点．上海：上海人民出版社，2003.

［31］布劳尼斯娄·马林诺夫斯基．自由与文明．北京：世界图书出版社，2009.

［32］乔治·H. 米德．心灵·自我与社会．上海：上海译文出版社，1992.

［33］孟昭兰．情绪心理学．北京：北京大学出版社，2005.

［34］朗恩．情绪与需要．北京：北京大学出版社，2008.

［35］佩塞施基安，波斯曼．恐惧与抑郁：自我帮助和积极心理治疗指南．北京：社会科学文献出版社，2000.

［36］维雷娜·卡斯特．怒气与攻击．北京：三联书店，2003.

［37］马克·利普顿．愿景引领成长．广州：广东经济出版社，2004.

［38］杰勒德·J. 特列斯，彼得·N. 戈尔德．野心与愿景．北京：中信出版社，2003.

［39］加里·胡佛．愿景——企业成功的真正原因．北京：中信出版社，2003.

［40］保罗·格里斯利．管理价值观．北京：经济管理出版社，2002.

［41］弗洛姆．为自己的人．北京：三联书店，1988.

［42］弗洛姆．恶的本性．北京：中国妇女出版社，1989.

［43］弗洛姆．占有还是生存．北京：三联书店，1988.

［44］弗洛姆．健全的社会．北京：中国文联出版社，1988.

［45］弗洛姆．逃避自由．北京：中国工人出版社，1987.

［46］马斯洛．动机与人格．北京：华夏出版社，1987.

［47］马斯洛．人性能达的境界．昆明：云南人民出版社，1987.

［48］约翰·P. 霍斯顿．动机心理学．沈阳：辽宁人民出版社，1990.

［49］B. R. 赫根汉．人格心理学导论．海南：海南人民出版社，1986.

［50］马斯洛．科学心理学．云南：云南人民出版社，1988.

［51］Aaron T. Beck，Arthur Freeman，Denise D. Davis. 人格障碍的认知治疗．北京：中国轻工业出版社，2004.

［52］康罗·洛伦兹．攻击与人性．北京：作家出版社，1987.

［53］劳埃德·德莫斯等．人格与心理潜影．上海：上海人民出版社，1989.

［54］弗雷德里克·莱希赫尔德．忠诚的价值——增长、利润与持久价值背后的力量．北京：华夏出版社，2001.

［55］Watson. 行为主义：20 世纪心理学通览．杭州：浙江教育出版社，1998.

［56］威廉·冯特．人类与动物心理学讲义．西安：陕西人民出版社，2003.

［57］莫里斯·梅洛－庞蒂．行为的结构．北京：商务印书馆，2010.

［58］吉拉德·D. 贝尔等．品性——个性与行为方式的类型．北京：中国商业出版社，2000.

［59］阿尔弗雷德·阿德勒．理解人生．北京：国际文化出版公司，2000.

［60］约翰·特纳．自我归类论．北京：中国人民大学出版社，2011.

［61］洛文杰．自我的发展．杭州：浙江教育出版社，1998.

［62］R. 凯根．发展的自我．杭州：浙江教育出版社，1999.

［63］里奇拉克．发现自由意志与个人责任．贵阳：贵州人民出版社，1994.

［64］蒂利．身份、边界与社会联系．上海：上海人民出版社，2008.

［65］J. P. 韦斯．快乐的自我——自我发现与心理调适实用方法．重庆：重庆出版社，1997.

［66］帕萃丝·埃文斯．不要控制我．北京：京华出版社，2003.

［67］赫伯特·西蒙．管理行为——管理组织决策过程的研究．北京：北京经济学院出版社，1988.

［68］亚特·宏恩．领导力——平衡工作关系与目标．北京：经济管理出版社，2001.

［69］杰弗瑞·詹姆斯．34 个原则——知识经济先锋的经营智慧．北京：时事出版社，1998.

［70］迈克尔·茨威尔．创造基于能力的企业文化．北京：华夏出版社，2000.

［71］弗兰科·哈德克．意志力训练——用哈德克训练法则提升个人意志力．北京：中国档案出版社，2001.

［72］维雷娜．卡斯特．无聊与兴趣．上海：上海人民出版社，2003.

［73］罗洛·梅．爱与意志．北京：中国人民大学出版，2010.

［74］亚瑟·亨·史密斯．中国人的性格．北京：学苑出版社，1998.

［75］苏·奈特．激发潜能——NLP 成功法则．北京：机械工业出版社，2001.

［76］汉斯·哈斯著，车云译．鲨鱼灵感——人类经济行为探究．北京：中国城市出版社，2000.

［77］尼克·海伊斯．协作制胜——成功的团队管理．大连：东北财经大学出版社，1998.

［78］斯蒂文·R. 雷纳．团队的陷阱．广州：广东经济出版社，1999.

［79］克斯汀·海斯翠普．他者的历史．北京：中国人民大学出版社，2010.

［80］罗伯特·莱顿．他者的眼光：人类学理论导论．北京：华夏出版社，2005.

［81］马歇尔．萨林斯．甜蜜的悲哀．北京：三联书店，2000.

［82］中国社会科学杂志社．人类学的趋势．北京：社会科学文献出版社，2000.

［83］凯博文．苦痛和疾病的社会根源．上海：上海三联书店，2008.

［84］威廉·巴雷特．非理性的人．上海：上海译文出版社，1992.

［85］让－皮埃尔·戈丹．何谓治理．北京：社会科学文献出版社，2010.

［86］C. N. 帕金森．帕金森定律．台北：中华企业管理发展中心，1987.

［87］罗杰·E. 赫尔曼．留住雇员心——21 世纪人才战略．北京：机械工业出版社，1999.

［88］桑德拉·黑贝尔斯等．有效沟通．北京：华夏出版社，2002.

［89］彼得·F. 德鲁克等．公司绩效测评．北京：中国人民大学出版社，1999.

［90］罗伯特·巴克沃．绩效管理．北京：中国标准出版社，科文（香港）出版有限公司，2000.

［91］安迪·尼利，克里斯·亚当斯，迈克·肯尼尔利．战略绩效管

理超越平衡计分卡. 北京：电子工业出版社，2004.

[92] 大苹果成功团队. 好大一头牛. 北京：中国言实出版社，2005.

[93] 达夫·尤里奇，史蒂夫·克尔，罗恩·阿什肯纳斯. 通用电气群策群力. 北京：中国经济财经出版社，2003.

后　记

《企业规范化管理系统实施方案》系列书是作者积累二十余年研究的一个体系化总结，其中甚至还能看到三十多年前作者在一所农村中学担任负责人时的管理思考痕迹。管理是一门相对独立的科学，无论是企业管理，还是学校管理、医院管理、行政机关管理，乃至协会管理、学生管理，都有其共通性。因为都存在一个如何通过他人做好工作的问题，所不同的仅仅是工作内容。作者的研究和思考，从一开始就没有受源于西方国家MBA课程专业理论框框的限制，因为那时源于西方国家的MBA课程专业理论还没有输入进来。但如何通过他人做好工作的问题早已存在，甚至在伏羲一画开天画八卦时，就开始面对如何通过他人做好工作的问题。所以，从八卦中就可找到人类早期圣哲们关于这一问题的思考。作者很幸运，超越源于西方国家的MBA课程专业理论的企业管理研究刚刚在理论方法上形成体系，就遇上了急需这种理论方法体系的新时代的来临。

这新时代的开端，虽然无法确定具体年月日，但大体可以说就在新的千禧年来临之际。新的千禧年的来临，似乎注定要改换一个时代。因为一是从新的千禧年开始，西方经济发展就陷入停顿，至今无人在原有社会制度框架中找到补救的良方；二是从新的千禧年开始，包括美国在内的众多西方国家中有影响的企业一而再、再而三地暴出经营管控上的丑闻，显示出已有的法人治理和经营管控体系已不再适应新时代的社会经济发展的需要；三是始于2011年夏末的占领华尔街运动一浪高过一浪，并且已经蔓延到所有发达国家，说明西方发达国家的社会经济矛盾已经积聚到将要摧毁已有社会经济制度的程度。这一系列事件的发生对于无人怀疑的西方经济学和管理学的理论，不啻是一种暗示，它们存在偏颇，尽管现在还不能说已经敲响了它们的丧钟。

这里无暇讨论源于西方国家的现主流管理学，在理论上缺少严密的概念、定理体系，陷于“头痛医头、脚痛医脚”的肤浅中难以自拔的问题，而仅仅分析讨论MBA课程专业理论相互独立、壁垒相隔的缺陷如何弥补的问题。

MBA课程专业理论人为地划出鸿沟把企业组织运行管理分隔为封闭的孤岛，使从事企业管理的人看不到企业。企业管理因此变成了战略管理、营销管理、财务管理、人力资源管理、生产管理、技术管理等诸多因素的堆砌和拼接。不仅企业借以存在和发展的关系协调有效性难以获得，而且只能由关系协调有效性创造的效益也难以产生。因此，从整体全局把控企业组织运行就成了公司CEO一个人思考的事。更糟糕的是，从整体全局把控企业组织运行的知识和技能还得靠CEO从经营管控实践中一点一点地体悟、积累。这就使得能成为杰出CEO的人才，甚至勉强能胜任CEO岗位要求的人才，稀缺得不能再稀缺了。也正是这种稀缺让他们奇货可居，一方面攫取了不应该由他们占有的利益，另一方面他们又凭借这种稀缺的知识和技能，忽悠企业发展的其他利益关联主体。结果就像安然公司前总裁肯尼斯·莱一样，CEO自己春风得意，名利双收，最后却把公司送进了火葬场。

我不明白，研究企业管理的专家学者，为什么不超越于MBA课程专业划出的鸿沟把企业组织作为一个有机体进行分析研究，以全面揭示其发展的内在规律，并在此基础上建立企业管理理论呢？

笔者坚信，《企业规范化管理系统实施方案》系列书所开创的研究，会有越来越多的专家学者加入进来。我期待对此有兴趣的专家学者与我联系，以共同丰富和完善这一研究。

《企业规范化管理系统实施方案》得以出版，北京语言大学管理学院副教授赵涛博士做了大量的工作，在此深表感谢。感谢张杰楠先生仔细而认真的编辑工作，他为提高书稿质量付出了很大努力。同时也要感谢电子工业出版社的大力支持。

舒化鲁

2011 年深秋于大运河畔

联系电话：13911126299

电子信箱：harold. s@ 163. com

交流网站：www. hwaaaaa. com